15 Jahre – Bauerntöchter erzählen ihre Geschichte

15 Jahre

Bauerntöchter erzählen ihre Geschichte

Der Jubiläumsband mit den besten Geschichten

aus „Immer regnet es zur falschen Zeit“, „Gespielt wurde nach Feierabend“
und „Wie leicht hätte es anders kommen können“

LV.Buch

Inhalt

Aus Band II:
„Gespielt wurde nach Feierabend“

Aus Band III:
„Wie leicht hätte es anders kommen können”

Ulrike Siegel, Herausgeberin

Vorwort

Erfolgsgeschichten!

Wer hätte das damals gedacht: Als im Oktober 2003 der erste Teil unserer Geschichten im roten Band „Immer regnet es zur falschen Zeit" erschien, konnte niemand ahnen, was sich daraus noch alles entwickeln würde. Zunächst schloss sich die Diskussion an, inwieweit das darin Erlebte doch typisch wäre für die eher kleinbäuerlich strukturierte Landwirtschaft in Süddeutschland. Bauerntöchter aus dem Norden gaben im blauen Band „Gespielt wurde nach Feierabend" die Antwort darauf. Mit dem grünen Band „Wie leicht hätte es anders kommen können" vervollständigten Frauen von diesseits und jenseits der ehemaligen DDR-Grenze das Bild vom Leben und Arbeiten in den 60er und 70er Jahren auf Bauernhöfen in den unterschiedlichsten Regionen Deutschlands.

Erstmals wurde diese Lebenswelt damit aus Frauen- und Kindersicht beleuchtet und – noch wichtiger – aus der Sicht derer, die es selbst erlebt haben; dieses harte, entbehrungsreiche, schöne Aufwachsen auf Bauernhöfen. Jenseits von Romantisierung und Verteufelung, Beschönigung und Dramatisierung haben sie darüber geschrieben. Offen und ehrlich, wie es wohl ihrer Generation zum ersten Mal gegeben war.

Das Echo war enorm! Landauf, landab sendeten Radio- und Fernsehsender Reportagen und Interviews mit und über Bauerntöchter, die Printmedien berichten an Beispielen dieser Geschichten über das Frauenleben auf dem Lande –

lange vor dem Erfolgszug von Landlust und Co. Und vielleicht am Wichtigsten: Die Geschichten setzten einen Generationendialog in Gang. Über das Erleben dieser Zeit von Kindern, Eltern und Großeltern.

Für mich war es der Zeitpunkt, der mein Leben seitdem in die Zeit davor und danach einteilt. Die gedruckten Geschichten sind das eine Ergebnis, das Bauerntöchter-Netzwerk, die jährlichen Treffen und die daraus entstandenen Freundschaften das andere.

Während die Bauerntöchter beim Schreiben ihrer Geschichten noch nicht wussten, wer denn sonst noch schreibt und noch weniger, was die anderen Frauen schreiben, gab es nach der Veröffentlichung jeweils ein Kennenlern-Treffen. In den Heimvolkshochschulen Hohebuch, Loccum und am Seddiner See bei Potsdam fanden die ersten Treffen statt – mit jeweils beeindruckenden Buchpräsentationen. Zunächst noch getrennt nach den einzelnen Bänden. Der Wunsch, auch die Bauerntöchter-Kolleginnen der anderen Regionen kennenzulernen, war geboren: Seitdem treffen wir uns jährlich an einem Novemberwochenende: Bauerntöchter aus der jeweiligen Region laden dazu ein und bereiten diese Treffen vor. Nach Aachen und Düsseldorf erkundeten wir das Allgäu, Ostfriesland, Hohenlohe im Württembergischen, das Kohrener Land in Sachsen, das Artland rund um Osnabrück, um dann wieder Großstadtluft in London und München zu schnuppern. Dazwischen haben wir bei unserer auf Teneriffa beheimateten Mitautorin Johanna schon zweimal Bäumchen gepflanzt. Das Jubiläumstreffen 2013 hat uns wieder zurück zu unseren Wurzeln geführt: auf das Land, an den Elbdeich bei Brackede. Und weiter gings über Lubmin am Ostseestrand, die Schwabenmetropole Stuttgart zur Altmärkischen Landpartie in Sachsen-Anhalt. Hille im Kreis Minden-Lübbecke war unsere letzte Station bevor wir uns in diesem Jahr zum 15-jährigen Jubiläum in meiner Heimat mitten in den Weinbergen auf dem Michaelsberg bei Cleebronn treffen werden.

Neue Freundschaften, diese Treffen mit unendlich vielen Telefonaten und E-Mail Nachrichten dazwischen, Besuche kreuz und quer durch die Republik, Lesungen in Altstadtkino oder Scheune, in Dorfgemeinschaftshäusern oder Museen, bei LandFrauen oder Literaturkreisen haben mein Leben und das Leben vieler anderer Bauerntöchter in den vergangenen Jahren bunter und reicher gemacht und lassen mich mit großer Dankbarkeit auf „15 Jahre Bauerntöchter" zurückblicken.

Mein Dank gilt allen Bauerntöchtern, die ihre Geschichten damals zu Papier brachten, ohne zu wissen, was daraus werden wird. Für diesen Mut, ihr Vertrauen und ihre Offenheit verdienen sie großen Respekt. Gemeinsam haben sie damit dieses Bauerntöchter-Projekt erst ermöglicht.

Ulrike Siegel
Oktober 2018

Friedl, Grafik-Designerin in Bayern

Bunt wie ein Pfauenauge

„Es war uns eine Freude, dieses bunte Flattertier wieder in die Freiheit fliegen zu lassen und zuzusehen, wie es davongaukelte.“

Ja, ich bin eine Bauerntochter. Vati hatte eine kleine Landwirtschaft in Niederbayern, Mutti einen Edeka-Laden. Vor allem in meiner Kindheit bin ich oft mit draußen auf dem Feld gewesen. Ich erinnere mich noch intensiv an meine Vorschulzeit, als Hopfenzupfen per Hand noch üblich war und wir für diese Zeit „Gäste“, das heißt Helfer, aus dem nahe gelegenen Ort mit Traktor und Anhänger holten. Sie blieben während des Hopfenzupfens bei uns. Plötzlich waren wir eine ganz große Familie: Aus sieben wurden an die zwanzig Personen; ich mochte das sehr gerne.

Mittags durften wir Kinder mit zum Hopfengarten. Auf Blechgeschirr wurden Knödel, Braten und Kraut verteilt. In der ersten Schulklasse – es war das letzte Jahr, in dem unser Vati Hopfen anbaute – zupften meine Zwillingsschwester und ich an einem Nachmittag einen ganzen „Mätzen“, das sind achtzig Liter. Dafür gab es „ein Bleche“, also eine Münze aus Blech, die am Zahltag eingelöst wurde.

An die rauen Hopfenblätter, die wir mit unseren zarten Kinderhändchen als sehr kratzig empfanden, erinnere ich mich noch genau. Manchmal hatte sich auf deren Rückseite etwas ganz Besonderes verfestigt: ein Hopfenkönig.

Dieses eigenartig geformte bräunliche Ding, die Schmetterlingspuppe, lösten wir vorsichtig vom Blatt, brachten es am Abend behutsam nach Hause und bewahrten es in einem kleinen Zigarrenkistchen auf. Täglich sahen wir nach, ob sich schon was getan hatte, und nach einiger Zeit hatte sich der seltsam geformte Gegenstand tatsächlich, wie durch Zauberhand, in einen prächtigen Schmetterling verwandelt. Ein Pfauenauge, wie Opa uns wissen ließ. Es war uns eine Freude, dieses bunte Flattertier wieder in die Freiheit fliegen zu lassen und zuzusehen, wie es davongaukelte.

Intensiv erinnere ich mich auch noch an die Zeit der „Ahn", wie die Ernte bei uns genannt wurde. Die heiße Zeit im August, in der das Getreide gemäht

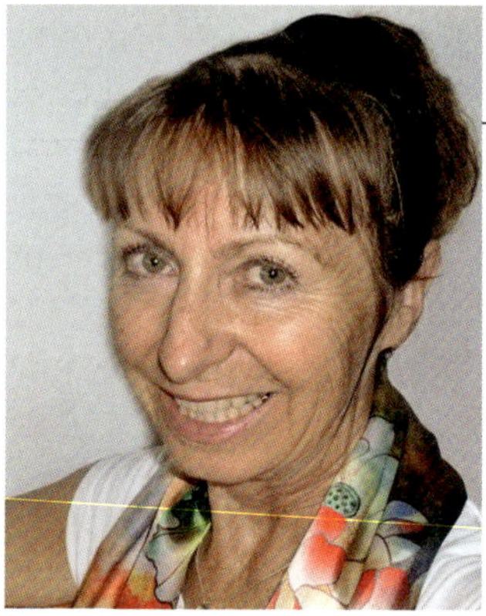

Das macht die Autorin heute

Friedl Zizlsperger

Nach wie vor lebe und arbeite ich in München. Und noch immer gibt es in meinem Arbeitsleben als Graphik-Designerin die hektische Zeit der „Ahn" (= Ernte) – und das nicht nur einmal im Jahr. Doch mit der Häufung dieser Extremphasen nimmt auch ihre Wichtigkeit ab. So macht es mir weiterhin Freude in meinem vielfältigen Beruf in einem jungen Team zu gestalten und mein vor langer Zeit eingeschlagener Weg fühlt sich weiterhin richtig an – und macht mich auch ein klein wenig stolz.

und das von der Sonne gelb gefärbte Stroh heimgefahren wurde. Eine Zeit mit sehr viel Hitze und Staub, eine Zeit, in der es oft um Minuten ging, um das Stroh vor dem drohenden Abendgewitter noch trocken heim in die Scheune zu bringen.

Meine Tante Rosa sehe ich noch deutlich – als wäre es letztes Jahr gewesen – mit hochrotem Gesicht auf dem hölzernen Anhänger stehen und die Strohbüschel aufeinanderstapeln, so dass sie gut verkeilt waren. Schwer beladen wurde der schwankende Wagen vom Feld gezogen – meist keine ungefährliche Heimfahrt über einen steilen Abhang, auf dem der Anhänger eine bedenkliche Schieflage einnahm. Wir hatten oft Angst, dass der Wagen umfallen würde, doch es ging immer gut.

Daheim in der Scheune ging es ans Abladen: Staub, Hitze, Staub. Staub in den Wimpern und den Nasenlöchern, die Luft staute sich, das Atmen fiel schwer. Sich beeilen, um die nächste Fuhre noch trocken heimzubekommen. Die Erwachsenen und auch wir Kinder, die die Stroh-Büschel zum Wagen trugen, waren an der Grenze ihrer Kraft. Genau an diese Situation erinnerte mich meine Mutti vor einigen Tagen, als ich in meinem jetzigen Beruf (ich bin Grafikerin und das seit über fünfzehn Jahren) extremsten Arbeitsstress hatte und an der Grenze meiner Kraft angelangt war: knappste Termine, Zeitdruck, Zwölf-Stunden-Arbeitstage über einige Wochen. „Wir haben uns damals auch sehr plagen müssen, denk dir einfach, es ist Ahn", sagte sie. – Das war mir ein Trost.

Und doch denke ich, es gibt einen Unterschied. Getreide zu ernten und Stroh einzufahren, das im Stall wieder als Streu dient, hat, in der Gesamtheit betrachtet, einen Sinn: wachsen, ernten, davon leben.

Meine jetzige Arbeit, auch wenn sie sehr kreativ sein kann, mir oft Spaß macht, ist doch meist nur das Gestalten von unwichtigem Werbematerial. Noch ein Produkt auf dem übervollen Markt. Oder ist es jetzt mit dem Anbau von Getreide das Gleiche? Überproduktion hier bei uns, obwohl es so viel Hunger auf der Welt gibt. Wie ist es mit dem Stroh? Verwendet das ein effektiv arbeitender landwirtschaftlicher Betrieb überhaupt noch? Vielleicht ist es längst durch topaktuelle, computergesteuerte Stallanlagen überflüssig geworden. Unsere kleine Landwirtschaft hat sich jedenfalls nicht mehr gerechnet. Und so sind unsere Felder nun an größere Bauernhöfe verpachtet.

So war meine Entscheidung für die Grafik eine gute – dem Dorfleben den Rücken kehren und einen ganz anderen Weg gehen. Etwas Künstlerisches wollte ich machen, etwas Vielfältiges und Buntes – bunt wie die Flügel des Pfauenauges.

Ulrike, Agaringenieurin in Baden-Württemberg

Die Geruchskontrolle

„... da ich zu der Zeit noch nicht im Stall helfen musste und peinlich genau darauf achtete, dass die Kleidung meines Vaters niemals in die geruchsübertragende Nähe zu meinen Schulkleidern kam."

Eins, zwei, drei, vier, fünf ... zehn. Meine neueste Erfindung, der Langeweile des unendlich erscheinenden Schulweges ein Schnippchen zu schlagen, fasziniert mich. Augen zu, kräftig in die Pedale des Fahrrades treten, langsam bis zehn zählen, Augen auf und jedes Mal aufs Neue gespannt sein, welch großes Stück des Weges doch „bis zehn" zu schaffen war. Selbstverständlich konnte ich der Versuchung nicht widerstehen, die Spannung zu steigern, indem ich mit geschlossenen Augen bis zwanzig zählte. Die weitere Steigerung auf dreißig endete jedoch abrupt an einem am Wegrand abgestellten Anhänger. Eine Narbe am Kopf blieb zur Erinnerung. Da sie sich gut unter den Haaren verstecken ließ, empfand ich das Erinnerungszeichen weit weniger dramatisch als so viele andere Zeichen, die mich über lange Zeit verfolgten. Die verhassten warmen Bleyle-Unterhosen etwa, die meine Mutter für den Schulweg im Winter für unabdingbar hielt, um eventuelle bleibende Nierenschäden prophylaktisch abzuwehren, und die mich in der Umkleidekabine der Sporthalle vor den Augen meiner Mitschülerinnen fast in den Boden versinken ließen. Auch die Zuckerrübenernte im Herbst, die den Weg zu unserem Aussiedlerhof alljährlich wiederkehrend in einen ackerähnlichen Zustand versetzte, hinterließ ihre unübersehbaren Spuren. Selbst wenn ich das Kunststück meisterte, ohne vom Fahrrad zu fallen bis zur Schule zu kommen, waren Hose und Schuhe bis dorthin von feuchter Erde überzogen, die sich in den folgenden Stunden zu einer Kruste verfestigte, um dann unter dem Schultisch langsam abzubröseln.

Damit war für alle sichtbar: Hier sitzt eine Bauerntochter. Dies war für mich ein schmachvolles Etikett, das die Grundschulzeit zu einem einzigen Spießrutenlauf machte. Alle Versuche meiner Mutter mich zu bestärken, dass das Bauerntochter-Sein etwas Besonderes sei und mich eigentlich mit Stolz erfüllen sollte, scheiterten an meinem Grundschullehrer. Er machte keinen Hehl daraus, dass er sich durchaus etwas Besseres hätte vorstellen können, als ein „Dorfschullehrer" zu sein. Ganz offensichtlich hasste er alles, was aus seiner Sicht ein Dorf ausmachte. Und der Inbegriff des dörflich Rückständigen waren für ihn die Bauern. Ich war jeden Tag aufs Neue froh, wenn es mir gelungen war, nicht als Bauerntochter aufzufallen. Die Sauberkeitskontrolle der Fingernägel und die Geruchskontrolle der Kleidung waren für mich noch nicht einmal die schlimmsten Schikanen. Diese Prüfung hatte ich ganz gut im Griff, da ich zu der Zeit noch nicht im Stall helfen musste und peinlich genau darauf achtete, dass die Kleidung meines Vaters niemals in die geruchsübertragende Nähe zu meinen Schulkleidern kam. Unerträglich jedoch waren die Minuten, in denen der Lehrer am Fenster stehend das örtliche Lagerhaus der Genossenschaft im Blick hatte und das Verhalten der Bauern kommentierte. Manches Stoßgebet ging damals zum Himmel: „Lieber Gott, hilf, dass nicht gerade jetzt mein Vater dort auftaucht." Unter diesem zutiefst erschütterten Selbstbewusstsein habe ich meine ganze Schulzeit hindurch still für mich gelitten. Es war mir so peinlich, dass ich zu Hause nie darüber reden konnte und diese Schmach, dem Dorfgesetz der Unantastbarkeit der Lehrer folgend, über mich ergehen ließ.

Meine Mutter war mit Leib und Seele Bäuerin, auch mein Vater hätte sich um keinen Preis vorstellen können, einen anderen Beruf zu ergreifen. Selbst in der Phase, als sehr viele Bauern im Dorf in den Nebenerwerb gingen und von den Fabriken im Umfeld mit offenen Armen aufgenommen wurden, war es für ihn nie eine ernsthafte Alternative zum Bauer-Sein. Stattdessen stellten meine Eltern damals Anfang der sechziger Jahre die Weichen anders und planten von der Hofstelle in der Dorfmitte heraus einen Aussiedlerhof, sowohl an der Gemarkungsgrenze als auch an der finanziellen Grenze. Damit war das Motto für die folgenden Jahre, die Jahre meiner Kindheit und Jugend und die meiner drei jüngeren Schwestern, festgelegt: Arbeiten und Sparen.

Viele Bilder sind mir geblieben.

Mein größter Wunsch war, wenigstens einmal den Feierabend meiner Eltern mitzuerleben. Bei meinen Freundinnen war der Feierabend die Zeit des Tages, auf die alle in der Familie warteten. Ihre Väter waren außerhalb der Landwirtschaft beschäftigt und bewirtschafteten allenfalls am Feierabend noch ein paar Felder oder Weinberge. Überall wurde auf den Feierabend gewartet, darauf, dass der Vater nach Hause kam, um dann noch dieses oder jenes zu tun. Mir war diese offensichtlich so schöne Zeit, auf die sich alle freuten, fremd. Es blieb mir völlig verborgen, wie denn meine Eltern den Feierabend gestalteten. Wir Kinder gingen nämlich immer ins Bett, während die Eltern noch im Stall waren. Die Mutter kam nur kurz, um zu schauen, ob wir unser Abendbrot gegessen hatten, und um mit uns zu beten. Wie habe ich mich gefreut, als es uns ausnahmsweise einmal erlaubt wurde aufzubleiben, um endlich das Mysterium Feierabend zu lüften. In den schönsten Bildern hatte ich mir ausgemalt, was sich alles dahinter verbergen könnte. Mit viel Fantasie hatte ich mit allem, was der Kühlschrank hergab, nämlich Leberwurst, Blutwurst und Essiggurken, ein tolles Feierabendfestessen gerichtet. Was dann folgte, war sehr ernüchternd. Meine Eltern kamen so spät aus dem Stall, dass ich Mühe hatte, bis dahin gegen meine Müdigkeit anzukämpfen. Endlich da, schliefen beide noch am Abendbrottisch ein. So hatte ich mir das nicht vorgestellt.

Das schönste Wetter, das ich mir vorstellen konnte, war strömender Regen, Sturm, Eiseskälte oder Ähnliches. Je schlimmer, desto besser. Kurz: Einfach ein Wetter, bei dem möglichst morgens schon klar war, dass man an diesem Tag das Haus nicht verlassen konnte. Dies waren die Tage, an denen meine Mutter ausnahmsweise zu Hause und nicht irgendwo auf dem Feld oder in den

Weinbergen war. Die Tage, an denen ich nicht nach der Schule das Essen aufwärmen und mit meinen Schwestern alleine essen musste. Die Tage, an denen ich nicht im Keller die alltäglichen fünf Körbe Kartoffeln als Schweinefutter von ihren Keimen befreien musste. Dabei habe ich weniger unter den mir aufgetragenen Arbeiten gelitten als unter dem Alleinsein. Die Einsamkeit unseres Hofes war mir unheimlich, und die Anweisungen meiner Eltern keine Tür zu öffnen und niemanden ins Haus zu lassen, verstärkten dies noch und ließen tausend Ängste in meinen Träumen herumgeistern. Außerdem war diese Anweisung völlig unpraktikabel. Meist waren wir Kinder nämlich nicht im Haus, sondern irgendwo im Hof oder Garten und alle Türen standen weit offen. Dies fiel mir immer dann ein, wenn ein Auto auf den Hof fuhr und ich meine Aufgabe darin sah, mit allen Mitteln zu verhindern, dass dieser potenzielle Einbrecher ins Haus gelangte. Mancher Vertreter von irgendeiner Landhandelsfirma hat sich wohl über mein wortkarges und kratzbürstiges Verhalten gewundert.

Im Abstand von zwei, sieben und zehn Jahren wurden meine drei jüngeren Schwestern geboren. Daher musste ich während meiner Schulzeit sehr wenig im Betrieb mithelfen. Meiner Mutter war es lieber, wenn ich zu Hause bis zum Abend die Küche sauber gemacht und meine jüngeren Schwestern versorgt hatte. Das beinhaltete bei meinen beiden jüngsten Schwestern in der ersten Phase das Wickeln und Fläschchen geben und später, als sie größer waren, das Abholen vom Kindergarten, was durch den weiten Weg eine nachmittagfüllende Aufgabe war. Ich war in der ersten Klasse, als ich nach einem schweren Unfall bewusstlos ins Krankenhaus eingeliefert wurde. Meine erste Frage, nachdem ich wieder das Bewusstsein erlangt hatte, war die nach der Uhrzeit. Auf die Antwort, dass es 16 Uhr sei, erklärte ich, dass ich dann schnellstens nach Hause müsse, da meine Schwester jetzt ein Fläschchen brauche.

Trotz aller Arbeit verstanden unsere Eltern es immer wieder, mit ganz einfachen Mitteln den Alltag zu unterbrechen. Unsere Sommerausflüge auf eine unserer Baumwiesen sind mir noch in all ihrer Farbigkeit in Erinnerung. Dort wurde gegrillt und gespielt. Mit unseren Eltern „Faul Ei", eine Variante von Fangen, zu spielen, war das Höchste. An solchen Tagen konnte ich sogar et-

Das macht die Autorin heute

Ulrike Siegel

Das Erscheinen der Bauerntöchter-Bücher vor 15 Jahren hat mein Leben komplett verändert: Die gedruckten Geschichten sind das eine Ergebnis, das Bauerntöchter-Netzwerk, die jährlichen Treffen und die daraus entstandenen Freundschaften das andere.
Heute lebe ich mit meiner Familie wieder nah bei meinen Wurzeln, arbeite für meinen früheren Ausbildungsbetrieb und eine Internationale Jugendaustauschorganisation, und toure mit den Bauerntöchter-Geschichten noch immer kreuz und quer durch diese Republik

was von dem nachempfinden, was meine Mutter wohl gemeint hatte, wenn sie von dem Glück redete, das wir angeblich hatten, so in freier Natur, mit großem Haus, riesigem Garten und Tieren aufzuwachsen. Der Wert einer Baumwiese zum Grillen und „Faul-Ei"-Spielen war tatsächlich unermesslich, wenngleich mir sonst auch ein bisschen weniger Natur um das Haus herum gereicht hätte, und auch auf die Kühe und Schweine mit ihrem verräterischen Geruch hätte ich zuweilen verzichten können.

Erst sehr viele Jahre später, nach der Schulzeit, begann ich mich langsam mit meinem landwirtschaftlichen Umfeld zu versöhnen und es sogar lieb zu gewinnen. Bedingt durch die schwere und aussichtslose Erkrankung meiner Mutter war es für mich nahe liegend, nach dem Schulabschluss zunächst auf dem Hof zu bleiben. Die Aussicht, dass ich nun den ganzen Tag Zeit hatte, um all dies zu tun, was ich bisher neben der Schule schon getan hatte, weckte in mir Feriengefühle. In der Berufsschule war ich plötzlich umringt von Bauerntöchtern. Von Bauerntöchtern, die den elterlichen Betrieb übernehmen wollten. Dreckige Fingernägel waren plötzlich kein Makel mehr, sondern geradezu ein Markenzeichen. Die Lehrer und sogar der Rektor beteuerten um die Wette, welchen Respekt sie vor den Bauernkindern hätten und welch guten Ruf die landwirtschaftlichen Klassen in dieser Schule hätten. Fleiß, Ausdauer, Verlässlichkeit, Verantwortungsbewusstsein, das waren die Attribute, durch die wir überall mit Vorschusslorbeeren empfangen wurden. Dass in dieser Schule viele Klassen aus dem Bankenbereich waren, erfüllte mich mit besonderer Genugtuung. Langsam aber stetig begann sich mein Selbstbewusstsein zu regenerieren. Auf die Frage, welchen Beruf ich denn erlernen würde, antwortete ich mit zunehmendem Stolz, dass ich Landwirtin werden wolle. Selbst Reaktionen darauf wie die, dass ich ja später noch was Rechtes lernen könne, konnten mein Selbstbewusstsein nicht mehr nachhaltig erschüttern.

Der Ehrgeiz hatte mich gepackt. Ich wollte es allen zeigen. Allen, die mich wegen meiner Herkunft verächtlich behandelt hatten. Ihnen wollte ich zeigen, dass Bauern keine stinkenden, rückständigen Trottel sind, sondern die überwiegende Mehrheit schon immer weit davon entfernt war, diesem Klischee zu entsprechen. Und dass sich unter den Bauern und Bäuerinnen, selbst in Stallklamotten, noch mindestens genauso viele Persönlichkeiten befinden wie unter den Menschen in Nadelstreifenanzügen und Designer-Kostümen. Zugegeben, der Zeitgeist kam mir bei diesem Vorhaben sehr zu Hilfe. Die Umweltbewegung in den siebziger Jahren, die Gründung der Grünen ließen in vielen eine Sehnsucht zur Natur erwachen. Und auch ganz ohne mein Engagement ergriffen selbst Anwalts- und Arztsöhne grüne Berufe wie Landwirt oder Gärtner. In der Zwischenzeit haben sich die meisten von denen längst über ein Studium an ein anderes Ufer gerettet, aber nichtsdestotrotz: Das Bild des Bauern in der Öffentlichkeit ist ein anderes geworden.

Ich habe es nie bereut, diesen Beruf ergriffen zu haben. Sicher ist mein Verständnis von der Bewirtschaftung eines Betriebes, mein Verständnis von der Rollenverteilung und überhaupt mein Verständnis von der Arbeit geprägt von dem, was ich in meiner Kindheit und Jugend erlebt und worunter ich oft gelitten habe. Geprägt auch vom frühen Tod meiner Mutter, die so vieles, was sie im Leben außer der Arbeit im Betrieb noch machen wollte, auf die Zeit verschoben hatte, wenn ihre Kinder mal aus dem Gröbsten heraus wären. Sie wurde krank, lange bevor die Kinder aus dem Gröbsten heraus waren, und ihr Leben war zu Ende, bevor sie auch nur etwas von dem machen konnte, wovon sie immer geträumt hatte. Dies war für mich eine solch eindrückliche Erfahrung und Warnung, dass sich für mich daraus der feste Entschluss ergab, all das, was mir wichtig ist, baldmöglichst zu tun und nichts auf später zu verschieben.

Vermutlich habe ich in den Jahren nach ihrem Tod ihre unerfüllten Wünsche gelebt. Ich habe die Ausbildungen im landwirtschaftlichen Bereich mit Meisterprüfungen abgeschlossen. Sie hatte immer darunter gelitten, keinen Berufsabschluss zu haben. Ebenso hatte sie immer wieder davon geträumt, noch etwas von der Welt zu sehen. Ich habe in der Zwischenzeit die Weltmeere schon einige Male überflogen und in Südamerika, Afrika und Indien Praktika gemacht. Erfahrungen, die ich nicht missen möchte und die in der Erinnerung wie Pfeiler am Wegrand stehen. Selbst meinen im Innersten schon immer gehegten Wunsch zu studieren, habe ich im Alter von dreißig Jahren noch verwirklicht. Nachdem meine zwei jüngsten Schwestern beide eine landwirtschaftliche Ausbildung abgeschlossen hatten und sich für eine von ihnen die Möglichkeit bot, unseren elterlichen Hof zusammen mit dem Hof ihres Mannes zu bewirtschaften, habe ich die Gunst der Stunde genutzt und mit einem Studium der Landwirtschaft meine Laufbahn in der praktischen Landwirtschaft beendet.

Obwohl dies nun schon einige Jahre zurückliegt, ist mein Leben noch immer geprägt von dem, was ich erlebt und erlernt habe. Die tiefe Erfahrung durch das Arbeiten mit der Natur ist für mich das Prägendste: das bewusste Leben mit den Jahreszeiten, das ständig wiederkehrende Erleben der Vergänglichkeit, die Erkenntnis, dass das Risiko im Leben nicht auszuschließen, letztlich nicht einmal einzugrenzen ist und selten da ist, wo es vermutet wird, das Wissen und Spüren vom Eingebundensein in größere Zusammenhänge.

Ich denke, all dies hat mir eine tiefe innere Ruhe und die Kraft zum Weiterleben gegeben, als mein Mann kurz nach der Geburt unseres zweiten Kindes starb. Mein Leben ist in so vielem anders verlaufen, als ich es mir vorgestellt und gewünscht habe. Ob es aber damit schlechter ist? Heute kann ich dies verneinen. Ich habe immer versucht, aus jeder Situation das Beste zu machen. Und sicher ist die Lebensschule als Bauerntochter nicht die schlechteste.

Ingrid, Krankenschwester in Georgia, USA

Blätter wie Elefantenohren

„Die Vögel singen und ich schaue mit Stolz auf die Elefantenohren, die ich im Frühjahr gepflanzt habe. Sie sind so groß wie ich …"

Während ich an meinem Computer sitze, fällt mein Blick auf die üppigen lila Blüten der Azaleenbüsche, die hier in Savannah überall blühen. Die vollen dunkelroten Blüten der Kamelienbäume vor meinem Fenster sind schon fast überreif. In ein paar Tagen werden sie welk sein. Die Atmosphäre ist subtropisch schwül. Palmenbäume wechseln sich ab mit riesigen Magnolien und immergrünen, uralten Eichenbäumen, von denen das spanische Moos in langen, schweren Fäden hängt. Ich liebe diese verwunschen anmutende Stadt Savannah in Georgia am südlichen Atlantik genauso sehr wie mein heimatliches Hohenlohe: Herrschaftliche Gebäude im Plantagenstil erinnern an eine glanzvolle Vergangenheit.

Das Leben im „coastal empire", wie diese Gegend hier genannt wird, ist meist gemächlich, besonders im Sommer, wenn die schwüle Hitze wie schweres Tuch tagelang über der Stadt hängt. Heftige Gewitter mit dramatischen Blitzen und kurzen, aber kraftvollen Regenfällen machen dann einer frischen Brise Platz, die vom nahen Meer kommt. Die in der Mehrzahl dunkelhäutigen Menschen sprechen einen weichen, schwerfälligen Dialekt, der in der Melodie dem heimatlichen hohenlohischen gleicht.

Nicht immer ist es heiß und die Winter hier sind ausgesprochen mild. Diese Jahreszeit mit ihrem wunderbar klaren Licht und den milden Brisen ist ideal für Unternehmungen. Mein Mann Ian und ich machen dann oft lange Radtouren am Strand. Pelikane, die in Kettenformation fliegen, scheinen von uns genauso fasziniert zu sein wie wir von ihnen. Wir radeln unter einer Wolke von aufgescheuchten Möwen und anderen Seevögeln. Es scheint, als gebe es nur uns und die Vögel, aber bei näherem Hinschauen kann man alle möglichen kleinen Meerestiere im seichten, klaren Wasser entdecken. Seesterne tummeln sich hier und verstecken sich vor den hungrigen Möwen, winzige Krebse huschen über den festen dunklen Sand und ab und zu sehen wir eine gestrandete Qualle, die in allen Farben schillert. Oft tauchen plötzlich Delphine auf. Sie schwimmen spielerisch und scheinen den Augenblick genauso zu genießen wie wir.

Wenn ich meinen Dienst antrete und in meiner immer frisch gebügelten Krankenschwesteruniform auf die Schiebetüre des Universitätskrankenhauses zugehe, tut sich eine andere Welt auf. Vorbei ist es mit Gemächlichkeit und Magnolienduft. Eine Welle fiebriger Geschäftigkeit schlägt mir entgegen. Es riecht nach Desinfektionsmitteln. Heute ist die Notaufnahme wie immer zum Bersten voll. Müde aussehende Mütter versuchen schreiende Kinder zu beruhigen und eine alte Frau übergibt sich in der Ecke. Um zu der Station zu kommen, auf der ich arbeiten werde, passiere ich die langen, kühlen Gänge. Ich bin als Springer beschäftigt, jeden Tag woanders. Ich sehe Miss Myrtle und ihren Mann auf dem Flur. Gestern war sie meine Patientin. Sie teilt mir freudestrahlend mit, dass die Geschwulst in ihrem Gehirn gutartig und behandelbar ist. Auch ihr Mann strahlt. Einer meiner Patienten heute ist Richard, ein großer junger Mann, der einen Schlaganfall im örtlichen Gefängnis erlitten hatte, nachdem er vollgepumpt mit Kokain festgenommen worden war. Richard ist fast vollständig gelähmt, kann nicht mehr sprechen und macht ins Bett. Er ist ein schwieriger Patient. Ich sehe die Wut und auch die Hilflosigkeit in seinen Augen. Eine Weile bleibe ich bei ihm, halte seine Hand und streichle seine Wange.

Die Arbeit ist hektisch und hart, aber auch befriedigend und abwechslungsreich. Auch wir haben einen großen Krankenschwesternmangel. Ich bin freie Mitarbeiterin und gehe immer dorthin, wo es am meisten brennt. Die Bezahlung ist sehr gut und ich kann arbeiten, wann ich will.

Nun habe ich frei und liege in meiner Hängematte. Ich schaue zu der riesigen Eiche empor, deren knorrige Äste ein natürliches Dach über den Hintergarten spannen. Es ist schattig und kühl. Kai und Lex, unsere beiden Hunde, liegen unter der Hängematte und schnarchen. Ab und zu zuckt eine Pfote. Ich schaue den flinken Eichhörnchen zu, die sich über mir ein Nest in die Äste gebaut haben. Es ist friedlich. Während ich so fast im Halbschlaf daliege, denke ich an meine Zeit in Amerika.

Amerika. Das war schon immer ein magisches Wort. Mir kommt in den Sinn, wie ich an meinem zweiundzwanzigsten Geburtstag Abschied nahm von meinen Eltern und mich in das Abenteuer Amerika stürzte. Das Abschiednehmen fiel schwer. Ich weinte schon auf dem Flughafen in Deutschland Tränen von Heimweh, war aber zugleich sehr aufgeregt und gespannt auf dieses fremde Land, von dem ich schon so viel gehört und gelesen hatte. Schon als Kind auf dem hohenlohischen Bauernhof war ich fasziniert von anderen Menschen und fernen Ländern. Damals benutzte ich Bücher als ein Gefährt, das mich in Sekundenschnelle in ein exotisches und fremdes Land bringen konnte. „Blauvogel", das Buch von Anna Jürgen, war eines meiner Lieblingsbücher. Ich las so oft die Geschichte von dem amerikanischen Siedlerjungen, der lange Zeit unter Irokesen lebte, dass ich mir selber fast wie ein Indianerkind vorkam und die Rhabarberblätter im heimatlichen Garten zu meinem Dschungel wurden. Meine Mutter erzählte mir später, dass ich schon als Sechsjährige vorhatte, unseren Nachbarn zu heiraten und nach Amerika auszuwandern. Na, mit dem Nachbarn hätte das wohl nicht geklappt, der war ja auch fünfunddreißig Jahre älter als ich, aber das Fernweh packte mich doch.

Ich habe sehr viele schöne Erinnerungen an meine Kindheit als Bauerntochter im Hohenloher Land. Schon damals liebte ich große Bäume. Vier einhundertjährige Kastanienbäume standen auf der gegenüberliegenden Straßenseite. Ich liebte das Rauschen der Blätter, die mich an vielen Abenden in den Schlaf wiegten. Im Frühjahr waren sie ein Meer von weißen, duftenden Kerzen; und im

Das macht die Autorin heute

Ingrid Stier

Im Alter von 43 Jahren bin ich nochmals auf die Universität und habe meinen Master in Nursing gemacht. Ich arbeite nun seit einigen Jahren als „Nurse Practitioner" in einer Praxis im Einzugsgebiet von Savannah. Die Kleinstadt ist noch recht ländlich und wir wohnen mitten im Wald, wo man wunderschön Fahrrad fahren kann.

Herbst spielten wir im feuchten, herben Laub. Überhaupt waren die Menschen und Tiere fest eingebunden in den Rhythmus der Jahreszeiten. Jedes Frühjahr wurde gesät und im Garten gepflanzt, es gab immer wieder junge Kätzchen und alles begann zu wachsen und zu blühen. Dann kam das Düngen und später das Heumachen. Im Sommer war dann Erntezeit, Sommerferien, und es gab kalte Mittagessen wegen der Hitze. Sofort ging es mit Riesenschritten dem Herbst zu mit den immer kürzer werdenden Tagen, den vielen bunten Blättern und den Herbstferien. Im Winter waren die Eltern meistens im Haus. Die Tage waren nass und kalt und wir freuten uns schon auf Weihnachten. Eine meiner allerliebsten Kindheitserinnerungen sind die Heiligabende.

Meine Mutter arbeitete meistens in der Küche, aus der immer ein wunderbarer Geruch kam. Es war meistens ein hektischer Tag. Am späten Nachmittag kam mein Vater immer mit einem frisch geschlagenen Tannenbaum. Manchmal hing sogar noch etwas Schnee in den Zweigen. Der Baum glänzte vor Nässe, die Nadeln waren glatt und spitz und der Geruch frisch, würzig und – kühl. Es war fast, als stünde man mitten im kalten, dunklen Wald und nicht in der warmen, gemütlichen Stube. Ich glaube, oft gefiel mir der frische, natürliche Tannenbaum besser als der geschmückte.

Das Jahr über spielten mein Bruder und ich meist draußen. An Puppen war ich nicht interessiert, verbrachte meine Zeit lieber mit unseren vielen Katzen, auch die kleinen Kälber mochte ich sehr. Wir fuhren oft Fahrrad und spielten „Hahhopfe" oder auch Heuhüpfen, wenn man es aus dem Hohenlohischen übersetzt. Einmal wollten wir am Samstagabend noch ins „Hah" hüpfen, nachdem wir schon gebadet hatten. Wir dachten, wenn wir unsere Badehauben aufsetzten, dann würden wir nicht dreckig. Genützt hat das aber nichts. Wir bekamen ein zweites Bad verpasst.

Ich war gerne mit meiner Mutter zusammen. Oft folgte ich ihr überall hin und schaute ihr beim Arbeiten zu, und wir unterhielten uns stundenlang über alles Mögliche. Meistens kam ich erst am frühen Nachmittag von der Schule zurück, nachdem alle anderen schon zu Mittag gegessen hatten. Dann setzte sich meine Mutter sehr oft zu mir, damit ich nicht alleine essen musste, und ich berichtete ihr von meinem Schultag im Künzelsauer Gymnasium.

Wie es in Hohenlohe oft vorkam, lebten mehrere Generationen unter einem Dach. Das ging nicht immer ohne Konflikte ab und ich denke heute, dass ein bisschen Abstand und Freiraum besser sind. Ich komme mit meiner Schwiegermutter recht gut aus, aber mit ihr leben möchte ich nicht. Konflikt wäre da schon vorprogrammiert.

Meine Oma Emma war eine großartige Geschichtenerzählerin. Sie konnte stundenlang von „Gestern" erzählen. Ich bekam nie genug von ihren Geschichten und sie musste die gleichen Anekdoten immer wieder zum Besten geben. Eine meiner Lieblingsgeschichten ist die, als sie 1924, als Vierzehnjährige, nach langem Betteln endlich ein Fahrrad bekam. Sie und ihr Vater holten zwei Räder aus der nächsten Kleinstadt ab. Oma konnte schon Fahrrad fahren, sie hatte es auf dem Rad einer Freundin gelernt, und so fuhr sie voller Freude und Stolz neben ihrem Vater her. Je näher sie dem Dorf kamen, desto langsamer wurde ihr Vater und desto größer wurde der Abstand zwischen ihnen. Sie radelte zurück und fragte ihn, warum er denn so langsam werde und er antwortete ihr: „Weil ich mich schäme, dass du als Mädchen Rad fährst." Meine Oma und ich haben immer recht kräftig über solch einen Unsinn gelacht und auch heute muss ich manchmal schmunzeln, wenn ich daran denke, während ich auf meinem Rad sitze.

Landwirtschaft und Landwirtschaftspolitik waren ein zentrales Thema am Mittagstisch, wenn die ganze Familie zusammen war. Hatten wir Gäste, dann gab es oft hitzige Diskussionen, die ich als Kind sehr liebte. In meiner Kindheit und Jugendzeit sah ich das Bauer-Sein oft mit gemischten Gefühlen. Es war immer klar, dass mein Bruder einmal der Hofnachfolger werden würde. Meine kleine Schwester und ich sollten aufs Gymnasium gehen und eventuell einmal studieren. Ich stellte diesen Plan als Kind nie infrage und dachte nicht daran, Bäuerin zu werden. Meine Eltern erwarteten keine Mitarbeit von mir auf dem Hof, ich sollte mich auf die Schule konzentrieren. Ich lernte leicht und schnell, die Schule machte Spaß.

Das Leben auf dem Hof gefiel mir. Ich hatte ein inniges Verhältnis zu Tieren und Pflanzen, das habe ich auch heute noch. Körperlich harte Arbeit scheue ich nicht. Ich glaube, ich wäre auch eine recht gute Bäuerin geworden. Mich erstaunte schon als Kind und Jugendliche oft, wie viele Bauern ihren eigenen Stand abwerteten. Meine Eltern waren da eher eine Ausnahme, denn man sah es besonders meinem Vater an, dass er gerne ein Bauer und auch erfolgreich war.

Doch als Jugendliche erschien mir das vertraute Dorf immer enger und enger. Ich fühlte mich oft gegängelt von Traditionen und Sitten, die mir als Kind Stabilität und Vertrauen gegeben hatten. Alles schien vorgeschrieben und ich hasste den Ausspruch: „Was sagen da die Leut!“ Fernweh packte mich. Ich hatte vor, bald nach dem Abitur in die Stadt zu ziehen und zu studieren. In diesem Stadium jugendlicher Rebellion erschien alles Fremde viel besser als das Altbewährte.

Als ich achtzehn war, lernte ich meinen ersten Mann kennen, einen Amerikaner. Ich war nicht nur von ihm fasziniert, sondern auch von der fremden Sprache und Kultur. Einige Jahre zuvor waren meine Eltern in Amerika gewesen und hatten seither hemmungslos davon geschwärmt. Ohne mir das reiflich zu überlegen, falls man das in diesem Alter überhaupt kann, entschied ich mich kurz vor meinem zweiundzwanzigsten Geburtstag meinen Amerikaner zu heiraten und mit ihm nach Amerika auszuwandern.

Hin und her gerissen von Abenteuerlust und Heimweh stieg ich ins Flugzeug, um mein neues Leben in Amerika zu beginnen. Allerdings sorgte ich dafür, dass ich immer genügend Geld hatte, um jederzeit einen Flugschein zurück in die Heimat kaufen zu können. Ich flog zuerst nach Kansas City, dort stieg ich um in ein winziges Flugzeug, um zwei weitere Stunden über den Mittleren Westen nach Manhattan, Kansas zu fliegen. Ich saß in der Maschine und schaute freudig, aber auch nervös nach unten. Nichts. Man sah kaum eine Straße, nur ab und zu mal eine kleine Stadt oder eine Farm, dann wieder ganz lange – nichts. Sogar mir Bauerntochter erschien das zu ländlich. Endlich landete ich in Manhattan, Kansas, wo mein zukünftiger Mann auf mich wartete.

Die erste Zeit in Amerika war recht hart. Auf der einen Seite war ich sehr fasziniert von der Weite und Größe des Mittleren Westens. Ich hatte noch nie eine Prärie gesehen und nun erstreckte sie sich scheinbar endlos vor meiner Haustüre. Alles hatte einen Hauch von Wildem Westen, der noch gar nicht so lange vorüber war. Auf der anderen Seite war das Eingewöhnen nicht leicht. Ich hatte Verständigungsprobleme und viele der hier alltäglichen Dinge waren mir unbekannt. Heimweh bekam ich auch bald. Mit dieser Mischung aus Abenteuerlust und Angst machte ich mich auf, Amerika für mich zu erobern. Ich setzte mir jeden Tag ein Entdeckungsziel. Es ging immer besser und die Anfangsängste verschwanden bald.

In den nächsten Jahren lebte ich in Kansas, Philadelphia und Oklahoma und schließlich hier in Savannah, Georgia. Über jede Station ließen sich ausführliche Geschichten erzählen. Besonders ans Herz gewachsen ist mir Oklahoma mit seiner ungeheuren Weite. Der Himmel scheint endlos. Ich traf auch endlich die ersten richtigen Indianer, die mich als Erwachsene genauso beeindruckten wie als Kind. Ich gewöhnte mich an die unkomplizierte, offene Art vieler Amerikaner. Fast alles scheint möglich und machbar. Ich sah viele Menschen, die auf ganz verschiedene Arten lebten. Nichts schien vorgeschrieben oder bestimmt. Mit dreißig fing ich ein Universitätsstudium an, das ich mit wesentlich mehr Reife und Erfolg betrieb als das Studium in Deutschland zehn Jahre zuvor.

Während dieser Zeit trennte ich mich auch von meinem ersten Mann. An diesem Wendepunkt überdachte ich meine Entscheidung in Amerika zu leben sehr bewusst und sorgfältig. Ich war einige Male in Deutschland auf Besuch gewesen und konnte so das eine mit dem anderen vergleichen. Ich entschied mich ganz bewusst für ein Leben in den Vereinigten Staaten. Ich habe in Amerika einfach mehr persönliche Freiheit, als ich sie in Deutschland hätte. Ich besuche die alte Heimat und vor allem meine Familie gern und oft, aber ich glaube nicht, dass ich dort wieder leben könnte.

So, nun ist es aber an der Zeit, mich aus der Hängematte zu erheben. Zeternde Eichhörnchen, die einen Blue Jay vertreiben, haben mich aus meinem besinnlichen Nachdenken über die letzten fünfzehn Jahre gerissen. Die Vögel singen und ich schaue mit Stolz auf die Elefantenohren, die ich im Frühjahr gepflanzt habe. Sie sind so groß wie ich und ihre dunkelgrünen Blätter sehen fast aus wie, ja eben wie Elefantenohren. Ian, mein zweiter Mann, kommt bald heim und wir werden zusammen kochen – Schweinebraten und Spätzle.

Anita, Bäuerin in Hessen

… UND WAS WILLST DU WERDEN?

„Der Schnee, der an meinen Stiefeln klebte, fing an zu schmelzen und hinterließ schmutzige kleine Wasserlachen auf dem Stragula-Boden."

Ungeschickt drückte ich mit dem dicken Daumen des Fausthandschuhs auf die Klingel am verglasten Vorbau des Fachwerkhauses und wartete.

Überall lag Schnee, es war eisig kalt trotz der hellen Nachmittagssonne, die die Augen blendete und dann und wann von einer kleinen Wolke verdeckt wurde. Eine Amsel balancierte auf dem Geländer des riesigen Balkons und hinterließ ein graziöses Muster auf dem reinen Schnee.

Unten am Fuß der Steintreppe stand mein Holzschlitten mit einem alten, zerfaserten Pressseil zum Ziehen.

Hatte ich Vater nicht bitten wollen, mir ein schönes neues Seil zu geben? Ich schämte mich ein wenig, dass ich nicht den Mut gehabt hatte, danach zu fragen, aber war es nicht Vergnügen genug, den vereisten Hohlweg am Berg hinabzusausen?

Ich wusste, Vater arbeitete im Holzwald, entfernt konnte man das Brummen der Motorsäge hören, und wenn er nach Hause kam, war er zufrieden, aber auch erschöpft und hatte die Stallarbeit noch vor sich.

Gewiss würde Regine eine abfällige Bemerkung machen über das schäbige Seil und vielleicht auch über meinen geliebten Kaninfellmantel, der dick und warm war, der aber hinten einen „Mutz“ hatte, weil meine große Schwester sich daran im Spaß manchmal festhielt, wenn wir den Berg zum Schlittenfahren hochstapften.

Entschlossen wendete ich mich wieder der Haustür zu, zog den Handschuh aus und drückte erneut auf die Klingel. Diesmal konnte ich ein schrilles Läuten hören und kurz darauf kam Frau Stock an die Tür und schloss auf, als sie mich durch das vereiste Glas erkannte.

Das macht die Autorin heute

Anita Böhm-Krutzinna

Lehrerin wäre ich wohl nie geworden, wurde mir später klar, dazu war meine Stimme nicht stark genug. Nach dem Abitur lernte ich meinen späteren Mann kennen und zusammen bewirtschaften wir unseren Biobauernhof. Die Arbeit war fordernd, aber nie langweilig. Heute sind wir im letzten Jahr unserer landwirtschaftlichen Karriere angekommen. Im nächsten Jahr werden wir unsere Felder und Wiesen verpachtet und unsere letzten Rinder verkauft haben. Wir schauen auf arbeitsreiche, auf schwere und gute Jahre zurück und freuen uns darauf — hoffentlich gesund und lebensfroh — noch viele gelassene und schöne Jahre vor uns zu haben.

„Das ist aber schön, dass du uns besuchen kommst", sagte sie freundlich und hielt mir die Tür zum Flur auf.

Wie immer wunderte ich mich darüber, dass Frau Stock die Haustür wieder zuschloss, denn daheim war die schwere Haustür aus Eiche nur nachts verschlossen, und wie oft hätte sie auf- und zugeschlossen werden müssen, wenn die Eltern, meine Tante, die Großmutter, der Knecht Hans und meine Schwester hinein- und hinausgingen.

Ich tappte in den dunklen Flur und fragte: „Wo ist denn Regine? Ich möchte sie zum Schlittenfahren abholen."

Regine hatte mich wohl gehört und kam aus der Tür, die zur Schusterwerkstatt ihres Vaters führte. Ein Schwall warmer, nach Leder und Wachs riechender Luft schlug mir entgegen und ich konnte undeutlich erkennen, dass Regine ein helles, fast sommerliches Kleid anhatte und ihre Haare zu Zöpfen geflochten waren.

„Komm doch in die Küche, dort können wir spielen", sagte sie. In der Küche war es warm und ordentlich, es roch ein wenig nach Rosenkohl vom Mittagessen, aber alles war aufgewischt und auf dem Tisch lag eine frische baumwollene Tischdecke.

Die Handtücher neben der Spüle waren hinter einem wunderschönen Vorhang versteckt, auf dem mit blauem Kreuzstich „Trautes Heim – Glück allein" aufgestickt war.

Frau Stock setzte sich in den Korbstuhl neben dem Fenster und holte aus einem Nähkästchen eine Häkelarbeit heraus.

Regine zog mich in die linke Ecke, wo ein Puppenhaus aufgebaut war. Der Schnee, der an meinen Stiefeln klebte, fing an zu schmelzen und hinterließ schmutzige kleine Wasserlachen auf dem Stragula-Boden. Mir wurde unbehaglich warm in meinen dicken Wintersachen, die langen Haare unter meiner Pudelmütze begannen zu kleben und mein Gesicht lief rot an.

„Wollen wir nicht lieber Schlittenfahren, draußen ist es Klasse", drängte ich sie, obwohl ich wusste, dass Regine meine Worte auf dem Flur gehört haben musste.

Regine nahm eine kleine Puppe aus dem Puppenhaus, als hätte ich nichts gesagt, sah sie kritisch an und flüsterte mir stolz mit einem raschen Blick auf ihre

Mutter zu: „Zu Weihnachten bekomme ich eine neue Puppe, so groß wie ein richtiges Baby. Ich hab' sie schon in Mutters Kleiderschrank gefunden."

Verständnislos schaute ich sie an und zischte: „Dann musst du ja im Unterricht bei der Pickenhahn ganz riesige Teile häkeln!" Ich hielt es für einen großen Vorteil, nur eine pummlige Gummipuppe zu haben, die kleiner als mein Schulranzen war. Da ich mit rechts ungeschickt war, fiel mir das Schreiben, vor allem aber das Handarbeiten sehr schwer. Wie groß war meine Enttäuschung gewesen, als ich in der Schule, die gleich neben Stocks Haus stand, nicht mehr mit der linken Hand schreiben durfte. Herr Mielke, unser Lehrer, war sehr streng.

„Wenn ich groß bin, werde ich Schneiderin", verkündete Regine jetzt laut und wechselte einen Blick des Einverständnisses mit ihrer Mutter. „Ich mache dann Kostüme und Spitzenblusen und muss mir die Hände nicht schmutzig machen."

Automatisch sah ich auf meine unbehandschuhte Hand und entdeckte schwarze Ränder unter meinen Fingernägeln. Schnell schloss ich die Hand zur Faust, damit niemand sie sehen konnte.

„Und was willst du werden?", gurrte Frau Stock aus ihrem Stuhl. Blitzschnell schossen mir Bilder durch den Kopf: Wie ich mit Vater abends im Stall vor den Kühen auf dem Heu gesessen hatte, wie er sein blankes Taschenmesser aufgeklappt und wir einen Apfel geteilt hatten, wie ich den roten Kälbchen Milch vorgehalten und sie ungestüm den Eimer ausgetrunken hatten, wie ich im Herbst auf dem Wagen mit den letzten Kartoffeln gesessen hatte und die Sonne so goldensüß untergegangen war.

Mir fiel ein, wie Vater mich gelobt hatte, dass ich den Traktor bei der Rübenernte schon fahren konnte, und welch friedliche Stille mich bei der Gartenarbeit überkommen hatte. Ich dachte aber auch an lausiges Steinesammeln auf dem Bergacker oder das Stapeln der pieksenden, schweren Strohballen oben auf dem Stallboden bei glühender Hitze.

Frau Stock sah mich lächelnd an, aber entdeckte ich da nicht in ihren Augen eine Spur von Spott? Hatte mir Mutter nicht erzählt, sie hätte von einer Freundin gehört, Frau Stock würde alles, was ich sagte, im Dorf weitererzählen und sich darüber lustig machen? Und hatte Frau Stock nicht ein uneheliches Kind – „und dann noch von einem Amerikaner“ –, Regines älteren Bruder Georg?

Plötzlich war ich voller Misstrauen und konnte nicht erzählen, dass ich werden wollte wie mein Vater: ruhig, arbeitsam und froh; dass mir vor allem die Arbeit mit den Tieren gefiel und auch das Schlepperfahren. Nein, hier war Ehrlichkeit fehl am Platz.

„Ich will Lehrerin werden“, sagte ich und wählte damit das Zweitbeste, „und jetzt gehe ich Schlittenfahren.“

Kerstin, Biologin aus Hessen

Wunde Beine und wilde Geburtstage

„Nach solch mühsamen Tagen waren die Beine aufgeritzt von den trockenen Halmspitzen, die aus den Heu- und Strohballen herausragten."

Denke ich an meine Kindheit, fällt mir immer ganz spontan die Arbeit im Sommer auf den Stoppelfeldern und Wiesen ein. Dort mussten wir Kinder am meisten helfen. Dennoch war es auch sehr schön, im Gras zu liegen und die Wolken zu beobachten, wie sie langsam vorüberzogen und dabei ihre Form und Gestalt veränderten.

Ich wurde an einem sehr kalten Oktobertag im Jahre 1966 als drittes Kind geboren. Mein Vater hat sich damals angeblich sein Rheuma in den Schultern geholt, da er die ganze Nacht im Flur verbrachte, während meine Mutter in den Wehen lag. Eigentlich wollte meine Mutter immer zehn Kinder haben, aber mit fünf gesunden Kindern innerhalb von acht Jahren war sie dann doch vollkommen ausgelastet.

Natürlich war es herrlich, mit so vielen Geschwistern aufzuwachsen. Wir hatten immer jemanden zum Spielen und auch zum Streiten. Unsere Eltern hatten fast nie Zeit für uns. Ich kann mich eigentlich nicht erinnern, dass uns meine

Mutter oder mein Vater eine Gute-Nacht-Geschichte vorgelesen hätten. Dafür hatte unser Großvater etwas mehr Zeit für uns. Wir durften am Sonntagmorgen in sein Bett klettern und hörten gespannt zu, wenn er Geschichten von früher erzählte.

Mit den Großeltern zusammen lebten wir in einem kleinen Fachwerkhaus aus dem 17. Jahrhundert. Teilweise schliefen drei Geschwister zusammen auf einem Zimmer. Aber das hatte auch seine schönen Seiten. So konnte ich mit meiner jüngeren Schwester bis tief in die Nacht hinein kleine Zettel schreiben, die wir an eine Leine geklammert quer durch das Zimmer zogen.

Meine Schwestern und ich mussten schon sehr früh bei der Arbeit im Haus und im Garten helfen, wohingegen meine Brüder eher im Stall bei den Tieren waren und Traktorfahren lernten. Unser Hof war immer vollgestellt mit Traktoren und Maschinen. Wir versuchten, das Beste daraus zu machen. Für die anderen Kinder waren der Hof und die Scheune ein richtiger Abenteuerspielplatz. Wir dagegen haben uns eine Wiese um das Haus gewünscht.

Unsere Mutter war mit sechzehn Jahren auf diesen Bauernhof gekommen, der ihrem Onkel und ihrer Tante gehörte. Die hatten ihren einzigen Sohn im Zweiten Weltkrieg in Russland verloren. Er wurde nur siebzehn Jahre alt. Damals war es völlig normal, dass Kinder innerhalb der Verwandtschaft „ausgetauscht" wurden. Und die Kinder selbst waren die Letzten, die dazu um ihre Meinung gefragt wurden. In erster Linie ging es darum, den Hof zu erhalten, um die eigene Altersversorgung zu sichern.

Unser Vater war immer sehr streng mit uns und wollte doch eigentlich nur, dass wir es einmal besser haben sollten als er in seiner Kindheit. Er musste schon mit zwölf Jahren als ältester von drei Brüdern die Felder bewirtschaften, nachdem sein Vater mit einundvierzig Jahren an der russischen Front als vermisst gemeldet worden war.

Unsere Eltern haben den ganzen Tag auf dem Hof, im Stall oder auf dem Feld gearbeitet. Wir Kinder sind irgendwie mittendrin groß geworden.

Die Scheune war der zentrale Arbeits- und Lagerungsort im ganzen Jahr. Zum einen waren hier die Stallungen für das Milchvieh und für die Bullen und zum anderen wurden je nach Jahreszeit die Ernteerträge gelagert.

Im Laufe des Sommers wurde die Scheune nach und nach mit unendlich vielen Ballen aus Heu und Stroh bis unter das Dach voll gesetzt. Das war besonders anstrengend, da jeder Ballen viermal in die Hand genommen wurde. Zuerst mussten wir Kinder die Ballen zusammentragen, damit sie unser Vater auf den Ladewagen gabeln konnte. Dort halfen wir unserer Mutter beim Aufsetzen der Ballen, wobei mindestens sieben Lagen über den obersten Rand des Ladewagens hinausragten. Zu Hause wurden die Ballen wieder auf ein Förderband gelegt, das sie in die obersten Etagen der Scheune transportierte. Die Heu- und Strohballen wurden dann bis in die letzten Schlupfwinkel der Scheune verstaut. Nach solch mühsamen Tagen waren die Beine aufgeritzt von den trockenen Halmspitzen, die aus den Heu- und Strohballen herausragten. In Verbindung mit Wasser und Seife brannte die wunde Haut besonders intensiv, und es dauerte Tage, bis die Beine abgeheilt waren. Aber wie sollte sich die Haut erholen, wenn man am nächsten Tag wieder mit auf das Feld musste. Hinzu kam noch, dass sich die anderen Freunde im Schwimmbad verabredeten, während wir auf dem Feld schwitzten. Das waren mit Abstand die schlimmsten Tage. Da half eigentlich nur die Flucht in eine Traumwelt. Wie herrlich könnte das Leben doch sein, wenn man einem reichen und schönen Mann begegnen würde, der genug Geld hätte, so dass weder ich noch meine Familie weiterhin so viel arbeiten müssten. Warum sollte nicht auch einer Bauerntochter ein Prinz begegnen, wie dem Aschenputtel im Märchen der Gebrüder Grimm. Aber im nächsten Moment war die Seifenblase schon wieder geplatzt, und man musste das Heu zusammenrechen. So ging der Sommer zu Ende, ohne dass man seinen Prinzen gefunden hatte und die Dauerkarte für das Freibad ausnutzen konnte.

Nach den Sommerferien fing das neue Schuljahr mit Schrecken an, wenn im Deutschunterricht ein Aufsatz über die Erlebnisse in den Ferien geschrieben werden sollte. Was hatten wir denn schon Interessantes erlebt?

Dann kam der Spätsommer mit der Getreide-Ernte. Unser Vater war von frühmorgens bis in die Nacht hinein mit dem Mähdrescher auf dem Feld. Meistens passierte es dann auch noch, dass der Mähdrescher kaputtging und mein Vater ihn stundenlang reparieren musste. Manchmal bewunderte ich ihn, da er nicht nur die Landwirtschaft organisieren musste, sondern auch die Mechanik der ganzen Geräte verstand. Auf dem Hof wurde bis spätabends das Getreide vom Anhänger in die Silos zum Trocknen geblasen. Dabei waren wir Kinder wieder im Einsatz und mussten die Getreidewagen leer fegen. Ein besonders schlimmes Erlebnis war, als sich unser Onkel dabei schwer verletzte.

Meine jüngere Schwester und ich waren auf einem Wagen mit Getreidekörnern und versuchten mit einem Plastikschälchen Marienkäfer einzufangen. Plötzlich verschwand das Schälchen mit den Marienkäfern in der Menge der Getreidekörner. Der Wagen stand schräg und an der Seitenwand war eine Luke offen, durch die das Getreide hinaus in einen Trichter fiel. Mit einer Förderschnecke wurden die Körner hinauf in das Silo transportiert. Wir

Das macht die Autorin heute

Kerstin Busch

Ich bin jetzt 51 Jahre alt, habe mittlerweile drei Kinder und bin glücklich verheiratet. Beruflich habe ich mich verändert. Seit 13 Jahren arbeite ich beim Hessischen Landeskriminalamt als Sachverständige für forensische DNA-Analysen.
Mit meinen zwei Schwestern verbringe ich viel Zeit im Wald zum Kräuter- und Pilzesammeln sowie im Garten und sogar wieder auf dem Acker, um Gemüse anzubauen. Die Verbundenheit mit der Mutter Erde ist geblieben und damit erleben wir immer wieder ein Stück unserer Kindheit.

sahen nur noch, wie das Schälchen durch die Luke verschwand und in dem mit Körnern gefüllten Trichter zu verschwinden drohte. Mein Onkel stand gerade draußen, um aufzupassen, dass nicht zu viele Körner außerhalb des Trichters in den Hof fielen. Als er uns schreien hörte, dass wir das Schälchen verloren hätten, versuchte er es aus dem Trichter zu retten. Dabei griff er direkt hinein, ohne daran zu denken, dass in der Tiefe die Förderschnecke arbeitete. Dann geschah das Schreckliche. Die Förderschnecke hatte plötzlich seine Finger erfasst. Blitzschnell zog er seine Hand aus dem Gewinde der Förderschnecke und sah, dass bei zwei Fingern die ersten beiden Glieder fehlten. Wir Kinder waren so erschrocken und fassungslos, dass wir nur stumm und verängstigt dabeistanden. Mein Onkel dagegen war relativ ruhig – wahrscheinlich stand er unter Schock. Ich kann mich noch sehr gut erinnern, dass er sich selbst ein Handtuch holte, seine Hand damit umwickelte und selbst beim Notarzt anrief. Dann ging alles sehr schnell. Er kam ins Krankenhaus und wurde operiert. Nach einem langwierigen Heilungsprozess konnte er aber wieder in seinem handwerklichen Beruf arbeiten. Er hat uns nie Vorwürfe gemacht, sondern war froh, dass wir Kinder nicht versucht hatten, das Schälchen mit den Marienkäfern zu retten.

Im Herbst kam die Erntezeit für Kartoffeln und Futterrüben. Zum Glück hatten unsere Eltern zusammen mit anderen Bauern Erntemaschinen für die Kartoffeln und Futterrüben. In dieser Zeit war immer viel los, denn die Bauern halfen sich gegenseitig bei der Ernte. Wir Kinder mussten meistens auf dem Acker die restlichen Kartoffeln einsammeln. Zu Hause wurden sie dann lose oder in Säcken im Keller verstaut. Eine besondere Attraktion für das Dorf war es, wenn die Kartoffeldämpfmaschine kam. Sie stand abwechselnd auf jedem größeren Bauernhof. Den ganzen Tag über wurden die Kartoffeln gedämpft und anschließend in einem Silo eingestampft. Das war eine sehr heiße und gefährliche Arbeit. Wir Kinder konnten uns tagsüber an den gedämpften Kartoffeln satt essen und mussten abends den Hof reinigen. Manchmal kamen Lehrer mit ihren Schulklassen vorbei, und mein Vater zeigte ihnen die Verarbeitung der Kartoffeln zu siliertem Schweinefutter für den Winter. Die Ernte der Futterrüben war fast gleichzeitig. Die Erntemaschine trennte die Rüben von ihren Blättern, die zunächst wieder auf den Acker fielen. Wir liefen hinter der Erntemaschine her, um heruntergefallene Rüben wieder aufzuheben. Die Blätter wurden anschließend auf Wagen gegabelt und als Futter für die Kühe und Schweine verwertet. Zu Hause wurden die Rüben auf ein Förderband gelegt und in die Kellergewölbe der Scheune transportiert. Wir saßen in dem Keller auf dem Rübenhaufen und verteilten die Rüben bis in die letzten Winkel. Das war besonders anstrengend, weil es immer enger wurde und man tiefer in die Hocke gehen musste. Trotzdem war es auch eine schöne Zeit, denn abends saßen alle, die geholfen hatten, zusammen und feierten die Ernte.

Mein Geburtstag fiel meistens in die Zeit der Rübenernte. Auch wenn Geburtstage im Sommer wegen des schöneren Wetters vorteilhafter sind, so kann ich mich dennoch an herrlich wilde Geburtstagsfeiern erinnern. Wir konnten viele Freunde einladen und durften im ganzen Haus herumtoben. Ich schnitzte für meine Gäste „Dickwurzmännchen" aus den Rüben, in die eine Kerze gestellt wurde. Nach dem Abendessen zogen wir durch die Straßen und hielten unsere leuchtenden Männchen an die Wohnzimmerfenster der Dorfbewohner.

Dann wurde es plötzlich nass und kalt. Der Winter war da. Es war nicht viel zu tun auf dem Hof, außer dem täglichen Helfen beim Füttern und Ausmisten der Ställe von Schweinen, Kühen und Hühnern. Wenn genügend Schnee lag, sind wir den ganzen Tag Schlitten gefahren. An unseren Kleidern und Schuhen war der Schnee festgefroren, und wir kamen erst nach Hause, wenn es dunkel wurde. In der mollig warmen Waschküche tauten wir langsam wieder auf.

Allmählich wurden die Tage länger und wärmer. Der Frühling kündigte sich an. Es begann wieder ein neues arbeitsreiches und spannendes Jahr.

Heute bin ich als promovierte Biologin in dem onkogenetischen Labor einer Universitätskinderklinik tätig und beschäftige mich mit krebserzeugenden genetischen Veränderungen. Zu meinem Aufgabengebiet gehört die molekulargenetische Untersuchung von Chromosomen-Translokationen bei Leukämien und Non-Hodgkin-Lymphomen, einer bösartigen Erkrankung des Lymphdrüsen-Systems im Kindesalter. Vor vier Jahren habe ich meinen Mann verloren, der an einer sehr aggressiven Form der Non-Hodgkin-Lymphome erkrankte. Zu dieser Zeit war ich mit unserem ersten Kind im siebten Monat schwanger. Heute frage ich mich oft, woher ich damals die Kraft und Energie hatte weiterzuleben. Vielleicht liegt es auch an der „harten" Kindheit, die meinen natürlichen Selbsterhaltungstrieb und Kampfgeist unbewusst gefördert haben könnte. Mittlerweile lebe ich mit einem neuen Partner zusammen. Wir haben ein zweites Kind bekommen und sind eine richtige Familie geworden.

Gerda, Bäuerin aus Hessen

Der Zettel auf dem Küchentisch

„Den Zettel hatte meine Mutter für mich geschrieben. Die Nachricht war immer die gleiche …“

Den Zettel, der auf dem Küchentisch lag, wenn ich mittags aus der Schule kam, habe ich nie leiden können. Es bedeutete nichts Gutes, wenn er dalag. Es bedeutete, dass ich alleine zu Mittag essen musste, es bedeutete, dass mein Nachmittagsprogramm anders als geplant verlaufen würde.

Der Zettel auf dem Küchentisch bedeutete im Frühjahr einen Nachmittag auf dem Rübenacker, im Sommer einen Nachmittag in der Heuwiese und im Herbst einen Nachmittag auf dem Kartoffelfeld.

Den Zettel hatte meine Mutter für mich geschrieben. Die Nachricht war immer die gleiche: Essen steht dort und dort, und komm da und da hin, wenn du fertig bist.

Nachdem sich mein Ärger gelegt hatte, kramte ich die Kartoffeln, die zum Warmhalten in der Sofaecke unter einem Kissen standen, hervor und machte mir gewöhnlich ein Rührei dazu.

Zum Gedenken

Gerda Clobes-Besier

Gerda ist im Juni 2014 bei einem tragischen Unfall im Melkstand tödlich verunglückt. Zutiefst betroffen trauern die Bauerntöchter mit Gerdas Familie um ihre Mitautorin.
Ihr Tod hat eine ebenso schmerzliche wie große Lücke hinterlassen und zu einer mehrjährigen Stagnation des Hofes geführt. Heute wird er von ihrem Mann Rainer, ihrer Tochter Katharina und einem ehemaligen Auszubildenden weitergeführt, Tochter Johanna ist nach fast zweieinhalb Jahren Unterstützung auf dem Hof wieder in ihren Beruf zurück gegangen. „Auch wenn wir den Hof heute ohne Gerdas Betriebszweig, der Milchviehhaltung, weiterführen, wäre sie mit der Entwicklung zufrieden, glaube ich. Wir blicken inzwischen wieder postitiv in die Zukunft." (Rainer Besier)

Meine Hausaufgaben machte ich an solchen Tagen besonders sorgfältig. Wesentlich gründlicher als an anderen Tagen, an denen ich sie immer ruck, zuck erledigt hatte.

Wenn ich mit allem fertig war, ging ich noch auf einen Sprung zu meinem besten Freund und Nachbarn, um unsere Verabredung für den Nachmittag abzusagen. Mit Genugtuung stellte ich dann fest, dass auch er keine Zeit gehabt hätte. Er war potenzieller Hoferbe und schon damals passionierter Schlepper- und Mähdrescherfahrer.

Letztendlich musste ich mich dann doch auf den Weg ins Feld machen. Meistens war es schon recht spät, wenn ich ankam, und jedes Mal wurde ich aufs Neue gescholten, was mir aber nicht viel ausmachte.

Obwohl der Zettel häufig auf dem Küchentisch lag, hatte ich aber immer noch genügend Zeit zum Spielen mit meinen Freunden.

Der Zettel lag auch noch auf dem Tisch, als ich aus der Dorfgrundschule zur Gesamtschule wechselte. Es bedeutete nichts Gutes, wenn er dalag. Es bedeutete, dass niemand, außer dem Wellensittich, zu Hause war und ich alleine zu Mittag essen musste. Es bedeutete wieder, dass sich der Nachmittag anders gestalten würde als geplant. Immer noch bedeutete es im Frühjahr einen Nachmittag auf dem Rübenacker, im Sommer einen Nachmittag in der Heuwiese und im Herbst einen Nachmittag auf dem Kartoffelfeld.

Ich kramte wieder die Kartoffeln aus der Sofaecke und schlug mir ein Ei in die Pfanne. Auch die Hausaufgaben waren erneut „sehr umfangreich" an solchen Tagen.

Etwas hatte sich verändert. Aus dem besten Freund war eine beste Freundin geworden, bei der ich noch unbedingt vorbeigehen musste, um unsere Verabredung für den Nachmittag abzusagen. Mit Genugtuung konnte ich wieder feststellen, dass auch sie keine Zeit gehabt hätte. Sie war aber keine potenzielle Hoferbin und passionierte Schlepperfahrerin und deswegen genauso missmutig wegen der Situation wie ich. Zu jener Zeit hatte gerade ein neues Schwimmbad im Nachbardorf eröffnet, und wir blickten neiderfüllt zu den anderen, die jede Menge Zeit hatten schwimmen zu gehen.

Wenn ich dann letztendlich auf dem Acker oder der Heuwiese ankam, wurde ich wieder gescholten. Aber es machte mir auch da nicht viel aus.

Trotz der Zettel auf dem Küchentisch hatten wir aber immer noch genügend Zeit ins Schwimmbad zu gehen.

Der Zettel lag immer noch auf dem Tisch, als ich von der Gesamtschule in die Oberstufe wechselte. Es bedeutete nichts Gutes, wenn er dalag. Es bedeutete, dass ich alleine zu Mittag essen musste, was mir aber nicht mehr viel ausmachte. Es bedeutete, dass ich mir für den Nachmittag etwas Besonderes einfallen lassen musste, weil ich überhaupt keine Lust hatte, im Frühjahr auf den Rübenacker, im Sommer in die Heuwiese oder im Herbst auf das Kartoffelfeld zu gehen.

Meistens fiel mir auch etwas ein, was ich als Ausrede benutzen konnte. So verbrachte ich den Nachmittag mit einem schlechten Gewissen zu Hause.

Die neue beste Freundin allerdings, der ich telefonisch mitteilte, dass wir unmöglich den Nachmittag zusammen verbringen könnten, da ich mich vor der Arbeit drückte und wenigstens so tun müsste, als würde ich lernen, hätte Zeit für einen gemeinsamen Nachmittag gehabt.

Es gab auch Situationen, in denen mir keine passende Ausrede einfiel, und mein schlechtes Gewissen mich zur Vernunft rief und ermahnte keinen Streit zu provozieren. Dann musste ich mit unseren altertümlichen Vorzeitmaschinen in die Wiese fahren und Heu wenden.

Es war mir unendlich peinlich, wenn genau in diesen Momenten meine Bekannten vorbeikamen und sich über die Situation auch noch lustig machten. Dann wäre ich am liebsten in den Erdboden versunken und hasste die Landwirtschaft über alles.

Trotz der Zettel auf dem Tisch verbrachte ich viele Nachmittage mit meinen Freunden.

Irgendwann, als der Zettel dann nicht mehr auf dem Tisch lag, hat mir offensichtlich etwas gefehlt. Möglicherweise im Frühjahr der Rübenacker, im Sommer die Heuwiese oder im Herbst das Kartoffelfeld.

Ich entschloss mich dazu, Landwirtschaft zu studieren, ohne die Perspektive, unseren kleinen Hof jemals weiterzuführen.

Während des Studiums lernte ich meinen Mann kennen, einen potenziellen Hoferben und passionierten Schlepperfahrer. – Eines tue ich bis heute nicht: Zettel auf dem Küchentisch hinterlassen.

Gertrud, Tierärztin in Bayern

Nichts gesagt ist gelobt genug

„Das Loben ist in unserer Familie keinem leicht gefallen. Das ist etwas, was ich gerne geändert hätte, ..."

Der Apfel fällt meist weit vom Stamm – zumindest während Stürmen. Allerdings gab es bei uns zu Hause keine wilden Stürme, dafür einen starken Apfelbaum. Wohin bin ich nun gefallen, wie weit entfernt vom Stamm liege ich? – Zunächst: Ich bin keine Bäuerin. Denn nicht ich habe den Bauernhof übernommen, obwohl ich als älteste von fünf Töchtern diejenige gewesen wäre, die meine Eltern als Erste gefragt hätten, wenn ich ihnen meine Bereitschaft gezeigt hätte. Und doch empfinde ich, je älter ich werde, dass ich in vielen Lebensbereichen recht nah am Stamm gelandet bin – wobei ich der Meinung bin, dass man nicht nur einmal als Apfel vom Baum fällt, ich finde mich an vielen Stellen unter der Krone wieder, mal näher am Stamm, mal weiter weg. Solange ich als Kind und Jugendliche daheim gelebt habe, gab es keine offen ausgetragenen „Standort"-Diskussionen; die Anordnungen des Vaters, seltener die der Mutter, waren Gesetz. Gemeckert habe ich höchstens heimlich, wahrscheinlich trotzdem auch für die Erwachsenen spürbar. Meine eigenen Standpunkte haben sich erst später herausgebildet – auch heute verändern sie sich noch oft.

Am Ende meiner Schulzeit war ich froh, aus den Worten meiner Mutter herauszuhören, dass ich nicht unbedingt Landwirtschaft oder Ähnliches studieren müsse, denn zu dem Zeitpunkt war es mein Hauptziel, von dem mühevollen Leben auf dem Bauernhof und von meinem Vater wegzukommen. Irgendwohin, egal wohin; ein eigenbestimmtes Leben ausprobieren, was auch immer das heißen mochte. Kurz: Flucht vor allem und jedem. Ein Stück weit fiel die Entscheidung auch aus Trotz: Diesem Herrn Hoftierarzt, der von Frauen in seinem Beruf nichts hielt, diesem stets und selbstverständlich Leistung fordernden Vater, ohne Anerkennung und Lob dafür zu gewähren („nix gsait isch globt gnug“), wollte ich es zeigen. Das kann ich auch. Ich werde Tierärztin in der Großtierpraxis.

Ich habe es auch geschafft – das Studium, die Promotion. Doch geworden bin ich eine Bürokraft mit mühsam erworbenem Minimalwissen, eine Putzfrau mit Doktortitel, eine Vögel und Kaninchen behandelnde Miniteilzeit-Tierärztin mit Großfamilie. In der Zwischenzeit lebe ich mit dieser Kombination ganz gut, denn in der Hauptsache bin ich Familienfrau, Ehefrau eines Rinderpraktikers, ehrenamtlich in vielen Bereichen tätig – und nachts ausreichend müde. Ich habe nämlich ungeplant schon während des Studiums den „Grundstein“ für meine Familie gelegt und es dann gerade noch fertig gebracht, nach dem Studium und vor dem zweiten Kind wenigstens einmal wirklich selbstständig Geld zu verdienen. Dann kam ich in die „familienvergrößernde“ Phase – zwei Söhne und drei Töchter. Ein Stück weit ist jetzt noch die Mitarbeit in dem Unternehmen Tierarztpraxis nötig, aber die praktische Tätigkeit als Tierärztin im Stall bleibt die große Ausnahme.

Wie früher auf dem Hof die Mitarbeit von uns Kindern benötigt und eingefordert wurde, bin auch ich heute der Meinung, dass meine Kinder mit anpacken können – im Haushalt, beim Telefondienst, dem Versorgen der Haustiere, dem Aufpassen auf die Kleineren. Das ist absolut nicht zu vergleichen mit dem Helfen im Stall, beim Misten und Füttern, bei der Heu- oder Getreideernte, beim Stallbau, beim Putzen und Kochen. Heute ist mir im Gegensatz zu damals klar: Ohne diese Mithilfe geht es nicht, ist ein Betrieb und das Familienleben nicht zu bewältigen.

Doch damals hat mich der ständige Arbeitseifer meist nur gestört. Ich erinnere mich noch gut, dass meine Mutter, weil die Zeit tagsüber nicht ausreichte, nachts noch Flur, Küche und Waschküche gekehrt und gewischt hat – während ich bei offener Zimmertür heimlich im Licht der Flurlampe gelesen habe. Die „Sonntagsstube", das Wohnzimmer, musste von uns Kindern wöchentlich abgestaubt und der Teppich gesaugt werden, obwohl im Normalfall die ganze Woche keiner drin war, außer zum Klavierspielen. Wenn wir Kinder freihaben wollten, war es wichtig, aus dem Blick- und Hörfeld der Eltern zu verschwinden oder so zu tun, als müsse man lernen. Außer dem kurzen Mittagsschlaf unseres Vaters, wenn es die Arbeit zuließ, oder dem Erschöpfungsschlaf unserer Mutter sonntags mittags am Tisch, hatten die Eltern keine für uns erkennbare Freizeit. Dieses Gefühl, es gibt immer etwas zu tun, sei es aufzuräumen oder etwas herzurichten, überhaupt das Empfinden, freie Zeit sei nur „gestohlene" Zeit, hat sich mir als Kind und auch noch als Jugendliche tief eingeprägt. Träumen kann man neben der Arbeit, zum Beispiel beim Misten oder Rechen. Nur faul im Sessel sitzen – dafür gibt es keine Zeit. So verrückt es klingen mag, diese Vorstellung, es muss ein aufgeräumtes Zimmer für unerwarteten Besuch geben, saubere Extrasonntagskleider, gebügelte Arbeitshemden; die Wohnung muss perfekt geputzt sein fürs Familienfest, obwohl die Nächte von Kleinkindern und klingelnden Telefonen unterbrochen wurden, das war noch lange die Messlatte für meine Ansprüche an meinen eigenen Haushalt. Heute bin ich viel gelassener gegenüber dem Moloch „Großfamilienhaushalt mit selbstständig arbeitendem Ehemann", bin gerne aushäusige Ehefrau und habe garantiert die zehnfache Menge an „Kruschtecken" wie meine Mutter, abgeschiedene Orte, wo ich mich nur um das kümmere, was mir lieb und teuer ist. Meine Lesestunden stehle ich mir einfach.

Früher habe ich die seltenen Abende genossen, an denen ich heimlich fernsehen konnte, weil der Vater in der Gemeinderatssitzung und die Mutter im Kirchenchor war. Heute genießen meine Kinder diese Freiheiten sicher ebenso. Mein Vater war viele Jahre lang sehr aktiv in der Kommunalpolitik, meine Mutter in der Kirchengemeinde. Als Jugendliche habe ich nie verstanden, warum mein Vater trotz der in meinen Augen unmenschlich harten Arbeit auf

Das macht die Autorin heute

Gertrud Späth

Die letzten Jahre haben mein Leben wieder heftig durcheinandergewirbelt: die Kinder sind flügge geworden, aus der „Miniteilzeit-Tierärztin" wurde eine amtliche Tierärztin in Vollzeit mit Schwerpunkt Lebensmittelsicherheit/ Fleischhygiene, statt Bürokraft zu sein habe ich für unsere 15-köpfige Abteilung eine Sekretärin. Die Ehrenämter habe ich deutlich reduziert, die Putzarbeiten zumindest zum Teil an meinen Mann – der seine Rinderpraxis an eine junge Kollegin weitergereicht hat – abgetreten. Nur die zahlreichen „Kruschtecken" sind mir geblieben. Das Leben „unterm Apfelbaum" bleibt spannend!

dem Hof abends noch zu Sitzungen ging, warum ihm das Mitgestalten der Gemeindepolitik so wichtig war. Er hat mit uns Kindern auch nie darüber gesprochen. Heute bin ich selbst in verschiedenen kirchlichen Gremien – und ertappe mich oft dabei, dass auch ich nicht mit meiner Familie debattiere, sondern beim Arbeiten mit Blumen, Putzeimer oder Bügeleisen diskutiere und streite. Ich glaube, dass auch mein Vater die langen Fahrten auf dem Traktor oder Mähdrescher für dieses Nachdenken genutzt und gebraucht hat. Für mich sind diese Ehrenämter eine Möglichkeit, mich in meiner neuen Heimat einzugliedern und mich nicht wie eingesperrt zu fühlen in meinen eigenen vier Wänden. Erst als ich in Kindergarten, Schule oder jetzt Kirchengemeinde mitgearbeitet habe, fühlte ich mich nicht mehr fremd und nur als „Zugereiste". Oder auch das Singen im Chor – es bedeutet für mich zum einen Gemeinschaft mit anderen Menschen, zum anderen Herauslösen aus dem Alltag und zeitweiliges Vergessen aller Problemchen. Ich denke, meiner Mutter ging und geht es genauso.

„So ein gutes Zeugnis ist doch selbstverständlich und kein Lob wert." Diesen Satz, den mein Vater nach dem Abitur zu meinem Lieblingslehrer sagte – ich stand hinter der Hecke und hätte es sicher nicht hören sollen –, werde ich wohl nie vergessen. Das Loben ist in unserer Familie keinem leicht gefallen. Das ist etwas, was ich gerne geändert hätte, aber ich ertappe mich dabei, dass auch ich es oft bei meinen Kindern versäume.

Auf der anderen Seite kann ich aber die Grenzen und Zäune, die mich als Jugendliche so gestört haben, heute als Ansporn und Richtpfosten sehen. Um diesen Stamm, an dem ich mich gerieben und manchmal wund gescheuert habe, mit dem ich mich gemessen habe, von dem ich abgerückt bin, um diesen starken Herausforderer, die gute Vorbereitung aufs Leben, bin ich froh. Und wenn ich meinen Kindern das Selbstvertrauen mitgeben kann, auf eigenen Füßen zu stehen, Verantwortung zu übernehmen und dabei auf ihre Familien und ihr Umfeld zu achten – dann sind meine Apfelkerne wieder als Samen aufgegangen.

Johanna, Kunsthandwerkerin auf den Kanarischen Inseln

Lieber Gott, mach, dass der Samstag schnell vorbeigeht

„Der Samstag war Hausputztag. Während meine Schulfreundinnen den Nachmittag im Freibad verbrachten, stand für uns Hausputz auf der Tagesordnung."

Der Apfel, mit dem ja ich gemeint bin, fiel erst einmal recht weit vom Stamm, einige Tausend Kilometer. Schon sehr früh, gleich nach meiner Krankenpflegeausbildung vor zwanzig Jahren, zog es mich gen Süden ins Ausland. Ich war verliebt und ich war begierig, die weite Welt in mich aufzusaugen. Das Leben in all seiner Weite und Offenheit lag vor mir. Und im Süden bin ich geblieben. Vieles gehört der Vergangenheit an, die damalige Liebe und auch meine noch weiter zurückliegende Kindheit und Jugend als Bauerntochter in Süddeutschland.

Bauerntochter: Wie hat mich das geprägt? Fiel der Apfel tatsächlich so weit vom Stamm?

Wir Bauernkinder haben das große Glück, Platz zu haben. Wir müssen unsere kindliche Energie nicht in der Zweieinhalb-Zimmer-Wohnung einer

Arbeitersiedlung unterbringen. Bauernhäuser sind in der Regel geräumig, auch ums Haus herum, besonders auf einem Aussiedlerhof. Dort gibt es genügend Platz, um sich auszutoben, die Körper zu stählen und zu erproben. Die Natur und der Kontakt zu Tieren und Pflanzen lehren uns die natürlichen Rhythmen von Frühjahr, Sommer, Herbst und Winter, von Geburt und Tod, Wohlbefinden und Krankheit.

Immer blieb dieses direkte Erleben der Natur und das Leben in der Natur für mich existenziell. Noch nie brachte ich es fertig, in einer Wohnung zu leben, die nicht ebenerdig lag, in der ich nicht nachts die Weite des Himmels und tagsüber Felder und Bäume oder das weite Meer um mich hatte, wenn ich aus dem Haus trat. Je älter ich werde, umso bewusster wird mir der heilende Einfluss, den die Natur auf mich hat.

Als Bauernkinder erfahren wir das Leben in gewisser Weise ganzheitlich. Heim und Arbeitsplatz, Freizeit und Arbeit sind nicht klar getrennt. Der Vater verschwindet nicht während des größten Teils des Tages in eine für uns Kinder geheimnisvolle Arbeitswelt. Diese Erfahrung lässt uns auch später immer der Ganzheit in den verschiedenen Lebensbereichen nachspüren.

In den relativ kurzen Perioden meines Lebens, in denen ich außerhalb meiner privaten Lebenssphäre arbeitete – zuerst als Krankenpflegerin, später eine Zeit lang als Deutsch- und Englischlehrerin –, kam ich zum Beispiel nie richtig klar damit, zu einer bestimmten Uhrzeit aus dem Haus gehen zu müssen, egal ob es schneite oder ob die Sonne schien, ob ich mich wohlfühlte oder nicht, ob lieber Besuch da war oder ob ich die Nacht durchgefeiert hatte. Ich empfand es auch oft als unerträglich, so viele Stunden des täglichen Lebens mit Menschen zu verbringen, mit denen ich außer der Arbeit nicht viel gemeinsam hatte. Ich mag mein Leben nicht aufteilen in Privatleben und Berufsleben. Suche ich hier die in der Kindheit erlebte Ganzheit?

In einer Bauernfamilie leben und arbeiten, leiden und freuen sich Eltern und Kinder, und oft auch die Großeltern, gemeinsam. Ansprechpartner, Vorbild und Erzieherin für die Kinder ist nicht nur die Mutter, sondern auch der Vater und die restlichen auf dem Hof lebenden Erwachsenen. An meinen Opa erinnere ich mich noch recht gut, wie er oft auf der Bank hinter der Waschküche saß und Salat gelesen hat: „Da hast du das Herzle, das ist besonders gut." Für mich war es ein Leckerbissen. Seine Aufgaben waren das Versorgen des Hofhundes und das Schuhputzen am Samstagnachmittag. Eines Tages übertrug er mir als der Ältesten die Aufgabe, den Hund zu füttern. Ich war stolz darauf. Und er zeigte uns größeren Kindern die Kunst des Schuhputzens: Zuerst mit einem nassen Lappen den Dreck wegwischen. War der letzte Schuh der unendlich langen Reihe sauber, war der erste trocken genug, um mit der richtigen Farbe eingecremt zu werden; und schließlich das Glanz-Bürsten ... Die Schuhreihe verlief von einer Seite der Waschküche bis zur anderen und die darin vorhandenen Schuhnummern reichten so ungefähr von der Nummer 23 bis zur Nummer 46. Über diese Aufgabe war ich weniger beglückt.

Am Morgen, nachdem uns Opa diese Arbeiten übergeben hatte, stand er nicht mehr aus dem Bett auf, er wurde immer schwächer und zwei Wochen danach starb er, oben im ersten Stock in seinem Schlafzimmer. Ich war damals zehn Jahre alt und sehe ihn noch weiß und tot auf seinem Bett liegen, alle waren ernst und feierlich und während der Tage bis zu seiner Beerdigung kamen ständig Nachbarn und Verwandte, um ihn zu verabschieden.

Wir sind aber nicht nur Bauerntöchter, wir sind vor allem und ganz konkret Töchter unserer Eltern. Darüber erfahren wir wohl die stärkste Prägung. Ich bin meinen Eltern dankbar, dass sie uns das vielleicht Wichtigste fürs Leben mitgegeben haben: das Gefühl der Geborgenheit und die Sicherheit, geliebt zu werden. Ihre Lebensgrundlage ist der christliche Glaube, aber sie erzogen uns, was für die damalige Zeit und Lebenssituation recht ungewöhnlich war, in relativ großer Freiheit. Und so stellten wir als Heranwachsende vieles oder alles infrage, diskutierten viel und heftig, vor allem mit unserer Mutter. Ich erinnere mich an stundenlange nächtliche Gespräche, wir saßen dabei halb auf den Küchenschränkchen, denn eigentlich waren wir gerade beim Geschirrspülen gewesen oder auf dem Weg ins Bett, wenn die Diskussion begann. Bei diesen Debatten wurde kaum ein heißes Thema ausgelassen. Heute, im Rückblick, bewundere ich meine Mutter, wie sie uns immer ernst genommen hat, auch wenn wir die verrücktesten und unreifsten Auffassungen verteidigten, wie sie sich einließ auf unsere pubertären Angriffe, auf unsere Kritik, wie sie sich infrage stellen ließ, auf eine so offene und ehrliche Art und Weise, dass sich auch einiges an ihren Meinungen, in ihrem Glauben dadurch veränderte. Meinem Vater lag dieses heftige Streiten nicht so sehr und er fühlte sich leicht angegriffen von unserer frechen, nichts tolerierenden Halbstarken-Art.

Während der Kindheit wurde noch nicht so viel infrage gestellt. Vor dem Einschlafen habe ich Gott immer meine kindlichen Wünsche vorgetragen. Kaum einmal vergaß ich, Gott zu bitten, es möge keinen Krieg geben. Die Erzählungen meiner Eltern, die den Zweiten Weltkrieg als Kinder und Heranwachsende erlebt hatten, beeindruckten mich zutiefst. Mein Vater hatte seine zwei Brüder verloren und die vielköpfige Familie meiner Mutter lebte ein Jahr lang in Höhlen, weil bei einem Bombenangriff ihr Haus zerstört worden war. Im Wohnzimmer, im Bücherregal, standen auch einige deftige Bildbände über jene Zeit, an die ich mich noch äußerst lebhaft erinnere.

Später dann, während meiner Jugendjahre, beteiligte ich mich an der pazifistischen Bewegung gegen die Stationierung atomarer Sprengköpfe. Gewaltfreiheit, wie sie zum Beispiel Ghandi und sein Schüler Lanza del Vasto verstanden, galt für mich als theoretisches und praktisches politisches Konzept. Ich erinnere mich an heiße Diskussionen mit Freunden, die die Aktion „Waffen für El Salvador" unterstützten. Für mich war immer klar, dass Waffen nur Hass und Leid erzeugen. Wie können wir die Welt verändern mit Hass und Leid? Das gab es doch schon immer im Überfluss. – Nun ist mein zehnjähriger Sohn ein leidenschaftlicher Sammler von Spielzeugpistolen. Die Ironie des Lebens.

Regelmäßig am Freitagabend bat ich in meinem Abendgebet um Folgendes: „Lieber Gott, mach, dass der Samstag schnell vorbeigeht!" Der Samstag war Hausputztag. Während meine Schulfreundinnen den Nachmittag im Freibad verbrachten, stand für uns Hausputz auf der Tagesordnung. Wie unerträglich langsam verstrichen die Stunden, „eingesperrt" im chaotischen Spielzimmer, in dem sich die Woche über fünf Kinder ausgetobt hatten. Und nun sollte ich Ordnung schaffen. Aber wie? Es schien unmöglich, denn die Kinderbücher, die Spiele, die da überall herumlagen, zogen mich völlig in ihren Bann, sobald ich mich ihnen in der festen Absicht näherte, sie wegzupacken in eine Kiste oder Schublade. So vergaß ich mich oft stundenlang in einem Buch, ständig aber nagte das schlechte Gewissen an mir und erlaubte es mir nicht, mich wohlzufühlen. Der Nachmittag verstrich oft, ohne dass ich das Chaos in den Griff bekam. Hilflos und verzweifelt schob ich oft zum Schluss alles unsortiert unter das Sofa.

Ein Konzept aus meiner süddeutschen bäuerlichen Kindheit, das tief sitzt, ist die Erziehung zur Tüchtigkeit. „Der hat aber eine tüchtige Frau gefunden!" Tüchtigkeit ist wichtiger als Intelligenz, Herzlichkeit, Ehrlichkeit, Fröhlichkeit, Schönheit, ja sogar die Gesundheit wird in den Dienst der Tüchtigkeit gestellt. Freizeit gibt es praktisch nie, außer am Sonntagnachmittag. Faulheit ist eine der schlimmsten Untugenden.

Jahre später, in einer anderen Kultur lebend, fiel mir auf, wie viele verschiedene Ausdrücke es in der fremden Sprache gab für das Wort Faulenzen, für das Nichtstun. Kaum eine Kultur besetzt Müßiggang so negativ wie die deutsche. Ich werde sicher noch einige Jahre brauchen, um rechtzeitig auf meinen Körper zu hören, wenn er mir zu verstehen gibt, er sei müde, und daraufhin auszuruhen, zu faulenzen – auch mitten in einem Berg von Arbeit –, ohne ein schlechtes Gewissen zu bekommen.

Ein weiterer Gedanke zu diesem Thema (zu Tüchtigkeit und Faulheit) wurde mir in den letzten Jahren immer klarer: Seit mehr als zehn Jahren verdiene ich den Lebensunterhalt für meinen Sohn und mich als Kunsthandwerkerin. Wir leben mit einer guten Freundin und deren Sohn in einer Wohn- und Lebensgemeinschaft. Sie ist Malerin. In meinem näheren Umfeld kenne ich recht viele künstlerisch tätige Menschen. Dabei erkenne ich immer deutlicher, wie die Prämisse „erst die Arbeit, dann das Vergnügen" oft dem kreativen Ausdruck im Wege steht. Das „Schwanger-Gehen und schließlich Gebären" von Neuem braucht Zeit und Raum fürs Ausprobieren, fürs spielerische Tun ohne ein konkretes Ziel oder Muss vor Augen, für die Kontemplation.

Und das gilt nicht nur für das Entstehen von Neuem im künstlerischen Ausdruck, sondern im Leben schlechthin. Ich will mein Leben nicht festen Vorstellungen und Gewohnheiten, klar abgesteckten Zielen unterwerfen. Ich spüre, wie wichtig Offenheit ist, um Neues entstehen zu lassen. Ich will der Kreativität des Lebens Zeit und Raum lassen, ohne festhalten zu müssen, ohne eindeutig dirigieren oder Konkretes suchen zu wollen. Ich will alle Sinne so offen und frei halten, wie ich nur kann, um zu sehen, um zu finden ...

Vor einigen Tagen, auf Besuch bei meiner Schwester, fand ich an deren Toiletten-Pinnwand ein Zitat von Pablo Picasso, das diese Gedanken, nein, eigentlich dieses Lebensgefühl, wundervoll ausdrückt:

„Ich suche nicht, ich finde.
Suchen, das ist Ausgehen von alten Beständen
Und das Findenwollen von bereits Bekanntem.
Finden, das ist das völlig Neue
Alle Wege sind offen, und was gefunden wird
Ist unbekannt.
Es ist ein Wagnis, ein heiliges Abenteuer.
Die Ungewissheit solcher Wagnisse
Können nur jene auf sich nehmen,
Die im Ungeborgenen sich geborgen wissen,
Die in der Ungewissheit der Führerlosigkeit
Geführt werden,
Die sich vom Ziel ziehen lassen
Und nicht selbst das Ziel bestimmen.“

Dazu braucht es das Loslassen und das Vertrauen. Wenn ich auf meine nun schon gelebten Jahre zurückblicke, erkenne ich, dass der Prozess des Loslassens im Grunde immer wunderbare Konsequenzen hat. Schmerzen gehören dazu und auch Angst, aber ich will es auch aus diesem Blickwinkel sehen: etwas Neues wird geboren, kein Grund zur Bitterkeit. Das Leben, der Lebensprozess ist nichts anderes als Geburt, Wachstum, Sich-Entwickeln, Sterben, Geburt .... Der einzige feste Punkt für mich ist das Wissen, dass alles sich ständig verändert. Mein Leben ist unstabil, unverplanbar, spontan, unsicher tastend, ständig dem unsteten Moment des Gleichgewichts nachstrebend, inmitten der unaufhörlichen Bewegung. Manches Mal siegt das Gefühl der Unsicherheit, der Wunsch nach Festem, Haltbarem, Dauerhaftem. Aber wenn es mir gelingt, mein Wünschen, mein Denken, mein Kontrollieren-Wollen aufzugeben, dann kann ich diese Beweglichkeit, diese verletzliche Offenheit und tastende

Das macht die Autorin heute

Johanna Söhner

Auch nach 15 Jahren haben die Themen von damals für mich immer noch ihre Gültigkeit. Die Bedeutung der Natur als eine Quelle meiner Lebensfreude und -energie hat für mich im Laufe der Jahre noch zugenommen. Immerhin verdiene ich mir jetzt, als Wanderführerin, über die Natur auch meinen Lebensunterhalt!
Die Erde zieht sich also weiterhin wie ein roter Faden durch mein Leben: von meiner Kindheit als Bauerntochter über die Jahre, in denen ich als Töpferin die Erde mit den Händen bearbeitete, bis heute, wenn ich mit meinen Füßen auf der Erde die Berge Teneriffas hinauf- und hinunterwandere.

Unsicherheit wie ein Gewiegtwerden im Lebensstrom empfinden; ich kann tief durchatmen, weil ich den Lebenspuls spüre. Dann weiß ich, das ist für mich das wirkliche Glück.

Zum ersten Mal in meinem Leben wurde mir das bewusst in der Zeit, als der Vater meines Sohnes und damaliger Lebenspartner sterbenskrank wurde. Ich war im siebten Monat schwanger. Er starb drei Wochen vor der Geburt unseres Kindes. Da erlebte ich Tod und Geburt so nahe, dass ich nicht anders konnte, als einfach nur loslassen, von allen Plänen, allen Vorstellungen, allen Sicherheiten, von dem Partner an meiner Seite, den es in andere Welten zog. Da begriff ich – und es war für mich wie eine Erleuchtung –, dass Glück nicht bedeutet, das im

Leben zu erreichen, was wir anstreben, es bedeutet auch nicht, ohne Schmerz und ohne Leid zu leben. Glück hat etwas zu tun mit einer inneren Akzeptanz dessen, was unser Leben ist, was das Leben uns bringt. Und Leben bedeutet: Ständig ist alles in Änderung begriffen, nichts ist fest, nichts bleibt. Leben ist überraschend. Ich will entspannt sein, diesen Änderungen folgen können, ohne zu widerstreben, nachgeben wie ein Rohr im Wind, mich mitreißen lassen wie ein Surfer in den Wellen, geschehen lassen, nichts verfolgen müssen, kein unverrückbares Ziel ständig vor Augen, die Kontrolle aufgeben, für Neues offen sein, es bestaunen, es nicht fürchten. In diesem täglichen offenen, beweglichen Annehmen liegt das Glück. Plötzlich muss ich nicht mehr festhalten, zusammenhalten, durchhalten, zurückhalten ... eine Last fällt von mir, ich nehme teil, bin Teil des Lebens.

Bin ich denn nun als Apfel sehr weit von dem Stamm gefallen, von dem ich abstamme? In vieler Hinsicht sicherlich, besonders, da dazu noch die geeigneten Winde wehten. Sein Stamm jedoch, seine Herkunft, prägen den Apfel ganz tief in seinem Inneren.

Luise, Bäuerin in Bayern

Das blaue Kleid aus Jersey

„Ich kann mich noch daran erinnern, als man mir zu meiner Firmung ein schickes Kleid nähen ließ. Ich ging gerne zur Anprobe. Aus einem schönen blauen Stoff, der mit gelben Punkten verziert war, wurde mir was Schickes genäht."

Der „ledige" Geschwisterhof hatte ein Ende, als meine Eltern heirateten. Mein Vater war bereits dreiundfünfzig und meine Mutter dreißig Jahre alt. Mein Vater hatte erst so spät geheiratet, da er als Soldat am Zweiten Weltkrieg teilgenommen hatte. Vor allem aber gab es auf dem Hof seine beiden ledigen Schwestern und denen war keine Frau gut genug für den Bruder. Erst als die Schwestern, die auch beide schon Mitte fünfzig waren, einsahen, dass der landwirtschaftliche Betrieb ohne Nachfahren keine Zukunft hatte, waren sie mit einer Heirat einverstanden. Allerdings blieben sie im gleichen Bauernhaus und beanspruchten drei Zimmer für sich.

Meine Mutter brachte schon eine Tochter von sieben Jahren mit in die Ehe. Mein Vater freute sich darüber und nahm sie an, als wäre sie sein eigenes Kind.

Ein Jahr nach der Hochzeit meiner Eltern kam mein Bruder zur Welt, und zwei Jahre später gesellte ich mich dazu. Nach vier Jahren kam dann noch ein Bruder. Mein Vater war sehr stolz auf alle seine vier Kinder, und er nahm sich trotz der vielen Arbeit, die auf einem großen Hof bewältigt werden musste, viel Zeit für uns. Ich erinnere mich noch gern an die schönen Stunden, wenn wir gemeinsam spielten.

In unserer großen Küche stand eine Eckbank und auf deren Ablage lag ein Stapel Gesellschaftsspiele. Jeden Tag durfte ein anderes Kind bestimmen, was wir spielten. Da das Wohnzimmer nur am Sonntag geheizt wurde, fand das Familientreffen immer in der Küche statt. Die beiden ledigen Schwestern gesellten sich auch dazu, obwohl sie ja ein eigenes Reich hatten. Doch dort wäre ihnen zu viel entgangen.

In unserem kleinen Dorf (sechshundert Einwohner) gab es zur damaligen Zeit zwei Lebensmittelgeschäfte. Vater hat uns Kinder immer ermahnt, wenn wir einkaufen gingen, dass wir nichts Süßes kaufen sollten, dafür lieber Obst. Die Früchte durften wir dann beim Spielen essen. Meistens machten wir aus dem Obstessen nochmals ein Spiel, zum Beispiel wenn wir Mandarinen hatten, bastelten wir daraus einen Zug und jeder durfte ein „Abteil“ essen – bis nichts mehr übrig war. Oder bei den Weintrauben – wer so ungefähr zwanzig Stück am schnellsten verschlungen hat und danach als Erster seine Zunge zeigen konnte, der war Sieger. Auch das Kastaniensammeln im Herbst war eine unserer großen Leidenschaften.

Neben unserem Hof in der Mitte des Dorfes lag eines der beiden Wirtshäuser des Ortes, die „Friedenslinde“. Im Hofraum der „Friedenslinde“ standen zwei große Kastanienbäume. Schon in aller Frühe stand ich auf, um die begehrten Kastanien zu sammeln. Wenn es bei Nacht einen Sturm gegeben hatte, konnte man viele vom Boden klauben. Eimerweise schleppte ich sie nach Hause. Zuerst wurden sie der Größe nach sortiert, dann spielten wir mit ihnen. Die größten wurden zu „Bullen“, die mittleren waren die „Kühe“ und die kleinen die „Kälbchen“. Wir fühlten uns bei dem Spiel als große Bauern. In der Adventszeit habe ich die Kastanien zum Jäger gebracht, der sie an die Rehe verfüttert hat. Ich bekam dafür ein kleines Trinkgeld.

Meine Mutter hatte viel Arbeit in Haus und Hof, denn die Tanten waren hauptsächlich für den Stall und die Außenarbeiten zuständig. Wir waren allein schon acht Leute am Tisch, für die sie kochen musste.

Mein Vater war gelernter Landwirt, das war damals schon etwas Besonderes. Seine Leidenschaft war das Bauen, das Schreinern, und auch sonst war er sehr geschickt. Er hat uns Kindern ein fahrbares Häuschen gebaut, mit einer Tür zum Einsteigen und drei Fenstern zum Hinausschauen. Nur die Malerarbeit, die hat er vergeben. Das Häuschen konnte man an den Traktor hängen und damit bei Festumzügen durch die Straßen ziehen. Das Häuschen gibt es heute noch.

Als ich drei Jahre alt war, kam ich in den Kindergarten. Früher war es üblich, dass man die Kinder schon früh in den Kindergarten schickte, denn die Eltern hatten genügend zu tun mit den Kühen, den Schweinen, Enten und Hühnern, dem Gras, Getreide und den Kartoffeln.

Im Kindergarten wurden fünfzig Kinder von einer einzigen „Tante" betreut. Da spielte jeder mit jedem, ob einem das gefiel oder nicht. Zur Mittagszeit gingen wir nach Hause und kamen am Nachmittag zum Schlafen wieder. Wehe man hat nicht geschlafen, wenn die Tante ihre Runde drehte. Oft habe ich mich schlafend gestellt. Überhaupt, wenn jemand nicht nach ihrer Pfeife tanzte, dann drohte sie mit dem „schwarzen Loch". Das war die Kellertreppe. Ohne Licht – versteht sich. Auch ich habe das schwarze Loch kennengelernt.

Beim Nachhauseweg vom Kindergarten überquerte ich eine kleine Brücke, die mich im Winter immer faszinierte. Dann war das Geländer zugefroren und ich schleckte an den Eiszapfen. Doch einmal blieb meine Zunge an der Eisenstange kleben und ich habe verzweifelt nach Hilfe gerufen. Auch wenn der Bach zugefroren war, machten wir so manche Rutschpartie, ohne Schlittschuhe. Die Kleider waren oft klitschnass, sie wurden dann in der großen Küche am Herd getrocknet und am nächsten Tag wieder angezogen.

Als kleines Mädchen, ich ging noch nicht zur Schule, sang ich sehr gerne. Ich nahm das Postleitzahlenbuch in die Hand, oft verkehrt herum, lief damit am Futtertisch der Kühe entlang und sang ganz laut. Was ich gesungen habe, war kein bekanntes Lied, sondern ein selbst komponiertes.

Auf die Schule freute ich mich. Da saßen wir nun. Elf Erstklässler mit der zweiten und dritten sowie der vierten Klasse zusammen. Und wieder gab es nur eine Tante, eine Lehrerin, die alle Klassen unterrichtete. Eine Klasse musste leise lesen, die andere basteln, die nächste schreiben und eine wurde unterrichtet. Eine Lehrkraft beaufsichtigte und unterrichtete gleichzeitig fünfzig Schüler in einem Raum. Die Lehrerin war sehr nett. Ab der dritten Klasse fuhren wir mit einem Bus in den Nachbarort. Dort waren wir dann etwa fünfundzwanzig Kinder. Nach der sechsten Klasse wechselte ich auf die Realschule. Hier hätte ich mich auf meinen Hosenboden setzen und mehr lernen müssen. Doch ich hatte dafür keine Zeit, da die Arbeit in Haushalt und Landwirtschaft wichtiger war; so wechselte ich nach einem Jahr zurück an die Hauptschule. Dort machte ich ohne zu lernen den qualifizierenden Abschluss.

Der Schulweg war ziemlich weit, so beeilten wir uns am Morgen – auf dem Nachhauseweg dagegen schlenderten wir ganz gemächlich. Meine gleichaltrige Freundin und ich hatten uns dabei immer sehr viel zu erzählen. Sie war für mich eine große Hilfe, da sie zu Hause eine Oma hatte, die den ganzen Haushalt machte. Ich hingegen kam von der Schule und in der Küche stapelte sich ein riesengroßer Berg Geschirr, der sich vom Vorabend, von Frühstück und Mittagessen angesammelt hatte. Ich spülte und meine Freundin trocknete das Geschirr ab. Danach kehrte ich unsere Küche und wischte den Boden. Ein tägliches Ritual, das gut eineinhalb Stunden dauerte. Die Küche war ziemlich groß, daher mussten wir sehr viel laufen, um das Geschirr in den Schränken zu verstauen.

In unserer großen Küche gab es auch einen elektrischen Brotbackofen. Einmal im Monat wurde er in Betrieb genommen. Meine Mutter hatte am Tag zuvor das Mehl in einer großen Wanne mitten in der Küche auf einem Schemel postiert und den Teig angesetzt; über Nacht konnte er dann gehen. Am nächsten Morgen begann meine Mutter, den Teig zu verarbeiten und zu kneten. Ich sehe noch vor mir, wie sie vor Anstrengung schwitzte und die Schweißperlen in den Teig tropften. Später, wenn die Brote im Brotbackofen buken, durchzog ein herrlicher Duft das Haus. Doch der Backtag war immer auch ein Fest für uns Kinder, denn am Schluss bekamen wir, da Mutter die Restwärme ausnutzen wollte, noch „Weihen" oder „Dinneten", kleines aus dem Teig geformtes Gebäck. Dazu gab es meist eine deftige Suppe. Vor dem Essen wurde immer ein Tischgebet gesprochen und mit dem Vaterunser und dem Gruß Marias beendet.

Auch hatten wir früher Schweine, die ausschließlich für unseren Haushalt bestimmt waren. Meistens wurden diese Schweine recht fett, aber das war gewollt. Denn das Fett lieferte die Energie für die Familie, die in der Landwirtschaft fest anpacken musste. Das Schlachten war immer ein Fest. Auch die Menschen, die uns das Jahr über halfen, bekamen dann etwas ab vom frisch Geschlachteten. Ich gab meistens die Pakete, bestehend aus rotem und weißem Presssack sowie einem Stück Fleisch und Speck, bei den Helfern ab. Eine Frau, die für uns immer Kartoffel geharkt hat, habe ich auch beliefert. Bei ihr zu Hause wusste ich nie, ob die „Speis" – die Vorratskammer – im Klosett oder das Klosett in der „Speis" war. Als Dankeschön fürs Vorbeibringen bekam ich nämlich immer Bonbons, die sie aus der Speis oder vielleicht auch aus dem Klosett holte.

In unserem Dorf gab es zwei Näherinnen, die auf die „Stör" gingen, das heißt zu den Familien nach Hause, später aber bei sich daheim nähten. Früher hat man immer selbst den Stoff gekauft, um sich ein Sonntagsgewand nähen zu lassen, und das war ganz anders als das Schulgewand oder die Kleidung für zu Hause.

Ich kann mich noch daran erinnern, als man mir zu meiner Firmung ein schickes Kleid nähen ließ. Ich ging gerne zur Anprobe. Aus einem schönen blauen Stoff, der mit gelben Punkten verziert war, wurde mir was Schickes genäht. Die Knöpfe waren passend dazu ausgesucht worden. Der Stoff war Jersey. Zu diesem Kleid fertigte die Frau auch die passende Jacke an. Früher nähten die Schneiderinnen schon aufwendig. Da hat alles gestimmt.

An Ackerbau hatten wir Getreide und Kartoffeln. Beim Harken oder Ernten der Kartoffeln halfen uns tüchtige Frauen. Alles war Handarbeit. Nur zur Ernte wurde ein Kartoffelroder über den Acker gezogen, der die Kartoffeln maschinell aus dem Boden holte. Wir Kinder wurden damals auch eingespannt: Kartoffeln klauben und zu Hause sortieren. Eine Sortiermaschine wurde eingesetzt, die man von Hand betrieben hat. Je nach ihrer Größe fielen die Kartoffeln durch die unterschiedlich weiten Öffnungen der Maschine. Die beschädigten mussten wir in einen großen Waschkessel tun und für die Schweine kochen, auch die Gänse, Enten und Hühner wurden damit gefüttert.

Das macht die Autorin heute

Luise Rommel

Äußerlich hat sich wenig verändert: Unser Betrieb hat noch dieselbe Größe wie damals und wir sind immer noch gut beschäftigt. Unser Sohn schult als Landwirtschaftsmeister derzeit auf Bau-und Landmaschinenmechatroniker um. Er unterstützt uns, aber ob er den Betrieb weiterführt, das ist noch offen. Mein Mann und ich haben noch ein paar Jahre bis zur Rente.

Als ich zehn Jahre alt war, durfte ich zum ersten Mal Ferien machen, und zwar bei Verwandten, die fünfundzwanzig Kilometer weit entfernt wohnten. Ach, war das schön. Da die Verwandten keine Kinder hatten, wurde ich ganz besonders verhätschelt. Sie hatten Zeit für mich und mit ihnen kam ich zum ersten Mal in meinem Leben auf eine Wirtschaftsausstellung, wo es mir sehr gut gefiel. Aus dieser Zeit habe ich heute noch kleine Brotzeitbrettchen in meinem Haushalt.

Nach diesen Ferien war meine Kindheit beendet, da mein Vater an seinem Geburtstag an Herzversagen starb.

Da meine Mutter keinen Führerschein hatte, half meine ältere Schwester viel in der Außenlandwirtschaft, genauso wie mein großer Bruder. Mein jüngster Bruder wurde damals schwer krank, die Ärzte von München bis Murnau vermuteten Kinderlähmung, da er von heute auf morgen nicht mehr gehen konnte. Das waren große Sorgen für meine Mutter. Bis wir die Adresse eines Klosterbruders bekamen. Und er konnte meinem Bruder endlich helfen, als er feststellte, dass der Junge Rheuma hatte. So blieb der kleine Bruder künftig von der Arbeit verschont.

Ich musste immer mehr im Haushalt arbeiten, nicht nur spülen und die Küche aufräumen und putzen, sondern auch bügeln, backen und ich beaufsichtigte das erste Kind meiner Schwester, die ja in der Landwirtschaft mithelfen musste. Die Hausaufgaben machte ich nebenbei. Auch während der Stallzeit musste ich helfen, Stroh herunterwerfen, Sägemehl in Kübel fassen, Heu herrichten und durch die Stallluke hinunterwerfen; später kam dann die Fahrt zur Molkerei hinzu. Das war immer nett.

In unserem Dorf gab es eine kleine Molkerei, an die wir Bauern zweimal am Tag die Milch ablieferten, im Laufe des Vormittags holte ein Tankzug die Milch ab. Die Molkerei war nur hundert Meter von unserem Hof entfernt. Dort trafen sich die Bauern nicht nur zum Milch abliefern, sondern auch zum „Hoigata", das heißt sie unterhielten sich ausgiebig. Abends machte die Molkerei um sechs Uhr auf und je nachdem, wie schnell die Bauern waren, um acht Uhr wieder zu. Manchmal kam es vor, dass ich bei den Ersten war und mit den Letzten nach Hause ging, da ich mich „verratscht", also zu lange geschwatzt hatte. Neuigkeiten wurden an der Molkerei auf großen Tafeln angeschlagen und verbreitet. Dort hatte der Kirchenanzeiger seine Tafel, dann kam die gemeindepolitische, an einer anderen waren sonstige Anzeigen wie Hochzeitseinladungen oder die, wann eine Kuh im Schlachthaus ausgewogen wurde, und halt alles, was im Dorf von Interesse war, angeschlagen.

Um die Milch abzugeben, fuhr man mit seinem Karren in die Molkerei hinein. Ich kann mich noch daran erinnern, dass die Milch anfangs von Hand umgeleert wurde. Mit einem Eimer schöpften wir sie in einen großen Behälter, wo sie gleichzeitig gewogen wurde. Später wurde die Milch dann ausgesogen; das war eine Erleichterung, da man beim Ausleeren nicht mehr mithelfen musste. In riesengroßen Wannen wurde sie kühl gehalten und die abgelieferte Menge in eine Monatskarte geschrieben. Die Karte steckte in einem kleinen Kasten und jeder Lieferant hatte seine Nummer. Oft schaute man vorwitzig nach, was der Nachbar an Milch abgeliefert hatte. Auf der Karte wurde auch vermerkt, was man an Milchprodukten kaufte. Ganz am Anfang gab es nicht viel Auswahl, nur ein oder zwei Sorten Käse, der wurde jeweils von einem großen Laib heruntergeschnitten und auf eine Waage mit Gewichten gelegt. Das war immer schön anzuschauen. Und Käseduft lag in der Luft. Ach, das war eine schöne Zeit.

Was mir ebenfalls gefiel, war das Kühehüten. In meinem Dorf war es noch Brauch, dass man die Kühe im Frühjahr ausgetrieben hat. Fast jeder Bauer machte das so. Man erkannte die Kuhherden schon am Läuten der Kuhglocken. Das erste Mal Austreiben war sehr aufregend. Alle mussten mithelfen. Man versuchte die Kühe zuerst alle aus dem Stall zu treiben und dann im Hofraum aufzuhalten, bis alle beieinander waren. Die Kühe machten Sätze vor Freude, weil sie umherspringen konnten und frei von der Kette waren, an der sie im Winter angebunden im Stall standen. Jeden Morgen wurden die Kühe geputzt und gestriegelt, und man hängte ihnen die Kuhglocken um. In unserer Region gab es früher nur Braunvieh. Das gehörte zum schönen Allgäu. Wenn die ganze Herde beieinander war, schauten wir auf die Straße, ob nicht eine andere Viehherde unterwegs war, wenn nicht, konnten wir die Kühe laufen lassen. Da ging es ab. Wir mussten gut springen können, um die Herde beieinander zu halten. Die ersten zwei Tage waren immer aufregend. Früher gab es noch nicht so viel Verkehr, da trieb man die Kühe quer durchs Dorf. Unsere Wiesen waren in alle Himmelsrichtungen verstreut. Wenn wir dann an dem Weideplatz angekommen waren und die Kühe friedlich waren, hatten wir das meiste schon geschafft. Als Kinder mussten wir dann nachmittags auf die Herde aufpassen. Denn wenn die Bauern ihre Kühe am Abend vor dem Melken wieder heimholten, konnte es vorkommen, dass sich eine aus unserer Herde zu den anderen gesellte und mit denen nach Hause wollte. Denn beim Nachhausetreiben kam es immer wieder vor, dass wir unsere Herde an einer Kreuzung stoppen mussten, da ein anderer Bauer auch seine Herde heimtrieb. Das kann man sich heute gar nicht mehr vorstellen. Wir hatten damals schon fünfundzwanzig Kühe, was viel war. Einmal sollten meine Freundin und ich auf die Kühe aufpassen. Wir hatten es uns gemütlich gemacht, eine Decke ausgebreitet, unsere Brotzeit gegessen und haben Karten gespielt. Uns war es nicht aufgefallen, dass ein Teil der Kühe ausgebrochen und nach Hause gelaufen war. Das gab Ärger.

Der schönste Weideplatz für die Kühe und Spielplatz für uns Kinder war eine Wiese, auf der ein alter knorriger Baum stand. Diesen Baum werde ich nie vergessen. Wir schwangen uns auf ihn hinauf. Er hatte so viele Äste und Verzweigungen, dass wir ihn wie ein Haus einteilen konnten: Da gab es ein Wohnzimmer, eine Küche, Schlafzimmer, Kinderzimmer, Bad und WC. In der „Toilette" hat sich ein Ast so schön gebogen, dass man meinte, man sitze tatsächlich auf dem Klosett. Was habe ich auf diesem Baum gesessen und geträumt.

Wenn mein großer Bruder am Morgen Gras mit dem Traktor, Mäher und Ladewagen holte, musste ich immer zum Nachrechen mitfahren. Das hieß früh aufstehen. Ich hatte einen großen Zugrechen dabei und hängte mich mit einer Hand hinten an den Ladewagen und mit der anderen zog ich den großen Rechen. Meine Augen hielt ich am Boden, um zu sehen, ob auch ja keine Maus erschien. Denn vor denen hatte ich große Angst. Sogar vor toten Mäusen sprang ich davon. Ich mag sie bis heute nicht. Auch wenn das Heu eingefahren wurde, mussten wir alle helfen. Entweder rechte man auf der Wiese nach oder bediente die Heuzange oder man musste auf den Heustock, um das herunterfallende Heu zu verteilen.

Wir hatten in unserer Kindheit einen Dackel namens Waldi, außerdem Katzen. Der Hund wuchs mit uns auf und wir haben viel mit ihm gemeinsam erlebt. Er wollte überall dabei sein. Abends versteckte er sich gerne in der Holzschublade vom Holzherd. Da war es immer so schön warm. Heute kann ich es verstehen. Ich sitze auch sehr gern am Kachelofen und wärme mich.

Jeden Sonntag mussten wir zur Kirche gehen. Das war Pflicht. Die Leute hätten einen ja vermisst, wenn der Platz in der Kirchenbank nicht besetzt gewesen wäre. Früher hatte jede Familie ihren angestammten Platz in der Kirche, den sie an die nächste Generation weitergab. Als Kinder mussten wir in die vorderen Kinderbänke, als Jugendliche durften wir auf der Empore neben der Orgel sitzen. Das war weitaus besser, denn dort konnten wir uns unterhalten. Der Friedhof war um die Kirche angeordnet. Es war schon ein mulmiges Gefühl, wenn man abends noch auf den Friedhof musste, um das Licht anzuzünden oder bei Frost die Blumen abzudecken.

Als ich aus der Schule kam, hätte ich gerne Fachverkäuferin in einer Metzgerei gelernt, doch meine Schwester mit ihren drei Buben konnte nicht mehr zum Helfen kommen, da der Älteste in die Schule kam, so musste ich die Hauswirtschaftsschule besuchen. Die praktische Ausbildung konnte man auf dem elterlichen Hof absolvieren. Doch auch dieser Beruf gefiel mir sehr gut. Man lernt viel als Hauswirtschafterin. Nicht nur kochen, putzen, backen, sondern auch Gartenarbeit, Kinderpflege, Buchführung. Aber nach der Lehre wollte ich gern noch was ganz anderes machen und ging als Büroanlernling in eine Rechtsanwaltskanzlei. Dort gefiel es mir am Anfang sehr gut, doch im Laufe der Zeit störte es mich, dass es bei den Klienten immer nur um Streitereien ging. Auch die Aussicht aus dem Büro war frustrierend. Entweder blickte ich auf ein großes Kirchendach oder nur auf Beton. Mir fehlte das Grün und die Natur. Nach zwei Jahren hatte ich genug und begann als Betriebshelferin zu arbeiten. Da konnte ich selbstständig handeln und wurde in jedem Einsatz dringend gebraucht. Endlich wieder Natur und normale Menschen um mich herum. Fünf Jahre war ich dort tätig, doch nach meiner Heirat mit einem Landwirt gab ich diesem Job auf.

Meinen Mann lernte ich schon in der Land- und Hauswirtschaftsschule kennen. Doch zu der Zeit war ich für ihn noch zu temperamentvoll – und er war mir zu ruhig. Aber nach sieben Jahren passten wir gut zusammen und einer Freundschaft stand nichts mehr im Wege. Aus Freundschaft wurde Liebe und nun sind wir seit fünfzehn Jahren verheiratet. Mein neues Zuhause ist kein Dorf, sondern ein Weiler, also ein Zusammenschluss von mehreren Höfen, und ich wohne dort wunderschön. Denn unser Hof steht allein auf einem Berg und rundherum gibt es nur Wiesen. Am Anfang habe ich die Nachbarn vermisst, die ich in meinem Dorf hatte, doch im Laufe der Zeit begann ich, das Alleinsein so richtig zu genießen. Ich kann tun und lassen, was ich will. Das ist wunderbar. Wir haben einen Sohn, der uns viel Freude macht. Er ist vierzehn Jahre alt und unterstützt uns sehr. Auch er hat Freude an der Landwirtschaft.

Nachdem ich meine Geschichte geschrieben habe, stelle ich fest, dass ich mehr aus meiner Kindheit und Jugend berichten kann, als aus meinem jetzigen Leben. Zum einen bin ich ja noch im Hier und Jetzt, habe die Gegenwart noch nicht abgeschlossen. Außerdem ereignet sich nicht allzu viel.

Denn in der Landwirtschaft hat man einen geregelten Tagesablauf, der jeden Morgen mit der gleichen Arbeit beginnt und abends wie gewohnt aufhört. Der

Kreislauf an Tätigkeiten wiederholt sich jährlich. Mangel an Arbeit habe ich auch nicht, da ich einen großen Gemüse- und Blumengarten pflege, Selbstversorger mit Brot und Butter bin und mich im Ehrenamt engagiere.

Was mich geprägt hat, ist mein Gottvertrauen. Ich denke, er hat uns in der Hand und wird alles recht machen. Wir haben in unserem Leben bestimmte Situationen zu durchleben und das Beste daraus zu machen. Ich bin auf dem Weg dahin. Glück und Harmonie bedeuten für mich Momente einer tiefen inneren Befriedigung, wenn man anderen geholfen oder sich für sie eingesetzt hat. Auch ein freundliches Wort, ein Danke oder ein Lächeln machen mich glücklich. Es ist nicht schwer, die Befriedigung aus der täglichen Arbeit zu ziehen, froh zu sein, wenn die ganze Familie gesund ist und auch im Stall alles wohlauf ist. Glücksmomente erlebe ich auch, wenn sich die jeweilige Jahreszeit von ihrer schönsten Seite zeigt. Ich denke an die Bäume. Wie herrlich ist der Blütenstand, wie großartig die Sommerreife, wie faszinierend das Herbstlaub. Sogar der nackte Baum ist noch schön.

Wo ich wohne, habe ich bei klarem Wetter die ganze Alpenkette vor mir. Dann hält mich, wenn es die Arbeit erlaubt, nichts mehr. Da muss ich hinein, da geht mir das Herz über. Wie majestätisch sich die Berge zeigen und wie viel Kraft sie einem geben. Das Allgäu ist meine Heimat, hier sind meine Wurzeln; in der Landwirtschaft bin ich groß geworden und ihr fühle ich mich für immer verbunden.

Dorothee, Weingärtnerin in Baden-Württemberg

Der Wunsch nach einem Sohn ist der Vater vieler Töchter

„Vater und Tochter waren ein gutes Team, da sie abhängig voneinander waren. Er war auf meine Anwesenheit angewiesen und ich lernte durch seine enorme Erfahrung.“

Der Wunsch nach einem Sohn ist der Vater vieler Töchter. Mit mir begruben meine Eltern, beide Anfang vierzig damals, wohl die Hoffnung auf einen Sohn. Ich hatte drei ältere Schwestern – sieben, dreizehn und neunzehn Jahre älter. Als Nesthäkchen hatte ich es nicht immer leicht, wenn meine Schwestern ihre Erziehungskünste an mir ausprobierten. Heute bin ich stolz darauf, dass sie etwas halbwegs Ordentliches aus mir gemacht haben. Meine Mutter kam wohl bald nach meiner Geburt ins Klimakterium und litt sehr unter den physischen und psychischen Begleiterscheinungen.

So hat meine älteste Schwester für mich die Mutterrolle eingenommen und ist noch heute diejenige, mit der mich am meisten verbindet. Meine Kindheit war eine glückliche Zeit, aber keine unbeschwerte. Fröhlich war ich wie ein ganz normales Kind, aber mit Sicherheit etwas ernster als meine gleichaltrigen Kameradinnen und Kameraden. Seit ich denken kann, ist immer eine Person in der Familie krank gewesen. Daher lernte ich schon recht früh, was „sich sorgen" bedeutet. Heute bin ich froh, die Gabe der Gelassenheit zu haben, die sich im Laufe meines Lebens entwickelt hat. Auch eine Hiobsbotschaft wirft mich nicht so schnell aus der Bahn. Meine Eltern haben ja durch ihre Erfahrung mit den Schwestern gewusst, dass ein Menschenkind sich durch eine gute Erziehung prächtig entwickelt. Erziehung ist in erster Linie Liebe und Vorbild und in gewissem Maße auch Führung. Ihr größter Wunsch war und ist es, ihren Kindern ein bleibendes Vermächtnis zu hinterlassen. Das sollte natürlich nicht ausschließlich aus materiellen Gütern bestehen, sondern sollte vor allem das Rüstzeug sein, um das Leben zu meistern. Sie waren streng mit sich und uns, forderten und beschenkten, lebten Fleiß und Bescheidenheit vor, lehrten uns Respekt und Achtung vor sich und anderen, waren gottesfürchtig und hatten ein Ziel: mich zu einer Bäuerin zu machen.

Mindestens einen halben Zentimeter höher trug ich mein Näschen, als ich mit vier Jahren zwar das Fahrradfahren noch nicht erlernt hatte, aber den Traktor vom vierten in den fünften Gang schalten konnte, obwohl das Getriebe noch nicht vollsynchronisiert war. Die Kupplung konnte ich nur mit beiden Beinen gleichzeitig bedienen und den Traktor brachte ich damals nur zum Stehen, wenn er ganz eben stand. Mein Vater vertraute nicht einem schnell fliegenden Schutzengel, sondern vor allem mir. Er war kein sehr gesprächiger Mann. An zwei Redewendungen von ihm erinnere ich mich aber sehr genau. Glaubte ich als Kind oder später als Jugendliche an meine Grenzen zu kommen und sagte: „Ich kann das nicht", entgegnete er: „Man kann alles, man muss es nur wollen." Hatte ich von etwas die Nase voll oder sollte Arbeiten erledigen, die mir nicht behagten, beschwerte ich mich mit den Worten: „Immer muss ich das machen." Die ernsten Augen und das lächelnde Gesicht vergesse ich niemals, wenn er dann nachsichtig entgegnete: „Du musst nicht …" Ich muss wohl nicht erwähnen, dass ich daraufhin auch die lästigsten Aufgaben übernahm. Im Gespräch mit einer meiner Schwestern kommt das auch immer wieder zum Ausdruck: Uns Kindern wurde schon früh Verantwortung übertragen und wir lernten ebenso früh, was

Zuverlässigkeit bedeutet. Gehört es nicht zu den besten Charaktereigenschaften, die jemand besitzt, wenn man sich blind auf ihn verlassen kann?

Die Schule meisterte ich ohne große Probleme. Meine Eltern wurden nur ein einziges Mal zum Lehrer beordert, als es darum ging, mich doch bitte ins Gymnasium zu schicken und nicht nur in die Realschule. Beide Elternteile befürchteten jedoch, eine zu gute schulische Bildung würde dazu beitragen, dass ich der Landwirtschaft den Rücken kehrte. Mit Sicherheit wäre ich zu einem ewigen Studenten geworden, denn die Schulbank zu drücken begeistert mich noch heute. Die Ferien waren mir immer verhasst. Ich litt gelegentlich darunter, dass meine Eltern nicht mit uns in den Urlaub fahren konnten. Sie vertrauten mir aber vollkommen und ließen mich zum Beispiel auch alleine in das mehrere Kilometer entfernte Freibad gehen. Vermutlich liegt es an meinen frühkindlichen Traktorfahrten, aber bis zum heutigen Tag bin ich sehr faul, was das Gehen anbelangt. Nur ein einziges Mal legte ich die mühselige Wegstrecke ins Schwimmbad mit dem Dreirad zurück, später stieg ich auf einen Roller um und zum Schluss lieh ich mir das Fahrrad meiner Schwester.

Jedes der Kinder hatte in der Familie seine Aufgaben und Pflichten. In den Sommerferien musste ich einen halben Tag mitarbeiten, der andere Teil des Tages stand zur freien Verfügung. Da ich ein notorischer Morgenmuffel bin, arbeitete mein Verstand schon damals in der Frühe nicht ganz so intensiv, weshalb meine Mithilfe eher am Nachmittag erwünscht war. Ich weiß nicht mehr, wann ich bemerkte, dass der Nachmittag ja eigentlich viel länger ist als der Vormittag, ich weiß nur noch, es dauerte sehr lange, bis ich draufkam.

Für meine eigenen Kinder, die ich allerdings nie bekam, hätte ich mir eine ebenso schöne Kinder- und Jugendzeit gewünscht, wie ich sie erleben durfte. Während sich meine Schulkameradinnen damit auseinandersetzen mussten, welchen Berufsweg sie einschlagen wollten, konnte ich diese Zeit ganz anders nutzen, da ich ja genau wusste, was ich tun würde, da man mir ja immer wieder sagte: „Du bist also die zukünftige Bäuerin.“ So hatte ich Zeit und Muße, um der ersten großen Liebe nachzutrauern, als Rädelsführer Streiche in der Schule auszuhecken, mir aufreibende Schlagabtausche mit dem Englischlehrer zu liefern, Verantwortung als Klassen- und Schülersprecherin zu übernehmen und mich sehr intensiv um meine Freizeitgestaltung zu kümmern. Das Lernen fiel mir niemals schwer. Zu meinem Leidwesen – aus heutiger Sicht – genügte es, mit dem Schulbuch unter dem Kopfkissen schlafen zu gehen, um sich an die Klassenarbeit am darauf folgenden Tag zu wagen. Allerdings war das Gelernte nach einigen Wochen wieder weg.

Vor allem im letzten Jahr meiner Realschulzeit begegneten mir immer mehr Menschen, die mein Vorhaben, Landwirtin zu werden, für nicht gut hielten. Sie fragten mich allen Ernstes, ob ich meine Fähigkeiten beim Schweinefüttern, Rebenschneiden und Traktorfahren vergeuden möchte. Anstatt darüber nachzudenken, ob ich das tatsächlich wollte, entbrannte in mir die Leidenschaft, es den Unkenrufern zu zeigen. Ich entschied mich nicht nach reiflicher Überlegung für die Landwirtschaft, sondern ich folgte meiner Intuition. Wieder war es mein Vater, der mir den Weg zeigte. Er musste eine Fortbildung besuchen, um mich in seinem Betrieb ausbilden zu dürfen. Dort traf er einen anderen Kollegen, dessen Tochter sich zu einer Lehre als Winzerin entschlossen hatte. Er erzählte mir davon, und nachdem ich erfahren hatte, dass ich für diese Ausbildung nicht zu den Rindern nach Aulendorf musste, strich ich im Ausbildungsvertrag kurzerhand die Berufsbezeichnung Landwirtin und setzte die Bezeichnung Winzerin ein. Vielleicht sollte ich erklären, weshalb die Aussicht, nicht nach Aulendorf zu müssen, diesen spontanen Sinneswandel hervorrief.

Der elterliche Betrieb bestand damals neben Wein-, Getreide-, Zuckerrüben- und Obstbau auch aus „Steckdosentierchen“, etwa 35 Mutterschweinen. Damit eine Schweinebäuerin auch etwas über Rinderzucht erfährt, gehörte ein mehrwöchiger Aufenthalt in einem Rinderbetrieb zum Ausbildungsinhalt. Als kleines Mädchen hatte ich wohl ein traumatisches Erlebnis. Meine Eltern betrieben Bullenmast in einem Anbindestall und es herrschte helle Aufregung, wenn sich so ein ausgewachsenes Tier losgerissen hatte. Ich musste dann immer in die Küche und konnte nur vom Fenster aus beobachten, dass einige Männer aus der Nachbarschaft dazukamen, um beim Einfangen des Bullen zu helfen. Mir wurde signalisiert, dass es sich um eine gefährliche Situation handelte. Wie sich Angst anfühlt, lernte ich erst kennen, als ich eines Tages ahnungslos in den Stall ging, um nach neugeborenen Ferkelchen zu sehen und dabei einem Bullen Auge in Auge gegenüberstand. Der

Aufschrei meiner Mutter und das bleiche Gesicht meines Vaters ist mir noch heute gegenwärtig. Seither habe ich ein sehr ungutes Gefühl in der Magengegend, wenn ich einem Tier gegenüberstehe, das deutlich größer ist als ich.

Hoch motiviert und voll Enthusiasmus begann meine Lehrzeit. Meine Eltern hielten sich streng an die Vorgaben des Landwirtschaftsamtes und überwiesen mir monatlich die vorgeschlagenen hundert Mark Ausbildungsvergütung. Den Führerschein für Traktor und Motorrad hatte ich in der Tasche und ich war stolze Besitzerin eines kleinen Motorrads, für dessen Unterhalt ich allerdings selbst verantwortlich war. Ein Unding, die laufenden Kosten mit dem spärlichen Lohn abzudecken, weshalb ich mir in der Freizeit noch etwas Geld dazuverdiente, meist als Bedienung auf Weinfesten. Mein Humor, ab und an ein Augenzwinkern und mit Sicherheit mein flinkes Wuseln durch die Reihen der Weinfestbesucher erbrachten mir recht großzügig bemessene Trinkgelder und sicherten die nächste Tankfüllung für mein Moped.

Im zweiten Lehrjahr wurde der Lohn dann großzügig auf 150 Mark im Monat erhöht und als besonderen Bonus bekam ich von den Eltern meinen ersten eigenen Grund und Boden: ein knapp 10 Ar großes Stück Ackerland. Das hört sich überhaupt nicht spektakulär an. Doch ich kann kaum beschreiben, welche Emotionen, welchen Stolz dieses kleine Stück Land in mir hervorrief, mit welcher Begeisterung ich begann, es in Besitz zu nehmen. Natürlich sollte die Kulturpflanze, die ich anbauen wollte, nicht nur ertragreich sein, sondern auch außergewöhnlich. Im ersten Jahr entschied ich mich dafür, die Hälfte der Fläche mit Mais zu bepflanzen, dessen kleine Kölbchen an die Konservenindustrie verkauft wurden. Den anderen Teil bestückte ich mit Gurkenpflanzen. Mitte der achtziger Jahre war das unbürokratisch und logistisch noch relativ unkompliziert zu meistern. Die Essiggurken und Maiskolben wurden dreimal die Woche an einer zentralen Sammelstelle in der Nähe abgeholt und auch Kleinstanbauer, wie ich einer war, erfasste die Konservenindustrie vertraglich. Frühmorgens wurden die Gurken gepflückt. Während der heißesten Sommernachmittagsstunden im kühlen Keller oder der schattigen Veranda wurden sie sortiert und die Maiskölbchen geschält. Obwohl ein Unwetter die Maisernte nach kürzester Zeit beendete, konnte ich mir von meinem ersten selbst erarbeiteten und verdienten Gewinn eine komplette, nagelneue Skiausrüstung leisten. Ich war so stolz, dass mich in jenem Winter noch nicht einmal minus 33 Grad Celsius Kälte vom Skifahren mit der funkelnagelneuen Ausrüstung abhalten konnte. Im zweiten Jahr erweiterte ich die Anbaufläche der Gurken und verzichtete auf den Maisanbau. Den Erfolg honorierte ich mir selbst mit einer vierzehntägigen Skifreizeit in dem Nobelskigebiet Saas Fee im Schweizer Wallis. Heute wünsche ich mir oft, mich wieder so unbekümmert und glücklich über eine erfolgreiche Ernte freuen zu können wie damals.

Das macht die Autorin heute

Dorothee Werner

Die wichtigsten Nützlinge im Weinberg sind geländegängige Altenteiler. Wie wertvoll diese sind, merkt man wohl erst, wenn man sie nicht mehr hat. Heute muss ich diese tausend kleinen, aber enorm wichtigen „Handlanger-Dienste" selbst machen. Die Arbeit ist für mich deshalb viel mehr geworden und zunehmend fühle ich mich durch Verpflichtungen in Haus und Hof und auch in Ehrenämtern und -aufgaben eingespannt und eingesperrt.
Wie gut, dass ich früh gelernt habe, mir immer mal wieder das Glücksgefühl der Freiheit selbst zu schenken: Nach vielen Jahren Pause habe ich letzten Winter wieder mit dem Skifahren begonnen und fliege auch wieder mit meinem Gleitschirm. Ich bin also noch die Alte, nur älter.

An die Berufsschuljahre erinnere ich mich sehr gerne. Durch eine Ausbildungszeitverkürzung waren sie leider etwas eingeschränkt. Wie immer lernte ich nur das, was mich interessierte und was ich glaubte, in meinem Berufsleben auch anwenden zu können. Einige Jahre später musste ich dann vieles wieder mühevoll aufarbeiten, als ich endlich begriff, dass in der Landwirtschaft und im Weinbau nur die Cleversten überleben würden und wirtschaftlicher Erfolg einem nur beschert wird, wenn man besser ist als andere. Mein Vater war zu jener Zeit bereits schwer herzkrank. Körperlich anstrengende Arbeiten konnte er kaum mehr ausüben, und man musste jegliche Aufregung und auch jeden Stress von ihm fernhalten. Somit war meine Person als Arbeitskraft unersetzlich und ich verzichtete darauf, einen Teil der Ausbildungszeit in einem Fremdbetrieb zu verbringen, stattdessen absolvierte ich ein mehrwöchiges Praktikum in einer Weinkellerei. Mit Sicherheit bin ich meinem dortigen Chef nicht in guter Erinnerung geblieben. Oft fühlte ich mich mit den mir übertragenen Aufgaben überfordert und es war eine bittere Pille, die ich schlucken musste, als meine Vorgesetzten meine bislang sorgsam vertuschten Bildungslücken entdeckten. Es war mir ja nie schwergefallen, etwas zu begreifen, nur fehlte mir die Ambition, perfekt darin zu werden. Mir treibt es noch heute die Schamesröte ins Gesicht, wenn ich daran denke, dass das Schimpfwort „dummer Bauer“ allzu oft bei mir zutreffen könnte. Allerdings: Wenn die Menschen nur über Dinge reden würden, von denen sie etwas verstehen – das Schweigen wäre bedrückend.

Vater und Tochter waren ein gutes Team, da sie abhängig voneinander waren. Er war auf meine Anwesenheit angewiesen und ich lernte durch seine enorme Erfahrung. Selbstverständlich waren wir nicht immer einer Meinung, jedoch – harmoniebedürftig wie ich bin – gab und gebe ich leicht nach. Nun weiß ich bis heute nicht, ob das eine angeborene Charaktereigenschaft ist oder ob ich es mir angeeignet habe. Tatsache ist jedoch, dass ich selten den geraden Weg nehme, um mein Ziel zu erreichen. Der saloppe Ausspruch: Von hinten durch die Brust ins Auge, trifft auf mich haargenau zu. Doch es ist manchmal auch sehr mühsam, Umwege zu machen.

Ich vertrat den Betrieb meist in der Öffentlichkeit. Keck mischte ich mich in die Männerrunden ein und sonnte mich in den bewundernden Blicken der Kollegen.

Es schmeichelte meinem Ego ungemein, für manche Bauernsöhne als Vorbild herhalten zu dürfen. Informationsveranstaltungen, Fortbildungstagungen und ähnliche Termine nahm ich wahr, während mein Vater die Kauf- oder Verkaufsgespräche führte. Zunächst nahm ich das gelassen hin, denn schließlich war er der Betriebsleiter und letztendlich auch derjenige, der bezahlte. Blauäugig wie ich war, glaubte ich, das würde sich spätestens mit der Verpachtung des Betriebes an mich ändern. Die Übergabe erfolgte 1986, als ich gerade mal neunzehn Jahre alt war. Durch unseren vielseitig strukturierten Betrieb hatte ich zwar von vielem eine Ahnung, aber so richtig gut war ich in keinem Bereich. So waren die ersten Jahre meines Betriebsleiterinnendaseins hauptsächlich dadurch geprägt, sehr viel zu arbeiten und Erfahrungen zu sammeln. Manche Leute wachsen mit der Verantwortung. Ich behaupte jetzt einfach von mir, dass ich zumindest ein wenig mit ihr angeschwollen bin. Die Zeit der Hofübergabe bleibt mir in schlechter Erinnerung. Ich wollte sie auf keinen Fall. Vor allem mein Vater drängte aufgrund seines schlechten Gesundheitszustandes darauf, „sein Haus in Ordnung zu bringen.“ In unserer Familie bin ich wohl diejenige, die am wenigsten Wert auf Besitz und materielle Güter legt. Ausgerechnet ich sollte also den Familienbesitz erben? Meinen Eltern und Geschwistern bin ich sehr dankbar, dass es anders als in vielen Familien bei uns so harmonisch, offen und vor allem neidlos über die Bühne gegangen ist. Trotzdem ging es mir damit nicht gut, denn mir war es zwar recht, Verantwortung zu tragen, aber mir lag nichts daran „Chefin“ zu werden. Am wohlsten fühle ich mich, wenn mir eine Aufgabe übertragen wird – es darf auch durchaus ein etwas komplizierteres Unterfangen sein – und ich mich dann mit all meinen Fähigkeiten einbringen kann, wohl wissend, jemanden hinter mir stehen zu haben, der mir den Rücken stärkt. Dabei stelle ich an mich selbst hohe Erwartungen und Anforderungen. Kann ich diese nicht erfüllen, werde ich unzufrieden und empfinde es als unbefriedigend, vor allem auch für andere. Noch weniger allerdings wollte ich meine Eltern enttäuschen und ihren Lebensinhalt in den Wind schlagen. Die Unterschrift unter den Hofübergabevertrag machte ich mit einem unguten Gefühl, und es folgten daraufhin tränenreiche Jahre.

Meinen Mann lernte ich mit einundzwanzig Jahren kennen und ein Jahr später feierten wir unsere Hochzeit mit einem rauschenden Fest. Er hatte so ziemlich alle Vorzüge, die ich mir in meinen Mädchenträumen ersehnt hatte: kein Landwirt oder Winzer, aber aus einer solchen Familie stammend, ein paar Jahre älter als ich, erfolgreich in seinem eigenen Beruf, gut aussehend, ein begnadeter Tänzer und vor allem eines, nämlich bereit einzuheiraten, mitzuhelfen und es besser zu machen als die Paare, die wir so kannten. Wir machten in den ersten Jahren unserer Ehe wohl so ziemlich alles mit, was es an Reibereien in einem landwirtschaftlichen Betrieb geben kann, wo alle unter einem Dach leben. Kompetenzprobleme, Generationenkonflikte, Eifersucht, Leistungsdruck und dazu die Frage, mit einem Blick auf meinen Bauch, ob sich da nicht doch bald Anzeichen eines Hoferben abzeichnen würden. Wir haben ihn bis heute noch nicht bekommen, müssen aber ehrlich sagen, dass unser Leben auch ohne Kinder ausgefüllt und reich ist.

Der Strukturwandel vollzog sich bei uns dann rasend schnell. Ich wollte nie, dass unser Betrieb zu den Nebenerwerbsbetrieben gezählt wurde, obwohl mein Mann von Anfang an berufstätig war. Mit Sicherheit ignorierte ich die Betriebsergebnisse und wollte es nicht wahrhaben, dass ich nicht einen florierenden Bauernhof mein Eigen nennen durfte, sondern ein absolutes Auslaufmodell. Die Schweinepest im Nachbardorf und den damit zusammenhängenden Preiseinbruch nahm ich schließlich als Anlass, mit der Ferkelproduktion aufzuhören. Der Händler erwartete sowieso schon länger größere Einheiten und an eine Aufstockung war rein räumlich gar nicht zu denken. Die Woche über machte es mir nichts aus, morgens und abends in den Stall zu gehen, doch sonntags empfand ich es oft als sehr lästig. Entweder waren Absprachen notwendig oder man musste immer mit dem Blick auf die Uhr unterwegs sein, um rechtzeitig wieder zu Hause anzukommen. Es hat einfach nicht funktioniert, den Betrieb umzustellen und nur noch morgens in den Stall zu gehen. Mein Mann mochte die Schweine sehr gerne und die Arbeit machte ihm im Gegensatz zu mir viel Freude. Doch er konnte nun mal nur abends in den Stall. Andere blicken wehmütig in einen leeren Stall, ich genoss und genieße die Freiheiten, die man hat, wenn der Betrieb viehlos ist. Nach weiteren drei Jahren wollte ich aus einer Laune heraus einfach wissen, welchen Marktwert meine landwirtschaftliche Fläche mit dem Zuckerrübenkontingent eigentlich hat, und setzte eine Anzeige in diverse Zeitungen. Die Angebote haben mich erstaunt und davon überzeugt, dass es wirtschaftlich besser war, auch auf diesen Betriebszweig zu verzichten und Flächen sowie Kontingent zu verpachten. Mir fällt es heute oft schwer, nicht wehmütig zu werden, wenn ich an „meinen" Feldern vorbeigehe, das Getreide wachsen sehe und in die Bestände reinschaue. Einen Acker zu bestellen, zu säen, zu düngen, gesund zu erhalten, um dann am Ende ernten zu dürfen, damit verbinde ich sehr viele Emotionen. Und die Landwirtschaft aufzugeben bedeutet nicht, kein Interesse mehr an den Problemen und Nöten der Bauern zu haben, deshalb tut es weh zu spüren, dass man oft ausgeschlossen wird mit den Worten: „Sei froh, dass du keine Landwirtin mehr bist" oder „Sei froh, dass du einen Mann hast, der sein Geld leichter verdient" oder „Was treibst du jetzt den ganzen Tag, wenn du keine Arbeit mehr draußen hast?"

Jeder Landwirt hat mit seinem Selbstwertgefühl zu kämpfen, wenn er keine Möglichkeit mehr sieht, seinen Betrieb weiterzuentwickeln, sondern sich nach anderen Einnahmequellen umsehen muss. Genauso wie sich der elterliche Hof entwickelt hat, entspricht er meinen Vorstellungen und ich bin zufrieden. Meine betagten und gesundheitlich sehr angeschlagenen Eltern haben beide noch ihre Aufgaben in der Familie und auf dem Hof. Sie haben gelernt zu genießen, dass sie anders als ihre gleichaltrigen Landwirts- und Weingärtnerkollegen mitarbeiten dürfen, es aber nicht zwingend müssen. Außer in den Erntephasen genügt eine einzige Arbeitskraft auf dem Hof und auch mein Mann muss nur wenig seiner freien Zeit opfern. Manchmal, wenn mir mein Leben zu eng wird, schicke ich meine Träume auf Wanderschaft. Dann sehe ich ein schönes weißes Haus inmitten von Weinbergen in den Weiten Kanadas. Oder ich sehe mich inmitten einer Schar dunkelhäutiger Menschen, mit denen ich Bewässerungsgräben für ihre Felder anlege.

Nach meiner Reise zurück in die Vergangenheit, wäre es verlockend, einen Blick in die Zukunft zu werfen, aber das Leben würde dadurch an Spannung verlieren. Vielleicht sollte ich aber doch noch etwas aus der Gegenwart erzählen. Dadurch, dass die Arbeit in den Weinbergen und in den Obstplantagen nicht gleich bleibend arbeitsaufwendig ist, habe ich in den letzten Jahren deutlich mehr an Freizeit gewonnen, und man hört mich nur noch selten über zu viel

Arbeit klagen. Beim Thema Freizeitstress kann ich jedoch inzwischen mitreden. Nicht ohne Neid habe ich oft berufstätigen Frauen oder Männern zugehört, wenn sie von den Erlebnissen mit ihren Kollegen und Kolleginnen erzählten, während ich mich von morgens bis abends oft nur an der Gesellschaft meines Hundes erfreuen konnte. Da ich sehr kritisch bin, wenn eine Arbeit nicht ganz nach meinen Vorstellungen ausgeführt wird, außerdem ständig bestrebt, immer alles selbst zu machen, weil das ja viel schneller geht, bin ich froh, mein eigener „Herr" zu sein. Doch ohne menschliche Nähe würde ich wohl verwelken. Vereinsarbeit, Ehrenämter, Kontakte knüpfen und der Austausch mit anderen sind deshalb die Oasen, in denen ich meinen Durst nach Gesellschaft stille. Ein Leben ohne ein Auto, um meine Freunde zu besuchen, ohne Computer, Telefon, Handy und das Modem für die Internetverbindung kann ich mir inzwischen nicht mehr vorstellen. Anders als meine Großeltern oder Eltern weiß ich nicht, ob ich mein ganzes Leben auf dem ererbten Bauernhof verbringen werde. Oft ist das Fernweh groß, und wenn mal alles schief läuft, kommt man ins Grübeln, ob der eingeschlagene Weg tatsächlich der richtige ist. Trotzdem oder gerade deshalb kommt es mir so vor, wenn ich an das Bild von dem Baum und den herabfallenden Äpfeln denke, dass ich ein Apfel aus der Mitte bin und bestimmt einer, der von der abschüssigen Wiese wieder zum Baum hin, zum Stamm zurückkullert.

Magdalene, Bäuerin in Baden-Württemberg

Die Mühle

„Immer wieder denke ich an einen Raum in meinem Elternhaus, der ‚die Mühle' genannt wurde, ..."

Schrilles Weckerklingeln reißt mich aus dem Schlaf: sechs Uhr und draußen wird es allmählich hell. Minuten später fängt unser wachsamer „Flori" an zu bellen, und ich höre, wie ein Lkw langsam in den Hof rangiert. Das ist der Gemüsegroßhändler; heute ist Donnerstag, da kommt die frische Ware für unseren Hofladen. Also, nichts wie raus aus dem Bett. Hose und Pullover übergezogen und die Treppe runter, um die Tür zu öffnen, damit der Fahrer möglichst zügig abladen kann. Er ist so früh am Morgen schon in Eile, hat noch eine große Tour vor sich und so werden nicht mehr als ein paar Grußworte gewechselt.

Inzwischen ist Hansjörg, mein Mann, aufgestanden, kommt herunter und nach einem flüchtigen Gruß geht er hinüber in den Kuhstall, um die Tiere zu füttern und zu melken.

Ich lade derweil das Gemüse ab, prüfe sorgfältig den Lieferschein und gehe dann auch in den Stall, um die Kälber zu tränken. Nun ist es Zeit, Georg zu wecken, unseren fünfzehnjährigen Sohn, der so gern den Wecker überhört und jede Minute Morgenschlaf ausnutzt.

Frühstück machen geht beinahe automatisch, nebenher verfolge ich den Wetterbericht für heute und morgen und dann sitzen wir alle zusammen am Frühstückstisch. Die Frage nach schulischen Dingen wird von Georg etwas unwirsch beantwortet, der Morgen sei keine Zeit für lange Unterhaltungen; er macht sich auf den Weg.

Ich sitze noch eine Weile mit Hansjörg am Tisch; wir überlegen, wer heute was tun wird. Wenn es trocken bleibt, könnten wir nachmittags mit dem Gemüsehacken anfangen; das Unkraut gedeiht, und da wir den Hof nach biologischen Grundsätzen bewirtschaften, bleibt uns zur Unkrautbekämpfung nur das Hacken mit der Maschine und besonders das von Hand.

Den Vormittag verbringe ich im Laden, nachher kommt der zweite Großhändler, der uns mit Milch- und Trockenprodukten versorgt. Heute wird eine ziemlich große Bestellung ausgeliefert, und ich brauche den ganzen Vormittag, bis alle Waren ordentlich verstaut sind. Es ist sehr kühl im Laden, gut für die Ware, aber nicht so gut für mich; immer wieder gehe ich hinaus und erfreue mich an der Frühjahrssonne. Bei der Gelegenheit schaue ich in meinem Hausgärtchen nach dem Rechten. Sind die Salatpflanzen schon groß genug, um sie auszupflanzen? Hoffentlich haben die Katzen nicht wieder in den Beeten gescharrt! Kräuter kann ich auch schon ernten, genügend für den Quark, den es heute als Mittagessen zu Kartoffeln und Salat gibt. Zum ausführlichen Kochen bleibt heute keine Zeit, das schöne Wetter muss genutzt werden und so fahre ich nach einer kurzen Mittagspause hinauf aufs Feld mit meiner Hacke. Flori begleitet mich freudig und fängt bald an Mauselöcher aufzugraben.

Ich bin gerne allein hier draußen, weit und breit ist niemand zu sehen, nur ab und zu ein Spaziergänger oder ein Traktor, der eilig vorbeifährt. Für mich sind diese Stunden immer eine Gelegenheit, meinen Gedanken freien Lauf zu lassen, oft habe ich ein Stück Papier dabei für Notizen und „Geistesblitze".

Schon lange habe ich die Idee, Erlebnisse und Stimmungen aus meiner Kindheit aufzuschreiben und festzuhalten. Ich möchte sie gerne meinem Sohn und den Kindern meiner Geschwister zukommen lassen; ich denke oft, dass zwischen ihrer und meiner Kindheit nicht nur dreißig oder vierzig Jahre liegen, sondern wirklich der so genannte himmelweite Unterschied.

Immer, wenn ich einmal im Jahr meine Mutter besuche, die noch in dem Haus lebt, das schon ihr Elternhaus und dann auch meines war, werden mir die großen Veränderungen bewusst, die sich in den vergangenen Jahrzehnten dort vollzogen haben, an denen ich aber keinen Anteil hatte. Umso klarer stehen mir Erlebnisse und Personen meiner Kindheit vor Augen. Immer wieder denke ich an einen Raum in meinem Elternhaus, der „die Mühle" genannt wurde, an diesen eigenartigen, „vielgesichtigen" Raum, der mich als Kind wie kaum ein anderer interessierte.

Er lag in der nordöstlichen Ecke des Hauses, mit einem Fenster nach Osten. Man betrat die Mühle durch das Badezimmer, eine Schiebetür lief auf schwergängigen eisernen Rollen, sie wurde nur geschlossen, wenn Samstagabend Badezeit war.

Obwohl die Mühle auf diese Weise mit der Wohnung in Verbindung stand, war sie doch ganz und gar ein landwirtschaftlicher Arbeitsraum und mehr dem sich ihr anschließenden Pferde- und Kälberstall zugeordnet. Auch zu diesem Stall gab es eine Schiebetür; unter ihr sickerte hin und wieder etwas Jauche durch, was eindringlich daran erinnerte, dass es höchste Zeit war, die Kälber auszumisten.

Die Bezeichnung Mühle kam von der Schrotmühle, die in einer Ecke stand und deren Korntrichter bis unter die Decke reichte. Hier wurde im Wechsel für Kühe, Kälber, Schweine, Hühner und Pferd eine jeweils besondere Getreidemischung gemahlen.

Vom Großvater bekam man genaue Anweisung, wie viele Schaufeln Hafer, Weizen, Gerste oder Roggen in den großen hölzernen Trichter auf dem Speicher einzufüllen waren, damit die Mischung stimmte. Er hatte die Aufsicht; uns Kindern war es streng verboten, etwa den Motor in Gang zu setzen, der seine Kraft mithilfe eines breiten ledernen Treibriemens auf die hölzerne Riemenscheibe der Mühle übertrug. Auf einem kleinen Treppchen stieg der Großvater an der Mühle hoch und prüfte, ob das Getreide gleichmäßig einlief, fühlte die Beschaffenheit des Schrots und war bald von einem feinen Mehlschleier überzogen. Wenn der angehängte große Jutesack mit warmem, duftendem Schrot gefüllt war, wurde er durch Badezimmer und Flur zur

Haustür hinausgeschleift – immer eine ordentliche Mehlspur hinterlassend – und an die entsprechende Futterstelle gebracht.

Unser Großvater, der sehr eigensinnig war, nahm natürlich bei seinem Mahlgeschäft keine Rücksicht auf andere Arbeiten, die in der Mühle verrichtet wurden.

Vielleicht ist gerade Montagmorgen, stelle ich mir vor, der Arbeitstisch vor dem Fenster ist vollgestellt mit Schuhen und Stiefeln, die darauf warten, geputzt zu werden. Das war die Arbeit unserer Großmutter; ich erinnere mich, wie sie gewissenhaft erst allen Dreck rundherum abbürstete und abkratzte, dann sparsam die Schuhwichse auftrug, und, wenn sie am Ende der langen Reihe von Schuhen angekommen war, wieder von vorne anfing, indem sie die Schuhe nun blank polierte. Zu jedem Arbeitsgang gab es besondere Bürsten in verschiedenen Farben und Härten, die man als Kind, wenn man allmählich in diese Arbeit hineinwuchs, bloß nicht verwechseln durfte. Ich erinnere mich gerne an das Bild und den Geruch von frisch geputzten Schuhen.

Ganz andere Gerüche entfalteten sich, wenn wieder einmal ein gackerndes Hühnerleben von unserer Mutter am Hackklotz abrupt beendet wurde. In einem Eimer wurde das tote Huhn in die Mühle getragen und mit heißem Wasser übergossen, damit es sich leichter rupfen ließ. Schon diesen Geruch nasser Federn fand ich äußerst unangenehm, auch der des „Flämmens" stieg mir beißend in die Nase, wenn nämlich dem gerupften Tier mit einer brennenden Zeitung rasch der letzte Flaum abgesengt wurde. Aber richtig scheußlich wurde es erst, wenn es ausgenommen wurde. Dann verschwand ich meist für eine Weile, holte vielleicht einen Eimer frischen Wassers, worin dann der Hühnerkörper und die Innereien gewaschen wurden. Beim Anblick des appetitlich gesäuberten Huhns konnte sich allerdings schon wieder Vorfreude auf ein leckeres Ragout einstellen.

Nein, mit dem Hühnerschlachten hatte ich nichts im Sinn, das hat sich bis auf den heutigen Tag nicht geändert. Da war das Zerlegen von Schwein oder Rind doch eine ganz andere Sache. Jeden Winter kam irgendwann der „Schiefer-Paul", um das Schlachten zu besorgen; ein Vorgang, bei dem Kinder natürlich nichts zu suchen hatten. Aber wenn gewurstet und zerlegt wurde, war ich stets zur Stelle, lernte vieles über die Verwendung der einzelnen Partien und staunte über die Menge der verpackten Fleischstücke, die in die Kühltruhe wanderten. Es wurde im Hause nicht an Fleisch gespart.

Natürlich wurde die Mühle vor einer solchen Aktion geputzt und aufgeräumt, aber aus heutiger Sicht würden jedem hygienischen Menschen die Haare zu Berge stehen.

Zur Osterzeit waren auf dem Tisch in der Mühle immer die Osternester zu finden. In der Mitte des Tisches stand eine Vase mit Zweigen und rundherum war für jedes Kind ein Nest angeordnet, aus viel frischem Moos, das wir an Böschungen und in Gräben fanden und ausrupften. Da der Osterhase früher längst nicht so großzügig war wie heute, leerten sich die Nester in wenigen Tagen, manchmal fand sich später beim Aufräumen noch ein kleines verstecktes Zucker-Ei, das jetzt würzig nach Moos schmeckte.

Der Frühling war auch die Zeit, in der die ins Haus gehörende Katzenmutter die Mühle mit besonderem Interesse aufsuchte. Es standen dort nämlich zwei alte Küchenschränke, einer vor allem gefüllt mit Marmeladengläsern und einer Menge Dinge, die zwar schon ausrangiert, aber doch noch zu schade waren, um sie wirklich wegzuwerfen. In einem Schrankunterteil waren alte Handtücher und Lappen, die zu irgendeiner Schmutzarbeit noch zu gebrauchen waren und die die Katzenmutter gerne als Wochenbett in Anspruch nahm. In der fraglichen Zeit gab ich mir viel Mühe, die Katze in ihrem Vorhaben zu unterstützen, in der Hoffnung, in wenigen Wochen ein kleines Kätzchen als neues Spielzeug zu besitzen. Überhaupt war die Mühle ja auch ein Platz zum Spielen; hier gab es viele Dinge, aus denen sich etwas bauen ließ, auch das Schaukelpferd hatte hier seinen Platz.

In einer Ecke befand sich eine Tür zum Heuschacht. Hier wurde das Heu vom Heustock unterm Dach direkt in den Kuhstall hinuntergeworfen. Meistens blieb nach dem Füttern unten ein kleiner Rest liegen und auf dieses Polster sprangen wir von der Mühlentür aus, natürlich verbotenerweise, was den Reiz des Spiels nur erhöhte. Man musste nur immer ungesehen aus dem Kuhstall wieder hinaufkommen, über die Kellertreppe schleichen, an der Küchentür vorbeihuschen, und allmählich entstand eine verräterische Heuspur, die irgendwann entdeckt wurde, und dann war das schöne Spiel sehr schnell beendet.

Magdalene Kermelk-Ziegler

Immer noch bin ich Bäuerin, jetzt aber nur noch für einen kleinen Kartoffel- und Gemüseacker verantwortlich. Seit zwei Monaten bin ich offiziell Rentnerin, zumindest auf dem Papier. Es kommt mir noch vor wie ein Wunder, dass jetzt jeden Monat Geld eingeht, einfach so. An einem Tag in der Woche arbeite ich im Gemüsebau auf einem befreundeten Hof mit. Immer noch bleibe ich an jeder Kuhweide stehen und schaue eine Weile zu. Ich bin zufrieden mit dem, was ich als Bäuerin geleistet habe, hadere nicht mehr damit, dass unser Hof nicht weitergeführt wird. Und bin dankbar dafür, gesund und unternehmungslustig zu sein! Das Schreiben, das mit der Bauerntöchter-Geschichte begonnen hat, ist zu einem wichtigen Teil meines Lebens geworden.

Wenn ich mich richtig erinnere, stand auch die gute alte „Bundeslade“ zum Schluss in der Mühle. Jener interessante Schreibsekretär hatte vorher seinen Platz im Hausflur. Ich erinnere mich, dass er vollgestopft war mit vielen nötigen und unnötigen Dingen, und alles, was unauffindbar schien, wurde zuerst mal in der Bundeslade gesucht – und auch oft gefunden. Sie hatte viele Schubladen und richtige Geheimfächer. Leider war sie ziemlich ramponiert, das Furnier blätterte ab und sie war kein schöner Anblick mehr. Unser damaliger Hausarzt, der eine Schwäche für alte Möbel hatte, sah wohl ihre einstige Schönheit unter den Beschädigungen und hat sie irgendwann unserem Großvater „abgefuggert". Ich konnte es als Kind nicht begreifen, dass dieses in meinen Augen so schöne und geheimnisvolle Möbel aus dem Haus gegeben wurde. Meines Wissens ist sie aber in gute Hände gekommen und durch Restauration zu alter Schönheit erblüht.

Mit der Zeit der Bundeslade ging auch die Zeit der Mühle zu Ende. Das Haus veränderte sich, wurde renoviert und umgebaut, aus Stall und Mühle und Heubühne wurde eine Wohnung.

Wie ein Film sind diese Bilder vor meinem inneren Auge abgelaufen, einschließlich der dazugehörigen Geräusche und Gerüche. Ganz mechanisch habe ich dabei weitergearbeitet, einen Fuß vor den anderen gesetzt und einen Hackenschlag neben den anderen.

Und ich fühle mich durch die Erde, auf der ich stehe und durch die Art und Weise, wie ich sie bearbeite und mit ihrem Rhythmus lebe, ganz stark mit dem verbunden, was schon viele Generationen vor mir gelebt und empfunden haben. Gleichzeitig fühle ich eine tiefe Verbundenheit mit all den Frauen, die überall auf der Welt durch die Arbeit auf und mit der Erde ihren ganz festen Platz im Kreislauf des Lebens haben.

Christine, Pädagogin und Theologin in Nordrhein-Westfalen

Nur die gewisse Wehmut bleibt

„Inzwischen weiß ich, dass gerade die Landwirtschaft viel bieten würde, um die Balance zwischen Kopf und Hand zu schaffen."

Der Apfel fällt meist weit vom Stamm? – Je älter ich werde, je mehr ich darüber nachdenke, umso mehr spüre ich: Der Apfel fällt doch nicht weit vom Stamm. So weit weg fühle ich mich jedenfalls nicht mehr – von meiner Herkunft, von meinen Eltern –, wenn ich auf mein Leben schaue und darüber nachdenke, wie alles so geworden ist, was ich geworden bin, wie ich bin.

Rein äußerlich liegt das nicht nahe. Denn da bin ich ganz schön weit weg vom Stamm gefallen. Ich bin nicht Bäuerin geworden, sondern habe Theologie und Sozialpädagogik studiert. Aufgewachsen bin ich auf dem Bauernhof meiner Eltern in einem kleinen Dorf in Franken. Ich habe schon in verschiedenen Städten gelebt, ein halbes Jahr auch in Mittelamerika, zurzeit lebe ich in Bonn.

Auch biografisch gibt es kaum Gemeinsamkeiten zwischen meinen Eltern und mir. Sie haben immer in dem Dorf gelebt, waren auf der Hauptschule, haben Landwirtschaft respektive ländliche Hauswirtschaft gelernt und irgendwann nach der Heirat den Bauernhof meiner Großeltern übernommen. Nach der

Das macht die Autorin heute

Christine Hertrich

Heute lebe ich mit meinem Mann und unserer Tochter wieder in der alten Heimat Bamberg. In einer Stadt, die sehr viel Lebensqualität bietet und wo Stadt und Land ineinander übergehen. Meine Sehnsucht nach dem Land, nach dem Arbeiten mit der Erde, nach etwas Greifbaren stille ich in unserem großen Garten. Beruflich bin ich den Themen ökologische Landwirtschaft und nachhaltiger Konsum durch meine Arbeit beim BUND Naturschutz weiter verbunden. Das Engagement für Frauenrechte, für Gerechtigkeit und Solidarität ist mir immer noch wichtig, unter anderem bei meiner ehrenamtlichen Tätigkeit in der Interreligiösen Fraueninitiative Bamberg.

Heirat kamen in schöner katholischer Reihenfolge die vier Kinder. Alles verlief in den vorgezeichneten Bahnen.

Obwohl, meine Mutter hat tatsächlich mal die große weite Welt geschnuppert. Sie war für ein Jahr in Wien, um dort bei einer Tante im Kloster Hauswirtschaft zu lernen. Sogar ein paar Brocken Französisch hat sie mitgebracht. Die kramt sie heute noch ab und zu stolz hervor.

Mir wird immer deutlicher bewusst, wie sehr ich die verpassten Lebensträume meiner Mutter erfülle. Sie hat die vorgezeichneten Bahnen nie verlassen, hat nie wirklich dagegen rebelliert. Den ein oder anderen Freiraum hat sie sich geschaffen; ihre Freundinnen gehören dazu, mit denen sie inzwischen sogar, selbst organisiert, in Urlaub nach Mallorca fliegt. Ihren ganz alten Lebenstraum, den von Bildung, erfüllt sie sich aber nicht, den haben wir, ihre Kinder, verwirklicht. Meine Mutter hat nie viel von ihrer Kindheit erzählt. Sie wurde gegen Ende des Zweiten Weltkrieges geboren. Ihre Mutter hat einen für die Region großen Hof geleitet, als der Vater im Krieg war und auch danach. Viel weiß ich über diese Zeit nicht, nur eines: Meine Mutter war sehr wissbegierig und ging gerne zur Schule. Sie wollte mehr Bildung, mehr lernen, länger zur Schule gehen, aber mit vierzehn war die Schulzeit vorbei. Danach gab es keine Ausbildung, sondern Arbeit, vor allem Fabrikarbeit und Landwirtschaft.

Natürlich hat meine Mutter nie ausgesprochen, dass ihr die Bildung ihrer Kinder so wichtig ist, weil sie selbst gerne länger zur Schule gegangen wäre. Indirekt hatte es aber sehr großen Einfluss. Wir sind vier Geschwister, ein Bruder und drei Schwestern. Alle Mädchen haben Abitur gemacht und studiert. Das kann kein Zufall sein. Es gab nie Druck, dass wir aufs Gymnasium gehen oder gute Schulabschlüsse machen müssten. Aber der Einfluss meiner Mutter hat gewirkt, ohne dass wir es gemerkt haben. Sie hat sich immer sehr gekümmert, vom Lesenlernen bis zum Elternabend. Schulische Dinge hatten Vorrang vor der Mitarbeit auf dem Hof. Deshalb waren Schulaufgaben auch immer eine willkommene Ausrede, um sich vor der Arbeit zu drücken. Meinen Vater hat unsere Schullaufbahn kaum interessiert. Er hat sich nicht groß darum gekümmert, hat aber auch nichts verhindert. Stolz war er dann schon auf uns, denke ich, auch wenn er das nie geäußert hat.

Dass wir alle aufs Gymnasium gingen, war in unserem Dorf überhaupt nicht selbstverständlich. Außer uns waren nur noch zwei oder drei Kinder aus der Siedlung dort, die sowieso immer was Besseres waren. Das hat mich auch entfremdet vom Dorf. Die Freundschaften mit Kindern im Dorf sind ziemlich schnell abgebröckelt, als ich aufs Gymnasium ging. Ich war sehr schüchtern, deshalb galt ich schnell als arrogant, als eine, die die Nase hoch trägt. Als Kind und vor allem als Jugendliche habe ich unter diesem Image und unter den fehlenden Dorfkontakten ziemlich gelitten. Gleichzeitig habe ich mich auch in der Schule als Exotin gefühlt. Dort gab es nur sehr wenige Kinder, die auch vom Bauernhof kamen, obwohl es ein richtiges Land-Gymnasium war. Irgendwie war ich aber auch stolz auf dieses Besondere. Vielleicht identifiziere ich mich deshalb noch heute sehr stark mit meiner bürgerlichen Herkunft.

Die Einbindung ins Dorfgeschehen ist vor allem über die Kirche gelaufen. Schon als Kind habe ich sonntags in der Kirche die Lesungen vorgetragen. Auch das wird mir eher das Image hochnäsig eingebracht haben, denn im Dorf wird es nicht gerne gesehen, wenn sich jemand hervorhebt. Bei Pfarrfesten und ähnlichen Veranstaltungen durfte ich dann Mundart-Gedichte aufsagen, bis mir das irgendwann zu peinlich geworden ist.

Mit der Kirche begann sozusagen auch meine weitere „Laufbahn". Über die katholische Landjugendarbeit habe ich wieder Zugang zum Dorf, zu Jugendlichen im Dorf gefunden. Es hat mich fasziniert, dass da auf einmal neben dem normalen Dorftratsch das Sprechen über ganz grundsätzliche Themen, über Gott und die Welt möglich war. Themen, über die ich viel nachgedacht habe, die aber in meiner Familie, in meinem Umfeld, im Dorf sonst nie zur Sprache kamen.

Das Nichts-Sagen, obwohl eigentlich ständig geredet wird, ist so eine Grunderfahrung, die ich als bedrückend in meiner bäuerlichen, ländlichen Kindheit und Jugend erlebt habe. Es wurde zwar eigentlich immer geredet, aber nie wurden Gefühle ausgedrückt, nie wurde über Probleme gesprochen, Zuneigung auch wörtlich ausgedrückt. Streit dagegen, verbunden mit Ärger und Wut, wurde bei uns immer sehr lautstark ausgetragen. Irgendwie war es dann auch schnell wieder gut, wenn das Donnerwetter abgezogen war. Es gab aber kein Reden darüber, keine Entschuldigungen für Verletzungen. Damit konnte ich nie richtig umgehen und habe mich dann immer eher in meine Schweigsamkeit zurückgezogen. Über meine Schweigsamkeit als Kind gibt es den Witz, dass meine Mutter oft erst gefragt hat, ob ich auch da sei, wenn wir mit dem Auto bereits irgendwohin unterwegs waren, weil sie von mir nichts gehört hatte.

Nun bin ich wieder zurück bei meiner Mutter. Wir waren schon so ein richtiger Frauenhaushalt, die Männer, also mein Vater und mein Bruder, waren da außen vor. Obwohl dafür mein Bruder von der Oma, die mit im Haus gelebt hat, unglaublich verhätschelt wurde. Ihm hat sie zum Beispiel immer extra was gekocht, wenn ihm das normale Mittagessen nicht geschmeckt hat.

Durch die Arbeit meiner Mutter, vielleicht durch die Arbeit von Bauersfrauen überhaupt, war es für mich eigentlich immer selbstverständlich, dass Frauen die gleiche Arbeit machen können wie Männer. Diskussionen, dass Frauen angeblich für irgendwas zu schwach sind, kamen mir immer völlig absurd vor. Nie wäre ich auf die Idee gekommen, irgendetwas deshalb nicht zu können oder nicht zu dürfen, weil ich ein Mädchen war. Ich bin auch immer alleine durch Wald und Flur gestreunt, habe alle Plätze gekannt, wo es besondere Blumen gab oder Walderdbeeren.

Erst jetzt erkenne ich, dass meine Mutter so auch unbewusst ein Vorbild war. Einfach durch die Eigenwilligkeit, mit der sie selbst gelebt hat, durch die Freiheit, die sie uns Töchtern gegeben hat, durch die Selbstverständlichkeit, mit der sie uns unsere eigenen Wege hat gehen lassen.

Obwohl sie auf der anderen Seite auch immer schon die Überbringerin der dörflichen Konventionen und Erwartungen war; das ewige „was sagen da die Leut!“, das die eigene Freiheit ziemlich eingeschränkt hat. Vor allem die innere Freiheit meiner Mutter selbst, die das Gerede im Dorf immer sehr belastet hat.

Trotzdem: Leben auf dem Land hat für mich noch immer die Bedeutung von Freiheit und Weite. Das liegt vor allem am Platz, an der offenen Landschaft. Die Landschaft habe ich als meinen Lebensraum empfunden. Noch heute fällt es mir schwer, in einer kleinen Stadtwohnung zu sein und nicht direkt raus in den Garten, auf die Felder und Wiesen zu können. Die Sehnsucht, aufs Land zurückzukehren, spüre ich noch ganz stark.

Eine andere Sehnsucht ist die nach der Landwirtschaft. Immer wieder taucht bei mir die Frage auf: Wäre es nicht doch schön gewesen, Bäuerin zu sein? Oder: Gibt es doch noch einen Weg, um in der Landwirtschaft zu arbeiten? Wenn ich dann aber genau hinschaue und realisiere, wie Landwirtschaft sich verändert hat, unter welchen Bedingungen Landwirte heute arbeiten, dann entlarve ich diese Gedanken schnell als naive Nostalgie.

Meine Eltern verkaufen dieser Tage ihre letzten Kühe. Schon bei mir löst das Verlustgefühle aus; ich kann mir vorstellen, wie es ihnen geht, auch wenn sie kaum darüber sprechen. Nur meine Mutter beschreibt manchmal das komische Gefühl, das sie beschleicht, wenn sie den (fast) leeren Stall betritt.

Und ich überlege dann mal wieder: Was wäre geworden, wenn ...? Lust auf Landwirtschaft hatte ich schon. Die Arbeit in der Natur, mit den Tieren, das Erleben von Jahreszeiten, das sichtbare Wahrnehmen der Früchte eigener Arbeit, die Selbstständigkeit haben mich gereizt. Warum ich andere Lebenswege eingeschlagen habe? Landwirtschaft hätte bedeutet, den Hof der Eltern zu übernehmen. Mit allen Konsequenzen: immer in dem Dorf zu leben, in dem ich aufgewachsen bin. Das konnte ich mir überhaupt nicht vorstellen. Ich wollte weg, das wurde mir zu eng und engstirnig. Dort hätte ich mich immer auf eine bestimmte Herkunft und bestimmte Rollen festgelegt gefühlt. Heute, nachdem ich seit fünfzehn Jahren weg bin, in verschiedenen Städten gelebt habe, kann ich es mir wieder vorstellen.

Dann das Leben auf dem Hof der Eltern, das Arbeiten mit den Eltern, auch das wäre für mich auf Dauer nichts gewesen. Auf die Konflikte, die jede Veränderung ausgelöst hätte, wollte ich mich nicht einlassen. Und die Veränderungen wären unvermeidlich gewesen, schon allein, weil ich den Hof ganz sicher biologisch bewirtschaftet hätte. Für meinen Vater wäre das vor fünfzehn Jahren nur Spinnerei gewesen. Außerdem hätte er sowieso immer alles besser gewusst, weil er ja alles schon viel länger gemacht hat. Heute fragt er mich zaghaft, ob ich den Hof nicht doch übernehmen will und auf Bio umstellen. Bei ihm und auch bei meiner Mutter hat wohl immer so eine stille Hoffnung geschwelt, dass ich doch noch einsteige. Auch dies, das Leben und Arbeiten auf dem Hof meiner Eltern, könnte ich mir heute, mit der notwendigen Distanz, der eigenen inneren Unabhängigkeit und Souveränität vorstellen.

Tatsächlich ist aber die Entscheidung schon viel früher gefallen, noch bevor mir dieses Streben nach Unabhängigkeit bewusst wurde. Einerseits durch die schulische Laufbahn. Der Gedanke, nach dem Abitur etwas mit Landwirtschaft zu machen, kam mir gar nicht in den Sinn: Fürs Bäuerin-Sein braucht's ja schließlich kein Abitur.

Als Kind habe ich aber schon gespürt, dass mir Landwirtschaft, so wie ich sie kannte, allein nicht reichen würde. Ich wollte auch intellektuell gefordert sein. Deshalb hatte ich als Kind die Idee, ich möchte Bäuerin und Lehrerin für Landwirtschaft sein. Ich hatte aber keine Vorstellung, wie das geht, und was ich da konkret werden könnte. Später haben dann andere Berufswünsche diese Idee verdrängt.

Heute bin ich wieder an dem Punkt, wo ich genau so etwas suche. Nicht unbedingt Bäuerin und Lehrerin sein, sondern als Person ganzheitlich gefordert sein – praktisch und intellektuell. Mir fehlt die Balance zwischen dem Praktischen und Schöpferischen und der geistigen Arbeit. In meiner jetzigen beruflichen Situation überwiegt ganz eindeutig die Kopfarbeit und das ist nicht wirklich mein Ideal.

Inzwischen weiß ich, dass gerade die Landwirtschaft viel bieten würde, um die Balance zwischen Kopf und Hand zu schaffen. Doch jetzt scheint es mir zu spät, jetzt wage ich den Schritt nicht mehr, jetzt wurden andere Vorentscheidungen getroffen, beruflich und privat andere Wege eingeschlagen – nur die gewisse Wehmut bleibt. Doch wer weiß, was das Leben noch so bringen wird.

Ruth, Bäuerin in Rheinland-Pfalz

Jenseits von Arbeit und Müdigkeit

„Die Älteste von vier Geschwistern zu sein, war noch ein Job für sich. Erst wenn alles fertig war, kam mein Lieblings-Hobby dran: Handarbeiten."

Der Apfel fällt meist weit vom Stamm? Ja und nein. Denn vieles, was ich unbedingt vermeiden wollte, ist doch eingetreten. Aber der Reihe nach. Aufgewachsen bin ich in einem größeren Dorf in der Südpfalz, als älteste von vier Geschwistern. Wir bewirtschafteten einen damals für die Region typischen Gemischtbetrieb mit Vieh, Tabak, Getreide, Kartoffeln, Zuckerrüben, Futterbau, mit beengter Hofstelle, ein paar alten Maschinen und viel Handarbeit. Meine Mutter war elf Monate im Jahr für die Außenarbeiten, das hieß im Winter Tabak sortieren, eingeplant, ganzjährig fürs Melken. Trotzdem hatte vor allem sie Scheu vor Fremdarbeitskräften, weil das Kochen angeblich noch eine größere Belastung für sie war.

Jetzt lebe ich seit zehn Jahren mit meinem Mann auf unserem Biolandbetrieb in der Nordpfalz, den wir von seinen Eltern gepachtet haben. Wir haben zwei Kinder, acht und sieben Jahre alt. Und wir haben unglaublich viel Arbeit, obwohl wir uns nicht scheuen, Aushilfskräfte zu beschäftigen. Mit permanenten Mitarbeitern hatten wir bisher leider wenig Glück. Seit wir die Milchviehherde vor fünf Jahren abgeschafft haben, ist der Betrieb viehlos. Wir bauen schwerpunktmäßig Kartoffeln und Gemüse in großer Vielfalt an, mit Vermarktung auf allen Ebenen, vom eigenen Hofladen bis zum Verarbeitungsgemüse. Meine Bereiche sind der Hofladen, Haushalt, Kinder und ein Großteil der Büroarbeit.

Früher habe ich es oft verflucht ständig helfen zu müssen, fest eingeplant zu sein. Dafür habe ich schon früh die Erfahrung gemacht, eine feste Aufgabe oder Tätigkeit zu übernehmen.

Andere haben Instrumente spielen gelernt, waren im Sportverein oder hatten zumindest ein paar Rollschuhe, außerdem „ihre" Stars und die Bravo. Ich hatte keine Zeit für so etwas. Mindestens von Mai bis Oktober war ich für die Außenarbeiten fest eingeplant, so ab dem Alter von neun Jahren, schätze ich. Zwar nicht täglich, doch wenn es angeordnet war, gab es so gut wie keine Ausreden. In meiner „Freizeit" habe ich, sofern es die Schulaufgaben zuließen, noch Hausarbeit erledigt: Kuchen gebacken, Socken gestopft. Die Älteste von vier Geschwistern zu sein, war noch ein Job für sich. Erst wenn alles fertig war, kam mein Lieblings-Hobby dran: Handarbeiten. Irgendwann haben wir Kinder Taschengeld eingefordert, das gab es dann auch, wurde aber mit zusätzlichen Haushaltspflichten belegt und es durfte auch nicht für Süßigkeiten ausgegeben werden. Wir hatten einen Fernseher und ein Radio, auf dem nur ein Programm gehört werden durfte, weil es aus Altersschwäche andere Sendereinstellungen nicht ausgehalten hätte. Lesen, außer für die Schule, war daheim nicht besonders gut angesehen; da käme man nur auf dumme Gedanken. Später sollte ich dann selbst entscheiden, ob ich aufs Gymnasium gehen wollte; da ich mir nicht viel drunter vorstellen konnte, wollte ich nicht. Nur die Überzeugungsarbeit meiner Lehrerin hat mich dann, zögerlich, zustimmen lassen. Ich weiß nicht mehr, wieso ich mit relativer Leichtigkeit das Abitur geschafft habe. Ich war wohl recht begabt für die schulischen Anforderungen, habe mir aber kaum Allgemeinbildung erworben. Wenn meine Mitschülerinnen mich überfielen, um bei mir Mathe zu lernen, war ich meist genervt, weil es mich von meinen anderen Tätigkeiten abhielt.

Obwohl die Gegend recht ländlich war, ich viele Geschwister hatte und kein eigenes Zimmer, fühlte ich mich mit unserem Hof sehr verbunden. Kaum zu glauben – wir haben oft zu viert abends, nach der Feldarbeit, am Küchentisch gesessen und Hausaufgaben gemacht, während nebenbei noch die „Milchleute" gekommen sind, die ihre Frischmilch abholten. Richtige Freundschaften hatte ich, aus heutiger Sicht, bis zur Teenagerzeit kaum. Alles Luxus. Meine Eltern hatten auch keine, zumindest keine, die sie gepflegt hätten. Sich heute vorzustellen, wie man das damals empfunden hat, ist schwierig; ich war wohl lange der Meinung, ich sei anders als alle anderen, fühlte mich eher unbehaglich in meiner Haut, wenn es um den Kontakt mit anderen ging.

Was wäre ich so gerne mal in Urlaub gefahren mit den Eltern, um sie einmal jenseits von Arbeit und Müdigkeit kennenzulernen. Alle sind weggefahren, nur wir nicht. Die Tabakernte fiel immer in die Sommerferien und jeder, der Hände hatte, war vom ersten bis zum letzten Tag mit eingeplant. Wir haben uns dann immer möglichst viele Regentage gewünscht.

Die Zeit bis zum Abitur verlief für mich eher freudlos und ohne ausgeprägte Pubertätserfahrungen. Nur wenige Erinnerungen wecken warme Gefühle in mir – da war keine Geborgenheit, keine Nestwärme. In anderen Bauernfamilien im Dorf sah es zu der Zeit ähnlich aus, was das Eingebundensein der Kinder in Betriebs- und Haushaltspflichten betraf. Doch gab es meist eine Oma, die zu ihren Enkeln eine intensivere Beziehung pflegte als die Eltern, die einfach da war und Zeit hatte.

Ich hatte immerhin bis zum Alter von drei Jahren eine intakte „Tagesfamilie", meine „Dande-Mamme", eine ältere Tante. Sie, ihren Mann und ihre kinderlose Tochter besuchte ich oft. Dann gab es noch einen Lieblingsonkel, der leider zu weit weg wohnte. Ihm konnte ich mich vollkommen anvertrauen; bis heute pflegen wir einen intensiven Kontakt. Und zum Glück hatten wir in unserer katholischen Gemeinde einen ungemein lockeren Pfarrer, so dass das religiöse Leben, das einen wichtigen Platz einnahm, eher befreiend wirkte.

Wie kann man so aufwachsen, ohne fürs ganze Leben verpfuscht zu sein? Mittlerweile kann ich wenigstens sagen, es war im vorigen Jahrtausend! Ich stehe oft ratlos vor meinem eigenen Erziehungsanspruch und tue mich schwer damit, meinen Töchtern das zu geben, was ich vermisst habe.

Zwischen Elternhaus und eigener Hof- und Familiengründung gab es ein Agrarstudium und einige Lehr- und Wanderjahre. Da habe ich es mir richtig gut gehen lassen. Da warf ich mich in den Strudel des Lebens. Konnte, nachdem ich Hochdeutsch gelernt hatte – bis zum Abi schlug ich mich beim Reden mit Pfälzisch durch –, plötzlich frei aufspielen, konnte so vieles abschütteln, was mit Elternhaus und Pflichten zu tun hatte. Habe intensive Freundschaften geknüpft und kam, dank meiner Erziehung zur Sparsamkeit, mit BAföG und einigen kleinen Jobs gut über die Runden. Ein Jahr lang machte ich ein Praktikum in einem Minibetrieb in Frankreich, wo ich wenig für meinen Beruf, aber viel über die Menschen und das Leben gelernt habe. Die Eltern und die Arbeit zu Hause habe ich zu der Zeit ganz schön vernachlässigt. Meine jüngeren Geschwister waren ja noch vor Ort, jetzt sollten die mal ran. Sie waren in ihrer Jugend zwar auch nicht gerade geschont worden, hatten es aber doch um einiges leichter gehabt. Sie hatten aber auch im Schatten meines Perfektionismus gestanden, denn wenn mal wer gelobt wurde, dann am ehesten ich. Zumindest für meine Schwester war es eine Befreiung, als ich weg war. Bei mir meldete sich nur manchmal das schlechte Gewissen, da ich wahrscheinlich alleine später den Betrieb übernehmen würde und mich in der Zwischenzeit so rarmachte.

Erst am Ende des Studiums wurde es „eng“ in mir, das heißt ich bekam Anfälle von Bauchschmerzen, die mich seither begleiten. Die unbeschwerte Zeit war zu Ende. Ich musste eine Entscheidung treffen, erwachsen werden. Ich wusste so vieles, was ich nicht wollte, und kaum, was ich wollte. Es ist dann wieder praktische Landwirtschaft geworden, natürlich Bio. Dass ich mich mit Bio-Landbau beschäftigen würde, war eigentlich klar für mich, seit ich mit siebzehn zum ersten Mal davon gehört hatte, von unserem katholischen Pfarrer. Eine Herzensentscheidung.

Es waren damals die Jahre der überfüllten Agrar-Studiengänge und die Aussichten auf wirklich interessante Stellen waren gering. Ich hatte keine Lust, mich auf Stellen in Agrarchemie oder Müllverwertung zu bewerben, nur um etwas Berufserfahrung zu bekommen. Nein, ich wollte kompromisslos nur das

Gute. Erst einmal habe ich dann auf einer Alp gearbeitet und gehofft, oben auf dem Berg käme die Erleuchtung. Dann habe ich zwei Jahre auf einem anthroposophischen Hof gelebt. Während der Zeit habe ich die Idee aufgegeben, den elterlichen Hof umzustellen, und ihnen quasi erlaubt, die Rente zu beantragen. Leider ist mein Vater dann schwer krank geworden und aus der erhofften schönen Frührentnerzeit ist nichts geworden. Wie hätte ich meinen Eltern das doch gegönnt. Ich habe mich dann sogar nach Berufsalternativen umgesehen, wollte umschulen, kam wieder arg ins Grübeln.

Kurze Zeit später lief mir mein jetziger Mann über den Weg. Nach einer sehr kurzen Kennenlernphase haben wir beschlossen, von nun an gemeinsam unsere Träume zu verwirklichen.

Was hatte ich hehre Ziele damals: Alles besser machen, menschlicher, strukturierter, den – noch nicht vorhandenen – Kindern die Qualität von Arbeit nahe bringen. Zunächst haben wir lange gebraucht, bis wir den Hof umstrukturiert hatten. Der Betrieb lief von der Vermarktung her von Anfang an gut; mein Mann und ich sind in die Arbeit abgetaucht, haben die Kinder zur Oma gebracht und produziert und verkauft, was das Zeug hielt, nachts und am Wochenende Büroarbeit erledigt, vergessen zu investieren, nichts an der eigenen Wohnung gemacht. Und wir haben als Arbeitsteam hervorragend funktioniert, haben auch nach außen hin recht harmonisch gewirkt, aber das Privatleben beschränkte sich auf zwei Wochen Jahresurlaub, wobei in dieser Zeit meistens noch einer von uns krank wurde. Unsere Ehe war umso mehr in Gefahr, als wir kaum auf eine unbeschwerte Anfangszeit zurückblicken konnten; wir waren zwar heftig verliebt gewesen damals, ich bin aber bereits nach wenigen Wochen zu ihm gezogen und habe mich in die Arbeit gestürzt. Das erste Jahr war auch ganz schön. Wir konnten auf die gute Betriebsbasis der Schwiegereltern zurückgreifen und die eigenen Ideen kreativ umsetzen. Dann wurden innerhalb von eineinhalb Jahren die beiden Mädels geboren. Zunächst habe ich versucht mich herauszuhalten aus dem Betriebsgeschehen. Als die Jüngere ein Jahr alt war, haben wir uns von unserem fest angestellten Mitarbeiterpaar getrennt und den Betrieb überwiegend mit Aushilfen und dem Schwiegervater bestritten. Ich hatte auch erst mal genug von mei-

Das macht die Autorin heute

Ruth

Der Hof entwickelte sich erfolgreich – und es gab Zeiten jenseits von Arbeit und Müdigkeit – Ferien mit oder auch ohne Familie waren immer wichtig. Anfang 2018 wurde der landwirtschaftliche Produktionsbetrieb an langjährige Mitarbeiter verpachtet. Mein Mann und ich organisieren weiterhin die Vermarktung. Aktuelles Projekt ist unser Umzug; nach 26 Jahren weg vom Hof. Zwischen wehmütigen Erinnerungen und Aufbruchsstimmung blicken wir gespannt in den neuen Lebensabschnitt.

ner Babypause und war froh, dass die Oma sich als Babysitterin anbot. Dann nahm das Geschehen seinen Lauf. Jeden Winter haben wir uns vorgenommen, uns stärker zu beschränken, und als es an das Bestellen des Saatgutes ging, waren wir wieder voll dabei. Die Erkenntnis, dass wir mehrere Jahre Steuern ohne Ende bezahlt haben, meine gesundheitlichen Probleme zunahmen und nicht zuletzt zu sehen, dass die Kinder immer größer wurden und genauso nebenherliefen wie ich in meiner Kindheit, haben mich vor zwei Jahren innehalten lassen.

Aber welch ein schwerer Prozess, eine so lange verinnerlichte Lebenshaltung zu lockern, Veränderungen wirklich durchzuziehen, sich von Rückfällen nicht entmutigen zu lassen. Immer noch klopft das schlechte Gewissen an, wenn ich unter der Woche mal einen Nachmittag was „nur“ mit den Kindern mache, während mein Mann „richtig“ arbeitet, wenn ich mir einen Luxus erlaube, den ich zumindest durch eine abendliche Büro-Session wieder ausgleichen muss. Dieses Spannungsfeld zwischen Funktionieren und Loslassen bereitet mir nun schon so lange Bauchschmerzen, so sehr, dass es mich immer wieder in Panik versetzt, dass ich Angst habe, schwer krank zu sein. Viele Besuche bei Ärzten und Heilpraktikern habe ich hinter mir. Jetzt mit knapp vierzig komme ich dem Geheimnis näher, kann ich einige von den vielen Fäden verknüpfen und bin manchmal sehr erstaunt, wie viel mir wieder einfällt von früher. Ich habe nicht gelernt, mich selber wichtig zu nehmen und mich auch so zu behandeln. Das Sein war definiert durch die erledigte Arbeit. Ich war „das fleißige Mädel, das daheim hilft und noch gute Noten nach Hause bringt.“ Dass ich mir dabei noch zusätzliche Pflichten auferlegt habe, denn die Hausarbeit wurde teilweise in der Intensität so gar nicht von mir verlangt, sehe ich heute als die verzweifelte Suche nach Anerkennung. Sich spüren im alltäglichen Sein, nicht nur im Aktionismus bis an die eigenen Grenzen, das ist mein aktuelles Lebensziel. Es passiert mir neuerdings schon einmal, dass ich außerhalb der Urlaubstage ein Buch lese, entspannt Musik höre oder gar ein Mittagsschläfchen mache. Ich bin richtig glücklich, wenn ich mal was vergesse. Vermutlich hat auch meine Umgebung ziemlich unter meinem Perfektionismus gelitten. Auch das Verhältnis zu meinem Mann und den Kindern hat sich entspannt, seit ich nicht mehr überwiegend die „Schrei-Mama“ bin.

Momentan tun wir uns schwer damit, die Kinder langsam an kleine Aufgaben in der Familie heranzuführen. Wir haben sie bisher vor allem deshalb davor bewahrt, damit es ja nicht so wird wie früher. Es ist gar nicht einfach für mich wohldosierten sanften Druck auszuüben, solange das Thema bei mir selbst noch ein wunder Punkt ist.

Ich verurteile meine Eltern nicht. Sie hatten ihre Zwänge, wussten vieles nicht besser. Wir waren nicht arm, es musste aber ständig gespart werden, für dringende Investitionen, auch für ein neues Wohnhaus. Das Erbe, das sie übernommen hatten, war ein Überbleibsel der Realteilung. Fast alle ihre Geschwister waren auch Bauern geworden und mussten sich ähnlich durchschlagen. Es war eine harte Nuss für die Eltern, dass am Ende keines der vier

Kinder den Betrieb weitergeführt hat. Für meine Geschwister war schon früh klar, dass sie nichts mehr mit Landwirtschaft zu tun haben wollten. Sie haben sich damals auch nicht so unendlich bemüht und angestrengt wie ich. Aber ganz schön ehrgeizig sind sie auch geworden.

In Kürze werde ich vierzig Jahre alt und habe ein gutes Gefühl dabei. Beim letzten Treffen mit meiner Familie hat mir mein Schwager Vorschläge für neue Hofprojekte gemacht. Ich habe ihm ganz cool geantwortet, ich fände, ich hätte schon genug gearbeitet in meinem Leben; ich wolle jetzt kürzertreten. Dass mir meine Mutter öffentlich zugestimmt hat, war ein kleiner Triumph für mich.

Jutta, Entwicklungshelferin zurück in Baden-Württemberg

Mit Respekt und viel Distanz

„... und ich kann mir manchmal selbst kaum noch vorstellen, dass ich vor knapp einem Jahr mit dem Geländewagen durch die Anden gedüst bin ..."

Wer hätte das gedacht, dass ich im stolzen Alter von fünfunddreißig Jahren nun wieder auf dem Bauernhof meiner Eltern lebe. Nix Besonderes für Bauerntöchter, es soll ja auch Hofnachfolgerinnen geben, könnte mensch jetzt entgegenhalten. Doch das bin ich nicht. Ich bin hier auf Zwischenstation.

Nach dem Abitur habe ich ganz ordentlich Agrarwissenschaften in Hohenheim studiert. Doch mein Ziel war schon bei Studienbeginn: Lateinamerika. Und so war es nur natürlich, dass ich nach dem Studium in verschiedenen Regionen Brasiliens und Perus als Entwicklungshelferin gearbeitet habe, dort geheiratet habe und dass auch meine Tochter dort geboren ist. Nach sieben Jahren in verschiedenen Regionen Lateinamerikas stand mir der Sinn nach Neuem und meinen Mann verlangte nach Stabilität. Schließlich sind wir ja nun für unsere kleine Tochter verantwortlich. Und da die wirtschaftliche Lage in Lateinamerika bekanntlich schlechter ist als in Deutschland, beschlossen wir, uns hier sesshaft zu machen. Dass wir dabei ausgerechnet am Ausgangspunkt meiner Wanderbewegungen gelandet sind, liegt nicht nur an den schönen Erinnerungen an Strohduft, Schlittenfahrten und ausgedehnten Entdeckungstouren im Wald hinterm Haus. So ein Bauernhof bietet auch ganz handfeste Vorteile.

In dem großen Wohnhaus gibt es auch noch Platz für uns drei. Und so wohnen wir nun in einer Großfamilie. Beinahe lateinamerikanische Zustände: Im unteren Stockwerk leben meine Schwester und ihr Mann, auf den anderen beiden verteilt leben meine Eltern, mein Bruder und wir drei mit- und nebeneinander. So ähnlich war es auch schon in meiner Kindheit. Auch damals vor über zwanzig Jahren haben wir in drei Generationen hier gelebt: Großeltern, Großtante, Eltern und Geschwister.

Manchmal finde ich es wirklich schön, beinahe bilderbuchhaft, wenn meine kleine Tochter umringt von meiner Schwester und meinen Eltern laut lacht und daraufhin ihrem ergebenen Publikum schon mal in der Nase bohrt. Oder es ist auch einfach fantastisch, morgens das Kind immer jemandem in die Arme drücken zu können, um selbst mal völlig ungestört ins Bad zu verschwinden. Doch die Nähe hat auch ihren Preis. Wo beginnt in der Großfamilie die Intimsphäre, an der Tür zum Schlafzimmer oder an der zum Badezimmer? Da vieles zusammen gemacht wird, und jeder auch gerne mal einspringt, etwa um das heulende Baby zu retten oder um zum Essen zu rufen, werden diese Schwellen schnell überschritten. In Zeiten des tragbaren Telefons wird das Gerät auch schon mal zum Wickeltisch im Schlafzimmer nachgebracht. Lachen oder Weinen, wenn plötzlich einer ins Zimmer kommt, weil er das Baby so nett hat plappern hören?

Und unvermittelt sind Momentaufnahmen aus meiner Kindheit wieder ganz nah. Die Großmutter, die sonntags morgens einfach ins Zimmer kam, um uns in den Kindergottesdienst zu schicken: Wenn meine Eltern schon nicht gingen, sollten wenigstens wir auf den rechten Weg gebracht werden. Oder wenn sich die Großtante in die Kinderstreite meiner Schwester und mir einmischte, um ihren Liebling vor mir, der bösen Schwester, zu retten. Aber eben auch die Erinnerung daran, mit welcher Begeisterung mich eine weit gewanderte Schulfreundin auf dem Hof besuchte, weil er ihr so viel Stabilität vermittelte.

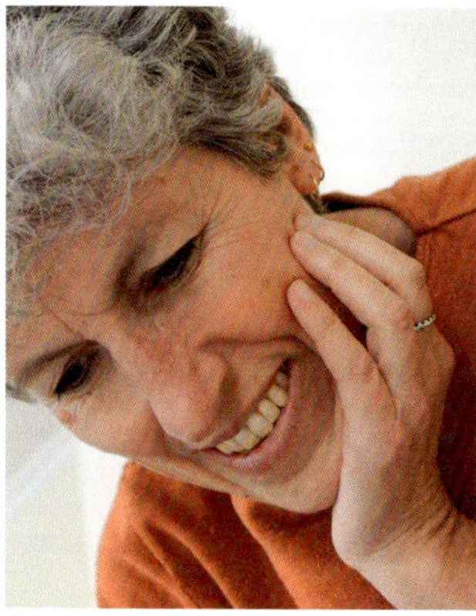

Das macht die Autorin heute

Jutta Heckel

Heute lebe ich in einer deutschen Stadt mit viel Sehnsucht nach einem Leben auf dem Land, arbeite noch immer in der Entwicklungszusammenarbeit. Demnächst wird sich meine Tochter auf den Weg in die weite Welt machen. Ein Zurück auf den Hof meiner Eltern gibt es nicht mehr. Er gehört jetzt einer anderen Familie.

So viel Nähe ist ein Kontrastprogramm zu den Jahren Singleleben als Entwicklungshelferin, als nach Bauernbesuchen und Teamsitzungen zu Hause niemand wartete. Und da war auch niemand, der beanspruchte, mich richtig zu kennen: zu wissen, was ich esse, was ich als Kind gegessen habe, wie ich mich kleide, wie ich meine Kleider bügle, was mich anstrengt, worüber ich lache, wie ich mit Geld umgehe, wie ich arbeite und wie ich nach dem Aufstehen aussehe. Mein Privat- und mein Arbeitsleben waren getrennt. Und ich war die Ausländerin, an die sich meine Kollegen und Nachbarn erst langsam annäherten. Auf dem Bauernhof kann dagegen jeder Hausbewohner etwas zu beiden Lebensbereichen der anderen sagen. Hier wird nicht nur Freizeit, sondern auch Arbeitszeit miteinander geteilt. Denn auch wenn heute nur noch meine Eltern direkt von der Landwirtschaft leben, wird immer noch viel zusammengearbeitet. Arbeitsspitzen, wie etwa Strohernte oder die halbjährliche Reinigungsaktion im Stall, sind nur zu schaffen, wenn alle Hausbewohner mit anpacken.

Bei so viel physischer Nähe zu Eltern und Geschwistern fühle ich mich schnell eingeengt. Denn oft wird vieles von dem, was ich heute sage, mit dem, was ich vor Jahren gesagt oder gemacht habe, verglichen und von den anderen Hausbewohnern kommentiert. Die dazwischenliegenden Jahre scheinen da auf einmal ausgelöscht und ich kann mir manchmal selbst kaum noch vorstellen, dass ich vor knapp einem Jahr mit dem Geländewagen durch die Anden gedüst bin und auf jedem Dorffest die „gringa", die Ausländerin, war, der man mit Respekt und viel Distanz begegnete.

Distanz, das suche ich nun wieder. Und ich vermute, das tut jeder und jede in unserem Haushalt: mein Bruder, der sich an den Wochenenden in seinem Computerzimmer verschanzt, ebenso meine Mutter, die viele, viele Stunden in ihrem Garten bleibt, oder wir bei unseren langen Spaziergängen durch die weiten Felder, die unseren Hof umgeben.

Und das ist die andere Seite des Lebens auf dem Hof meiner Eltern: Es gibt unheimlich viel Platz rundherum. Das nächste Dorf ist über einen Kilometer entfernt. Kein Haus versperrt den Blick über Felder, Feldwege, Strommasten und einige Obstanlagen. „Hombre – cuanto paisaje" (Mann – so viel Landschaft), meinte mein Mann, der sein bisheriges Leben in einer Millionenstadt verbracht hat, als wir hier ankamen. Viel freier Platz, Weite. Gleichzeitig bedeutet diese Weite aber auch Abgeschiedenheit. Zu unserem Hof fährt nur, wer auch zu Besuch kommen will. Und wenn mensch jemand anderen sehen will, braucht er ein Auto oder mindestens ein Fahrrad. Mobilität war für mich schon immer ein Thema. Als Kind und Jugendliche habe ich die Schule genossen, denn es fuhr jeden Tag mehrmals der Bus in die Stadt. Das bot mir und meinen Geschwistern tagsüber Bewegungsfreiheit und die Möglichkeit, Freundinnen zu treffen. Und eigentlich habe ich all die Jahre den Weg zur Schule genossen: die Radfahrt im Sommer, die Busfahrt und die Fußmärsche bis zur Bushaltestelle im Winter; besonders Letztere, wenn der Wind auch manchmal arg rau ins Gesicht biss. Während ich durch den Schnee stapfte, dachte ich mir Geschichten aus: Die Krähen verwandelten sich in Odins Raben Hugin und Mugin oder Old Shatterhand ritt durch verschneite Prärien zu seinem nächsten Treffen mit Winnetou.

Mein Schulweg war sicher ein gutes Training für den späteren Alltag in abgelegenen Entwicklungsprojekten, wo aus einer Stunde Weg, etwa durch einen Erdrutsch, manchmal Tage wurden. Entfernung schreckt mich nicht so schnell: Was sind schon zweihundert Kilometer Autofahrt und tausend Kilometer im Flugzeug für einen Zahnarztbesuch? – Natürlich vorausgesetzt, es steht ein Transportmittel zur Verfügung. Logisch, dass der Tag, an dem ich den Führerschein bekam und auch gleich in ein eigenes Auto steigen konnte, mein Leben bedeutend veränderte. Die Gewissheit, (weit) wegfahren zu können, wann immer ich das Bedürfnis dazu habe, hilft mir, einigermaßen gelassen zu bleiben, auch wenn es eng wird. Und warum nicht wieder mit Sack und Pack in einen Flieger steigen, wenn es mit dem Einleben und der Jobsuche in Deutschland nicht klappt? Unserer Tochter macht Reisen zum Glück auch Spaß.

Ob es jedoch bei der nächsten Rückkehr den Bauernhof als Anlaufstelle noch geben wird, weiß in Zeiten des Strukturwandels keiner.

Andrea, Bäuerin in Baden-Württemberg

Tante Fines Lebenselixier

„Ich plagte mich so lange, bis ich es nicht mehr aushielt und Tante Fine mein Herz ausschüttete. Dann war alles gut.“

Ja, ich bin eine Bauerntochter. Meine Kindheit – viele Bilder dazu habe ich nicht in mir. Unsere Großtante hat jedoch einen bleibenden Eindruck bei mir hinterlassen, denn sie hat uns mehr oder weniger aufgezogen. Wir – das bin ich, die Älteste, und sind meine drei Geschwister. Dieser Großtante Fine gegenüber hege ich ganz liebevolle Gefühle. Sie selbst hatte keine Kinder, und wir waren wohl der Ersatz dafür. Gott sei Dank.

Sie lebte bei uns mit im Haus, hatte ihre eigene Küche, aber das Mittagessen nahmen wir alle gemeinsam ein. Alle, auch die Mutter meines Vaters. Und die beiden – Tante und Großmutter – hatten ihre liebe Not miteinander. Oft kam es zu Streit und lautstarken Auseinandersetzungen, unter denen wir alle litten.

Wir Kinder standen immer auf der Seite unserer Tante, was wohl nicht zur Aussöhnung der beiden beitrug. Gefrühstückt wurde immer bei Tante. Es gab Kaba und sonntags abwechselnd Nutellakuchen, meinen Lieblingskuchen, und gefüllten Hefezopf. Bei Tante war es immer so gemütlich. In ihrer Küche stand ein Sofa. Wie oft weinte ich mich auf diesem Kanapee, wie sie es nannte, in ihrem Schoß aus, und wie gut konnte sie einen trösten.

Mama und Papa waren mit ihrer Landwirtschaft völlig ausgelastet und hatten kaum Zeit für uns. Mein Vater war und ist immer noch ein sehr wortkarger Mensch. Für mich war es schmerzlich zu erfahren, dass er uns Kinder immer nur eine bestimmte Zeit lang umarmen oder liebkosen konnte. Als Baby und Kleinkind hat er uns jeweils so lange in den Arm genommen oder mit uns gescherzt, bis das nächste Baby da war. Und als wir alle vier etwas größer waren, hörte er ganz damit auf. Er verschloss sich immer mehr, nahm auch keine Geschenke mehr zu Weihnachten oder am Geburtstag an und überließ meiner Mutter mehr oder weniger die Erziehung von uns Kindern. Alle Elternabende in der Schule besuchte nur sie, die Klassenarbeiten musste sie alleine unterschreiben – sie war oft überfordert. Und dann die beiden alten und streitenden Frauen im Haus. Die Situation war oft sehr belastend.

An ein Erlebnis erinnere ich mich noch ganz genau. Ich weiß nicht, wie alt ich war. Fahrrad fahren konnte ich jedenfalls schon und bin damit auf einer abgelegenen Straße von hinten auf ein stehendes Auto aufgefahren. Nicht aufgepasst, in die Luft geschaut – was weiß ich. Der Schreck war riesengroß. Der Fahrradlenker hatte sich bei dem Aufprall in meine linke Bauchhälfte gebohrt. Ob an dem Auto Schaden entstanden ist – ich weiß es nicht mehr. In Panik schaute ich mich um, sah niemanden und ergriff die Flucht. Die folgenden Wochen und Monate waren schrecklich. Ich traute mich nicht, mit jemandem darüber zu sprechen. An der Stelle, wo sich der Lenker reingebohrt hatte, fühlte ich eine Verhärtung, die meiner Meinung nach immer größer wurde. Nachts wachte ich aus Albträumen mit der Angst auf, die Polizei würde mich abholen – alles sei herausgekommen. Ganz zu schweigen davon, wie ich mir Krankheiten einredete, die ich mir bei dem Unfall hätte geholt haben können. Ich plagte mich so lange, bis ich es nicht mehr aushielt und Tante Fine mein Herz ausschüttete. Dann war alles gut. Auch die Bauchschmerzen verschwanden spurlos. Wie diese Frau mir meine Last abgenommen hat, ist unbeschreiblich.

Viel arbeiten mussten wir als Kinder, das hat mir damals oft nicht gepasst. Wenn meine Freundinnen nach der Schule an die Jagst zum Baden gingen, war

Das macht die Autorin heute

Andrea Hirsch

Vieles hat sich verändert. 2003 haben wir ein Gästehaus dazu gebaut. 2007 ist unser Jüngster, Bastian, geboren. Nach einem Burnout 2013 hat mir eine kurzzeitige außerbetriebliche Tätigkeit geholfen Abstand zu gewinnen und Veränderungen anzugehen.
Es geht mir heute gut. Durch die Entscheidung, ausschließlich unsere Hausgäste zu versorgen und keine Gruppen „von außerhalb" mehr anzunehmen, lässt sich die Arbeit besser planen. Ich bin wieder selbst „Herr über mein Leben" geworden und lasse nicht andere über meinen Kopf hinweg über mich bestimmen. Die beiden Großen gehen gerade andere Wege. Bei unserem Jüngsten steht noch alles in den Sternen. Mit dem für 2019 geplanten Umbau des Heubodens zu Ein-Zimmer-Appartements wollen wir im Rentenalter – für uns beide machbar – den Hof mit vermieteten Räumen erhalten.

bei mir Weinberg- oder Ackerarbeit angesagt. Rüben hacken – endlos lange Reihen bei glühender Hitze. Oft schaffte ich an einem Nachmittag nur eine einzige Reihe. Frustrierend. Und die Schulaufgaben wurden natürlich mit rausgenommen und genauso wurde auf dem Feld für die nächste Klassenarbeit gelernt. Die Oma wollte nämlich ihre Ruhe vor uns haben.

Heute bin ich verheiratet und habe zwei Kinder im Alter von sieben und vier Jahren. Einen Landwirt habe ich geheiratet – ob man es glaubt oder nicht. Einen wundervollen, verständnisvollen, mir Freiheit gebenden Partner und ein wundervoller Papa unserer Kinder. Dass der Stall einmal nicht mein Arbeitsplatz werden sollte, das haben wir schon vor der Hochzeit ausgiebig miteinander besprochen. Nachdem sich dann ein Kind angemeldet und ich meine Bürotätigkeit aufgegeben hatte, haben wir unseren konventionellen Bauernhof in einen Gästebetrieb umgebaut. Heute können wir etwa sechzig Gäste unterbringen und verpflegen. Ein Heuhotel mit Ferienwohnung und Gästezimmern ist entstanden. Nach anfänglichen Bauchschmerzen hat sich jedoch relativ schnell herausgestellt, dass es die richtige Entscheidung war und der Betrieb läuft bestens.

Nun führen wir den Gästebetrieb und bewirtschaften noch die Weinberge und den Hof.

Nein, langweilig wird mir nie. Nur manchmal stoße ich an meine körperlichen und psychischen Grenzen und frage mich, warum ich nicht eine ganz normale Hausfrau und Mutter geworden bin. Aber dann kommen wieder die Momente, in denen ich genau weiß, dass ein solches Leben mich nicht ausfüllen würde. Ich brauche mehr.

Und ich genieße die Freiheiten, die ich als selbstständige Unternehmerin habe. Dadurch, dass auch Papa und Oma ständig Ansprechpartner für die Kinder sind, kann ich es mir durchaus erlauben, meinen eigenen Interessen nachzugehen, und weiß die Kinder bestens aufgehoben. Das ist für mich als Frau überaus befreiend.

Natürlich gibt es auch immer wieder Reibungspunkte auf unserem Hof. Dort, wo Alt und Jung zusammen leben und arbeiten, ist von beiden Seiten ein beständiges „Miteinander-neu-Anfangen“ und „Aneinanderarbeiten“ gefragt.

So gesehen bin ich hier an der richtigen Stelle, hier gehöre ich hin und fühle mich zu Hause. In nachdenklichen Momenten taucht auch immer wieder eine Person in mir auf – Tante Fine. Solche Augenblicke sind dann begleitet von einem Gefühl der Geborgenheit, des Beschütztseins – des Friedens.

Renate, Bäuerin in Baden-Württemberg

… und ich blieb übrig

„Meine Schwestern waren bald weg, studierten – und ich blieb übrig. ‚Eine muss ja den Hof übernehmen', so fühlte ich oft, mein Weg schien mir schon fast vorgeschrieben, …"

Es ist Winter auf der Ostalb, und das ist die Zeit, in der wir Bauersfrauen mehr Zeit für uns haben. Ich will sie nutzen, um über meine bald vier Jahrzehnte alte Lebensgeschichte nachzudenken.

An meine Kindheit habe ich wenig präzise Erinnerungen, es ist ein Gefühl geblieben, eines von geborgen sein, damals auf unserem Aussiedlerhof. Wir waren eine große Familie, vier Schwestern und ich war – ich bin – die Mittlere. Die Rollenverteilung war klar: Vater auf dem Traktor, im Betrieb und in den Ehrenämtern in der Gemeinde; Mama im Haus, Garten, bei den Kindern und im Stall. Wir Kinder hatten, je nach Alter, unsere Aufgaben zu erfüllen und mitzuhelfen. Da gab es den Stalldienst, das Ernten im Garten, das Heurechen, das Ballenladen beim Stroh, Handlanger sein in der Werkstatt, Abtrocknen, Einkaufen … Doch wir hatten auch Zeit zum Hüttenbauen, Spielen, ausgiebig Streiten, hatten Freundinnen, Pferde, Musikunterricht, Jungschargruppe und auch mal Freizeitlager. Es war eine behütete Kindheit, die ich erlebte, ereignisreich gewiss – aber auch voller Arbeit und Anforderungen, die der Betrieb stellte. „Ich lief so mit“, denke ich und musste auf einiges verzichten, wir alle mussten es.

Nach der Schulzeit machte ich eine Lehre in der ländlichen Hauswirtschaft, war davon ein Jahr in der Fremde, bewegte mich aber auch im gewohnten Umfeld. Meine Schwestern waren bald weg, studierten – und ich blieb übrig. „Eine muss ja den Hof übernehmen“, so fühlte ich oft, mein Weg schien mir schon fast vorgeschrieben, ohne dass ich darüber reden konnte, ohne dass ich mich damit auseinandersetzte. Die Ausbildung machte mir Spaß, vor allem die Winterschule und die Bauernschule.

Nun lernte ich Gleichgesinnte kennen, konnte erstmals über meine Situation reden und schildern, wie ich mich fühlte. Bis dahin dachte ich ja oft, ich wäre die Einzige, die Druck empfand und nicht darüber reden konnte, nur ich hätte keine freie, unbeschwerte Zukunft vor mir. Doch nun erfuhr ich, wie gut es tat sich mitzuteilen und merkte, dass viele in ähnlichen Situationen waren, dass meine Freundinnen fast die gleiche Geschichte hatten. Ich musste jetzt nachholen, viel reden – meine Gedanken, Gefühle, Meinungen schienen sich erst zu bilden. Neben all dem Schaffen und Lernen waren sie bei mir wohl zu kurz gekommen. Meine Persönlichkeit, mein „Ich“, erwachte zu dieser Zeit, und in Gesprächen wurden mir bisher ungedachte Wünsche bewusst, begann ich mich mit meinem Schicksal auseinanderzusetzen.

Das Ergebnis war ein aufkeimender Wunsch nach Distanz zum elterlichen Hof, zu den Eltern und den Pflichten. Da meine Eltern spürten, dass ich weggehen wollte, verlief unsere Trennung ganz friedlich.

Ich suchte und bekam eine Stelle in der Schweiz; sie brachten mich dorthin und entließen mich, wie vorher meine Schwestern, in die „Freiheit“. Ja, so fühlte ich damals, und es war ein tolles Gefühl.

Das Arbeiten machte mir keine Mühe, denn das war ich ja von zu Hause gewohnt und in Ausdauer geübt. Die Freizeit, die mir plötzlich zur Verfügung stand, füllte ich mit extrem vielen Aktivitäten aus: Ich reiste mit Fahrrad und Zug, wanderte viel, las, durchstöberte Flohmärkte, ging aus, knüpfte Freundschaften, ging tanzen ...; es war meine wilde Zeit, in der ich keine anderen Grenzen spürte als die, die ich mir selbst setzte. Ich war nur mir selbst Rechenschaft schuldig und das genoss ich sehr. Ich war nicht die Tochter vom Bauern, was ich war, war ich aus mir heraus und dem, was ich tat. Diese Gefühle gaben mir Kraft, Mut und Selbstvertrauen.

Dann lernte ich meinen Mann kennen und er wusste und spürte wohl, wie er mit meinem Freiheitsbedarf umgehen musste, mit meinem Abnabeln vom Kindsein, meinem Erwachsenwerden.

Trotz alledem fühlte ich mich noch sehr mit der Landwirtschaft verbunden, beobachtete die Situation der Bauern vor Ort, baute schöne Kontakte zu einigen auf. Meine Eltern besuchte ich immer wieder und half auf dem Hof mit. Auch die alten Freunde besuchten mich fleißig, und wir schrieben uns gegenseitig viele Briefe.

Nach eineinhalb Jahren schloss ich mit einer großen Reise in die Ferne diese Zeit ab. Es folgte nach kurzem Heimspiel ein Alpsommer in der Schweiz und dann unsere Hochzeit.

Ja, und wie weiter nun? Wir wollten nicht in den Hof meiner Eltern einsteigen oder dort mitarbeiten – wir waren zu wenig bereit, unsere Träume fallen zu lassen, die vom „eigenen Job". Obschon wir den Wunsch bei meinen Eltern deutlich spürten.

In den nun folgenden Jahren arbeitete mein Mann als landwirtschaftlicher Betriebsleiter auf einem Schulbetrieb in der Schweiz, kamen unsere zwei Kinder zur Welt, entstand unsere Familie.

Zu den Hauptarbeitsspitzen (Heuet, Stroh) war ich jährlich im Schwabenland bei meinen Eltern im Einsatz, ansonsten bewerkstelligte ich bei uns in Haus und Garten alles, kümmerte mich dazu noch um meine berufliche Weiterbildung. Ich wurde in den Schulbetrieb meines Mannes einbezogen, bekam verschiedene „Jöbli", welche für Abwechslung sorgten.

Heimweh hatte ich nie und die Arbeit machte uns Freude. Doch dann, nach fünf oder sechs Jahren, kam wieder die Frage auf uns zu ..., die Frage wie schon Jahre vorher ..., die schwerwiegende Frage: „Macht Ihr weiter zu Hause, kommt Ihr zurück?"

Ich war ja damals schon eine erwachsene Frau und hatte dennoch Mühe, diese Entscheidung zu fällen. Zu deutlich spürte ich die Wünsche meiner Eltern, die

Das macht die Autorin heute

Renate Ulrich

Es ist Sommer auf der Ostalb, der zweiundzwanzigste Sommer, den wir hier sind. Aus dem Schweinebetrieb wurde ein Braunviehaufzuchtbetrieb. Rund ums Dorf weiden unsere Rinder, Kälber und Kühe, und es bimmelt wunderschön am Albtrauf. Und wir? Wir sind daheim!

sich gefreut hätten, wenn wir gekommen wären. „Sie haben mir ja viel Freiheit gewährt", überlegte ich, „und einen Bruch hat es nie gegeben." Sie würden Platz machen für uns und es wäre etwas Eigenes. Wir wären unabhängig von Arbeitgebern, und in den letzten dreißig Jahren war es der Landwirtschaft immer gut gegangen.

Da saßen wir nun und mussten unsere Position definieren, mussten herausfinden, welchen Weg wir gehen wollten. Es gefiel uns gut, wo wir waren, und der Arbeitsplatz schien sicher. Mein Mann arbeitete selbstständig, der Lohn war geregelt, ebenso der Urlaub. Es war gewiss viel Arbeit, doch er tat es gerne und fühlte sich bei den Bauern und im Dorf anerkannt – wir waren ja auch fremd in dieser Gegend. Auch ich hatte Anschluss gefunden, war engagiert in Verein und Kirche, führte eine gute Ehe, hatte gesunde Kinder und auch Freunde hier. Eigentlich mangelte es mir an nichts. Die Kinder hatten es nicht weit zum Kindergarten und zur Schule, die Wohnung war geräumig und schön, die Berge waren nah, die Umgebung gefiel uns. Wir hätten keinen Anlass zur Änderung gehabt, doch nun wurde eine Entscheidung (meine Eltern kamen ins Rentenalter) von uns verlangt.

Wir setzten uns oft abendelang zusammen, mein Mann und ich, und gingen Punkt für Punkt die Argumente für und gegen das Schwabenland durch. Vom Braunviehzüchter in der Schweiz zum Schweinebauer in Süddeutschland, vom sicheren Lohn zu unsicheren Schweinepreisen, eine andere Stellung als Bäuerin, die Familie so nah, der Schulweg so lang ... Diesen und anderen Gründen sprachen jedoch immer ebenso viele Argumente entgegen. Da war die Selbstständigkeit, die winkte, und das eigene Handeln ohne Rechenschaft vor Dritten. Dazu kam auch noch zur gleichen Zeit die Unsicherheit, wer wohl als neuer Leiter an die Stelle unseres Chefs gewählt würde. Wie schnell könnte die Selbstständigkeit dann beschnitten sein.

Doch größeren Einfluss als wirtschaftliche und rationale Gründe hatten meine persönlichen Gefühle und Gedanken. Die Verantwortung gegenüber meinen Eltern war wie ein Druck spürbar. Wir waren nun mal die Einzigen, die für den Hof infrage kamen: „Was werden sie tun, wenn wir nicht kommen? Wie wichtig sind mir meine Eltern?" Dieses Bewusstsein ließ mich nicht frei entscheiden, sondern lastete auf mir.

Zum Glück verstand auch mein Mann diese Gedanken, dieses „Sich-nicht-entscheiden-Können", das mich lähmte. Er kam mir entgegen – versuchte zu formulieren, was ich dachte und fühlte, hinterfragte viel und steckte letztlich seine Bedenken zurück, um mir die Möglichkeit einer gefühlsbetonten Entscheidung zu geben.

Wir zogen um. Wir wagten den Neuanfang in meiner alten Heimat.

Nun sind schon viele Jahre vergangen, wir fühlen uns wohl hier und sind glücklich. Noch hin und wieder denke ich zurück an die Freiheit und Unabhängigkeit, denke an die Berge, Wanderungen, Ausflüge. Doch ich bin mir darüber bewusst, dass ich solche Werte auch hier habe und sie momentan nur nicht sehen kann, da ich Arbeit und Anforderungen oft über mich herrschen lasse. Dann brauche ich „lichte Momente", um mich von Sehnsüchten freizumachen.

Es ist schön, meine Familie um mich zu haben, auch meine Eltern, meine Geschwister, und ich spürte und spüre die Zufriedenheit um mich. Es hat sich für mich, für meine Seele, gelohnt, diesen Schritt zu machen, denn ich fühle mich gut. Meistens.

Oft fällt der Apfel weit vom Stamm.

Zuerst war ich wohl Apfelblüte, wurde Früchtchen und spürte den starken, festen Baum. Es gab Stürme und Sonne, Schatten und Freude – nichts davon möchte ich missen.

Der Apfel wuchs und meinte, er müsse unsäglich weit weg fallen. Aber wo ist weit?

Inzwischen will ich Baum werden, in „naher Entfernung“ zu anderen Stämmen – ich genieße beides: Distanz und Geborgenheit.

Ich bin fester geworden, bodenständiger, will nun meinen Früchtchen – meinen Kindern – die Freude am Wachsen, am Leben zeigen und sie ihnen von ganzem Herzen gönnen.

Birgit, Bäuerin in Baden-Württemberg

Der Karton mit dem Papierkram

„Am Montag nach der Hochzeit hat er mir den Karton mit dem ‚Papierkram', die Unterlagen für die Buchführung, die Versicherungen und alles andere, übergeben, und dafür bin ich nun bereits seit achtzehn Jahren zuständig."

Die Rollenverteilung war klar: Mein Vater war für den Außenbetrieb, die Buchführung und die Bankgeschäfte zuständig, meine Mutter für Haus und Kinder. – Meine Eltern bewirtschafteten einen Gemischtbetrieb mit Kühen und Schweinen in einem kleinen Hohenloher Weiler. Ich wuchs als ältestes von vier Geschwistern auf.

Meine Mutter hielt Hühner und bebaute einen großen Bauerngarten. Natürlich half sie bei der Stallarbeit und während der Ernte auch auf dem Feld mit. Wir Kinder waren schon früh im Stall und auf dem Feld mit dabei. Mein Bruder ist ein Jahr jünger als ich; er war von Anfang an zum Hofnachfolger bestimmt und ist es inzwischen auch geworden. Zum Glück hatte er schon immer Freude an der Arbeit in der Landwirtschaft. Für meine Eltern wäre es sicher schwer zu verkraften gewesen, wenn der Hof nicht weitergeführt worden wäre.

Für mich hatten meine Eltern etwas Besseres vorgesehen. Sie rieten mir, einen ordentlichen Beruf zu lernen, damit ich es besser hätte als in der Landwirtschaft: kürzere Arbeitszeiten, mehr Lohn und mehr Urlaub. Deshalb waren sie nicht begeistert, als ich mit fünfzehn einen Freund fand, der Landwirt war, und ich mich entschloss, die Ausbildung zur ländlichen Hauswirtschafterin zu machen. Für meine Eltern war es eine Schande, dass ihre Tochter so jung einen Freund hatte, und sie versuchten, unsere Freundschaft zu verbieten. Natürlich meinten sie es gut mit mir und wollten mich vor einer Enttäuschung bewahren. Sie hatten eine andere Vorstellung von meinem Lebensweg und es fiel ihnen sehr schwer, mich loszulassen. Meine Eltern schämten sich für mich: „Du bist noch nichts, hast nichts, kannst nichts und willst einen Freund haben." Dieser Vorwurf hat mir lange zu schaffen gemacht. Es fiel mir sehr schwer, meine Eltern zu enttäuschen. Ich konnte nicht verstehen, warum sie sich nicht freuten, dass ich mich verliebt hatte. Mir kam es vor, als wäre es ihnen wichtiger, was die Verwandten und Nachbarn sagten, als wie es mir ging und was ich wollte.

Als ich mit meiner Ausbildung fertig war, haben wir geheiratet. Ich war neunzehn und Ernst war fünfundzwanzig Jahre alt. Meine Eltern waren froh, dass nun alles seine Ordnung hatte. Allerdings waren sie auch ein wenig enttäuscht, dass ich jetzt wegging, wo ich endlich hätte mehr mithelfen können. Und sicherlich schwang auch die Angst mit, ob es gut geht, wenn man so früh heiratet.

Wir waren überglücklich. Endlich verheiratet! Ich dachte damals, jetzt geht das Leben richtig los. Jetzt haben wir die Möglichkeit, selber zu entscheiden, und können gemeinsam arbeiten. Und ich freute mich auf die Herausforderung, mit meinem Mann zusammen seinen Schweinezucht- und Ackerbaubetrieb zu führen. Mein Mann hatte den Betrieb bereits fünf Jahre von seinen Eltern gepachtet, da sie gesundheitliche Probleme hatten.

Am Montag nach der Hochzeit hat er mir den Karton mit dem „Papierkram", die Unterlagen für die Buchführung, die Versicherungen und alles andere, übergeben, und dafür bin ich nun bereits seit achtzehn Jahren zuständig. Meine Mutter und meine Schwiegermutter hatten nie genauen Einblick in die finanziellen Angelegenheiten und waren immer abhängig von ihren Ehemännern, abhängig davon, wie viel Geld sie von ihnen bekamen, auch heute noch bekommen. Bei uns ist das anders, ich habe genauen Einblick in alle Konten und bin verfügungsberechtigt wie mein Mann. Dadurch, dass ich die Buchführung mache, weiß ich genau, was im Betrieb läuft. Anstehende Entscheidungen fällen mein Mann und ich gemeinsam.

Kurz vor der Hochzeit haben wir uns ein Wohnzimmer und ein Schlafzimmer im Haus meiner Schwiegereltern eingerichtet. Aus purer Naivität dachten wir, dass es kein Problem sein würde, die Küche und das Bad gemeinsam mit den Eltern meines Mannes zu benutzen. Für meine Schwiegermutter war unser Wohnzimmer bereits ein unnötiger Luxus. Da meine Schwiegereltern nicht mehr ganz fit waren, war es für mich und meinen Mann selbstverständlich, dass ich nicht wegging zum Arbeiten, sondern vom ersten Tag nach der Hochzeit in Haushalt und Betrieb mitarbeitete. Außerdem wollten wir den Betrieb gemeinsam vorwärts bringen.

In der ersten Zeit versuchte ich mich in die Abläufe im Haushalt und im Außenbetrieb einzufinden und half dort mit, wo mein Mann oder meine Schwiegermutter es für sinnvoll hielten. Anfangs führte ich im Haushalt kaum Änderungen ein, obwohl ich einiges gerne fortschrittlicher gemacht hätte. Es verunsicherte mich sehr, dass plötzlich Dinge, die für mich selbstverständlich waren, wie zum Beispiel das Benutzen der Spülmaschine, die vorher zwar vorhanden, aber nicht eingesetzt worden war, und der Gebrauch des Handrührgerätes, von meiner Schwiegermutter nur als Energieverschwendung angesehen wurden. Außerdem zeigte sie mir mit einem mitleidigen Lächeln jedes Reiskorn, das noch am maschinengespülten Geschirr hing. Ich fühlte mich zu jung, hilflos und fremd, um der über Fünfzigjährigen, die schon fast dreißig Jahre diesen Haushalt führte, selbstsicher gegenüberzutreten und hatte nicht den Mut, mich durchzusetzen. Bei der Mitarbeit im landwirtschaftlichen Betrieb gab es keine Probleme. Ein Jahr vor unserer Hochzeit hatte mein Mann mit einem neuen Betriebszweig, dem Anbau von Saatgut von einheimischen Wildpflanzen und Heilpflanzen, begonnen. Ich war von vornherein an allen Entscheidungen beteiligt. Es macht meinem Mann und mir überhaupt viel Freude, Neues auszuprobieren. Außerdem war es ein Arbeitsgebiet, bei dem ich nicht in Bereiche meiner Schwiegereltern einbrach. Beide unterstützten uns und halfen mit, so viel sie konnten, obwohl sie nicht unbedingt begeistert waren von unseren Veränderungen.

Bald nach der Hochzeit wurde unser Sohn Johannes geboren. Er machte uns und den Großeltern große Freude. Außerdem hatte ich jetzt etwas mehr das Gefühl, hier zu Hause zu sein. Meine Schwiegermutter passte auf das Kind auf, so dass wir trotzdem abends weggehen konnten und ich im Stall oder bei der Ernte auf dem Feld mithelfen konnte. Durch unsere Heirat und die Geburt von Johannes hatte sich in unserem Freundeskreis einiges geändert. Vorher waren

Das macht die Autorin heute

Birgit Rieger

Inzwischen sind alle drei Kinder erwachsen. Unsere Tochter ist Hauswirtschaftslehrerin und hat die gleiche Freude am Kochen und Nähen wie ich. Beide Söhne arbeiten engagiert im Betrieb mit – schön zu wissen, dass sie ihn weiterführen werden. Die Arbeit mit den Wildpflanzen hat sich gelohnt, der Betrieb ist ständig gewachsen. Die vielen Presseartikel über den Artenschwund und das Insektensterben haben dem Thema Aufmerksamkeit gebracht und uns in unserem Tun bestätigt. Große Freude bereiten mir unsere Enkelkinder, die auf dem Hof aufwachsen. Abwechslung zur Arbeit finde ich in meinem Garten und ab und zu in einer größeren Reise mit meinem Mann.

wir viel mit Freunden aus der kirchlichen Jugendgruppe und mit der Landjugend unterwegs gewesen. Bereits kurz nach der Hochzeit merkten wir, dass wir als Verheiratete für viele abgeschrieben waren. Diese Erfahrung war schmerzlich. Aber es fanden sich auch neue Freunde, vor allem aus der Landjugend, die kein Problem damit hatten, dass wir eine Familie waren.

Als Johannes ein Jahr alt war, entschloss ich mich, die hauswirtschaftliche Fachschule zu besuchen. Dazu hatte mich mein Mann immer wieder ermutigt und mir versichert, dass er und seine Eltern sich um das Kind kümmern würden. Es fiel mir nicht leicht, Johannes daheim zu lassen und die Schulbank zu drücken. Für mich bedeutete es auch, dass ich mich weiterhin zu Hause ruhig verhielt und wenig Änderungen einforderte, da ich jetzt noch abhängiger von meiner Schwiegermutter war. Nach dem Abschluss der Fachschule war ich wieder schwanger und im Herbst wurde unsere Tochter Barbara geboren. Sechs Wochen vor dem errechneten Termin bekam ich plötzlich Bauchschmerzen, Schüttelfrost und hohes Fieber und hatte viel zu hohen Blutdruck. Sofort wurde ich ins Krankenhaus eingewiesen. Die Ärzte machten verschiedene Untersuchungen und rätselten, was die Ursache sein könnte. Nach zwei Tagen sagten sie mir, dass sie jetzt das Kind per Kaiserschnitt holen wollten und danach ein Chirurg der inneren Medizin, falls nötig, weiteroperieren würde. Ich unterschrieb die Einverständniserklärung, mir war egal, was sie mit mir machten – Hauptsache, die Schmerzen hörten auf. Kurz vor der Operation traf mein Mann ein. Ihm wurde nach einer halben Stunde gesagt, dass er eine gesunde Tochter habe und es ihr den Umständen entsprechend gut gehe.

Bei mir stellte sich heraus, dass mein Blinddarm geplatzt war. Nach der Operation gab es Probleme mit einem Lungenflügel und so bekam ich erneut eine Narkose. Meinen Mann schickten sie nach Hause mit der Information, „ihre Tochter ist gesund, aber ob ihre Frau durchkommt, ist nicht sicher.“ Nach zwei Tagen Intensivstation war ich über den Berg. Wir waren froh und dankbar darüber und freuten uns über unsere kleine Barbara. Mir wurde erst hinterher bewusst, wie es um mich gestanden hatte. Dieses Erlebnis zeigte mir deutlich, wie schnell das Leben vorbei sein kann, und es bestärkte mich darin, mir in Zukunft weniger von anderen dreinreden zu lassen.

Im gleichen Jahr verletzte sich meine Schwiegermutter durch einen Sturz so schwer an der Hand, dass sie fast ein Jahr arbeitsunfähig war. Da ich nun mehr Arbeit und Verantwortung hatte, erledigte ich immer mehr Arbeiten so, wie ich es gelernt hatte und für richtig hielt. Dies und nicht zuletzt unterschiedliche Meinungen bei der Kindererziehung brachten immer größere Spannungen zwischen den Generationen mit sich. Es wurde meinem Mann und mir langsam klar, dass es so nicht weitergehen konnte, da alle unter dieser Situation litten. Wir entschlossen uns, ein eigenes Haus zu bauen und die Haushalte ganz zu trennen. Dies war mit Sicherheit der richtige Entschluss. Seit wir den nötigen Abstand haben, funktioniert das Zusammenleben auf unserem Hof viel besser. Meine Schwiegereltern sind heute auch froh, dass sie wieder so leben können, wie sie es wollen. Außerdem ist Ihnen der Trubel bei uns durch unsere mittlerweile drei Kinder, die Praktikanten, Saison-Arbeitskräfte und einen großen Freundeskreis viel zu groß.

Unser Sohn war sieben und unsere Tochter fünf Jahre alt, als ich mich entschloss, die Meisterprüfung zu machen. Wieder war es mein Mann, der mich unterstützte und der mich ermutigte, meinen Berufstraum wahr zu machen. Es war für mich ein hartes Jahr und es war nicht immer einfach, Betrieb, Haushalt, Familie und Lernen unter einen Hut zu bekommen. Aber es hat sich gelohnt. Sicher ist es sinnvoller und einfacher, diese Ausbildung vor der Familienphase zu machen, aber ich hatte den Vorteil, dass ich viele Vorgänge besser kannte und mehr Erfahrungen hatte, vor allem in der Buchführung und Betriebswirtschaft.

Unsere Kinder sind inzwischen siebzehn, fünfzehn und neun Jahre alt. Johannes lernt den Beruf des Staudengärtners. Wir sind froh, dass ihm die Arbeit Spaß macht und er Freunde gefunden hat. Ich war mit siebzehn ein Jahr in der Fremdlehre im Zabergäu. Als Hauswirtschaftslehrling hatte ich vollen Familienanschluss und für mich hat dieses Jahr viele neue Erfahrungen gebracht. Ich habe menschlich und beruflich viel gelernt. Johannes musste noch einen Schritt weiter gehen. Er hat eine kleine Wohnung für sich und wird alle drei Lehrjahre in Illertissen verbringen. Er kommt am Wochenende nach Hause, und da wird er schon sehnsüchtig von seinem kleinen Bruder erwartet. Johannes geht es heute genauso wie mir damals. Er wird von meinem Mann und mir am Samstag eingeplant für die Arbeit in der Landwirtschaft. Ich kann mich erinnern, dass ich manchmal ziemlich sauer war, wenn ich vom Lehrbetrieb heimkam und den ganzen Samstag helfen sollte und auch noch am Sonntag bei der Stallarbeit. Sonntags ausschlafen, das gab es für mich als Jugendliche nicht. Vor allem Barbara sagt immer wieder, dass andere Gleichaltrige nicht so viel mithelfen müssen. Aber ich denke, es ist wichtig, die Kinder schon früh dazu anzuhalten. Unsere Kinder wissen, dass sie nicht von vorne bis hinten bedient werden, sondern auch ihren Beitrag leisten müssen. Dadurch sind sie selbstständiger, und indem wir ihnen etwas zutrauen, spornen wir sie an. Wir erwarten außerdem von unseren Kindern Dinge, die vielen inzwischen altmodisch erscheinen. Zum Beispiel dass sie die Menschen, die ihnen begegnen, grüßen und uns Eltern respektieren und uns keine Schimpfworte entgegenschleudern. Die Auswahl ihrer Freunde beeinflussen wir nicht. Wir hoffen, dass wir unseren Vorsatz, ihnen bei der Partnerwahl zu vertrauen und uns rauszuhalten, einhalten werden.

Den landwirtschaftlichen Betrieb haben wir in den achtzehn Jahren, die wir nun verheiratet sind, stark verändert. Nachdem wir den Sonderkulturbereich stetig ausgeweitet hatten und merkten, dass uns dieser Betriebszweig am meisten liegt, haben wir die Schweinehaltung aufgegeben. Am Anfang produzierten wir das Wildblumensaatgut nur für den Großhandel. Inzwischen vermarkten wir es selbst mit einer befreundeten Landwirtsfamilie, die Wildgräser anbaut. 1994 haben wir zu viert eine Vermarktungs-GmbH für die Wildsaaten gegründet. Den Anstoß hierfür gab der Tod eines Landschaftsarchitekten, der auch Wildpflanzensaatgut gesammelt und vermarktet hatte. Seine Frau bat uns, den Saatgutbestand zu übernehmen und zu verkaufen. Das taten wir mit viel Euphorie und ziemlich blauäugig. Keiner von uns hatte geahnt, wie aufwendig das sein würde und wie viele Herausforderungen durch die Selbstvermarktung auf uns zukommen würden. Wir dachten, durch die Erfahrung aus der Führung der landwirtschaftlichen Betriebe und die Zusammenarbeit (jeder von uns vier hatte einen Anteil von 25 Prozent) würden wir das leicht schaffen. Auf jeden Fall war es eine gute Entscheidung, das Geschäft gemeinsam zu betreiben, da wir so die Arbeit je nach den Stärken der Einzelnen verteilen können. Außerdem können wir uns gegenseitig vertreten.

Von der Übernahme des Saatgutes und der Kundenkartei hatten wir uns mehr erhofft. Am Anfang dachten wir nicht, dass wir ganz bei null beginnen und uns erst einen Namen in der Branche machen müssten. Aber es war auch gut so. Auf diese Weise konnten wir unsere Firma Schritt für Schritt aufbauen und weiterentwickeln. Angefangen haben wir mit einem kleinen Büro und einem Lager im Keller unseres Hauses. Inzwischen sind das Samenlager, der Kühlraum und ein Sozialraum für unsere Mitarbeiter im ehemaligen Schweinestall untergebracht. Das Büro haben wir daran angebaut.

Zu Beginn war es der Anbau, inzwischen ist es die Vermarktung, die immer neue Herausforderungen an uns stellt. Für meinen Mann und mich bedeutet das, dass wir mehr Zeit im Büro und am Telefon verbringen. Im Haushalt, im landwirtschaftlichen Betrieb und in der Vermarktungs-GmbH sind inzwischen mehrere Mitarbeiter beschäftigt. Diese Entwicklung hätte ich mir vor zehn Jahren noch nicht vorstellen können. Früher haben wir Ferkel, Getreide und auch den Wildblumensamen nur abgeliefert und auf die Abrechnung gewartet. Heute müssen wir kalkulieren, wie wohl der Absatz sein wird, Angebote abgeben, die Lagerhaltung selbst übernehmen und nach Auftrag die Rechnung schreiben. Das verursacht hohe Kosten, birgt Risiken und erfordert viele Bürostunden zusätzlich. Die Arbeit im Büro ist ohne den Computer nicht mehr zu bewältigen. Es macht mir inzwischen Spaß, mit dem Computer zu arbeiten, und es bringt auch Erfolgserlebnisse, wenn alles funktioniert, aber wehe, es gibt PC-Probleme. Wenn der Computer streikt, geht im Büro fast nichts mehr. Seit vier Jahren hat unsere Firma eine E-Mail-Adresse und ist mit einer Internetseite im World-Wide-Web vertreten und seit zwei Jahren mit einem Internetshop. Das sind für uns wichtige Dinge, solange sie funktionieren, aber sie haben uns auch schon böse Überraschungen bereitet. Die Palette ist groß: Viren, Hunderte von Spams (Massen-Mailings), zunehmend Werbung und E-Mails mit Zugang zu Internet-Sexseiten.

Meinen Ausgleich für die Büroarbeit finde ich in meinem großen Garten. Als Jugendliche habe ich mich über meine Mutter und später über meine Schwiegermutter gewundert und gedacht: „Nie würde ich den ganzen Feierabend im Garten arbeiten.“ Und heute findet man mich ebenfalls bis spätabends zwischen dem Gemüse und den Blumen. Aber im Gegensatz zu meinen Eltern und Schwiegereltern geht unsere ganze Familie auch in den Garten und auf die Terrasse, um zu essen und zu faulenzen und nicht nur zum Arbeiten.

Ein interessanter Aspekt der Selbstvermarktung sind für uns die speziellen Projekte, bei denen Wildpflanzensaatgut verwendet werden soll. Es kommen Anfragen zum Beispiel von Architekten, Ämtern, Gartenschauen. Oft wird eine Vorortberatung angefragt. Diese Arbeit übernimmt mein Mann, deshalb ist er immer häufiger unterwegs. Ein weiterer Bereich ist die Werbung. Um Kunden zu werben, müssen wir Anzeigen schalten, auf Messen gehen und auf Fachtagungen präsent sein. Jährlich veranstalten wir einen Tag der offenen Tür für Fachpublikum und machen Führungen durch die blühenden Felder. Dadurch haben wir sehr viele Menschen kennengelernt. Die Besucher hinterfragen, was wir machen, und wir erhalten neue Ideen, Denkanstöße und Informationen.

Es gibt immer viel zu tun im landwirtschaftlichen Betrieb, der Firma und im Haushalt. Fertig werden wir nie. Aber wir machen es möglich, jedes Jahr einige Tage zu verreisen. Anfang Januar fahren wir mit unseren Kindern und einigen befreundeten Familien in den Skiurlaub. Es tut gut, etwas gemeinsam zu unternehmen und einige Tage alle betrieblichen Angelegenheiten ruhen zu lassen. Nicht nur das Skifahren macht allen Freude, sondern auch das gemütliche Zusammensitzen und Spielen am Abend. Meinen Schwiegereltern fällt es schwer, uns in Urlaub fahren zu lassen. Sie sind nie in ihrem Leben länger als einen Tag weg gewesen und verstehen nicht, dass wir Haus und Hof alleine lassen.

Abends gehe ich gerne in Konzerte, zu Vorträgen und Veranstaltungen der örtlichen Vereine. Da mein Zuhause gleichzeitig mein Arbeitsplatz ist, ist es mir wichtig, auch etwas anderes zu sehen und zu hören.

Ich bin überzeugt, dass es wenige Berufe außerhalb der Landwirtschaft gibt, die es zulassen, Beruf und Familie, Erwerbstätigkeit der Frau und Zusammenarbeit der Ehepartner möglich zu machen. Für mich ist es am schönsten, dass ich mit meinem Mann gemeinsam arbeiten und zum Betriebseinkommen beitragen kann. Es ist mir außerdem wichtig, dass unsere Kinder immer wissen, was wir tun und wie wir erreichbar sind, auch wenn wir nicht immer Zeit für sie haben.

Rita, Geschäftsfrau in Bayern

Das heilt schon wieder

„Ein Arzt war so schnell nicht erreichbar. Einmal in der Woche kam ein Landarzt ins Dorf für Notfälle. Es gab bei uns kein Telefon und auch kein Auto.“

Als Älteste von fünf Bauernkindern geboren zu sein, bedeutete von alters her ein Vorrecht, verbunden mit dem Respekt der Jüngeren, aber auch vielen Verpflichtungen ihnen gegenüber. Dieses Ältesten-Vorrecht hat sich verflüchtigt und es blieben nur noch die Pflichten.

Früher ging der Hof automatisch an den erstgeborenen Sohn über. Ich bin Tochter, daher traf dieses Vorrecht auf mich nicht ohne Weiteres zu. Dennoch konnte ich kurzzeitig Vergünstigungen genießen, zum Beispiel bei der Essensausteilung oder auch beim Auswählen unter den Mitbringseln, die Opa dabei hatte, wenn er von einer seiner seltenen Reisen zurückkam. Wenngleich, die dazugehörigen Pflichten wogen mehr.

Die kleineren Geschwister wurden immer von den älteren Kindern betreut, die, obwohl sie selbst noch Kinder waren, dadurch kaum Zeit zum Spielen hatten, denn der Tag war angefüllt mit Babysitten, Küchendienst und Feldarbeit. Ich habe bis heute Nachholbedarf beim Spielen. Als reife Erwachsene baue ich noch gerne Sandburgen oder spiele mit dem weich gewordenen Wachs einer

Kerze, das ich genießerisch forme. Durch die viele Feldarbeit nach der Schule bis spätabends bekam ich jedoch eine gute Portion Ausdauer und Abhärtung mit. Ebenso möchte ich die Verbundenheit mit der Natur nicht missen: Am Bach sitzen bei Vergissmeinnicht und Blutströpfchen, während Opa mit der Sense die Wiese mäht, das sind mir die schönsten Kindheitserinnerungen. Es wurde hart und zäh gearbeitet, aber es gab auch Freizeit; am späten Samstagnachmittag wurde die Kapellenglocke geläutet und der Feierabend verkündet bis Montag früh. Sonntag war Ruhetag für den Vater: Beim Frühschoppen vor der Messe trank er in der Gastwirtschaft ein Bier. Nicht so für die Mutter, die samstags und sonntags zusätzlich zu ihren gewohnten Arbeiten besonders viel in der Küche zu tun hatte. Vor allem dann, wenn viele Tagelöhner da waren für die Kartoffel- oder Hopfenernte, mussten Berge von Essen gekocht werden.

Alleine ausgehen durfte meine Mutter nicht – sei es zum Faschingsball einmal im Jahr oder zur Christbaumversteigerung, wo einer aus dem Dorf Ziehharmonika spielte und wo getanzt wurde. Wollte mein Vater nicht mitgehen, blieb ihr nichts anderes übrig, als bis zum nächsten Jahr zu warten.

Ein Bauernhof ist manchmal ein Einödhof, meistens aber liegt er in einem kleinen Dorf. Das Dorfleben schränkt sehr ein. Ein Auge wird auf alles und jeden geworfen. Was ich nicht darf, darf auch der andere nicht. Aus dieser Enge bin ich bald in die Stadt geflüchtet, jedoch nicht in die Großstadt.

Heute lebe ich in einer mittelgroßen Stadt, wo ich alle Möglichkeiten und Freiheiten habe, die ich brauche, sei es im musischen oder Freizeitbereich, im beruflichen oder familiären Leben. Ich lasse mich nicht überfluten, nutze aber die Möglichkeiten, die ich habe.

Auch bekam ich in meiner Kindheit eine große Portion Unempfindlichkeit und Anspruchslosigkeit mit, was mir in meinem späteren Leben immer wieder mal zugutekam. Bei der Kartoffelernte auf dem Feld waren die Hände voller Erde – genauso wurde die Brotzeitsemmel verspeist, denn es war ja kein Wasser da zum Händewaschen. War jemand krank oder hatte sich beim Schlittschuhlaufen auf der überfluteten und zugefrorenen Wiese, wo immer wieder Grasbüschel herausstanden, den Fuß verstaucht oder gar eine Sehne

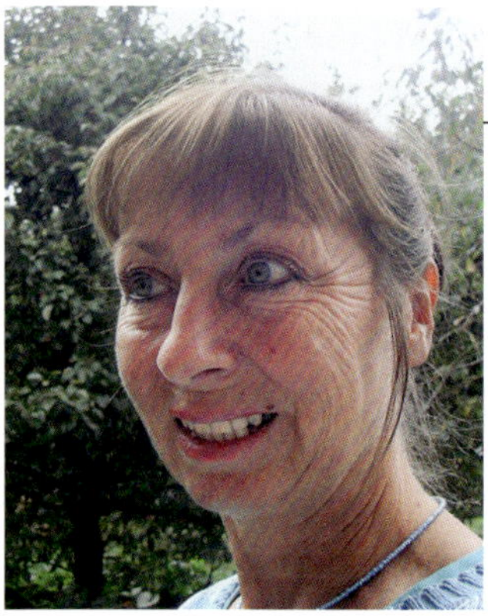

DAS MACHT DIE AUTORIN HEUTE

RITA

Ich bin Krankenschwester geworden, so konnte ich mir, unseren drei Kindern und der Familie bei Krankheit weitgehend selbst helfen. Eine sehr arbeitsreiche und stressige Zeit folgte mit dem Aufbau und der Führung unseres Autohauses zusammen mit meinem Mann. Auch das liegt nun schon zurück. Ich habe mich aus dem Geschäftsleben zurückgezogen. Sechs Enkel bereichern mein Leben. Meine bäuerlichen Wurzeln spüre ich noch täglich in meinem Riesengarten, wenn ich mit der Sense den Hang mähe, mit Erde arbeite, Obst, Gemüse, Heilpflanzen und Blumen anbaue und den Kreislauf des Lebens spüre. – Dann bin ich eins mit der Natur.

angerissen, hieß es: „Das heilt schon wieder." Ein Arzt war so schnell nicht erreichbar. Einmal in der Woche kam ein Landarzt ins Dorf für Notfälle. Es gab bei uns kein Telefon und auch kein Auto.

„Morgen früh werde ich nicht mehr wach und bin gestorben", so dachte ich einmal angstvoll als Achtjährige, als ich wohl durch einen rostigen Nagel eine Blutvergiftung hatte. Überstanden und abgehärtet. Es hätte auch anders kommen können.

War mal Muttertag oder ein Geburtstag, so war Erfindungsreichtum angesagt. Man konnte nicht einfach in ein Geschäft gehen und was kaufen oder

Bastelutensilien besorgen. Aus dem, was da war, entstanden jedoch oft die ideenreichsten Dinge. Dass ich mir zu helfen weiß, ist heute für mich noch manchmal brauchbar, wenn ich in Urlaub bin in einem Land, wo es nicht alles in Hülle und Fülle gibt wie bei uns.

Oft genieße ich die Einfachheit und Unkompliziertheit. Denn zum Leben braucht man sehr wenige Dinge.

Als ich jünger war, dachte ich, dass man viel von der Welt sehen muss, aber ich bin zu dem Schluss gekommen, dass es nirgends so schön und natürlich ist wie hier in unserem herrlichen Bayern mit seinen Seen, Bergen, Wäldern und Wiesen – üppig grün, ein blühendes Land voller Fruchtbarkeit.

Nirgendwo anders möchte ich auf Dauer leben.

Ilse, Pastorin in Niedersachsen

Drei Töchter und kein Stammhalter

„War ich je beim Griechen oder Chinesen essen gewesen oder hatte modernes Tanztheater gesehen?"

Drei Mädchen waren wir – drei Töchter und kein Stammhalter. Zum ersten Mal seit vielen Generationen auf dem Hof kein männlicher Hoferbe: welch ein Drama, über das aber natürlich nie öffentlich geklagt wurde. Zum Glück waren die sechziger Jahre ja eine Zeit der großen Veränderungen, auch wenn diese auf dem Land – besonders im konservativ-katholisch geprägten Gebiet unserer emsländischen Heimat – erst viel später und mit vielen Abstrichen ankamen. Doch diese Veränderungen machten es tatsächlich möglich, dass auch die Tochter eines Tages den Hof übernahm, ohne dass man erst verzweifelt nach einem möglichen Schwiegersohn Ausschau halten musste, der fähig war, einen Hof zu führen.

Es zeichnete sich schnell ab, dass ich – obwohl die Erstgeborene – diese Tochter sicher nicht sein würde. Meine Welt waren eher die Bücher und das Haus, die meiner Schwester der Hof und die Weite draußen. Unsere jüngste Schwester schwebte als Nesthäkchen irgendwo dazwischen. Während die berufliche Zukunft meiner Schwestern eher auf den Hof und dessen Weiterbestehen zulief, habe ich mein Abitur gemacht und überlegt, was aus mir werden sollte. Was ich schließlich machte, hatte es in unserer gesamten Familie noch nie gegeben und sorgte sowohl innerfamiliär wie auch in unserem katholischen Umfeld hinlänglich für Verblüffung: Ich begann mit einem Studium der Evangelischen Theologie, motiviert und geprägt durch unseren damaligen Gemeindepastor, der in der Zeit meiner Pubertät und Jugend einen großen Einfluss auf mich hatte. Zwar war ich interessiert an der Theologie und auch an Gemeindearbeit, trotzdem konnte ich mir nicht recht vorstellen, jemals als Pastorin zu arbeiten, was mich zu diesem frühen Zeitpunkt wenig berührte. Es gab ja noch viele Möglichkeiten, auf diesem Studiengang aufbauend, etwas ganz anderes zu machen.

Die Zeit meines Studiums brachte mich mit einer völlig neuen Welt weit weg vom Bauernhof in Berührung. Unter all den vielen Akademikerkindern hatte ich viele Minderwertigkeitskomplexe. Ich merkte, dass sie ganz anders aufgewachsen waren als ich – mit Literatur, Oper und Theater, Urlaub und Großstadt. War ich je beim Griechen oder Chinesen essen gewesen oder hatte modernes Tanztheater gesehen? Auch einen Bioladen hatte ich – als Landkind völlig vertraut mit der natürlichen Produktion von Fleisch, Milch, Gemüse und Brot – noch nie betreten, geschweige denn an Friedenskundgebungen und Demonstrationen, wie sie in den achtziger Jahren in den Uni-Städten an der Tagesordnung waren, teilgenommen.

Vielleicht hat das alles weniger mit dem Bauernhof als vielmehr mit der Tatsache zu tun, dass ich schlicht aus einer sehr ländlichen Region stammte. Doch ich kam mir oft genug vor wie die sprichwörtliche „Landpomeranze", die von nichts eine Ahnung hatte und sich vieles, was für andere völlig selbstverständlich war, jetzt erst aneignen musste. Ich konnte nicht ahnen, dass ich natürlich ein ganz anderes Wissen mitbekommen hatte, das für mein späteres Leben noch von erheblichem Belang sein sollte.

Manchmal war es, als ob man in zwei Welten lebte: während des Semesters in der akademischen Welt der Uni, in den Semesterferien zu Hause auf dem Hof. Beides hatte seinen eigenen Reiz. Ich weiß noch genau, wie ich die Wochen zu Hause immer genossen habe, gerne Obst und Gemüse aus dem Garten mit eingemacht und Marmelade gekocht habe, die bei meinen Mitstudenten sehr beliebt war, genauso wie die Eier und der Schinken, die ich am Ende der Ferien mitbrachte. Doch geredet über den Hof und das Leben zu Hause habe ich wenig. Ich bildete mir ein, keiner könnte so richtig nachvollziehen, wie es mir ging. Dass meine bis heute beste Freundin aus der Studienzeit, die aus einer typischen Arbeiterfamilie im Ruhrgebiet kam, sich mit ähnlichen Gedanken herumschlug, haben wir erst festgestellt, als wir beide schon längst mit dem Studium fertig und beruflich etabliert waren.

Nie hätte ich früher geahnt, wie wertvoll mir meine Kindheit auf dem Land und auf dem Hof einmal werden würde. Heute kann ich deutlich erkennen, dass sie mich natürlich ganz wesentlich geprägt und befähigt hat, meinen Beruf so auszuüben, wie ich es heute tue. Ich bin inzwischen froh und dankbar, dass ich so natur- und wirklichkeitsnah aufgewachsen bin, dass ich die Freuden, Sorgen und Nöte der Landwirtschaft und der Selbstständigkeit kennengelernt habe. Nichts war selbstverständlich oder abgesichert wie in einer Familie, bei der der Vater an jedem Monatsende immer das gleiche Gehalt ausgezahlt bekam. Dass das Leben von vielen verschiedenen Faktoren wie dem Wetter, Erfolgen bzw. Misserfolgen in der Ernte oder Viehzucht abhängen kann, sieht man in der Landwirtschaft Tag für Tag.

Auch woher das kommt, was wir essen – heute vielen Menschen mühsam genug zu vermitteln –, war uns Kindern auf dem Hof immer klar. Wir tranken die Milch von eigenen Kühen, aßen Fleisch aus eigener Schlachtung und Eier von unseren Hofhühnern. Tiere bekamen keine Kosenamen, denn sie waren Nutzvieh. Hühner und Enten wurden geschlachtet. Keiner fand, dass wir Kinder das nicht sehen sollten, weil es zu brutal sei; es war schlicht Realität. Vom Hofhund und den Hofkatzen abgesehen gab es übrigens keine Haustiere. Unsere Eltern standen auf dem Standpunkt, wir hätten genug Tiere zu versorgen. Da bräuchte man sich nicht auch noch mit solchem Kleinvieh abzuplagen. Damit entfiel allerdings auch die ganze Dramatik, die es in anderen Familien beispielsweise um Kaninchen als Sonntagsbraten gab.

Meine heutige Gemeinde liegt zwar in einer Großstadt und ist eigentlich das, was man früher eine typische Arbeitergemeinde genannt hätte, stellt sich

Das macht die Autorin heute

Ilse Landwehr-Wegner

Die großen beruflichen Veränderungen liegen nun schon 10 Jahre zurück. Ich arbeite immer noch in der Kirchengemeinde, in der ich die Umstrukturierung maßgeblich mitgestaltet habe. Dazu kommt seit 8 Jahren ein überregionaler Job als Präses (Leiterin) der gesamten Region. Privat haben sich die Dinge für mich auch unerwartet und erstaunlich weiterentwickelt. Denn als langjährige Singlefrau habe ich mit 55 Jahren tatsächlich geheiratet und mute meinem Mann das Leben an der Seite einer Pastorin zu. So darf es gern noch eine lange Weile weitergehen.

heute allerdings sehr viel vielschichtiger und bunter dar. In ihr begegnet mir sowohl in positiver wie in negativer Hinsicht das pralle Leben. Es fällt mir meistens nicht schwer, mich in die Welt und das Denken der Menschen hineinzuversetzen, mit denen ich heute arbeite. So rede ich mit den Kleingärtnern über ihre Schrebergartenerträge genauso wie mit den Arbeitern über ihre Arbeitsplatzsorgen und mit den Jugendlichen über den Leistungsdruck im Schulalltag, nicht nur am Gymnasium. Allein in der eigentlich doch recht beschränkten akademischen Welt aufgewachsen, wäre ich hier wohl mit Pauken und Trompeten untergegangen.

Anders als früher erzähle ich heute gern von meiner Kindheit auf dem Bauernhof, schätze die unendlichen Möglichkeiten, die sie einem Kind, das die

Welt entdeckt, geboten hat, und die mehr oder weniger zwanglose Art, mit der man auf natürliche Weise mit dem Leben in Berührung gebracht wird.

Ich weiß, was Leute meinen, wenn sie davon berichten, wie schwierig es ist, in einer inzwischen zur Rarität werdenden Mehr-Generationen-Familie mit alten Leuten gemeinsam zu leben, auch wenn ich heute nicht mit meinen Eltern zusammenwohne.

Ich habe keine Familie gegründet und kann mich trotzdem in einen Familienalltag hineinversetzen, in dem, wie bei uns früher auch, die Mutter selbstverständlich mitarbeitet. Mehrere Dinge unter einen Hut zu bringen, wie es heute mit Beruf, Haushalt und Familie für fast alle Frauen üblich geworden ist, war auf dem Bauernhof schon aktuell, als noch niemand über dieses Thema redete. Emanzipation war und ist etwas, das die meisten Bäuerinnen ganz selbstverständlich leben, ohne große Worte darum zu machen. Ich habe es bei meiner eigenen Mutter erlebt und sehe es an meinen beiden Schwestern, die mit ihren Ehemännern gemeinsam auf einem Hof arbeiten, und an Freundinnen und Bekannten, die mir aus meiner dörflichen Heimat geblieben sind.

Natürlich habe ich mich selbst auch mit diesem Thema auseinandersetzen müssen – in meiner Studienzeit eher theoretisch, später im Beruf auch handfest praktisch. Denn Pastorin zu sein bedeutet auch in der evangelischen Kirche immer noch, in einem bis heute typischen Männerberuf und in einer maßgeblich von Männern geprägten Kirche mit männlichen Vorbildern und Idealen zu arbeiten.

Ob mein Umgang mit Emanzipation und Gleichberechtigung anders aussieht als der vieler Mitstudentinnen bzw. Kolleginnen? Ich habe manchmal das Gefühl, dass ich es nicht nötig habe, so kämpferisch zu sein, sondern mit einer gewissen Selbstverständlichkeit einfach davon ausgehe, dass Männer und Frauen die gleichen Möglichkeiten und Chancen haben. Den Kampf und die Mühe, sich auch als Frau durchzusetzen, habe ich als Kind nicht erlebt, sondern eher, dass man nur mit wirklicher Zusammenarbeit und als Team aus Mann und Frau erfolgreich sein kann. Bis heute halte ich darum auch gemischte Arbeitsteams aus Männern und Frauen für die gelungenste Kombination und werde in meinem Berufsalltag in dieser Meinung durchaus bestätigt.

Bei uns jedenfalls war immer klar, dass Mädchen die gleichen Möglichkeiten bekommen wie Jungen, vor allem auch, was die Schulbildung betraf. Vielleicht gerade deshalb, weil kein männlicher Hoferbe in den Startlöchern stand und unsere Eltern lange Zeit nicht wussten, ob mit uns Mädchen eine nächste Generation auf dem Hof bleiben würde. Sie wollten uns durch die freie Schul- und Berufswahl immer alle Wege offen halten.

Bis heute habe ich engen Kontakt zu meiner Familie, die auf dem elterlichen Bauernhof wohnt, und auch zu meiner anderen Schwester, die mit Schwiegereltern, Ehemann und Kindern in einer ähnlichen Situation lebt. Aus der wahrscheinlich nötigen Abgrenzung und Auseinandersetzung mit der eigenen Kindheit ist eine gesunde Beziehung zu meinen Wurzeln und der Vergangenheit geworden. Ich liebe es, nach Hause auf den Hof zu kommen, im Sommer erst einen Gang durch den Garten zu machen, Obst direkt vom Baum oder Busch zu essen oder zu sehen, ob der Salat wächst oder den Schnecken zum Opfer gefallen ist. Auch der Geruch nach Vieh und Mist macht mir nicht mehr halb so viel aus wie früher. Im Haus gibt es ihn sowieso nicht mehr. Wo früher die Arbeitskleider und Gummistiefel abgelegt wurden, stehen heute Telefon, Fax und Computer. Erst dahinter liegt die Reinigungsschleuse, in der man sich komplett umzieht, und die man durchqueren muss, um in den Stall zu gelangen. Der moderne Bauernhof hat wenig mit der Streichelzoo-Idylle zu tun, die man als Städter in den Ferien kennenlernt.

In meinem eigenen großen Pfarrgarten arbeite ich übrigens ganz gern. Er ist ein bisschen Bauernhof in der Stadt, denke ich mir manchmal. Wenn mir das jemand in meiner Jugend vorausgesagt hätte, als ich nichts grässlicher fand, als zum Unkrautjäten oder Rasenmähen in den Garten geschickt zu werden, hätte ich es nicht geglaubt. Aber genau die Handarbeit und das direkte Ergebnis, das man im Garten im Kleinen sehen kann wie in der Landwirtschaft im Großen, ist der ideale Ausgleich zu meinem Beruf, in dem sich direkte Erfolge ja nur schwer messen lassen.

Weit weg vom Bauernhof hat mich mein Weg geführt – wortwörtlich, wenn ich an die vielen Reisen denke, die ich inzwischen durch die ganze Welt gemacht habe, oder auch nur an meine Studienorte Wuppertal, Tübingen und

Bonn, die ich bewusst so gewählt habe, dass sie nicht eben um die Ecke lagen. Weit weg war ich auch im übertragenen Sinne, aber inzwischen habe ich das Gefühl, wieder zurückgekehrt zu sein – zum Bauernhof und zu meinen Wurzeln als Bauerntochter, auch wenn ich nicht mehr auf dem Bauernhof und auf dem Land lebe.

Helga, Bäuerin in Niedersachsen

Was man nicht kennt, vermisst man auch nicht

„Manchmal holten wir uns heimlich Hühnereier aus dem Stall – natürlich immer nur eins, damit es den Eltern nicht auffiel –, um damit zu ‚kochen'."

Traumberuf „Bäuerin" – für manche Frauen mag das so gewesen sein, für mich gilt das wohl eher nicht. Ich habe damals über diese Entscheidung gar nicht groß nachgedacht. Eigentlich bin ich in diesen Beruf weder hineingedrängt noch davon abgehalten worden, sondern wirklich wortwörtlich hineingewachsen. Denn ich bin Mitte der sechziger Jahre auf einem Bauernhof im Emsland geboren und aufgewachsen.

Zu der Zeit lebten meine Großeltern noch. Das Familienleben spielte sich hauptsächlich in der Küche ab. Die so genannte „beste Stube" wurde nur zu feierlichen Anlässen und an Festtagen wie Weihnachten oder Ostern genutzt. Für den Alltag gab es für die ganze Familie das „tägliche Wohnzimmer". Aber so spannend war es dort nicht, denn zu jener Zeit hatten wir noch keinen Fernseher.

Mein Vater und mein Großvater gingen ihrer Arbeit auf dem Hof nach. Meine Mutter arbeitete auch oft mit, wenn sie nicht gerade mit uns Kindern beschäftigt war. Unsere Eltern haben den ganzen Tag auf dem Hof, im Stall oder auf dem Feld gearbeitet. Wir Kinder sind irgendwie mittendrin groß geworden. Oma machte viel im Haushalt. Oft sah man sie an der Spüle sitzen, wo sie Geschirr abwusch und dabei aus dem Fenster schaute.

Meine beiden Schwestern und ich spielten häufig draußen und erkundeten dabei unseren Hof. Einige Kinder aus dem Dorf gingen damals schon in den Kindergarten. Aber für uns kam das nicht infrage. Es hätte uns ja täglich jemand mit dem Auto hinfahren müssen, da wir drei Kilometer außerhalb des Dorfes wohnten. Deshalb beschäftigten wir Kinder uns mehr mit unserer eigenen Umgebung und hatten auf dem Hof ja auch reichlich Möglichkeiten dazu. Es gab im hinteren Bereich des Hofes einen alten Stall, in dem Holz für unsere Heizung und den Herd gelagert wurde. Darin fand man immer etwas, womit man spielen konnte. Wir haben uns aus dem Holz eine Küche gebaut, in der natürlich auch „gekocht" wurde. Auf einer hofeigenen Müllhalde – eine Müllabfuhr gab es noch nicht – fanden wir einfach alles, was wir dazu brauchten: Altglas, Dosen, Kartons usw. Manchmal holten wir uns heimlich Hühnereier aus dem Stall – natürlich immer nur eins, damit es den Eltern nicht auffiel –, um damit zu „kochen". Es war ein echtes Paradies für Kinder mit viel Platz und Freiheit.

Ich erinnere mich, dass im Stall manchmal Hausaufgaben, zum Beispiel das Einmaleins, abgefragt wurden, wenn am Abend die Kühe gemolken und die Schweine gefüttert wurden.

Wir lebten in einer Großfamilie mit Großeltern, Eltern, uns drei Kindern und dem jüngeren Bruder meines Vaters, der damals noch nicht verheiratet war. Deshalb gab es auch nur das eine Kinderzimmer, das ich mit meiner älteren und meiner jüngeren Schwester teilte.

Abends betete unsere Mutter mit uns immer dasselbe Kindergebet, an das ich mich heute noch gern erinnere: „Müde bin ich, geh zur Ruh". So habe ich es meinen eigenen Kindern auch weitergegeben und freue mich, dass eine kleine Tradition daraus geworden ist. Christliche Erziehung wurde in unserer Familie immer großgeschrieben. So wurden wir schon früh an die Kirche herangeführt. Wir Schwestern besuchten jeden Sonntag den Kindergottesdienst, lernten in der Gemeinde alle drei Blockflöte- bzw. Klavierspielen und waren über Jahre im Flötenkreis unserer Kirchengemeinde tätig, was natürlich unsere Beziehung zur Kirche festigte.

Schon früh wurden uns auch kleine Arbeiten auf dem Hof zugetraut, zum Beispiel bei der Runkelrübenernte im Herbst, den Schlepper mit Kraut auf dem Anhänger in die Schweinewiese zu fahren. Irgendwie stellte ich mich wohl geschickter an als meine ältere Schwester, die oft das Einfahrtstor nicht traf und gegen die Einzäunung fuhr.

Da wir drei Mädchen waren und ich schon früh Interesse an der Landwirtschaft zeigte, versuchte ich, meinem Vater den Sohn auf dem Hof zu ersetzen. Bei manchen Gelegenheiten betonte er, dass er nur Töchter hätte. Ich antwortete dann: „Ich weiß gar nicht, was du hast – für Mädchen gibt es schließlich auch Kindergeld."

So half ich, so oft es ging. Die Schule lag mir nicht besonders. Das Lernen musste ja sein, aber sobald die Hausaufgaben erledigt waren, ging es nach draußen. Oft trafen wir uns mit Kindern aus der Nachbarschaft und heckten mit ihnen manchen Streich aus. Wir füllten beispielsweise eine leere Pralinenschachtel mit Steinen, packten sie dann schön mit buntem Papier ein und legten sie an die Straße, auf der die Autos noch nicht so dahinjagten wie heute und auch noch mehr Radfahrer unterwegs waren. Dann versteckten wir uns hinter den Büschen und warteten, bis ein Radfahrer anhielt und schaute, was in der Schachtel war. Wir konnten uns dann kaum halten vor Lachen und unser Streich flog auf.

In den Ferien konnten unsere Eltern nicht mit uns in den Urlaub fahren, da immer das Vieh versorgt werden musste. Und in den Sommerferien war zudem oft Strohfahren angesagt. Damals habe ich den Urlaub nicht vermisst. Die Zeit war nicht so wie heute, wo alle großen Wert auf Urlaub legen. Was man nicht kennt, vermisst man auch nicht so.

Wenn meine Freundinnen sich fürs Schwimmbad verabredeten, hieß es für uns erst einmal: Stroh einfahren, in glühender Hitze die Strohballen auf dem Wagen stapeln und hinterher beim Abladen in der Scheune helfen, wo es fast noch heißer und stickiger war als auf dem Strohwagen. Am Abend brannten die vom Stoppelfeld zerkratzten Beine. Dann hatten wir nur noch Zeit, uns in

Das macht die Autorin heute

Helga Kamper-Landwehr

Vieles hat sich verändert: Unsere drei Kinder werden in diesem Jahr mit ihren Ausbildungen fertig. Die beiden Töchter werden ihren Weg außerhalb der Landwirtschaft gehen – der Sohn kommt nach seiner landwirtschaftlichen Ausbildung zurück auf den Hof. Er wird neue Ideen und frischen Wind auf den Hof bringen. Ich bin gespannt!
Neben dem Hof habe ich mir weitere „Standbeine“ aufgebaut. Seit neun Jahren arbeite ich in der Grundschule als Betreuungskraft. Im vergangenen Jahr habe ich mein Gartencafé „Kuchenzauber und Gartencafé“ eröffnet, was mit sehr viel Spaß macht.

der Beeke (kleiner Bach) direkt am Hof abzukühlen. Das Wasser war nicht besonders tief, deshalb vertieften wir Kinder eine Stelle mit den Händen. Hier habe ich auch meine ersten Schwimmübungen gemacht, lange bevor wir ins Schwimmbad gingen, um dort richtig schwimmen zu lernen.

Meine Ferien verbrachte ich oft ohne meine Geschwister bei einer Tante. Dort gab es meine Cousine, die ein Jahr älter war als ich. Wir verstanden uns immer blendend. Ich war jedes Jahr bei ihnen. Obwohl auch sie wie wir einen Bauernhof hatten, war es dort anders als zu Hause. Ich empfand die Zeit als Urlaub.

Anders als viele meiner Mitschüler und Mitschülerinnen wusste ich eigentlich schon in der achten Klasse, dass ich die Hauswirtschaftsschule besuchen und eine hauswirtschaftliche Lehre machen würde, da meine Eltern für mich sozusagen schon entschieden hatten, dass ich den Hof später übernehmen würde. Von vielen hörte ich nur: „Du brauchst dir ja um die Zukunft keine Gedanken zu machen. Du weißt ja, was aus dir werden wird. Du erbst ja den Hof." Die anderen haben sich wohl nicht klar gemacht, dass das für mich nicht nur ein „Wollen", sondern letztlich ja auch ein „Müssen" war. Andere Mädchen entschieden sich für eine landwirtschaftliche Lehre, doch das wiederum war für meine Eltern viel zu „männlich". So weit sollte es denn doch nicht gehen mit meiner Übernahme der Rolle als „Hoferbe".

Noch während meiner Schulzeit starb meine Mutter. Für mich bedeutete das, dass ich das Gefühl hatte, jetzt erwachsen sein zu müssen, obwohl ich es eigentlich noch nicht war. Wir Kinder halfen neben der Schule auf dem Hof und im Haus. Es gab aber auch eine Haushälterin, denn wir drei Mädchen waren ja alle noch auf der Schule und neben der Hofarbeit konnte unser Vater nicht auch noch den Haushalt bewältigen. Auch unsere Großeltern lebten zu der Zeit nicht mehr. Zu keiner Zeit wurde – anders, als ich es von anderen Familien hörte – von uns gefordert, ganz auf dem Hof zu arbeiten und nicht mehr zur Schule zu gehen. Später heiratete mein Vater dann wieder, was für ihn sicher das Beste war. Er kam mir nach dem Tod meiner Mutter sehr hilflos vor, war mit Hof und Kindererziehung wahrscheinlich überfordert und brauchte neben uns Kindern auch eine erwachsene Gesprächs- und Lebenspartnerin.

Nach Schule, zwei Jahren Hauswirtschaftsschule und dem bestandenen Realschulabschluss ging es für mich in die Ferne. Meine beiden praktischen Lehrjahre verbrachte ich auf Fremdbetrieben. Zu der Zeit musste man noch lange auf eine Lehrstelle in einem ländlichen Betrieb warten. Erst während der Lehrzeit habe ich andere Mädchen auf der Berufsschule kennengelernt, die mit mir das Schicksal teilten, später den elterlichen Betrieb zu übernehmen. Das war für mich eine tolle und wichtige Erfahrung. Endlich gab es Mädchen, die verstanden, wie es einem mit dieser Bürde ging, die Verpflichtung und etwas Schönes zugleich war. Denn es war ja nicht so, dass ich nicht gerne in der Landwirtschaft arbeiten wollte – im Gegenteil. Deshalb war die Lehre auf dem Bauernhof schon das Richtige für mich.

Das erste Lehrjahr war nicht immer einfach. Mit einer anderen Familie auf engstem Raum zusammenzuleben, mich in anderen Gepflogenheiten und Umgangsformen zurechtzufinden, bedeutete für mich selbst zurückzustecken. Doch bei meinem Vater hieß es nur: „Lehrjahre sind keine Herrenjahre" – also Zähne zusammenbeißen und durch.

Im zweiten Jahr wurde manches einfacher. Ich war nicht allein als Lehrling, sondern hatte noch drei männliche Mitlehrlinge und das Verhältnis zu meiner Lehrfrau war auch wesentlich besser als auf dem ersten Betrieb. Sie hatte ein besonderes Feingefühl für junge Mädchen, wie ich eins war. So vermittelte sie mir neben der Arbeit auch viele Dinge, die für das Leben allgemein wichtig sind. Einige ihrer wertvollen Tipps beherzige ich heute noch. Sie sorgte im Übrigen dafür, dass sich die weiblichen Lehrlinge aus den Dörfern im Umkreis alle vier Wochen zu einem „Kränzchen" auf den jeweiligen Lehrhöfen treffen konnten. Aus dieser Zeit ist mit einigen eine lange, enge Freundschaft geblieben, die bis heute besteht. Wir treffen uns nach wie vor zweimal im Jahr, tauschen Erfahrungen aus und erinnern uns gerne an unsere Lehrzeit.

Nach beendigter Lehrzeit besuchte ich ein Jahr die Fachklasse „Wirtschafterin" im Gut Hange, einer katholischen Fachschule für Hauswirtschaft bei Schwestern des Franziskanerordens. Da ich evangelisch bin, tat ich mich am Anfang schwer in dieser Umgebung. Vieles war mir fremd, angefangen vom katholischen Gottesdienst, bis hin zum täglichen Schulalltag mit den Ordensschwestern. Irgendwie habe ich sie auch dafür bewundert, dass sie ihr ganzes Leben für den Glauben hingaben. Bis heute ist für mich nicht unwichtig, was ich damals über die katholische Kirche lernte, weil ich ja noch immer in einer überwiegend katholischen Umgebung wohne.

Auch in anderer Hinsicht bin ich froh, diese einmalige Zeit erlebt zu haben; besonders die Gemeinschaft mit meinen Mitschülerinnen. Wir mussten alle in der Schule wohnen – nur am Wochenende ging es nach Hause. Trotz der strengen Regeln der Ordensfrauen war es doch für uns eine wunderbar freie und unbeschwerte Zeit ohne große Verantwortung.

Auch für die spätere Arbeit habe ich viel gelernt, wie zum Beispiel Selbstständigkeit und eigene Organisation – unerlässlich, wenn man eines Tages einen eigenen Betrieb führen will. Erkannt habe ich das alles erst viel später, als ich schon längst wieder auf dem Hof arbeitete, auf den ich nach der Fachschule zurückgekehrt war. Im Gegensatz zu meinen anderen Mitschülerinnen brauchte ich mir keine Arbeitsstelle zu suchen.

Während der Lehrzeit lernte ich auch meinen späteren Ehemann kennen und lieben. Nach acht Jahren heirateten wir. Wir zögerten so lange, weil mein Mann von einem bereits damals im Nebenerwerb geführten Bauernhof kam, den er eigentlich übernehmen sollte. Dieser hätte uns mit unseren Berufen aber keine wirkliche Zukunft geboten. Da auch mein Mann mit Leib und Seele Landwirt ist, entschlossen wir uns, beide Betriebe, die zum Glück nicht so weit voneinander entfernt lagen, zusammen zu bewirtschaften.

Die ersten Jahre vor meiner Heirat und der Familiengründung habe ich genutzt, um auch noch meine Meisterprüfung in Hauswirtschaft zu machen. Auch aus dieser Zeit stammen enge Freundschaften mit Frauen, die bis heute erhalten geblieben sind. Nicht alle meine Mitstreiterinnen in der Meisterklasse haben, wie ich mit meinem Mann, einen Hof übernommen. Doch alle leben auf einem landwirtschaftlichen Betrieb mit recht ähnlicher Familienstruktur: mehrere Generationen unter einem Dach mit all den Problemen und Reibereien, die das mit sich bringt.

Wir leben heute auf meinem elterlichen Hof, den wir so modern wie möglich zu führen versuchen, damit er wettbewerbsfähig bleibt und uns eine Zukunft bietet. Schon mein Vater hatte in den sechziger Jahren erkannt, dass der Betrieb spezialisiert werden musste, und das Augenmerk hauptsächlich auf Ackerbau und Schweinezucht gerichtet. Diese Linie haben wir nach meiner Rückkehr auf den Betrieb, und dann besonders mit meinem Mann, konsequent weitergeführt und alle damit verbundenen Höhen und Tiefen erlebt. Doch wir bereuen es nicht und kommen – anders als viele andere, die ohne Zusatzverdienst nicht auskommen – ganz gut über die Runden. Wir müssen immer wieder überlegen, investieren und die bange Frage aushalten, ob sich das alles in Zukunft rentiert. Was aus der Landwirtschaft in Deutschland in den nächsten Jahrzehnten wird, ist ungewiss. Ebenso wenig wissen wir, was unsere Kinder machen werden, ob sie – abgesehen von den gesellschaftlichen Faktoren – Lust haben, den Hof weiterzuführen.

Wir haben zwei Töchter und einen Sohn, sehr zur Freude des Großvaters, der so doch noch den ersehnten Stammhalter bekommen hat, wenn auch eine Generation später.

Ich betätige mich hier im Dorf ehrenamtlich, zum Beispiel im Kirchenrat der evangelischen Gemeinde und im Elternrat an der Schule. Diese Ämter machen mir viel Freude, öffnen den Blick über die Hofgrenzen hinaus und schaffen mir einen Ausgleich zur täglichen Arbeit auf dem Hof.

Sicher, es ist in der heutigen wirtschaftlichen Lage nicht leicht, in der Landwirtschaft zu überleben. Aber ginge es uns besser, wenn wir in anderen Berufen arbeiten würden und ebenfalls von der Konjunktur oder dem Fortbestand einer Firma abhängig wären? So können wir immerhin selbst entscheiden, mit unseren Mitteln und Kenntnissen das Beste aus unserer Situation machen und unser Leben so einrichten, wie wir es möchten. Ich fühle mich einfach wohl hier auf dem Lande und freue mich darüber, dass unsere Kinder mit all der Freiheit und Weite groß werden dürfen, die das Landleben uns bietet. Ich habe es nie bedauert, diesen Weg eingeschlagen zu haben.

Die Autorinnen dieser und der vorangehenden Geschichte sind Schwestern.

Ingeborg, Journalistin in Belgien

Von strammen Köpfen und dem schönsten Grabstein der Welt

„Meine Mutter hat den Teig für die Pfannkuchen schnell fertig und es gibt mein Lieblingsgericht: Pfannkuchen und Kartoffeln mit ‚Freitagssoße'."

Es ist Samstagmorgen. Ich sitze in meiner Brüsseler Altbauwohnung an meinem kleinen Holzschreibtisch und denke: Heute ist ein guter Tag zum Schreiben. Ein Tag ganz für mich allein. Gerade habe ich ein paar neue Blumen in die Kästen vor meinen Fenstern gepflanzt. Ärmliche Relikte meiner bäuerlichen Herkunft?! Meine Fingernägel sind ein bisschen dreckig davon. Ich finde es schick.

Bei ihrem Anblick beschleicht mich wieder dieses gewisse Samstagsgefühl. Ein Tag ohne Zwang, ohne Hektik. Der schönste Tag der Woche. Es ist Alltag, aber irgendwie anders. Freier, fröhlicher, gelassener. Im Samstag kulminieren all meine geheimen Bedürfnisse: Nach Freiheit, Freizeit, etwas tun, was man aber nicht muss, andere Menschen mit Samstagsgefühlen besuchen, Kuchen backen und am allerliebsten würde ich jetzt noch ein paar Papiertüten verbrennen.

Bis heute erinnert mich der Geruch von Feuer an meine Samstage als Kind. Es wurde gearbeitet, aber ohne Druck. Es waren all die Arbeiten, die in der Woche liegen geblieben waren: fegen, die Werkstatt aufräumen (herrlich, wenn am Ende alle Ringschlüssel und Schraubenzieher in Reih und Glied am Brett hingen) und eben das obligatorische Samstagsfeuer. Meine Lieblingsarbeit. Ich verspürte stets eine innere Macht, wenn die Flammen neben mir hochschlugen. Gerne warf ich mal aus Versehen (?!) eine leere Dose Möbelpolitur in die Glut. Der Explosionseffekt und die drohende Gefahr des unbekannten Flugobjekts waren der letzte Kick meines Samstagsvergnügens.

Mein Leben heute hat äußerlich gesehen nichts mehr gemein mit dem Leben auf dem elterlichen Hof. Morgens gehe ich in die Redaktion, berichte über europäische Politik, über die Osterweiterung, über Parlamentsdebatten und Ministertreffen. Reise durch die Weltgeschichte. Das ist meine Arbeit. Damit verdiene ich mein Geld. Bei Telefonaten mit meiner Mutter amüsiert mich jedes Mal die Frage: „Wann kommst du denn mal wieder am Fernsehen?“ Und: „Bist du denn auch zu sehen?“ Eine Kollegin berichtete mir gestern, ihre Mutter riefe mit dem Hörer in der Hand schon mal gerne durchs ganze Haus: „Erwin, unser‘ Ina gibt morgen wieder was durch!“

Mein Leben heute passt zu mir. Ich bin gerne Journalistin, kann mir gar keinen anderen Beruf mehr für mich vorstellen. Und auch mein privates Leben gefällt mir. Ich habe einen neuen, durch die Arbeit in Brüssel internationalen Freundeskreis, gehe dreimal die Woche joggen, ernähre mich halbwegs gesund und freue mich über mein reiches Leben. Es ist ein unabhängiges, autonomes Leben. Ich verdiene mein eigenes Geld. Ein solches Leben wäre für meine Mutter unvorstellbar gewesen. Ihr größter Wunsch war es, Lehrerin an einer Landwirtschaftsschule zu werden. Ein Unding. Ohne Ausbildung und mit der klaren Vorgabe: „Du heiratest ja doch.“

Das tat sie auch. Mein Vater hatte einen Hof in der Nachbarschaft. Und mit 22 Jahren fuhr sie auf einem großen Flachwagen, bepackt mit Aussteuer, in ihr neues Leben. Bis zu diesem Tag hatte sie nie einen einzigen Pfennig Geld in der Tasche gehabt. Sie wurde „Chefin“ auf einem 40-Hektar-Betrieb. Sie bekam acht Kinder; zwei Hausangestellte halfen bei der täglichen Arbeit. Als meine Mutter

49 war, starb mein Vater an Krebs. Sie musste den Hof allein weiterführen. Die Kühe wurden abgeschafft, sie konzentrierte sich auf die Bullenmast. Holte Kälber von benachbarten Betrieben in einer speziell dafür angefertigten Box, die auf einen Autoanhänger montiert war. Im Dorf bestens bekannt als „Kälberexpress". Sie fütterte die Tiere dann bis zur Schlachtreife. Eine Arbeit, die sie allein einigermaßen bewältigen konnte. Wir Kinder halfen, so gut es ging. Mein ältester Bruder studierte damals in Berlin. In regelmäßigen Abständen kam er zum Ackern mit dem Flugzeug angereist. Landwirtschaft per Fernsteuerung. Und das alles funktionierte nur dank des ausgesprochenen Organisationstalents meiner Mutter. Für sie war es wohl die schwierigste Zeit in ihrem Leben.

Ihr selber war der Wunsch nach einer Ausbildung, einem Studium versagt geblieben. Und so legte sie all ihren Ehrgeiz hinein, uns die bestmöglichen Berufschancen zu eröffnen. Mit Erfolg. Wir alle haben unseren Weg gemacht.

Das Leben meiner Mutter und mein eigenes Leben heute: Sie haben wirklich fast nichts gemeinsam. Und doch sind wir eng miteinander verbunden. Gefühlsmäßig. Als Mutter und Tochter. Wir haben gemeinsame Erlebnisse, gemeinsame Erinnerungen, auch gemeinsame Werte. Ich will wissen, wie ihr Leben und mein Leben zusammenhängen. Und indem ich über mich und meine eigene Vergangenheit nachdenke, braut sich in meinem Kopf etwas zusammen: Ich möchte ein Interview machen. Mit meiner Mutter.

Als ich ihr den Vorschlag am Telefon unterbreite, ist erst einmal Stille in der Leitung. Dann die unsichere Nachfrage: „Wozu soll das denn gut sein? Was sollen wir denn da besprechen? Ich meine, so viel gibt es da doch gar nicht zu erzählen."

Ich gebe ihr Zeit. Eine Woche. Einen Monat. Dann der Anruf: „Von mir aus können wir's ja mal versuchen." Ich schlage ihr einen Termin vor. Eine Woche möchte ich mit ihr verbringen. Eine Woche ohne sonstige Verpflichtungen für uns beide. Eine Woche ganz für uns alleine. Sie willigt ein. Gleich am nächsten Tag fahre ich in die Stadt, besorge mir ein gutes Aufnahmegerät und ein Notizbuch. Im Büro reiche ich fünf Tage Urlaub ein.

Die Fahrt ist aufregend. Anders als sonst. Was werde ich erleben. Mit mir? Mit ihr?

Es ist Frühling. Ein Samstag. Ich fahre durch blühende Rapsfelder, sehe Bauern, die Kunstdünger streuen, Kinder, die Höfe fegen, Rauchwolken, die gen Himmel steigen.

Ich habe diese Jahreszeit immer geliebt. Die aufgeräumteste Zeit im Jahr. Grüne Wiesen und Felder. Alles blüht, wächst saft- und kraftvoll vor sich hin. Ich fahre durchs Dorf. Stimme mich ein auf die kommenden Tage. Fahre an meiner alten Schule vorbei, am Dorfpark, wo ich hinterm Kriegerdenkmal den ersten Kuss bekam. Zur Molkerei, wo ich nach Angabe der Kannennummer bis heute bargeldlos

Das macht die Autorin heute

Ingeborg Haffert

Ich lebe mittlerweile wieder in meiner Wahlheimat Aachen. Meine Mutter starb vor 2 Jahren 89-jährig eines Nachts zu Hause in ihrem Bett. Seither bin ich „niemandes Tochter mehr“, wie Elke Heidenreich es einmal ausgedrückt hat.
Es ist der Lauf der Dinge, und doch brauchte es eine Zeit, bis ich begriff, dass unter der mir so vertrauten dreistelligen Telefonnummer niemand mehr abhob. Immer wieder kommt es vor, dass das Bild meiner Mutter vor mir ersteht, dass ich sie vor mir sehe, wie sie agiert, redet, lacht. Und ich spüre, wie ein gewisser Teil von ihr auch in mir ist. Wie mir in manchen Situationen überdeutlich wird, dass ich ihre Tochter bin. Durch zahlreiche mehr oder weniger angenehme „Erbschaften“.

einkaufen kann. Dann biege ich ein in den kleinen Weg zu unserem Hof. Meine Mutter erwartet mich bereits. Streckt mir die Arme zur Begrüßung entgegen.

Und dann müssen wir erst mal beide lachen. Irgendwie ist ja diesmal alles etwas anders. Wir haben schließlich ein gemeinsames „Projekt" vor uns.

Sie hat Kuchen gebacken. Schwarzwälder Kirsch. Wir sitzen in der großen Küche an dem Tisch, an dem ich schon als Kind gesessen habe. Auf der Bank, in der früher meine Schultasche verschwand. Vor dem Fenster äsen friedlich ein paar Rehe. Es kehrt so etwas wie tiefer Friede in mir ein. Ich spüre, wie ich mich innerlich gegen dieses Wohlgefühl wehre. Will nichts romantisieren. Sind das Heimatgefühle?

Doch meine Mutter holt mich schnell auf den harten Boden der Realität zurück: „Ich komm gerade vom Steinmetz. Hab endlich einen Grabstein ausgesucht. Und ich sage dir: Er ist wunderschön! So eins achtzig auf einen Meter, oben ein bisschen abgerundet, dunkler Stein, wunderschön!"

Ich traue meinen Ohren nicht. Meine Mutter hat sich ausgerechnet heute, an diesem Tag, einen Grabstein ausgesucht. Und sie erzählt davon, als hätte sie eine neue Haustür bestellt. Und während sie stolz mit ihren Schilderungen fortfährt, entschwinden meine Gedanken ganz woandershin. Ich stelle mir vor, wie es ohne sie wäre. Habe Bilder von ihrer Beerdigung vor Augen. Und je mehr sie sich in freudige Rage redet, umso trauriger wird mein Blick.

Als sie das bemerkt, bricht sie abrupt ab. „Komm, lass uns von was anderem reden!"

Gott sei Dank. Wir plaudern, scherzen und planen unsere Woche. „Also, das Kegeln hab ich abgesagt, ich habe auch schon für die ganze Woche vorgekocht." Ich freue mich über ihr Engagement.

Am nächsten Morgen soll's losgehen.

Es ist 10.00 Uhr morgens. Wir sitzen am Küchentisch. Haben gemeinsam gefrühstückt. Ich hole das Aufnahmegerät, meine Mutter eine Flasche Doppelkorn. Wir schütten uns erst mal einen ein. Der Alkohol tut schnell seine Wirkung. Ich stecke meiner Mutter das Mikrofon an den Blusenkragen, schalte auf Aufnahme ..., da kommt mein Onkel zur Tür herein. „Ich hätte jetzt Zeit, das Gartenhäuschen zu reparieren."

Und als er uns da so sitzen sieht, mit Zeit und Schnaps, zitiert er uns gleich den Tagesspruch aus der Lokalzeitung: „Solange die Träume desjenigen, der auf Federn schläft, nicht schöner sind als die desjenigen, der auf dem Boden schläft, glaube ich an Gerechtigkeit." Darüber müssen wir erst mal nachdenken.

Und dann schreiten die beiden zur Tat. Meine Mutter auf etwas wackeligen Beinen. Ich kann kaum hingucken, wie sie sich abmühen. Eine Stunde später sitzen wir dann wieder in Startposition. Tonprobe und los geht's: „Was sind die frühesten Erinnerungen an deine Kindheit? Wie war das, als der Krieg ausbrach? Habt ihr bei euch zu Hause über Politik geredet? Wann warst du zum ersten Mal verliebt?"

Anfangs ist meine Mutter noch etwas zögerlich, doch schon nach wenigen Minuten sprudelt es nur so aus ihr heraus. Und ich entdecke mehr und mehr, wie ihr Leben und meins zusammenhängen, wie sie mit ihren Kindern das weitergeführt hat, was sie selbst erlebt hat.

„An meine Kindheit habe ich kaum Erinnerungen. Nur einzelne Bilder. Wie wir zum Beispiel immer samstags die Gartenwege harken mussten für die Verwandten, die dann sonntags zu Besuch kamen. Und da durfte auf gar keinen Fall vorher jemand durchlaufen. Und dann weiß ich noch, wie meine Oma gestorben ist. Wie sie sich nach einem Schlaganfall bis zum Schluss bekreuzigt hat. Sie war einfach da, sie war unsere Oma. Nur an dieses Sterben erinnere ich mich genauer. Und dann erinnere ich mich noch an eine Tante, von der ich als Kind immer eine ganze Tafel Schokolade bekam, wenn sie uns besuchte. Nur, weil ich denselben Namen hatte wie meine Mutter. Das war der reinste Zufall. Oder Glücksfall. Da war ich vielleicht so fünf Jahre alt."

Auch ich erinnere mich kaum an meine Kindheit. Auch ich habe samstags auf Anweisung meiner Mutter die Gartenwege geharkt. Und wehe, da lief vorher einer durch! Und auch zu meinen frühesten Kindheitserinnerungen gehört der Tod meiner Oma. Die Mutter meines Vaters. Das waren damals die markantesten Ereignisse im ansonsten gleichförmigen Alltag. Hochzeiten, Geburtstage und Todesfälle. Ich sehe noch die Familie und Nachbarn um ihr Bett sitzen und den Rosenkranz beten. Mitten in die Stille hinein sang mein kleiner Bruder, der sich im Keller unter dem Sterbezimmer etwas zu trinken holte, laut vor sich hin: „Liebeskummer lohnt sich nicht, my darling." Da war es mit der Stille und der Andacht vorbei. Genau wie meine Mutter erinnere ich mich nur an wenige kleine Ereignisse als Kind. Und die Bilder, die ich dann im Kopf habe, sind immer verknüpft mit dem Hof, mit der täglichen Arbeit. Meine Mutter sagt: „Wir sind einfach so mitgelaufen." Genau wie meine Geschwister und ich.

Dann ist es Mittag. Meine Mutter sieht erschöpft aus. „Mein Kopf ist ganz stramm." Dieser Satz wird in der Woche zur Standardformulierung für „ich kann nicht mehr". Und jedes Mal, wenn eine von uns ihn ausspricht, prusten wir los vor Lachen.

Meine Mutter hat den Teig für die Pfannkuchen schnell fertig und es gibt mein Lieblingsgericht: Pfannkuchen und Kartoffeln mit „Freitagssoße". Eine Mehlschwitze mit Schnittlauch drin. Ich bin überzeugt, dass in den Geschmacksnerven auch Erinnerungen und Gefühle von früher gespeichert sind. Deshalb essen wir bestimmte Sachen so gern und deshalb schmecken sie auch nur an ganz bestimmten Orten. In Brüssel würde ich mir nie Freitagssoße machen. Wir haben beide Hunger und verschlingen einen Pfannkuchen nach dem anderen. Danach gibt es – traditionsgemäß – Stippmilch. Eine typisch westfälische Nachspeise aus Quark, Milch und Zucker (der Quark hatte früher immer kleine „Stippen", deshalb Stippmilch), in der Luxusversion mit Obst. Anschließend folgt, ohne dass wir auch nur ein Wort darüber verlieren, wie selbstverständlich die „None" (vergleiche engl. „noon"): der Mittagsschlaf. Seit 50 Jahren legt sich meine Mutter mittags für anderthalb Stunden „hinten rüber", wie sie es nennt. Und ich tue es ihr gleich, schlafe unter der alten Wohnzimmeruhr auch gleich tief ein.

Meine Mutter erzählt vom Krieg, vom Internat, in der die Schwestern sie mehrfach in die Strafzelle sperrten, weil sie wieder mal vorlaut war. Sie erzählt von Bombenalarm, vom Schwarzschlachten, von der Allgegenwart der Arbeit und der Macht der Kirche: „Wir waren ja ständig nur dabei, unsere Sünden zu bekennen."

Ich sehe mich im Maisfeld sitzen. Mit einer Literflasche Coca-Cola, die ich aus dem Wagen unseres fahrenden Händlers gestohlen hatte, als er gerade die Kiste mit Lebensmitteln ins Haus brachte. Die ganze Nacht habe ich nicht geschlafen. Sah mich schon in der Hölle schmoren. Erst eine Woche später im Beichtstuhl konnte ich mich endlich von der Last befreien. Drei „Gegrüßet seist du, Maria" für eine gestohlene Flasche Coca-Cola.

„Ab wann habt ihr zu Hause auf dem Hof mitgearbeitet?"

„Das fing mit acht, neun Jahren an. Runkeln hacken, Kartoffeln ausmachen, Eier suchen, Holz holen, waschen."

Ich kenne sie. Die vielen kleinen und großen Verpflichtungen. Von meinem zehnten Lebensjahr an musste ich mich „um die Scheune kümmern". Schaufelte Abend für Abend die schwere Maissilage in die Tröge unserer Mastbullen. Was ich schon früh erkannte: Die Arbeiten draußen wurden weit höher bewertet als die Hausarbeiten. So lernte ich schnell Trecker fahren, pflügen, eggen und walzen. Wenn man nach einem solchen Tag vom Feld nach Hause kam, wurde einem immer etwas Besonderes gekocht. Spiegeleier mit Tomatensoße zum Beispiel. Und man war fast eine kleine Heldin. Meine Schwester, die den ganzen Tag Wäsche gewaschen hatte, bekam fast nie ein Wort der Anerkennung zu hören.

Unsere Köpfe sind wieder „stramm". Wir fahren zum Friedhof. Ich soll den neuen Grabstein bestaunen. Was mir schwerfällt. Es stehen schon sechs Namen darauf. Für einen ist noch Platz. Meine Mutter weiß, wo sie hingehört. Im Leben und sogar im Tod. Sie weiß: Hier, unter diesem schicken neuen Grabstein, werde ich einmal beerdigt sein. „Es hat etwas Beruhigendes", gibt sie zu. Und ich verstehe, was sie meint. Beneide sie fast ein bisschen.

Wo will ich mal beerdigt werden? Diese Frage gab es für meine Mutter nicht. So vieles war und ist in ihrem Leben festgelegt. Mein Leben ist viel beweglicher. Aber auch ungewisser. Abwechslungsreicher, aber auch anstrengender. Weil nichts vorgegeben ist. Die Qual der Wahl, ich weiß, was das ist.

Am späteren Nachmittag legen wir noch mal eine Pause ein. Meine Mutter fährt bei Sonnenschein mit dem Fahrrad zur Maiandacht. Seit ich Kind bin, ist das so. Ist die Zeit stehen geblieben?

Ich brauche körperliche Betätigung: mähe den Rasen. Danach fühle ich mich wieder im wahren Sinn des Wortes „aufnahmefähig". Meine Mutter hat sich mittlerweile an unsere Sitzungen gewöhnt. „Ich bin ja noch gar nicht verkabelt“, beschwert sie sich.

Sie erzählt, dass sie sich als gläubig empfindet. Aber nicht als tiefgläubig. „So manches entscheide ich heute doch für mich etwas anders.“

Und da spüre ich, wo wir uns bei all unserer Verschiedenheit immer wieder treffen: genau an diesem Punkt. „So manches entscheide ich doch heute für mich etwas anders.“ Ja genau. Das habe ich auch getan. Indem ich einen anderen, meinen Weg eingeschlagen habe. Meine Mutter ist eine starke, eine selbstständige, weil selbst denkende Frau. Das hat sie uns allen vorgelebt und wir alle haben heute ein Stück dieser Stärke und Autonomie in uns. Die Stärke und Autonomie einer westfälischen Bäuerin.

Ilse, Bäuerin in Niedersachsen

Ich bin ein Ostfriesenkind

„Es gab acht Klassen und die waren alle in einem Raum untergebracht."

Ja, ich bin ein Ostfriesenkind und wurde in einem kleinen Dorf am Emsdeich geboren. Es gab eine kleine Kirche mitten im Dorf und in meiner Kindheit noch sehr viele Bauernhäuser. Meine Eltern hatten von einem der Dorfbauern, der keinen Nachfolger hatte, einen Hof in der Ortsmitte gepachtet. Sie hatten damals 20 Kühe. Auf den Feldern hinter dem Außendeich wurden Kartoffeln und Getreide angebaut. Immer gab es Arbeit und die war ziemlich schwer. Der Tag begann jeden Morgen um halb fünf. Jahraus, jahrein, sonntags, werktags, feiertags. Die Kühe mussten gemolken werden, anfangs noch von Hand, später dann mit einer Eimermelkanlage. Die Stunden bis zur Abendstallzeit war ausgefüllt mit Haus-, Garten- und Feldarbeit. Mein Vater waren immer irgendwo draußen. Er war ein großer, starker Mann und hat gearbeitet wie ein Pferd.

Meine Mutter hat nie an sich selbst gedacht. Immer waren sie für uns fünf Kinder und auch für andere da. Sie war sehr gutmütig. Ich frage mich heute noch manchmal, wie sie die viele Arbeit bloß geschafft hat. Nachdem mein ältester Bruder als Zweijähriger in den Kochtopf mit Wäsche gefallen und nur knapp mit dem Leben davongekommen war, hat sie die Kochwäsche immer im Keller gewaschen. Abends saß sie oft beim Flicken und Stopfen, im Sommer kam das Einkochen noch hinzu.

Am Wochenende holte meine Mutter abends häufig noch etwas Eingemachtes aus dem Keller, wir setzten uns ins Wohnzimmer und machten zusammen Musik. Meine Eltern mochten das Singen sehr gerne. Oft haben sie uns zweistimmig vorgesungen. Wir Kinder fanden das sehr schön. Noch heute singe ich oft mit meiner Schwester zusammen und spiele in einem Gitarrenorchester. Manchmal traf man sich abends nach der Stallzeit mit den Nachbarn. Meine Mutter hat oft erzählt, wie sie dort immer gegen ihre Müdigkeit ankämpfen musste. Mein Vater hat ihr dann manchmal ein Streichholz zugeworfen, um ihr im Spaß zu sagen, dass sie ihre Augen damit offen halten könnte.

Trotz aller Arbeit nahm sie sich auch noch Zeit für andere. Einmal hatte sie für unsere alte Nachbarin Pudding gekocht. Ich sollte ihn rüberbringen. Unterwegs konnte ich nicht widerstehen und habe die Schüssel halb leer gegessen. Mit den Händen hab ich den Rest schön glatt gestrichen. Unsere Nachbarin merkte nichts. Sie war ja fast blind, aber ich hatte doch ein schlechtes Gewissen. Mit dieser alten Frau durfte ich sonntags auf den Kirchturm. Da hat sie dann von Hand die Glocken geläutet. Das fand ich immer sehr schön.

Wir Kinder mussten auch mithelfen. Da ich das mittlere von fünf Kindern war, brauchte ich meist nur kleinere Dinge zu verrichten, wie Schuhe putzen, Gartenarbeit und Abwasch. Erst als meine ältere Schwester auf einen Lehrbetrieb wegging, musste ich auch beim Melken helfen. Die Arbeit machte ich gerne, allerdings ärgerte es mich im Sommer immer, wenn die Freundinnen noch im Schwimmbad bleiben konnten, während ich zu Hause im Stall erwartet wurde. Aber wir durften trotz der Arbeit auch sehr viel spielen und toben und wenn uns mal die Sorgen plagten oder wir einfach nur reden wollten, war Mama immer erreichbar und immer für uns da. Wir fühlten uns geborgen und behütet.

Bei uns im Dorf wohnten damals mehrere Bauern und wir Kinder hatten viele Spielkameraden. Im Sommer wurde im Teich gebadet, alle Dorfkinder waren dann beisammen. Wenn die Kühe auf die Weiden kamen, wurden die Ställe gründlich gesäubert und dann ging es los! Jedes Kind brachte irgendetwas wie alte Gardinen, Töpfe oder Steine mit. Dann bauten wir uns die schönsten Zimmer in den einzelnen Ställen und konnten herrlich spielen. Im Winter gab es damals noch sehr viel Schnee. Hinter unserem Haus lag eine kleine Wiese. Dort haben wir ein Dorf aus Schnee gebaut. Eine herrliche Beschäftigung!

In der Schule war es auch sehr schön. Es gab acht Klassen und die waren alle in einem Raum untergebracht. Wir waren ungefähr 50 Kinder und es gab nur einen Lehrer. Manchmal durfte einer aus der achten Klasse die erste und zweite Klasse unterrichten. Das hat allen sehr viel Freude bereitet. Als ich neun Jahre alt war, sind wir in ein Nachbardorf gezogen. Meine Eltern hatten dort einen größeren Hof gepachtet. Das Haus war sehr schön und gemütlich, aber es war nicht das der alten Heimat. Wir alle hatten Heimweh, ich glaube, auch meine Eltern. Wir waren erst drei Wochen in der neuen Wohnung, da schickte Mama mich mit Eingemachtem zu einer Bekannten aus unserem Heimatdorf. Ich bin die acht Kilometer mit dem Fahrrad gefahren, aber je näher ich dem Dorf kam, desto beklommener wurde ich. Als ich bei der Bekannten ankam, konnte ich vor Weinen nicht reden und bin sofort wieder zurückgefahren. Mama merkte gleich, was mit mir los war, und hat mich in den Arm genommen.

Mit dem Konfirmandenunterricht ging meine behütete Kinderzeit zu Ende. Wir hatten einen sehr strengen Pastor, der uns Kindern immer Angst machte. Ich hatte Angst vor dem Pastor, Angst vor dem Leben und ganz besonders Angst vor dem Sterben. Ich litt unter solchen Angstzuständen, dass mir der Hausarzt Beruhigungsmittel verschrieb. Erst dann wurde ich von dem allsonntäglichen Kirchgang befreit. Nach der Konfirmation wurde es besser.

Als die Schule zu Ende war, ging ich auf die Kinderpflegerinnenschule, denn ich mochte Kinder sehr gerne. In der Landwirtschaft wollte ich auf keinen Fall bleiben. Ich wollte in meinem Leben nicht so viel arbeiten wie meine Eltern. Denn die Arbeit zu Hause nahm nie ein Ende und fing immer wieder von vorne an.

Aber dann kam alles anders. Mit 17 Jahren lernte ich meinen jetzigen Mann kennen, einen Bauern! Es war ganz schnell vergessen, dass ich mir vorgenommen hatte, nie einen Landwirt zu heiraten. Ich war einfach nur glücklich! Als ich 18 Jahre alt war, haben wir geheiratet. Ich war schwanger und fühlte mich selbst noch wie ein Kind. Am Ende des sechsten Monats hatte ich eine

Das macht die Autorin heute

Ilse Luitjens

Das Leben hat mich in den letzten Jahren viel gelehrt. Trotz der schweren Erkrankung meiner drei ältesten Enkelkinder, ihrer schweren Pflege und trotz des frühen Todes unserer kleinen Tomke, die ein so starkes liebes Kind war, habe ich wieder Freude am Leben. Ich genieße die Zeit mit unserer großen Familie, mit Freunden und Geschwistern. Wenn ich mit leeren Händen in den Garten gehe und voll mit Früchten und Blumen zurückkomme, die herrliche Natur erleben darf, ist das für mich pure Freude, Dankbarkeit und Glück. Das Leben hat uns Menschenkinder im Griff, doch jeder hat die Möglichkeit, sein Leben selbst zu gestalten und das Beste daraus zu machen.

Fehlgeburt. Und wieder war es meine Mutter, die bei mir war. Da wir noch keinen Namen für das Kind hatten, bekam es einfach meinen Namen. Erst als ich in der Zeitung die Traueranzeige mit meinem eigenen Namen sah, habe ich begriffen, was geschehen war und wie knapp ich selbst mit dem Leben davon gekommen war. Dieses Erlebnis begleitete mich noch lange in meinem Leben.

Heute haben mein Mann und ich einen schönen Hof zwischen den Deichen. Die Schwiegereltern leben im Nachbarhaus. Wir haben ein gutes Verhältnis zueinander. Sie haben sich nach unserer Heirat krankheitshalber ganz aus dem Betrieb zurückgezogen und uns immer freie Hand gelassen.

Wir haben drei gesunde Kinder und schon drei Enkelkinder: ein dreijähriges kleines Mädchen und ein Zwillingspärchen von einem Jahr. Das ist für mich etwas Wunderbares und dafür bin ich sehr dankbar. Da unser Sohn jetzt mit auf dem Hof arbeitet, habe ich mehr Zeit, meinen Hobbys nachzugehen. Mein schönstes Hobby ist der große Garten. Häufig kommen Gäste, um die herrliche Blütenpracht zu bewundern. Oft sitze ich abends noch im Garten, um zu buddeln. Das ist für mich aber reines Vergnügen. Im Sommer wird alles eingekocht, was der Garten so hergibt, und das ist nicht wenig. Bei uns in der Nähe steht eine Mühle, die von den Landfrauen schön hergerichtet wurde, und dort werden unsere selbst gemachten Sachen auch verkauft. Wir sind 30 Frauen und jede hat an einem Tag im Monat Dienst in der Mühle.

Das Landleben empfinde ich als etwas Kostbares. Es ist nur schade, dass es den Landwirten so schwer gemacht wird, ihre Produkte zu reellen Preisen zu verkaufen. Immer mehr Bauern geben auf, weil sie einfach unter den vorgeschriebenen Bedingungen nicht mehr existieren können. Die Technik geht heute so weit, dass ich mich manchmal frage, ob das alles so richtig ist und wohin es womöglich noch führt! Die Arbeit wird dadurch zwar leichter gemacht, aber ich frage mich, um welchen Preis und ob es das wirklich wert ist. Uns geht das Natürliche verloren, vor allen Dingen unseren Kindern, und das ist sehr schade! Es ist wichtig, dass es Menschen gibt, die das Altbewährte weitererzählen, damit diese Zeit nicht in Vergessenheit gerät.

Dort, wo der Himmel fast die Erde berührt, wo der Blick das Weite der Ewigkeit spürt, wo für uns Kinder noch lebten Elfen und Feen, durfte ich durch die herrliche Zeit der Kindheit gehen!

Barbara, Publizistin in der Schweiz

Der Wetterbericht wurde zum Liebesbrief

„Als Zehnjährige gründete ich mein eigenes Kaninchenzuchtunternehmen."

Tessin im Mai 2004: Ich sitze am Schreibtisch, draußen ist es heiß und duftet überall nach frischem Heu. Giò ruft an. Ich frage: „Wo bist du?" Er: „Auf dem Feld, Heu machen. Ich komme aber gleich zu dir." Ich lehne ab: „Du solltest besser dein Heu einbringen. Es wird nachher ein Gewitter geben." Er lacht. „Mit dieser Begründung hat noch keine Frau ein Rendezvous mit mir abgelehnt!" „Du warst noch nie in eine Bauerntochter verliebt!"

Ich kann einfach nicht aus meiner Haut. Zuerst das Heu. Zuerst das Vieh. Zuerst das Korn. Freundinnen und Freunde – alles keine Bauerntöchter oder -söhne – verstehen das oft nicht: Ich (und damit auch sie) habe mich den Bedingungen des jetzt gerade Notwendigen unterzuordnen. Denn sonst kann dir das Getreide, das du nicht hereingeholt hast, weil du Lust auf einen Sonntagsausflug hattest, von einem Hagelgewitter zerschlagen werden.

Die Kuh, die nicht immer zur selben Zeit gefüttert und gemolken wird und deren Euter nicht gut gepflegt wird, gibt nicht so viel Milch. Das Gras, das du nicht im rechten Moment schneidest, gibt kein gutes Heu. Kann einen ein Bauernhof darauf vorbereiten, Journalistin zu werden? Ja, weil man lernt, das zu tun, was

„dran“ ist. Weil man widrigen äußeren Umständen – Kälte, Dreck, Schlaflosigkeit – zu widerstehen lernt. Und weil man lernt zu empfinden.

Frühjahr 1999: Hunderttausende Menschen sind wegen des Krieges aus dem Kosovo nach Albanien geflüchtet. Es ist kalt und regnet, der Boden in den Flüchtlingslagern aufgeweicht, überall Dreck und Nässe. Ich bin als Mediensprecherin für ein deutsches Hilfswerk hier. Aber es fehlt überall am Nötigsten und so versuche ich gleichzeitig, mit Frauen aus dem Frauenzentrum in Tirana Hilfe zu organisieren und zu koordinieren. Meine Freundin Tina, Leiterin des Frauenzentrums, sagt: „Ich hasse Journalisten!“ Ich kann sie verstehen. Überall sind Fernsehteams, die teilweise aggressiv in die Zelte hineinfilmen, wo traumatisierte und erschöpfte Menschen sitzen. Wenn Vater noch lebte, würde er jetzt auf gut schwäbisch sagen: „Die hen doch koi Gfiehl im Ranza.“ Die haben doch kein Gefühl im Bauch. Ranzen steht für den Bauch. Ranzen ist aber auch der Sack auf dem Rücken, das Gepäck, das man sich auflädt und mitnimmt durchs Leben. Ein gut gefüllter Ranzen hatte zentrale Bedeutung in der Erziehung, die meine Eltern mir, meinen Schwestern und meinem Bruder angedeihen ließen. Abgesehen vom sonntäglichen Kirchenbesuch wurden wir zwar nicht religiös erzogen, doch das Gefühl für Anstand und Respekt vor dem anderen, vor den Mitgeschöpfen und der Natur, auch die Beachtung und Beobachtung von Mensch, Tier und Umwelt, waren für uns Kinder selbstverständliche Werte.

Herbst 2000: Für eine Reportage bin ich mit einer Gruppe Wüstenreisender auf einer Kameltour in der südalgerischen Sahara. Wir übernachten zum ersten Mal unter freiem Himmel, über uns liegt ein Dach aus Sternen. Wir albern ein bisschen herum, jeder nestelt sich seinen Schlafplatz zurecht. In der Ferne schreit ein Tier. Die Situation holt mich zurück in jene Sommertage, als wir und die Nachbarskinder im Heu in der „Feldscheuer“ Löcher buddelten, sie dann mit massenhaft Proviant bestückten und dort auch schliefen. Oder, besser gesagt, versuchten zu schlafen. Denn vor lauter Albereien, gegenseitigen Erschreckspielen und den ungewohnten Geräuschen um uns herum, war an Schlaf nicht zu denken.

Herbst 2002: Ich sitze im Flugzeug zwischen Istanbul und Bishkek, der Hauptstadt der Republik Kirgisien. Vor mir der Himmel knallgelbgoldleuchtendrot – wir fliegen gen Osten und gleich schießt die aufgehende Sonne ihre ersten

Pfeile in dieses Farbenmeer. Ich bin völlig übermüdet und lasse im Halbschlaf meine Gedanken laufen wie streunende Hunde. Finde Momente wie diesen, das Eintauchen in die Morgen- oder Abendröte, in der Kindheit wieder. Ich saß beim Morgenrot oft einfach da, unter dem Klarapfelbaum gleich neben „der Miste", schaute über das „Baumstück", wo die Apfel- und Zwetschgenbäume standen, oder zum Beerengarten und über die in dieser Mischung aus Farbenpracht und Morgentau glänzenden Wiesen, auf die wir nachher die Kühe treiben würden. Oder ich saß unter den ausladenden Zweigen des Lindenbaums beim Abendrot, wenn der Blick über einen schwarz wirkenden Wald ging, aus dem sich langsam der Nebel hob, in dem sich dann schattenhaft grasende Rehe zeigten. Und wenn Mutter uns abends ins Bett brachte, was wegen der Stallarbeit selten vorkam, oder wenigstens noch an unsere Betten kam und sang: „Der Mond ist aufgegangen", dann wurde die Welt für mich heil und ganz und in sich stimmig bei dem Vers „Der Wald steht schwarz und schweiget, und aus den Wiesen steiget der weisse Nebel wunderbar". Das war für mich persönlich gedichtet, das war real und spiegelte meine eigene Welt.

Unser Aussiedlerhof lag in Hinterwald. Es gab auch noch Mittel- und Vorderwald, die Weiler waren alle etwa einen Kilometer auseinander. Unser Hof hieß aber „Grafenhof", weil Vater ihn von einem Grafen gepachtet hatte. Das hob uns dann wieder ein bisschen aus dem Geruch des „Hinterwäldlerischen" heraus. Was ich als Kind im Gymnasium manchmal ausnützte, um die Lehrer zu beeindrucken und mich gegenüber den Kindern der Angestellten und Beamten, die auf uns Hinterwäldler gerne mal herabsahen, abzugrenzen.

Für damalige Verhältnisse war der Grafenhof mit einer Fläche von 30 Hektar ein großer Hof. Wir züchteten Fleckvieh, mästeten Schweine, hatten später auch ein Pony. Das Futter für die Tiere bauten wir nach Möglichkeit selbst an. Lange vor allen Bestrebungen einer biologischen oder integrierten Landwirtschaft war es für Vater wichtig zu wissen, was er den Tieren zu fressen gab und wie wir ihr Leben verbessern konnten. So sprangen bei uns die halbwüchsigen Ferkel immer frei auf dem Hof herum, manchmal mit, manchmal ohne ihre Mütter. Oder sie waren im „Saugarten", wo sie nach Herzenslust Gras fressen oder Schlammbäder nehmen konnten.

Ich lebte mehr im Stall und im Feld als im Haus. Wir waren fünf Kinder, teilten uns die Patenschaften für die Kühe auf, tauschten sie manchmal untereinander, wie andere Kinder Monopoly spielen: also zwei etwas jüngere, noch nicht voll leistungsfähige Kühe gegen eine alte, die ihre 35 Liter Milch pro Tag produzierte.

Irgendwann stand ich im Stall und hörte Vater fluchen. Er unterhielt sich zornig mit Mutter. Ich verstand nicht, worum es ging. Begriffe wie „EWG" und „Schlachtprämie" fielen. Auf mein vorsichtiges Nachfragen antworteten sie, dass es jetzt Geld gebe, wenn man seine Kühe schlachten würde. Ich bekam große Angst. Schließlich beschloss ich felsenfest, dass an dem Tag, an dem die von der EWG kämen, um unsere Kühe zu schlachten, ich alle Tiere fort in den nahen Wald treiben würde. Irgendwohin, wo uns niemand fände.

Vater konnte fürchterlich fluchen. Einer der Hauptanlässe war der Wetterbericht. Mit dem Wetterbericht fiel oder stieg die Stimmung im Hause wesentlich. Der Wetterbericht war für mich deshalb immer eine Art Mysterium und ich fürchtete mich auch ein wenig davor. Wir Kinder überlegten in Perioden tagelanger Regenfälle, ob wir nicht die Rollläden herunterlassen sollten, damit Vater das Wetter wenigstens nicht mehr sehen müsste.

Mit acht Jahren wurde ich zur Schweinehebamme. Unsere Schweine lebten in geräumigen Boxen, in denen sie sich genügend bewegen konnten. Während der Geburtsphase brauchten sie jedoch Beistand, da die frisch Geborenen oft in Schleim und Häute eingehüllt waren und zu ersticken drohten. Ich war die Einzige in der Familie, die von den Muttersauen während der Geburtsphase akzeptiert wurde. So fand mich dann einmal Tante Ilse, eine entfernte Verwandte aus der Stadt, mit Blut und Schleim an Händen und Armen in der Schweinebox sitzend und Nabelschnüre durchtrennend. Entsetzt sprach sie anschließend mit den Eltern und wollte mich adoptieren, um mir ein ordentliches Leben zu ermöglichen.

Ich liebte es, selbstständige Arbeitsbereiche auf dem Hof zu haben, in denen ich Expertin war und mir keiner dreinreden konnte. Als Zehnjährige gründete ich mein eigenes Kaninchenzuchtunternehmen. Bedingung der Eltern war einzig: absolute Eigenverantwortung. Sie hatten genug zu tun, wollten nicht auch

Das macht die Autorin heute

Barbara Hofmann

Mittlerweile hat es mich zurück zu meinen Wurzeln gezogen: Auf einem alten verwilderten Bauernhof in der Tessiner Magadinoebene halte ich Pferde, Hunde, Katzen, eine Fledermauskolonie und Wildvögel. Der Hof ist einerseits ein Schutzhof für Tiere und andererseits veranstalte ich hier auch Programme in tiergestützter Therapie. Um alles finanzieren zu können, arbeite ich nach wie vor als Journalistin und Korrespondentin für deutschsprachige Medien.

noch Kaninchen füttern, weil ich vielleicht meine Pflichten nicht ernst genug nahm. Unterstützung gab es nicht, dafür aber den Raum: Im ehemaligen Schweinestall des alten, leeren Hofteils hatten meine Hasen genügend Platz, um herumzurennen und sich Löcher zu buddeln. Ich sammelte alles Futter selber, kontrollierte Gesundheitszustand, Fruchtbarkeits- und Trächtigkeitsphasen und führte über das „Wer-mit-wem" ein handschriftliches Zuchtbuch. Mein Betrieb brachte es bald auf stolze 35 Paar Langohren. Dies allerdings vor allem deshalb, weil ich anfangs zwischen Männlein und Weiblein noch nicht so gut unterscheiden konnte. Mit dem Verkauf der jungen Hasen an den Familienhaushalt – vier Mark pro Stück – besserte ich mein Taschengeld auf. Essen konnte ich den Braten nicht. Aber es war sowieso immer viel interessanter, Kartoffelbrei mit Soße zu essen, einen Stausee zu konstruieren und mit den Geschwistern zu wetten, wer am längsten drumherum essen konnte, ohne dass der See auslief.

Die Sonntage waren ein Fest. Ich erwachte schon früh vom Geruch des Bratens, den Mutter vorbereitete. Dieser Bratengeruch ist es, der auch heute noch ein Sonntagsgefühl in mir erzeugt. Ein Gefühl, das ich mit Geborgenheit verbinde. Und mit Ausflügen. Zum Beispiel auf die Langenburg bei Schwäbisch Hall. Wo man uns fünf Geschwister einmal alle fotografiert hatte: die drei Schwestern und ich, alle in denselben Kleidern. Der große Bruder Fritz in einem Hemd aus demselben Stoff. Der Einfachheit halber bekamen alle dasselbe. Es gab weder Energie noch Zeit, um auf individuelle Besonderheiten und Wünsche einzugehen.

Eva war die mittlere meiner drei Schwestern. Sie war unerschrocken und kontaktfreudig, eine „Fleckenschelle", wie meine Mutter sagte, ständig irgendwo bei den Leuten „auf den Wäldern" zu finden – dies war der Sammelausdruck für Vorder-, Mittel- und Hinterwald. Sie trug samstags das „Landwirtschaftliche Wochenblatt" aus. An einem dieser Samstage, Mitte Dezember, fuhr sie abends mit dem Fahrrad nach Hause. In dem Wagen, der Eva auf der falschen Seite entgegenraste, saßen ein betrunkener Polizist und sein Freund, ein Lehrer aus dem Nachbarort. Der Aufprall war so stark, dass man sie erst nach intensiver Suche in der Dunkelheit fand: Sie war mehr als zehn Meter weit in die Wiese geschleudert worden. Sie muss sofort tot gewesen sein.

Ich lag tagelang bei den Ferkeln unter der Wärmelampe. Suchte Zuflucht vor einer Katastrophe, die alles bisher Dagewesene überstieg. Die Eltern weinend, die Geschwister ebenfalls starr in ihrem Schock, das Toben des Vaters: „Warum gerade sie?!" Die Mutter wie zerstört und nicht mehr ansprechbar – wer fängt Kinder auf in solch einer Situation? Als ich Vater und Mutter so unglücklich sah, beschloss ich, so gut es mir möglich wäre, die verlorene Tochter zu ersetzen. Ich, die zuvor als schüchtern und introvertiert galt, öffnete mich, kopierte die Züge der Schwester, die die Eltern so geliebt hatten. Ich frisierte mich wie sie mit Zöpfen, wurde extrovertierter, überwand meine Schüchternheit und ging auf Menschen zu. Um den Eltern wenigstens ein Stück von dem zurückzugeben, was sie verloren hatten.

Ich war zu der Zeit elf Jahre alt und besuchte das Gymnasium – etwas, was damals durchaus nicht selbstverständlich war. Aber die damalige Bundesregierung hatte gerade gemerkt, dass ein gesellschaftlicher Fortschritt nicht ohne breit angelegte Bildungsmaßnahmen möglich sein würde. Also rollte eine ganze Bildungswelle über die Republik, die uns als Landkinder auch ins Gymnasium spülte. Unser großer Vorteil war, dass die Eltern dies unterstützten. Für Mutter war der Fall klar: „Kinder, lernt so viel ihr könnt! Die Welt wird weiter dadurch." Die Nachbarskinder hatten es da umfeldbedingt wesentlich schwerer und viele schieden aus der weiterführenden Schule wieder aus. Was mir wehtat, denn wir Kinder von den Wäldern gehörten zusammen. Wir fuhren, wann immer es ging, alle zusammen mit dem Fahrrad zur Schule, benutzten denselben Badeweiher im Sommer und klauten im Herbst zusammen Äpfel und Birnen von den Bäumen.

Unsere Bildung mussten wir uns verdienen. Vier Kilometer mit dem Fahrrad zur nächsten Busstation. Bis zehn Grad Minus im Winter. Nur wenn die Temperaturen darunter lagen, wurden wir von Mutter oder Vater gefahren – das heißt, wenn der Motor unseres alten Diesel-Mercedes dann noch ansprang. Dann noch zwölf Kilometer mit dem Postbus ins Gymnasium der nächstliegenden Kleinstadt.

Doch die Schule machte mir Spaß. Vieles von dem, was ich nun theoretisch lernte, hatte ich auf dem Hof ja schon in der Praxis erlebt. Abgesehen von Pflanzen- und Tierkunde begriffen wir zum Beispiel die Grundprinzipien der Stromübertragung, wenn Vater vorne am Weidezaun stand, fest um den Zaun fasste und die fünf Kinder in einer Reihe dahinter standen, eines an der Hand des andern, meine jüngste Schwester Magdalene zuletzt. Und sie spürte noch immer das Pochen des Stromimpulses. Chemie war, wenn es streng verboten war, in die Jauchegrube zu steigen und den beim Spiel hineingefallenen Ball herauszuholen. Deutsch und Latein liebte ich, einzig mit Mathematik konnte ich mich nicht so recht anfreunden.

Als Zwölfjährige brachte ich meinen eigenen Bullen auf die Zuchtviehversteigerung. Ponton war riesengroß und gutmütig. Ich hatte, seit er ein Kälbchen war, immer lange Spaziergänge mit ihm gemacht. So folgte er mir, dem Zöpfe tragenden zwölfjährigen Gör, auch noch als ausgewachsener Bulle wie ein Hündchen. Wir waren die Stars der Versteigerung. Er erzielte zudem das beste Ergebnis in der ganzen Zuchtlinie meines Vaters, der zusammen mit mir vor Stolz fast platzte. Umso mehr natürlich, als ihn die Bauernkollegen ernsthaft angingen, um mit ihm Vorgespräche wegen einer künftigen Familiengründung ihrer Söhne mit mir zu führen. Doch es sollte alles anders kommen.

Es hatte sich in einem Traum angekündigt, den ich nie vergessen werde. Ich stand vor unserem Wald, der in einer Böschung lag und steil zum Tal hin abfiel. Ein Sturm hatte die Bäume gefällt, sie waren alle schon wegtransportiert worden. Im Traum rutsche ich aus, gleite diese Böschung hinunter, kann mich nirgends mehr festhalten und stürze ins Bodenlose, in eine tiefe dunkle Schlucht. Das, worüber ich schreiend aufwachte, waren die Ereignisse, die gleichzeitig mit meiner Pubertät einsetzten: Als ich etwa 14 war, gaben wir den Hof auf. Aus gesundheitlichen Gründen meines Vaters, aber für mich unfassbar. Wir zogen nach Vorderwald, wo die Großmutter wohnte und es ein kleines Haus mit Grundstück gab. Vater versuchte sich zuerst im Vermessungsamt, dann wurde er Landschaftsgärtner in einem großen Behindertenheim. Mutter kehrte in ihren alten Beruf als Gärtnerin zurück. Und ich, die zuvor in der Schule leistungsstarke Bauerntochter, rasselte nach der Abgabe des Hofes mit Pauken und Trompeten durch. Meine jüngere Schwester ebenfalls. Ich verlor völlig den Boden unter den Füßen. Es war nichts mehr wie vorher. Meine Verbundenheit mit diesem Boden, mit allen Ecken und Winkeln dieses Anwesens und mit den Tieren, bei denen ich Trost und Zuflucht gefunden hatte und die mich unabhängig gemacht hatten vor den Launen der Menschen, alles war weg.

Bis zu meinem 16. Lebensjahr schleppte ich mich dahin. Mochte nichts mehr essen, war deprimiert und zornig, wusste nicht mehr, wo ich hingehörte. Las die Bücher und Zeitschriften meines Bruders Fritz, der schon als Gymnasiast Politik zu machen begann und zu den „Schulrevolutionären" gehörte. Ich bekam das Gefühl: Es ist ja alles Lüge, die Welt ist gar nicht so heil, wie sie es mir immer vorgemacht haben. Je bewusster ich wurde, umso mehr litt ich. Mit den Gleichaltrigen konnte ich wenig anfangen, suchte mir ältere Orientierungsfiguren. Da waren der Bruder und seine Freunde, die mich anzogen, obwohl sie mich nicht wirklich ernst nahmen. Ich war ja die kleine Schwester von Fritz und erlebte mich selber als solche.

Eines Tages gab es dann plötzlich Johannes. Als er sich in mich verliebte, erlebte ich zum ersten Mal wieder das Bewusstsein einer eigenen Individualität. Er war drei Jahre älter und mein Sparringspartner in der intellektuellen Suche und Auseinandersetzung, nahm mich anders als mein Bruder wirklich ernst.

Kurz nach meinem 18. Geburtstag bewarb ich mich um ein Stipendium, mit dem ich es dann schaffte, von zu Hause aus- und in die Stadt zu ziehen, wo ich zur Schule ging. Irgendwann passte mich die Vermieterin auf der Treppe ab. Ob meine Mutter wüsste, wie viele Männer bei mir aus- und eingingen? Sie wusste es. Zuweilen saßen wir zu zehnt auf dem Teppichboden und diskutierten über die linken Zeitungen, die ich abonniert hatte oder die Möglichkeiten, ein autonomes Jugendzentrum zu gründen. Ich liebte damals die Lieder Wolf Biermanns und an meinem 19. Geburtstag erwachte ich mitten in der Nacht davon, dass auf der Straße ein kleiner, nicht mehr ganz nüchterner Männerchor mir ein Ständchen brachte: Biermanns Ballade vom „Hugenottenfriedhof".

Dann lernte ich Klaus kennen. Mit ihm zog ich nach Erlangen, wo er Elektrotechnik studierte, später nach Nürnberg, wo ich als Buchhändlerin arbeitete. Ich wollte etwas lernen, das anderen Menschen die Welt ein bisschen weiter und schöner machen konnte. Buchhändlerin schien mir dafür ideal. Danach studierte ich Politik, Soziologie und Geschichte, arbeitete nebenbei in einem Verlag und in einer Videowerkstatt, probierte von Gärtnerin über Möbelrestauratorin und Sozialarbeiterin viele Berufe aus, fühlte mich ständig überfordert und vor allem fast immer unglücklich und auf der Suche. Aber ich wusste nicht wirklich, weshalb. Dann kam – mitten in einer versuchten Ablösung von Klaus – die Hiobsbotschaft: Er war unheilbar krank. Die Nachricht krachte mir, noch verstärkt durch das Gefühl meiner eigenen, schon zu lange dauernden unglücklichen Situation, so stark auf die Schultern, dass auch ich zusammenbrach.

Es dauerte lange, bis ich mich erholte, aber dann beschloss ich, Deutschland zu verlassen. Wegzugehen schien mir der einzige Weg, um zu mir zu kommen. Klaus konnte ich nicht mehr gerecht werden, er wollte die letzten Jahre seines Lebens frei sein. Nichts hielt mich mehr in Deutschland, aber Italien zog mich magisch an. So verließ ich Deutschland im Frühjahr 1987 mit einem Fahrrad und einem Rucksack und ohne ein Wort Italienisch zu können. In einer Anzeige hatte ein Biohof bei San Miniato Helfer gesucht – was mich erwartete, wusste ich nicht. Aber ich war fast 30 und hatte sowieso immer gedacht, ab 30 würde ich erst richtig zu leben anfangen. Also schien mir das ein guter Anfang zu sein.

Einen Sommer lang jätete ich Melissenfelder und Schafgarbengärten. War glücklich zwischen den Ziegen des Hofes und besuchte, wann immer ich konnte, auch die umliegenden Städte, Florenz und San Gimignano, wo sich mir neue kulturelle Welten öffneten. Fand zu einem inneren Glücksgefühl zurück, das ich seit der Hofabgabe nicht mehr gehabt hatte. Ein Hund lief mir zu, der beim ersten Anzeichen von Ängsten oder Unsicherheiten meinerseits durch irgendwelche Faxen mir die Welt wieder ins Lot rückte. Der Hof war ein ehemaliges Kloster, die Zimmer kalt und zugig, durchs Dach konnte ich die Sterne sehen. Aber in der Ferne leuchteten die Marmorsteinbrüche von Carrara und der Blick aus meinem Zimmer ging weit über die Toskana.

Im zu Ende gehenden Sommer wechselte ich, weil mir eine Stelle in einem anthroposophischen, heilpädagogischen Heim angeboten wurde, nach Brissago ins Tessin, den italienischsprachigen Teil der Schweiz. Die Arbeit mit den geistig und körperlich Schwerstbehinderten war intensiv und die tägliche Arbeitszeit betrug 14 Stunden. Aber es war ein ganz besonderer Ort, mitten in einer Art tropischem Dschungel gelegen. Ich begann wieder zu malen, nahm Musikstunden und war so fasziniert von dieser Welt, dass ich nach einer Denkpause, die ich nach sechs Wochen eingelegt hatte, wieder zurückkehrte. Nach einem Jahr in der Pflege und Betreuung der Schützlinge wurde mir dann die Leitung der Heimbäckerei angeboten, was ich der Autonomie dieser Stelle wegen gerne annahm.

So wurde ich Bäckerin. Ich war auch hier heilfroh um meine landwirtschaftliche Vergangenheit: Nicht nur, dass wir die Kräuter, die im Heim als Medizin eingesetzt wurden, früher selbst gesammelt und verarbeitet hatten, sondern Mutter hatte mir auch noch Brotbacken beigebracht – eine Basis, auf der ich jetzt gut aufbauen konnte. Zu leisten war fast alles in Handarbeit – von Säcke schleppen bis Brotteige kneten, den Ofen bestücken usw. Ich hatte 15 schwerbehinderte Mitarbeiter und Mitarbeiterinnen, die dort halfen, oft auch nur dabei saßen, weil sie zu schwer behindert waren und es ihnen trotzdem wohl tat, wenn sie zusahen. Parallel dazu begann ich in Mailand eine Ausbildung als Feldenkrais-Lehrerin. Ich hatte mittlerweile genügend Italienisch gelernt.

Nach drei Jahren brach ich wieder zusammen: Rückenschaden. Mithilfe der Feldenkrais-Trainer kam ich wieder auf die Beine. Zudem hatte ich während der halbjährigen Krankheitsphase begonnen zu schreiben. Das führte dazu, dass ich einige Monate nach meiner Wiederherstellung kündigte und im Herbst 1990 in Locarno eine Ausbildung zur Journalistin bei der „Tessiner Zeitung“ – einer damals noch sehr originellen und kritischen Grenz-Regionalzeitung – begann.

Frühjahr 1993: Ich bin krank zu Hause, in einem kleinen an einen Felsen hingeklebten Haus in Ronco sopra Ascona, zu dem viele Stufen hochführen. Es klingelt, der Postbote steht vor der Tür, hält zwei Expressbriefe aus der Redaktion hoch und grinst mich an: „Steckt da vielleicht eine Liebesgeschichte dahinter?“ Es steckte. Der Absender der Briefe war mein damaliger Chef. Fred gewann mich durch wunderbare Briefe. Da wir unsere Beziehung vor den Kollegen lange geheim hielten, schrieben wir uns während der Arbeit viele kleine Botschaften. Unsere tägliche gegenseitige Korrespondenz gipfelte am Abend im Verfassen eines verschlüsselten Wetterberichtes – für die erste Seite der Tessiner Zeitung –, der monatelang nichts weniger enthielt als unsere gegenseitigen Liebes- oder auch Konflikterklärungen. Trotzdem mussten die Fakten ja stimmen und die Wetteraussichten beschreiben; schließlich steckten der Bauerntochter die Reaktionen des Vaters auf den Wetterbericht noch in den Knochen. Fred und ich zogen zusammen und gründeten eineinhalb Jahre später ein freies Pressebüro in Locarno.

Frühsommer 1993: Ich stehe am Bahnhof von Chiasso, der Schweizer Grenzstadt zu Italien. Es ist Krieg in Ex-Jugoslawien. Wie so oft jetzt, sind während der Nacht ein paar Hundert Flüchtlinge aus Bosnien angekommen: Frauen, Kinder, alte Menschen. Sie sind erschöpft, völlig apathisch, ihren Geruch werde ich nie vergessen und später in allen Flüchtlingslagern wiederfinden. Ein Geruch, wie ihn nur lange ungewaschene und angstgepeinigte Körper hervorbringen, denen man das Allerletzte abverlangt hat. Was sie erzählen, ist so schrecklich, dass ich Mühe habe, es zu glauben. Ich fühle mich an die Filme über die Geschichte der Deutschen am Ende des Zweiten Weltkriegs erinnert, die ich als Kind gesehen habe. Aber jetzt bin ich erwachsen, was ich sehe, geht mich an, ist die heutige Realität, auch wenn ich mich kneifen muss, um es zu begreifen.

1997 gehe ich zum ersten Mal nach Sarajevo. Danach lässt mich der Balkanvirus nicht mehr los. Nach der Trennung von Fred führe ich unser Büro alleine weiter – beginne, durch den Balkan und die GUS-Staaten zu reisen und die Erlebnisse in Reportagen zu publizieren. Ich wachse immer mehr in die Ostzusammenhänge hinein, begreife – oder versuche zu begreifen –, was vor sich geht, welche Weiterentwicklung und Zukunft möglich ist. Während des Kosovokrieges bin ich in den Flüchtlingslagern in Albanien als Koordinatorin und Sprecherin für ein deutsches Hilfswerk tätig. Albanien wird zu einer Art Heimat für mich, ich kehre immer wieder dahin zurück. Der Vater meiner Freundin Tina adoptiert mich als zweite Tochter. „Wegen meiner Verdienste um sein Land", sagt er. Ich weine selten, aber hier, am muslimischen Ostern des Jahres 2000 in Tirana, laufen mir die Tränen herunter. Tagelang ist der gesundheitlich angeschlagene Mann durch die Straßen Tiranas gelaufen, um die Zutaten für ein wunderbares Ostermenü zu finden, das Tina und mich zu Schwestern macht.

Mithilfe eines Schweizer Hilfswerks gelingt es mir, kurz vor dem Ende Milosevics auch noch nach Serbien hineinzukommen. Als andere Journalisten schon hinausgeworfen werden, kann ich nach außen darüber berichten, was in den letzten Wochen vor der Wende in Serbien passiert.

Obwohl ich nie meine kritische Haltung gegenüber der Schweizer Regierung und insbesondere ihrer Flüchtlingspolitik verborgen habe, werde ich zu Beginn des Jahres 2001 bei der „Direktion für Entwicklung und Zusammenarbeit", die ein Teil des Schweizer Außenministeriums ist, als Pressesprecherin für die Ostzusammenarbeit eingestellt. Das heißt, ich lasse mich nur unter der Bedingung einstellen, dass ich meinen alten Hund Attila mit ins Büro nehmen darf, der mich all die Jahre immer begleitet hat. Es ist eine gute Zeit, ich reise viel, erlebe Zentralasien und den Südkaukasus, lerne viele Menschen aus anderen Ländern kennen und berate die Schweizer Koordinationsbüros in den verschiedenen Ländern des Ostens bei der Einrichtung von Medienstellen.

Ich bin trotzdem nach drei Jahren wieder gegangen, als ich das Gefühl hatte, nur noch institutionell zu denken. Nicht mehr ich selber zu sein. Es passierte, als ich anlässlich einer Landwirtschaftsmesse in den Straßen Berns einem Alpaufzug zusah. Wunderschöne, große, sanfte Kühe, die stolz und geschmückt mit ihren Glocken durch die Stadt zogen. Ich stand am Straßenrand und mir liefen plötzlich die Tränen herunter, ich konnte nicht mehr aufhören zu heulen. Aber ich begriff plötzlich, was ich zu tun hatte.

Tessin Mai 2004: Ich betreibe wieder mein eigenes Medienbüro im Tessin, in Verscio, einem Dorf in der Nähe von Locarno, das dank der dortigen Theaterschule jung und lebendig bleibt. Ich lebe mit zwei Hunden, zwei Katern und einem Pferd, das ich selber ausgebildet habe. Der Biohof La Finca, auf dem mein Pferd lebt, ist mein zweites Zuhause. Hier finde ich dieses innere Glücksgefühl wieder, das ich als Kind hatte und erst mit 30 auf einem Biohof in Italien wiederfand. Ich bin jetzt 47 Jahre alt. Ich habe immer davon geträumt, sechs Kinder zu haben, aber daraus wird nun nichts mehr. Deshalb habe ich mich kürzlich an meinem Geburtstag entschieden, meine Organe zur Verfügung zu stellen, falls ich plötzlich sterben sollte. Auch damit beginnt für andere Menschen ein neues Leben.

Annette, Agraringenieurin in Niedersachsen

Von einer, die auszog, um es anders zu machen

„Ich musste die kratzenden Wollstrumpfhosen ertragen, die mich jahrelang gepeinigt haben.“

Frühmorgens stehe ich im Badezimmer und putze mir die Zähne, als ich es höre. Das aufgeregte Quieken des Schweines, geschäftiges Treiben unten auf dem Hof, Rufe und dann ein letzter nervenzerfetzender Schrei. Schlachttag.

Ich verfluche mich, dass ich mich nicht mehr beeilt habe im Badezimmer, um diesen Schrei nicht hören zu müssen, der in mir ein Gefühl auslöst, als ginge es mir selbst ans Leben. Schnell mache ich, dass ich in die Schule komme. Mittags dann, wenn ich nach Hause komme und das Schwein glatt rasiert und ausgenommen am Haken hängt, ist der morgendliche Schrecken fast vergessen. Der Geruch von gekochtem Fleisch und Wurstkonserven zieht durch das ganze Haus. Würste werden meterweise gestopft und ich helfe mit, sie in die Vorratskammer zu tragen, wo sie unter der Decke baumeln. Wir Kinder streiten uns um die Schweineschwänze, die wir uns gegenseitig hinten anstecken wollen oder auch einem gutmütigen Erwachsenen, der sich über unsere Schadenfreude eher amüsiert. Das ganze Haus ist erfüllt von betriebsamer Hektik, nur der Schlachter behält die Ruhe und freut sich auf das gemeinsame Abendessen. Da sitzen dann alle völlig erledigt und froh über die getane Arbeit. Der Schlachter erzählt lustige

Geschichten und Klatsch aus dem Dorf. Obwohl mich das Essen am wenigsten interessiert, genieße ich dieses Zusammensein, das Lachen, die Scherze, das wohlige Gefühl, das aufkommt, weil ich dabei sein kann.

Denn diese Unbeschwertheit war sonst selten im Haus, es wurde sonst nicht gelacht und kaum geredet bei Tisch. In der Regel gab mein Vater dem Lehrling Anweisungen, was er zu tun hatte, oder es hagelte Vorwürfe wegen irgendwelcher Versäumnisse. Kinder sollten sowieso nur reden, wenn sie gefragt wurden. Auf der anderen Seite wurde uns immer wieder gesagt, dass wir etwas Besonderes seien – gemeint war, etwas Besseres als die meisten anderen Kinder – und deshalb auch nur mit bestimmten Kindern spielen sollten. Ich fühlte mich nicht „besonders“, im Gegenteil. Mir war das peinlich und ich konnte es nicht verstehen: Nur, weil mein Vater einen großen Hof hatte, sollten wir etwas Besseres sein? Dieses Denken war durchaus nicht nur meinem Vater eigen, es zog sich durch das ganze Dorf. Die Hierarchie war klar und wurde eingehalten. Mir war das unangenehm, aber viel mehr bedauerte ich, dass ich kein Junge war, denn die durften doch immer mehr und ich fand das ungerecht. Ich spielte, tobte und kletterte wie ein Junge, aber je älter ich wurde, umso öfter hörte ich den Satz: „Ein Mädchen tut das nicht, das gehört sich nicht.“

Es lebten auch Hausmädchen mit im Haus, die für ein Jahr ländliche Hauswirtschaft kennenlernen sollten. Es waren Bauerntöchter, die so auf ihr späteres Eheleben vorbereitet wurden. Da ich nun auch eine Bauerntochter war, schien mir dieses Schicksal unausweichlich und ich erstarrte innerlich, denn ein derartiges Leben erschien mir wenig reizvoll. Kochen, putzen und Gartenarbeit als einzigen selbstständigen Bereich zu haben und sonst immer hinter dem Mann zu stehen, ohne wirklich Entscheidungen treffen zu können, das wollte ich nicht.

Zu uns kam regelmäßig eine Schneiderin ins Haus, die hauptsächlich für meine Mutter und uns Kinder nähte. Wir konnten uns im Katalog Kleider oder Röcke aussuchen und die ersten Male freute ich mich wie verrückt auf die neuen Sachen, auch wenn es Kleider und keine Hosen waren. Die Enttäuschung kam unausweichlich, denn ich bekam nicht den flotten bunten Stoff, wie er im Katalog abgebildet war, sondern das neue Kleid war langweilig blau oder grau, weil für uns Kleidungsstücke meiner Mutter umgeändert wurden.

Sonntags zog man sich gut an. Ich habe meinen Vater lange Zeit sonntags nur in Anzug mit Krawatte gesehen. Er konnte nicht verstehen, dass andere Männer an diesem Tag Freizeithose und offenes Hemd trugen. Es wurde nicht gearbeitet, da zog man Sonntagskleider an und das galt natürlich auch für uns Kinder.

So galt auch für mich bis Ende der sechziger Jahre, dass ein Mädchen nicht mit Hosen in die Schule geht. Ich musste die kratzenden Wollstrumpfhosen ertragen, die mich jahrelang gepeinigt haben. Morgens sah ich deswegen auf das Thermometer und sobald es auf knapp 10 °C stieg, zog ich Kniestrümpfe an.

DAS MACHT DIE AUTORIN HEUTE

ANNETTE LOHSE

Und jetzt nach 15 Jahren halte ich die Entscheidung immer noch für richtig. Die GbR besteht weiterhin, sie hat sich sogar auf 6 Mitglieder erweitert. Ich werde in drei Jahren die erste sein, die den Betrieb an die nächste Generation weitergibt. Unser Sohn hat keine landwirtschaftliche Ausbildung und wird als stiller Teilhaber in der GbR bleiben. Ich habe nach meinen Möglichkeiten das Beste aus dem gemacht, was mir das Erbe gegeben hat und ich freue mich jeden Tag, dass ich meinen Frieden gefunden habe.
Besonders freue ich mich, dass ich in Europa ohne Gewaltherrschaft, Willkür und Krieg lebe. Das scheint mir ein großes Glück zu sein.

Eine Ausnahme gab es im Winter: Die Skihosen mit Steg, die waren gerade noch statthaft.

Schlimm war auch die Zeit, als meine Mutter mir eine Bluse mit Rüschenleiste vorn und zum Zuknöpfen hinten gekauft hatte. 100 Prozent Kunstfaser. Die sollte ich immer anziehen, wenn wir in die Stadt zum Einkaufen fuhren, denn da zog man sich auch anständig an. Viele Tränen und Wutausbrüche gab es deswegen, selten habe ich mich hässlicher gefühlt. Das Schlimmste war, dass die anderen Kinder, die ich sah, völlig normal angezogen waren. Ich fühlte mich ausstaffiert und war mir sicher, dass mich alle auslachen würden. Wie habe ich mich über meine ersten Jeans gefreut und über die Kleidung, die ich mir dann später wirklich selbst aussuchen konnte.

Nicht nur in Kleiderfragen, in fast allen Bereichen gingen meine Meinung und die meiner Eltern auseinander. Ich konnte mir nicht vorstellen, einmal so zu leben wie sie, obwohl das Leben ja nicht schlecht war.

In den siebziger Jahren war fast alles Vieh vom Hof verschwunden, der Melker und der Gespannführer waren in Rente gegangen und die Modernisierung in Haus und Hof schritt voran. Da wir gutes Ackerland hatten, war Milchviehhaltung nicht rentabel, zumal es – wegen des Butterberges und der Milchseen – Prämien für die Abschaffung der Milchkühe gab. Der Betrieb wurde ein reiner Ackerbaubetrieb, die Zuckerrübe wichtigste Einkommensquelle. Vieles konnte maschinell erledigt werden, die Handarbeit machten überwiegend Frauen aus dem Dorf.

Bis zum Abitur hatte ich kaum etwas mit Haus und Hof zu tun. Helfen mussten wir nicht. Wenn wir wollten, konnten wir uns etwas Geld beim Rübenvereinzeln verdienen. Das war eine mühselige Arbeit und der Acker furchtbar lang, aber umso mehr freute ich mich über mein erstes selbst verdientes Geld.

Für den Haushalt hatte ich mich nie interessiert und für den Betrieb auch nicht – so stürzte ich nach dem Abitur in ein tiefes Loch. Mein älterer Bruder war gestorben, als ich 13 war, somit stand als unausgesprochene Tatsache im Raum, dass ich als älteste von uns Schwestern die Hoferbin war. Ich kann mich nicht erinnern, dass irgendjemand je in Betracht gezogen hätte, dass meine Schwester den Hof übernehmen könnte. Ohne dass ich es selbst richtig merkte, war ich in die Pflicht genommen. Ich wusste nur, dass ich weg wollte, weg von all dem, was mich einengte, was mich hinderte, ich selbst zu sein. Ich war immer nur die Tochter des Großbauern, unser Name war überall bekannt. Ich wollte das nicht, ich wollte mich selbst finden.

Mein Vater hatte sich allerdings schon ausgiebig Gedanken über meine Zukunft gemacht: möglichst eine landwirtschaftliche Lehre oder zumindest ein Praktikum und dann eine landwirtschaftliche Fachschule, sodass ich meinem späteren Mann, einem Bauern natürlich, nicht völlig unwissend gegenüberstand. Wenn ich das nicht wollte, dann sollte ich zur Hauswirtschaftsschule gehen, um wenigstens richtig Kochen zu lernen, und dann einen anständigen Bauern aus der Umgebung heiraten, standesgemäß. Allein die Vorstellung eines derartigen Lebens ließ mir das Blut in den Adern gefrieren. Nicht nur, dass ich als Kind die Allmacht eines Patriarchen ertragen hatte, jetzt sollte ich mich auch noch freiwillig in Abhängigkeit begeben.

Das erste Mal wagte ich Widerspruch und da ich mit 18 volljährig war, betonte mein Vater, dass ich ja machen könne, was ich wollte. Wir einigten uns darauf, dass er mir eine Ausbildung nach Wunsch finanzieren würde. So fing ich an zu studieren und zog von zu Hause aus. Nach zwei Semestern der Freiheit und des Ausprobierens merkte ich, dass die Geisteswissenschaften nichts für mich waren. Mein Vater war nicht willens, mich finanziell weiter zu unterstützen, da er für diese Art „Zeitvertreib“ kein Verständnis hatte. So kam es, dass ich schließlich doch ein landwirtschaftliches Praktikum anfing, weil ich es nicht schaffte, wirklich selbstständig zu handeln. Ich hatte Angst vor einer eigenen Entscheidung. Ich wusste nicht, wie ich allein finanziell klarkommen sollte. Dieses Gefühl der Ohnmacht hatte mich die ganze Kindheit verfolgt und wurde mir jetzt so richtig bewusst. Ich verkaufte mich regelrecht und das löste recht klägliche Gefühle in mir aus.

Während des Praktikums kam ich mit der alternativen Landwirtschaft in Berührung und das ließ Hoffnung aufkommen. Es gab also doch noch eine andere Möglichkeit, auf und mit dem Land zu leben, als ich es in unserem Dorf kennengelernt hatte. Ich kannte nur Engstirnigkeit, Festhalten an überkommenen Moralvorstellungen, Doppelmoral und den Wert von Äußerlichkeiten.

Denkweisen, die mich als Mädchen und Frau nicht ernst nahmen, und die ich recht stark verinnerlicht hatte. Ich hielt mich ja selbst für unfähig und nicht in der Lage, auf eigenen Beinen zu stehen. Nach dem Praktikum fing ich ein Landwirtschaftsstudium an, in der Hoffnung, einmal alles anders machen zu können.

Ich lebte in einer Wohngemeinschaft mit Landwirtschaftsstudenten, die alle im KBW (Kommunistischer Bund Westdeutschlands) organisiert waren, sich in Brokdorf dem Tränengas und Wasserwerfern aussetzten. Da merkte ich, dass ich nichts von der Welt wusste. Meine Studienjahre nutzte ich daher, um das Leben ein bisschen kennenzulernen. Ich ließ mich auf all das ein, wovor mich meine Eltern immer gewarnt hatten. Ich lernte die verschiedensten Menschen kennen, ich begann zu reisen, in Europa und nach Asien.

Nach meinem Studium und einem erneuten Auslandsaufenthalt war ich unschlüssig, was ich tun sollte. Nach Hause zurückzukehren erschien mir unvorstellbar, zu sehr unterschied sich mein jetziges Leben von meinem Leben auf dem Dorf. Trotz meines Studienabschlusses fühlte ich mich nicht sonderlich qualifiziert, sodass ich mir nicht vorstellen konnte, mir anderweitig eine Arbeitsstelle zu suchen. Der Traum vom Biobauernhof war ausgeträumt, ich kannte niemanden gut genug, um ein derartiges Unternehmen zu beginnen oder bei anderen mit einzusteigen. Da mein Vater gesundheitlich angeschlagen war, versuchte ich es doch zu Hause. Sah es als Job, um Geld zu verdienen. Nach einem halben Jahr war der Versuch gescheitert. Ich konnte nicht mehr die angepasste Tochter sein, ich hielt es nicht aus und ging für längere Zeit nach Asien. Am liebsten wollte ich gar nicht mehr nach Deutschland zurückkehren. Doch schließlich merkte ich, dass ich vor mir selbst nicht weglaufen konnte, dass mich all die Probleme verfolgten, und dass ich ohne eine Lösung auch in der Ferne nicht froh werden würde.

In dieser Zeit lernte ich Entwicklungshelfer kennen und es kam die Idee auf, in dieser Form beruflich im Ausland zu leben. Bei näherer Erkundigung stellte sich allerdings heraus, dass ich ohne Praxiserfahrung keine Aussichten hatte. So entschied ich mich unter anderem auch aus diesem Grund schließlich doch, wieder nach Hause zu gehen – mit dem Gedanken im Kopf: Du kannst ja später wieder gehen. Hinzu kam, dass mein Vater aus gesundheitlichen Gründen den Betrieb nicht mehr leiten konnte, also sprang ich ins kalte Wasser. Ich traf die Entscheidung, nachdem ich mir geschworen hatte, wieder zu gehen, wenn ich es nicht aushalten würde.

Ich bin geblieben, weil ich es wollte.

Die ersten Jahre waren sehr schwer, psychisch und physisch. Ich hätte gern manches anders gemacht, aber ich habe es nicht geschafft, den Hof anders als konventionell zu bewirtschaften. Mein Vater starb einige Jahre nach meiner Rückkehr, meine Mutter lebt weiterhin als Altenteilerin im Haus. Sie hat mir in all den Jahren sehr geholfen – es war mir anfangs nur noch nicht bewusst. Ihr war es im Gegensatz zu meinem Vater wichtig, dass wir Töchter einen Berufsabschluss machten.

Zum Glück ist es mir gelungen, nicht nur meine Pflicht zu erfüllen, sondern mir auch ein eigenes Leben aufzubauen. Trotz vieler Zweifel und Widersprüchlichkeiten bin ich jetzt hier zu Hause und im Nachhinein bin ich froh, dass ich diese Entscheidung vor gut 20 Jahren getroffen habe.

Ich habe ziemlich spät geheiratet und noch ein Kind bekommen. Mein Mann hat einen Beruf außerhalb der Landwirtschaft, hilft aber gern mit, wenn es nötig ist. Der Betrieb wird jetzt als GbR bewirtschaftet und ich habe mit den Feldarbeiten nicht mehr viel zu tun. Mir bleiben der Garten, das Haus und die Familie, all das, was ich nicht für erstrebenswert hielt – jetzt erscheint es mir als Privileg, so leben zu können. Nur das Fernweh ist geblieben.

ERIKA, STATISTIKERIN IN GRIECHENLAND

Ich war immer ein Aussenseiter

„Sonntagmorgens nach dem Frühstück diskutierte ich oft lautstark mit meinem Vater über Politik und die deutsche Vergangenheit."

Mein Dorf ist ein Straßendorf. Auf beiden Seiten der Hauptstraße reihen sich abwechselnd Häuser und Hoftore aneinander. Unser Hof hat als einziger im Dorf zwei Tore, eins rechts und eins links vom Haus. Das ist praktisch, denn man muss im Hof nicht wenden, sondern kann durch das eine Tor in den Hof hinein-, um das Haus herum- und durch das andere Tor wieder hinausfahren. Rechts und links begrenzen Garagen, Lagerschuppen und der Schweinestall den Hof. Auf der Hinterseite befinden sich der Kuhstall und die Scheunen. Durch die Scheunen hindurch führt der Weg nach hinten hinaus bis zu einer Straße, die parallel zur Hauptstraße zum Friedhof führt. Dort liegt der Hühnerstall mit dem weiten Auslauf und dem mächtigen Nussbaum in seiner Mitte und daneben der Hausgarten. Über der Straße erstreckt sich einen Hang hinauf das Baumland und dahinter beginnt die Felderflur. Obwohl unser Hof sich mitten im Dorf befindet, nur drei Häuser unterhalb der Kirche, fühlten wir uns nie eingeengt, sondern schätzten uns seiner geräumigen und großzügigen Anlage wegen glücklich.

Oft lief ich am Abend, nachdem ich die Milch zur Sammelstelle gefahren und die Kannen gespült hatte, den Weg links vom Mirabellenbaum unter den Bäumen den Hang hinauf, weg vom Schreibtisch, an dem ich meine Hausaufgaben erledigt hatte, weg von den kleinen Pflichten, die mir auf dem Hof übertragen worden waren. Es war keine Flucht. Ich lernte leicht und interessierte mich für alles. Ich arbeitete auch gern, auf dem Feld, im Stall, sogar im Haus. Ich übernahm willig meinen Beitrag am gemeinsamen Leben. Doch ab und zu überfiel mich ohne ersichtlichen Grund ein Reißen, Rütteln und Zerren an Selbstverständlichem, Gewohntem, Bejahtem. Diese Unruhe trieb mich hinaus in die Flur. Das Laufen beruhigte mich. Zum Hof kehrte ich über den Friedhof zurück. Ich ging durch die Reihen der Gräber und las die Namen auf den Grabsteinen. Die meisten kannte ich. Es waren die Namen der Dorfbewohner: Bauern, Handwerker, Tagelöhner. Auf dem Friedhof fand ich mich immer wieder ab, mit der Ordnung und dem Kreislauf der Dinge: Geburt, Wachsen, Reifen, Altern, Sterben; Frühling, Sommer, Herbst, Winter; Säen, Hacken, Ernten; Aufstehen, in die Schule gehen, Arbeiten erledigen, Schlafen.

Vorne, das erste Grab in der ersten Reihe rechts, noch im Schatten der großen Kastanienbäume, die zu beiden Seiten des eisernen Friedhofstores ihre mächtige Krone in den Himmel hoben, ist unser Familiengrab. Damals lag nur mein Großvater dort begraben. Ich hatte ihn nicht wirklich kennengelernt, denn er war gestorben, als ich zwei Jahre alt war. Aber ich kannte aus vielen Geschichten diejenigen seiner Eigenschaften, die für einen Bauern seiner Zeit ungewöhnlich und wohl deshalb so erzählenswert waren. Er hat viel gelesen und ist regelmäßig ins Stadttheater gegangen. Da nachts keine Busse mehr ins Dorf gefahren sind, hat er die Straßenbahn bis zur Stadtgrenze genommen und ist zu Fuß nach Hause gelaufen, neun Kilometer. Die meisten Bücher hat er sich in der Stadtbibliothek ausgeliehen. Einige aber hat er auch gekauft und diese fand ich in einem Schließkorb auf dem Dachboden und schmökerte selbst darin. Im Schließkorb fand ich auch ein Album mit Ansichtskarten aus allen Hafenstädten der Welt. Er hat, wie mein Vater mir auf eine diesbezügliche Frage antwortete, einen Freund gehabt, der zur See gefahren ist und den er wohl manchmal beneidet hat. Doch als einziger Sohn unter vier Geschwistern war es für ihn eine

Selbstverständlichkeit gewesen, den Hof zu übernehmen, auch gegen eventuelle eigene Neigungen. Niemand aus der ganzen Verwandtschaft hat meine Fantasie als Heranwachsende so sehr beschäftigt wie dieser Großvater, den ich nur aus Geschichten und seinen hinterlassenen Büchern und Ansichtskarten kannte.

Mein Vater ist ein Einzelkind und gern Bauer gewesen. Ehrenamtlich hat er eine ganze Reihe von Tätigkeiten ausgeübt, war anerkannt und geachtet, wenn er auch wegen seiner modernen Ansichten, vor allem was die Ausbildung seiner Kinder betraf, lange nicht verstanden wurde. Wir waren wieder vier Geschwister (wie in der Generation meines Großvaters), drei Mädchen und ein Junge. Ich war die Älteste. Wir gingen alle aufs Gymnasium und wir studierten alle, auch der Junge, der doch den Hof übernehmen sollte. Er werde keines seiner Kinder dem Hof zum Opfer bringen, war das Argument meines Vaters. Ich brachte das in meinen Gedanken immer auch mit meinem Großvater in Zusammenhang.

Jahrelang waren mir auf dem Gymnasium die geisteswissenschaftlichen Fächer am liebsten, vor allem Geschichte. Sonntagmorgens nach dem Frühstück diskutierte ich oft lautstark mit meinem Vater über Politik und die deutsche Vergangenheit. Meine Mutter mochte unsere Diskussionen nicht sehr. Sie konnte es nicht leiden, wenn ich meinem Vater widersprach oder im Rausch der Argumentation meine Stimme hob. Einmal regte sie sich so auf, dass sie mir eine Ohrfeige gab. Damals war ich schon 16 Jahre alt. Ich war verletzt. Später hat sie sich bei mir entschuldigt. Mein Vater hatte sie darum gebeten. Er hat unsere Diskussionen genossen und sie später, als ich aus dem Haus gegangen war, lange Zeit vermisst.

Das Verhältnis zu meiner Mutter war während meiner gesamten Jugend zwiespältig. Ich erinnere mich an viele schöne Stunden vor allem des gemeinsamen, fröhlichen Schaffens. So im Sommer, wenn das Stroh gepresst wurde. Jeder war auf eine Arbeit spezialisiert und niemand wäre auf die Idee gekommen, sie ihm streitig zu machen. Mein Vater fuhr den Traktor mit der Presse. Traktorfahren war seine Lieblingsbeschäftigung, mit der er sich bis ins hohe Alter gerne nützlich machte. Ich lief mit einer Gabel bewaffnet neben der Presse her, um an Stellen, an denen das Stroh breiter lag, oder in den Kurven am Ende des Ackers den Schwaden an die Trommel heranzustreifen, damit er sauber aufgenommen wurde. Ich mochte die Arbeiten, bei denen ich in Bewegung war, sei es, dass ich lief oder gefahren wurde, und bei denen ich mich nicht sonderlich konzentrieren musste, sodass ich meinen Gedanken und Träumen nachhängen konnte. Mein Bruder stapelte die Ballen auf dem Anhänger mit einem eigenen, ausgeklügelten System. Zu Hause lud eine zweite Mannschaft unter dem Kommando meiner Mutter die Fuhren in der Scheune ab. Meine Mutter war es auch, die den leeren Hänger wieder auf den Acker brachte und den vollen vorsichtig nach Hause fuhr. Mein Bruder hätte es ihr kaum verziehen, wenn sie eine seiner Fuhren, auf die er immer sehr stolz war, eingeworfen hätte.

Unser gemeinsames Arbeiten befriedigte mich auch, weil es immer ein Ende nahm. Irgendwann war alles Stroh gepresst. Die Arbeit meiner Mutter dagegen nahm nie ein Ende. Ich sah schon damals und nicht erst später, als ich selbst berufstätig war und Haushalt und Kinder zu versorgen hatte, dass sie überlastet war, und dass ihre Ausbrüche von Zorn und Aggression darin ihre Ursache hatten. Ich versuchte immer wieder, ihr Arbeiten abzunehmen, damit sie ein wenig Zeit zu gemeinsamer Ruhe und Besinnung fände, aber meine Bemühungen führten meistens nicht zum gewünschten Ergebnis. Meine Mutter freute sich zwar über meinen Einsatz, lobte mich auch manchmal dafür, suchte sich dann aber gleich eine andere Arbeit. Arbeit schien der Zweck ihres Lebens zu sein und das Gedeihen des Hofes dessen Sinn. Ich hatte andere Prioritäten und ich litt öfter unter der Spannung, die durch unsere unterschiedlichen Lebensauffassungen entstand.

Einmal saßen wir abends alle im Wohnzimmer zusammen, nur meine Mutter war noch im Garten tätig. Wir hatten die Nachrichten im Fernsehen gehört und mein Vater, der gern seine Familie um sich versammelt sah, schlug vor, eine Flasche Wein zu öffnen. Wie sollten wir aber die Mutter zu uns ins Wohnzimmer bringen? Allen war klar, dass sie den Garten nicht verlassen würde, um mit uns gemütlich ein Glas Wein zu trinken. Also wurde meine jüngste Schwester mit dem Auftrag hinausgeschickt, unserer Mutter zu melden, Besuch sei gekommen. Meine kleine Schwester war zwar noch ein Kind, aber sie erfasste die Lage vollkommen richtig und sah die Frage voraus, die sie würde beantworten müssen: wer denn gekommen sei. Was sollte sie antworten? Wir berieten uns kurz und beschlossen, sie solle erwidern, dass sie es nicht wüsste, weil sie ihn nicht

Das macht die Autorin heute

Erika Stavrakakis

Was gibt es Neues von mir? Das Wichtigste: ich bin in Rente, meine Mutter ist gestorben und kurz darauf bin ich zum zweiten Mal Großmutter geworden. Auf den Hof kehre ich regelmäßig zurück, zweimal im Jahr für einen Monat, im Mai und im Oktober. Dort besuchen mich dann auch ausgiebig meine Tochter und die Enkelkinder. Ich werde immer wieder in diese dörflich-ländliche Lebenswelt eintauchen, solange ich noch die Möglichkeit dazu habe. Und ich versuche weiterhin, meine Freude daran an die nächsten Generationen weiterzugeben.

kenne. Gespannt saßen wir im Wohnzimmer und warteten. Wir waren uns unseres Erfolges ziemlich sicher. Die Neugierde, wer uns da unerwartet besuchte, den meine Schwester nicht kannte, würde die Mutter nicht lange zögern lassen, ihre Arbeit für diesmal zu beenden. Tatsächlich hörten wir schon bald die Tür, die vom Haus nach hinten in den Hof führt. Wir lauschten den Geräuschen und wussten: Jetzt zieht sie ihre Schuhe aus, jetzt wechselt sie ihre Schürze, jetzt geht sie ins Bad, wäscht ihre Hände und kämmt sich die Haare, jetzt stellt sie einen Eimer in die Speisekammer und dann öffnete sie erwartungsvoll die Wohnzimmertür. Wir mussten alle lachen. Meine Mutter nahm es uns dann auch nicht übel, dass wir uns einen Feierabend gönnten und uns verschworen hatten, sie dazu und zu einem Glas Wein zu uns zu locken.

Aber nicht immer fanden die unterschiedlichen Bestrebungen in unserer Familie einen so lustigen und harmonischen Ausgleich. Dass wir immer noch unserem Vater auf der Tasche lagen, während die Kinder der anderen Bauern schon eigenes Geld verdienten oder voll zu Hause mitarbeiteten oder dass wir uns an so unnötigen und kostspieligen Programmen der Schule wie Skikurs oder Schüleraustausch beteiligen wollten, führte immer wieder zu Widerständen seitens meiner Mutter, vor allem gegen mich, weil ich als Älteste immer auch die Erste war, die mit solchen fremdartigen Ansprüchen daherkam.

Die Schule war eine andere Welt für mich. Auf dem Mädchengymnasium war ich das einzige Bauernkind unter vielen Akademikerkindern und einigen wenigen Kindern von Angestellten und Kaufleuten. Ich war immer ein Außenseiter. Es hat mich nicht wirklich gestört. Noch heute kümmert es mich wenig, was andere von mir halten. Ich fragte mich nur ab und zu, wovon wohl die Eltern meiner Mitschülerinnen zu Hause sprachen oder die Verwandten, wenn sie zu Besuch kamen. Sicher nicht von Schlachtviehpreisen, Hektarerträgen und zukunftsfähiger Betriebsgröße. Auch konnte ich mir nicht recht vorstellen, wie sie in ihren Stadtwohnungen oder ihren Reihenhäusern lebten, mit einer Mutter, die auf sie wartete, wenn sie von der Schule nach Hause kamen, und einem Vater, der an irgendeinem fremden Ort eine unsichtbare Tätigkeit ausübte, die mit geregeltem Dienstschluss, freiem Wochenende und Urlaub verbunden war. Meine Welt zu Hause war anders, nicht besser, nicht schlechter, einfach anders. Das machte sich auch an der Sprache bemerkbar. Zu Hause auf dem Dorf sprach ich Dialekt, in der Schule Hochdeutsch. Unter Minderwertigkeitsgefühlen litt ich nicht. Ich war eine gute Schülerin und eine erfolgreiche Sportlerin und holte im Laufe der Jahre einige Medaillen bei den Schulmeisterschaften für mein Gymnasium. Ich lebte mich mit der Zeit immer besser in meine zweite Welt ein und errang mir auch die Achtung meiner Mitschülerinnen. Zweimal, in der 11. und in der 13. Klasse, wählten sie mich zu ihrer Klassensprecherin. Eine richtige Freundin aber hatte ich nicht.

In der Oberstufe des Gymnasiums übernahm eine engagierte, mir sehr sympathische Lehrerin unsere Klasse in Biologie und Chemie. Ich begann, mich für Genetik zu begeistern. Noch heute erinnere ich mich an Knaurs Buch der modernen Biologie, das ich wie eine Offenbarung verschlang, und es wunderte mich selbst, wie leicht ich alles verstehen konnte. Zwei Jahre später wog ich ab: meine Herkunft, meine Neigungen, meine Liebe zur Natur, mein Geschlecht, Berufsaussichten und einiges mehr und schrieb mich an der Universität Hohenheim für das Studium der Landwirtschaft ein. Für den Studienort Hohenheim entschied ich mich gegen Weihenstephan, weil man in Hohenheim das Fach Pflanzenbau in den Tropen und Subtropen belegen konnte und ich irgendwie die Hoffnung hegte, einmal ins Ausland zu kommen. Ich dachte an Entwicklungshilfe, doch konkrete Berufsvorstellungen hatte ich nicht. Es gab auch kaum Vorbilder. Die einzigen Akademikerinnen, die ich kannte, waren Lehrerinnen, unsere Zahnärztin und ein Fräulein Dr. M. vom Landwirtschaftsamt, auf das mein Vater große Stücke hielt.

Die Wahl des Studienfaches erwies sich in einer Hinsicht als geglückt, die ich nicht berücksichtigt hatte. Im Studium war ich plötzlich unter meinesgleichen: weichenden Bauernhoferben beiderlei Geschlechts. Meine Welt war wieder heil! Pflanzen waren meine Leidenschaft. Ich ging mit den Biologen auf Exkursion und bestimmte mit ihnen, was an Hängen, an Bachrändern, in Feucht- und Trockenlagen wuchs. Pflanzenzüchtung war meine Spezialität, ein Praktikum bei einer Saatzuchtfirma ein anregendes Erlebnis. Ich studierte und wartete auf den Partner fürs Leben. Mein Ziel wurde mir immer klarer: Die gemeinsame Arbeit, die meine Eltern, ja die ganze Großfamilie verbunden hatte, war mein Ideal. Das wollte ich aus dem Bereich der Bauern- und Handwerksbetriebe in die moderne Berufswelt hinüberbringen und dadurch Ehe und Beruf verbinden.

Ich war bereit, mich mit meinem Beruf meinem Partner anzupassen. Es kam mir nicht in den Sinn, dies als ein Opfer zu betrachten, das ich ihm bringen würde, sondern ich sah es als eine Herausforderung. Worauf es mir ankam, war, mit anderen, besonders mit dem eigenen Mann, an etwas gemeinsam zu bauen. Als ich ihm schließlich in einer Statistikvorlesung begegnete, beendete ich mein Studium und wandte mich der Statistik zu. Ich begann, erneut Analysis zu büffeln und es schien mir, als würde ich Mathematik zum ersten Mal begreifen. Im Gymnasium war mir der ganze Unterricht wie das Erlernen von Rezepten vorgekommen: Problem erkennen! Entsprechenden Lösungsweg einschlagen!

Vorsicht! Nicht verrechnen! Jetzt, unter der Anleitung meines Mannes, begann ich das ganze Denkgebäude zu erahnen. Es war eine Zeit intensivsten Erlebens. Meine erste Begegnung mit der Wissenschaft. Kein Verschlingen von Fakten und kein möglichst vollständiges Ausspucken derselben in den Prüfungen, sondern ein Brüten über Gedanken, ein bedächtiges Kauen, ein langsames Verdauen. Mit der Zeit formten sich aus dem Bedachten neue, eigene Gedanken und eine unbeschreibliche Hochstimmung überkam mich. Ich erfuhr den Unterschied zwischen Wissen und Verstehen. Das eine lies mich kalt, das andere versetzte mich in Fieber. Das Denken eines eigenen Gedankens kam mir vor wie eine Geburt; ein mühsames, schmerzhaftes und zugleich beglückendes Ereignis nach einer geraumen Zeit der Schwangerschaft. Ich bekam eine kleine Stelle im Institut, an dem mein Mann promovierte. Seitdem arbeiten wir als Statistiker zusammen. Jeder hat dabei seine speziellen Aufgabengebiete. Mein Mann ist eher der Theoretiker und Organisator, ich kümmere mich mehr um die Durchführung. Jeder erkennt die Kompetenz des anderen an und stellt sie nicht infrage, genauso wie damals beim Strohpressen.

Mein Mann ist Grieche. Bald nach der Geburt unserer beiden Kinder haben wir Deutschland verlassen. Aber jedes Jahr haben unsere Kinder Ferien auf unserem Bauernhof gemacht. Er wird heute von meinem Bruder und einer meiner Schwestern gemeinsam bewirtschaftet. Er ist hauptberuflich Tierarzt und leitet den Stall; sie hat wie ich Landwirtschaft studiert und bewirtschaftet das Feld. Die Ehepartner der beiden sind mithelfende Familienangehörige im Nebenerwerb. Meine Kinder bringen inzwischen ihre Freunde dorthin mit und diese probieren sich im Holzhacken, im Rübenabladen, im Kühefüttern, haben Spaß dabei und werden von Oma mit echter Landmannskost versorgt, einschließlich Superhefezopf. So ist die Großfamilie im Unterschied zur allgemeinen Entwicklung bei uns eher größer geworden. Sie lebt zwar nicht mehr unter demselben Dach, ist über Deutschland, ja bis ins Ausland verstreut. Aber sie versammelt sich immer wieder, mal in Teilen, mal in ihrer Gesamtheit auf dem Hof, den mein Bruder von seinem Vater – und der von seinem Vater und der wiederum von seinem Vater – übernommen und erhalten hat, als konstante Größe im Wechsel der Zeiten und Generationen.

Ich selbst reihe mich bei jedem Besuch mühelos wieder in den Arbeitsablauf ein, wenn auch die Arbeiten, die ich noch ausführen kann, immer anspruchsloser werden, weil ich viele Entwicklungen verpasst habe. Aber es gibt sie noch, Arbeiten, die sich nicht verändert haben: die Eier ausnehmen, den Hof kehren, die Holzkiste füllen, einen Anhänger auf den Acker fahren, Klee aufhängen und manches andere. Meine Besuche auf dem Hof sind eine Rückkehr in eine alte, vertraute Welt. Mein Leben dagegen lebe ich in einer ganz anderen Welt. Ich spreche eine ganz andere Sprache, lebe unter Menschen mit anderen geschichtlichen Erfahrungen, anderen Gewohnheiten, einer anderen Lebensauffassung und Arbeitsmoral. Im Laufe der Jahre habe ich mich in Griechenland eingelebt. Es ist nicht besser als in Deutschland, auch nicht schlechter. Es ist nur ganz anders.

Annette, z. Zt. Familienfrau in Schleswig-Holstein

Ein Blick zurück nach vorn

„Mit welcher Entschlossenheit traktiert man als Kind eine zentnerschwere Sau, bis sie aufsteht!“

„Moin, moin“, heißt es in Schleswig-Holstein und „Tach zusammen“, am Niederrhein, wo mein bäuerlicher Stamm steht. Ich sage gern und mit Rückgrat: „Ich stamme vom Hof“, und darin schwingt alles, was eine Seele an Erinnerung und Erfahrung aufnehmen kann: Stolz, Dankbarkeit, Horizont, Freiheit, Tradition, Schaffenskraft, Rhythmus, Feste der Sinne, Überfluss. Aber auch: Überdruss, Unfreiheit, Ambivalenzen, Verantwortung, Zeichen der Zeit, Angst, Wehmut und Hoffnung. Immer wie ein Blick zurück nach vorn. Angeboren.

Diese Worte, spontan, kurz und doch allumfassend, zeigen schon, dass vom Hof zu stammen eine Grenze zieht zu anderen Menschen, für die dieser kleine Kosmos Hof durch Worte nicht wirklich erlebbar wird. Bei „uns Bauerntöchtern“ dagegen löst jedes einzelne Wort eine Flut von Gefühlen und inneren Bildern aus, die auch bei (vermeintlicher) Abnabelung immer ihresgleichen suchen, wie ein Abziehbild der Seele. Ich jedenfalls bin erst dann woanders zu Hause, wenn ich dieselbe Intensität, Verbindlichkeit, ähnliche Eindrücke und „meine“ Landschaft finde, die vom Niederrhein geprägt ist: 180 Grad Himmel, Wolkengebirge, freier

Blick, weite Flur, Möwen hinter dem Pflug. „Glocken läuten überall, aber am Niederrhein klingen sie metaphysisch", sagt Hanns-Dieter Hüsch.

Meine Ankunft als ersehnte Tochter im Jahr 1963 glich der einer Prinzessin. Als erstes Kind verändert man die Welt, macht über Nacht die Eltern und Großeltern zu eben diesen. Ich habe wohl lange als Prinzessin gelebt, teils aus einem eigenen sonnigen Lebensgefühl heraus, aber auch, um die Eltern zu glücklichen Eltern zu machen. Das Spiel mit der goldenen Kugel schließt aber die innere Auseinandersetzung mit dem dunklen, tiefen Brunnen mit ein, weil beides – wie im Märchen – zusammengehört. Bei dem Gedanken an meine Wiege kommt mir gerade beim Tippen das Wort „Bauernblut" in den Sinn. Es gibt zweifellos kein „Beamtenblut" oder „Juristenblut" – man spricht aber von „Künstlerblut" und „Indianerblut". Hängt das nicht doch mit einer besonderen Lebensart zusammen, die Freiheit, Unabhängigkeit und Stolz beinhaltet, und nicht erlernt, sondern nur vererbt werden kann?!

Ich habe mit Großeltern, Eltern und meinem fünf Jahre jüngeren Bruder (nicht untypisch, dass ich unwillkürlich die Großeltern zuerst nenne) auf einem Hof gelebt, auf dem vieles anders war als bei den anderen Familien. Ohne, dass wir Kinder uns dessen bewusst waren, sind wir mit viel Stolz (nicht Hochmut) ausgestattet worden. Das ist ein Grundgefühl aus meiner Kindheit. Unser großes Querhaus überragt die landschaftstypischen, niederrheinischen Bauernhäuser. Statt Kies hatten wir roten Splitt, der zwar edel aussah, sich aber bei Fahrradstürzen besonders nachhaltig in die Knie bohrte. Statt eines Hundes hatten wir zahme Pfauen, die frei umherstolzierten und dem Autoverkehr auf unserer Kreisstraße eigene Regeln vorschrieben.

Das Haus hat dreieinhalb Meter hohe Decken mit Stuck und ist so groß, dass wir Kinder und die Oma kleine Toiletteneimer für die Nacht besaßen, weil der Weg zur Toilette so weit war. Zu meiner Zeit waren noch Ölöfen im Haus, die mit Kannen gefüllt wurden und meistens an Weihnachten, auf Kindtaufen oder anderen Feiern verpufften, sodass die „Beschte Stubb" voller Ruß war. Die Erinnerungen an unser Haus gehen einher mit gestärkter Bettwäsche, „Paradekissen", Kronleuchtern, Silberbesteck und Antiquitäten. Auch wenn es sehr schöne Möbel waren, gab es für meine Eltern eine Kehrseite dieser Medaille.

Sie hatten alles geerbt und wenig selbst ausgesucht, was aber die Freude und Zufriedenheit nicht trübte.

Im Dorf und in der großen Verwandtschaft wurde pfälzisch gesprochen, weil unsere Vorfahren im 18. Jahrhundert des freien Glaubens wegen aus der Pfalz nach Amerika aufgebrochen waren. Einige von ihnen mussten aus Schwäche, Mutlosigkeit oder Armut schon vor dem Rhein ihre Träume zunächst jäh lassen – konnten sie aber schließlich genau dort verwirklichen. Vielleicht war aber der Niederrhein auch schon „Amerika genug". Dieses Lebensgefühl vermittelte mir mein Vater. Er hatte als Erstgeborener auf seinen elterlichen Hof in Hessen verzichtet und nach der Höheren Landbauschule ein Jahr auf einer amerikanischen Farm verbracht. Danach wollte er als Bauer nur noch „bis zum Horizont pflügen", was am Niederrhein zweifellos möglich ist.

Das macht zwei weitere Grundpfeiler meines heutigen Lebens aus: zum einen, wie meine Ahnen Träume aufgeben zu können, ohne zu hadern, denn Hadern macht bitter und lähmt. Lieber annehmen, was ist. Einverstanden sein mit dem Leben. Auch die kleinste Pfütze spiegelt den Himmel. Immer wieder los lassen, das können Bauernblütige nicht wirklich gut, ist doch alles auf Erhalt und Fortbestand angelegt und es bedeutet für mich immer wieder Übung und Lernprozess. Das Leben sollte noch genug Lektionen für mich bereithalten.

Zum anderen diese große Sehnsucht nach Freiheit im ursprünglichen Sinne: Freiheit im Blick, im Fühlen, Sehnen, Handeln und Denken, freie Landschaft, Zeiteinteilung, Meinungsäußerung. Ich gebe zu, dass diese Freiheit eher eine innere Haltung beschreibt, als wirklich unbegrenzte Möglichkeiten innerhalb des Berufes, dem Brüssel, die steigenden Produktionskosten und teilweise das Image immer wieder schaden. Aber auch bei größtem Fleiß und oft 70 Stunden Arbeit in der Woche ist ein Bauer immer freier Herr auf freier Scholle. „Lieber tot als Knecht", heißt es bei den Nordfriesen. Die Mistgabel an die Mauer lehnen, wann man will, Mittagsschlaf, Pause auf den Strohballen – Kirschpfannekuchen schmecken noch heute nach Freiheit.

„Alles Quatsch", sagen die Kritiker – bei so viel Arbeit und keinem freien Tag, keinem Urlaub mit den Eltern, Feiertagen im Stall. Da können wir vom Hof nicht argumentieren, das muss man erlebt und verinnerlicht haben. Ich finde es jedenfalls eine traurige Entwicklung, dass die Gesellschaft so mobil sein muss oder sein will und sich bei Kindern keine „Pfahlwurzel“ mehr ausbilden kann. Auch entspricht es dem heutigen Zeitgeist, unterstützt durch Medien, Werbung und Arbeitswelt, dass das Leben nur am Wochenende und im Urlaub „richtig“ stattfindet. Als Bauerntochter wundere ich mich schon nicht mehr, wenn der Radiomoderator morgens sagt: „Aufstehen, Leute, heute ist Mittwoch, in zwei Tagen ist Wochenende.“

Dagegen geht es auf dem Hof richtig sonderbar zu: Arbeit, Freizeit und Leben sind eine Einheit. Pflichten und Freuden schließen sich nicht gegenseitig aus. Jahre später noch hatte ich dieses Gefühl, wenn ich an Feiertagen Dienst im Krankenhaus hatte und Arbeit immer beides war: Pflicht und Kür.

Die Kinder erleben in der Landwirtschaft alle Arbeitsprozesse hautnah, nicht nur die Ernte – dabei aber ganz elementar –, sondern auch die Besuche von Steuerberatern, Futtermittelvertretern, Tierärzten, Handwerkern und Schweinehändlern. Es war herrlich, das Geld nachzuzählen, es kam noch in bar. Und dass die Eltern in schlechten Zeiten auf jedes Schwein 50 DM drauflegten, wusste ich ja nicht. Alles, mit mir mittendrin, war miteinander verbunden, sogar unser Telefonanschluss mit zwei Nachbarhöfen. Bei sehr dringenden Anrufen mussten wir Kinder hinüberlaufen, damit aufgelegt wurde. Ansonsten hatte alles Zeit. Die berühmten Fünfe gerade sein lassen – auch eine Lektion von zu Hause, jedenfalls für alles Unabwendbare. Ansonsten gab es schon hohe Ansprüche an unser Tun oder Lassen.

Bei Bauern gibt es keinen detailgenauen Terminkalender, denn das Wetter vergibt keine Termine. Saß Besuch auf der Eckbank, wenn mein Vater Gülle fuhr und nach jeder Fahrt in die Küche guckte, hieß das immer Pause, Begegnung im weitesten Sinne, Innehalten und zwei Güllefässer weniger an diesem Tag. Mein Bruder, dem ich sehr nahe stehe, half gerne der Oma im Haushalt und stellte später manchmal den zweiten Mann auf dem Feld, wenn zum Beispiel „gekultert“ und sofort gesät werden sollte. Heute kann er entweder besser verdrängen, was nicht weniger anstrengt als die Auseinandersetzung, oder aber er war tatsächlich nicht so anfällig für diese Identifikation mit dem Hof und seiner Geschichte. So stand er sicherlich oft in meinem Schatten, aber auch, vorteilhaft, in meinem Windschatten. Er lebt heute als Sozialarbeiter und Therapeut in Düsseldorf.

Ich war von Anfang an immer und überall dabei: im Stall, auf dem Feld und sogar bei der Bank, wenn beispielsweise die dicke Genossenschaftsabrechnung für Futter, Dünger usw. beglichen werden musste. Meine Mutter hatte als Bankkauffrau immer den Durchblick und jonglierte wohl mehr mit den roten und schwarzen Zahlen, als es die Familie oft wusste.

Bei allem beschriebenen „Reichtum", den meine (Stief-)Tochter neulich mit der Frage: „Haben hier früher mal Könige gewohnt?", ehrfürchtig fühlte, war es doch für uns Kinder immer zu erahnen, wenn durch Landkauf oder andere Investitionen Schulden den Hof belasteten, wenn das Gänseeiergeld in einem Döschen wie ein kleiner Schatz gehütet wurde, wenn es meiner Mutter sichtlich schwerfiel, einen Hunderter anzubrechen. Ein Gefühl, das mich beim eigenen Portemonnaie bis heute begleitet. Es gibt einen Ausspruch meiner Urgroßmutter, oft zitiert: „Mett Klutte kannschte nett noh Kleef gähn", also: „Mit Erdklumpen kannst du nicht nach Kleve", d. h. einkaufen, „gehen". Das beschreibt anschaulich die Diskrepanz zwischen den Besitzmillionen und dem tatsächlich verfügbaren Einkommen. Bares war manchmal knapp und wir Kinder spürten das, obwohl an uns an keiner Stelle, von Garderobe über Fahrräder bis zum Klavierunterricht, gespart wurde. Ich denke schon, dass wir in vielen Dingen privilegiert gelebt haben. Derzeit bin ich nicht auf Rosen gebettet, passe wohl eher zu wilden Stiefmütterchen und Vergissmeinnicht, bin aber dankbar für Glück, Tiefe, Freiheit und Anerkennung.

Mein Vater hatte als „Eingeheirateter" auf dem Hof völlig freie Hand und hatte damals die einzige Mahl- und Mischanlage in der Umgebung, mit der er das Futter für die Sauen und Mastschweine selbst zusammenstellte. Das Geräusch der Schnecke und das Beben des Starkstromschalters, wenn ich das Monstrum in Bewegung setzte, vergesse ich nie.

Durch viele Kontakte im Dorf und in der Verwandtschaft, unter anderem auf zahlreichen Festen, und durch langjährige Brieffreundschaften über den ganzen Globus waren meine Eltern, die auch viele Talente und Interessen außerhalb der Landwirtschaft hatten, für mich das Tor zur Welt. Der emotionale Kreis wurde, wie bei vielen Bauernkindern, eher durch die Großeltern geschlossen, die Haushalt, Garten und damit meist auch die Kinder betreuten, vielleicht sogar erzogen. Für uns bedeutete das zunächst natürlich den Luxus, nie allein sein zu müssen, allerdings auch manchmal Orientierungslosigkeit bei verschiedenen Wegweisern. Die Messlatte für Moral, Anstand und Ethik lag hoch, wurde subtil, aber nachhaltig vermittelt und war im Vorfeld meiner Scheidung eine ebenso schwere Last wie die Situation selbst.

Durch den frühen Tod meines Opas mit 68 Jahren haben meine Eltern in meiner Kindheit und Jugend nur eine einzige Reise unternommen, eine Studienfahrt nach Russland, ein Land, das sie schon immer in seinen kulturellen Bann gezogen hatte. Es erfüllte mich mit Freude und Stolz, dass sie so eine besondere Fahrt hinter den Eisernen Vorhang unternahmen – sie mussten lange davon zehren.

Nicht reisen zu können habe ich nie als Handicap empfunden. Auch heute als alleinerziehende Mutter ist „Zeit haben" im Alltag der größte Schatz, den ich meinen Kindern für ihren Weg durchs Leben in den Rucksack packe. Nie mussten meine Eltern Schneeiglus- oder Stelzenbauen, Handgriffe an unzähligen Hütten aufs Wochenende oder auf den Urlaub verschieben. Wie arm und benachteiligt kamen mir immer die Menschen vor, die ihre größte Lebensqualität in diesen doch sehr begrenzten Zeiten finden (oder suchen!?) mussten und den Werktag eher als lästig empfanden. Statt Urlaub wurde uns in jedem Sommer ein Highlight geschenkt – einmal ein großes Planschbecken, ein anderes Mal ein Pony – und jeden Sonntag machten wir Ausflüge zu allen Parks, Zoos und Trimm-dich-Pfaden in der Umgebung. Meine Ferien verbrachte ich dann auch „weit weg" auf dem Hof meiner anderen Großeltern in Hessen, mit Pension und Reithalle, bei Brieffreundinnen und in einer Kinderpension. Es hieß, ich sei schon mit dem Koffer in der Hand geboren worden. Ich empfand immer eine seltsame Mischung aus Heim- und Fernweh, was ich aber niemandem sagte.

Meine Sinneseindrücke von der Welt waren tief und ganzheitlich und überragten aus meinen Kinderaugen bei Weitem das, was beispielsweise ein Österreichurlaub zu bieten hatte: Eine Sau mit Kaiserschnitt, ein umgestürzter Strohwagen in der Erntezeit, Essen auf dem Feld zwischen goldgelben Stoppeln, eine heimliche Untersuchung einer ferkelnden Sau, so wie ich das beim Tierarzt gesehen hatte –

und mein kleiner Kinderarm verschwand samt ausgewaschenem Handschuh bis zum Ellbogen in der geduldigen Sau –, abends Kontrollgänge durch die Tenne, ob auch kein Stroh an den roten Lampen hing wegen der Feuergefahr, das nächtliche Ausharren in voller Montur im Wohnzimmer bei Gewitter (ich dachte immer, es stünde Eins zu Eins, ob es einschlägt oder nicht), gerettete Ferkel, die von der Mutter sonst „totgelegt" worden wären. Mit welcher Entschlossenheit traktiert man als Kind eine zentnerschwere Sau, bis sie aufsteht! Genau konnte ich das „Hilf mir-Quieken" vom sonstigen Gequieke im Stall unterscheiden und kann es bis heute bei jedem Menschenkind, wenn ich in die Seelen der mir vom Jugendamt anvertrauten Kinder schauen darf, für das ich als Honorarkraft arbeite.

Im Stall ging es immer um Leben und Tod, per Flasche habe ich etlichen Ferkeln, Tauben, Spatzen und Enten das Leben gerettet, immer unterstützt von meinen Eltern. Während auf anderen Höfen mickrige Ferkel zuerst vor die Mauer und dann unter den Mist flogen, waren wir die Arche Noah – dafür habe ich meinen Vater sehr geachtet. Als einmal eine Notschlachtung kopfüber und ausgeblutet am Frontlader hing, als ich aus der Schule kam, ahnte ich respektvoll, dass mein Vater aus Not gehandelt haben musste. Der Tierarzt belächelte unsere Sensibilität und freute sich an den hohen Rechnungen. Zu tun, was zu tun ist, Kastrieren (mit meiner Assistenz), Notschlachten, Schweine liefern und das Nachsinnen meiner Mutter über die Vergänglichkeit, wenn der Viehhändler mit seiner Ladung vom Hof fuhr, das alles hat mich zu einem tatkräftigen, aber auch sehr empathischen Menschen gemacht.

Unsere Mithilfe auf dem Hof wurde nicht mit eingeplant, sie geschah freiwillig und aus Interesse, aus Solidarität, aus Freude am Tun und am Ergebnis. So habe ich bis heute eine sehr positive und bereichernde Einstellung zu Arbeit und allem, was Mühe und glücklich macht. Mühe und Glück! Beides bestimmt wohl mein Leben heute und ich bin tief dankbar dafür.

Nach einem mühelosen Abitur wollte ich dem Ruf meines Herzens (oder meiner Vorfahren!?) folgen und Bäuerin werden, um dieses unbeschreibliche Gefühl von schlurfenden Gummistiefeln, Dieselgeruch und Unabhängigkeit zu erhalten. Die Botschaft meiner Eltern war ambivalent, genau wie meine innere Stimme, die übrigens in der Großfamilie und mit vielen subtilen Ansprüchen von außen am schwersten zu entdecken war. Ich erinnere mich ein wenig wehmütig, wie mein Vater mich nach dem Abitur fragte, ob ich nicht Landwirtschaft studieren wolle. Aber ich war in Naturwissenschaften nur mäßig, meine Stärken waren Sprachen, Kunst und Soziales. Auf der anderen Seite wurden wir immer vor der Landwirtschaft gewarnt, vor allem aus wirtschaftlichen Gründen.

Ich wollte gerne Lehrerin werden oder Tiermedizin studieren, immer mit dem Gedanken, das dann letztendlich auf unseren oder einen anderen Hof mit einzubringen. Nach der Erörterung im Familienrat (mit den Argumenten „Lehrerschwemme" bei Ersterem oder „da nimmt dich keiner ernst" bei Zweiterem) bin ich dann brave Diakonieschwester geworden und mit 24 Jahren Stationsschwester. Nicht Lehrerin zu sein, ist das Einzige, was mir heute leidtut. Bei ehrenamtlichen Tätigkeiten in der Schule fühle ich mich wie ein Fisch im Wasser.

Ein Kontaktanzeigenversuch in der „top agrar" scheiterte, weil ich von Briefen fast erschlagen wurde und dann letztendlich wohl doch Angst vor so einer Weichenstellung mit Anfang 20 hatte. Ich erinnere mich, dass mein Vater fragte, ob denn auch einer ohne Hof dabei sei, und ich interpretierte das als vage Hoffnung, dass doch alles weitergeht und ich heimkehre. Meine Heirat mit einem promovierten Naturwissenschaftler befreite mich aus dem Dilemma und ich habe den (königlichen) Hof verlassen. Fast gleichzeitig wurde alles Vieh abgeschafft, und meine Mutter erlitt bei den Hochzeitsvorbereitungen – der Hof sollte sich glänzend von mir verabschieden – zum ersten Mal einen Kreislaufzusammenbruch. Ich hatte zwar den heimischen Werten Genüge getan und sah der Zukunft an der Seite eines angehenden Professors entgegen, aber der scheinbare Zusammenhang zwischen den Veränderungen auf dem Hof und meiner Hochzeit ging mir sehr nahe. Das Bild meines Vaters mit dem Presslufthammer an den Ställen mit Fußbodenheizung, die er seinerzeit selbst gebaut hatte, und die ich als Kind als so stark und zukunftsträchtig empfand, werde ich nie vergessen. Trotzdem bewundere ich im Nachhinein das Gespür meiner Eltern, immer den richtigen Zeitpunkt abgepasst zu haben für neue Wege, wie Vertragsgemüseanbau statt Getreide, die Abschaffung der Schweine zum wirtschaftlich richtigen Zeitpunkt und für ihre erfolgreiche Arbeit überhaupt. Seit 15 Jahren ist auch das Land verpachtet.

Warum das alles meinen Bruder nicht berührt? Weil erstgeboren zu sein eine süße Last ist. Man lebt immer zwischen Privileg und Verantwortung, zwischen Tradition, Bewahrung alter Werte und der Entfaltung des eigenen Bauplanes, der einem vom Himmel geschenkt wurde. Das erste Kind empfindet sich stärker als Bindeglied zwischen den Generationen, auch zwischen Eltern und Geschwistern, ist in der Regel ernsthafter und vernünftiger – nicht immer zu seiner eigenen Autonomie und Glückseligkeit. Als sich abzeichnete, dass ich

DAS MACHT DIE AUTORIN HEUTE

ANNETTE

Was habe ich erreicht, gefunden und erlebt? In zweiter Ehe dankbar und glücklich, leben wir weiterhin in Schleswig-Holstein. Die erwachsenen Kinder sind auf guten Wegen quer durchs Land. Ich bin seit meiner Weiterbildung in „Familienpädagogik" vielseitig, wirksam und freiberuflich tätig: Als sozialpädagogische Familienhilfe für das Jugendamt, in der Verhinderungspflege für Krankenkassen, als Demenzbegleitung und „Palliativrevolutionärin", als Betreuungsbevollmächtigte, als Sprachpatin für syrische Familien, engagiert für Stiefmütter des Alltags, in Planung einer kleinen Ferienwohnung und im bekannten Spagat zwischen Heimat und Lebensmittelpunkt – inkl. aller Menschen. Immer noch „Saat und Ernte". Nur anders.

nach vier Jahren Düsseldorf und acht Jahren Aachen wohl nicht mehr ins heimische Dorf zurückkehren würde, träumte ich manchmal, dass durch unsere schwere, breite Eichenhaustür von innen Gardinen wehen und im Wind meinen Namen rufen.

In dunklen Stunden, die trotz meiner Zugewandtheit zu Menschen, Sonne und Leben immer wieder mal auftauchen, fühle ich so eine Art Verrat an den Vorfahren und den kommenden Generationen, zumal ich den Hof ja nicht in den Händen eines Geschwisterteils weiß. Außerdem wäre ich die vierte Generation Frau gewesen, auf deren Hof der Mann eingeheiratet hätte. Wie groß war das Erstaunen in der Verwandtschaft, als ich zwei Söhne bekam, die ich mir – nach so vielen erstgeborenen Töchtern – vielleicht unbewusst als Zeichen einer neuen Ära innigst gewünscht hatte.

Schon lange bin ich „frei und willig" alleinerziehend, aber bisher nicht wieder an den Niederrhein zurückgekehrt, sondern sehr gerne im Land zwischen den Meeren hängen geblieben, wo wir seit zwölf Jahren nicht nur wohnen, sondern gern zu Hause sind.

Die Zukunft des Hofes schwebt manchmal wie ein Damoklesschwert über mir, erst recht die Vorstellung, ein „Neureicher" – das einzig vernichtende Schimpfwort in unserer Familie – könnte mal darin wohnen. Meine Eltern fühlen sich wie „Museumswächter", zumal der Hof gerade unter Denkmalschutz gestellt worden ist. Mit einer Stiftung oder Ähnlichem, also mit mehr Ehre und viel weniger Erlös für uns alle, könnte ich leichter meinen Frieden machen. Jedenfalls hängt der Status quo einzig und allein an der Gesundheit meiner Eltern. Ich glaube nicht, dass es solche Kräfte von Verwurzelung bei Töchtern von Angestellten, Richtern usw. gibt.

So ist die bäuerliche Herkunft in besonderem Maße Handbremse und Sprungbrett zugleich. Ich empfinde nicht nur starke Wurzeln, sondern auch weite Flügel, die mich über Höhen und Tiefen getragen haben. Ich hatte in meiner schwersten Zeit einen Hausarzt, der selbst von einem Hof kam und sagte: „Wärst du nicht Bauerntochter, hättest du schon fünf Jahre früher die Löffel abgegeben." Ich habe es in der aussichtslosen Lage meiner Ehe als Kompliment empfunden.

Immer wieder schließt sich der Kreis zwischen Erfahrungen, Entbehrungen, Saat und Ernte. Das Gefühl „und trotzdem weiter“, auch bestimmt von der lebendigen Zuversicht aus dieser besonderen Lebensschule, lässt mich vieles nicht nur aushalten, sondern zum Guten wandeln. Als sich bei einer Saatgutvermehrung doch zu viel Roggen über die Weizenähren erhob, war ich kindlich-fest entschlossen, heimlich mit einer Schere die acht Hektar (!) zu bearbeiten, damit es doch noch als Saatgut anerkannt würde. Wo ein Wille, da ist auch ein Weg.

„Glück haben ist Schicksalsgunst, glücklich sein ist Lebenskunst“, zitierte mein Vater Cervantes. Für meine Kinder wünsche ich mir, dass sie in diesem Sinne „Lebenskünstler“ sind, dass sie nicht – ungefragt – eine Fackel weitertragen müssen, sondern von dem besonderen Funken meiner Herkunft angesteckt werden. Dass sie von innen heraus leuchten und, sowohl in der Natur als auch im zwischenmenschlichen Bereich, Kräfte und Zusammenhänge kennen und spüren.

Ich möchte weiterhin, dass wir mit Schlafsäcken in der Wiese sitzen und über die Mondfinsternis staunen, dass sie Geburt und Tod unserer Hühner, Hasen und Katzen erleben, dass sie wissen, wie man Zäune strammzieht, Trecker fährt, Feuer macht und Hütten aus Silagefolie baut. Dass sie nicht nur, wie zunehmend Schule und Gesellschaft, auf ihre geistigen Kräfte vertrauen, sondern auch die Arbeit ihrer schmutzigen Hände achten und lieben lernen, daraus Ausgleich, Balance und Zufriedenheit schöpfen, das Bauerntum achten und sich solidarisch fühlen.

Rein äußerlich ist das dadurch möglich, dass ich nicht nur ländlich, sondern immer landwirtschaftlich geprägt wohnen möchte. Wir leben derzeit zur Miete in einem Holzhaus neben einem Hof und machen seit acht Jahren Ferien auf einem Betrieb in Niedersachsen. Ich bin froh, dass Melkstall und Silieren noch jede Kinderanimation an der Adria in den Schatten stellen und dabei Geschick und Fertigkeiten lehren. Die schönsten und weitesten Naturerfahrungen machen wir hier zu Hause am Elbstrand oder mit dem Zelt an der Ostsee, mal im heißen Sand, mal mit steifer Brise und Drachen. Wir können mit wenig Aufwand „nah dran“ sein.

Ein Geschenk des Lebens ist, dass ich vor vier Jahren Tillmann (wieder-) getroffen habe. Wir stammen von Nachbarhöfen und haben einander vor 30 Jahren schon einmal heiraten wollen. Nun haben wir vier Kinder (nämlich jeder zwei), die uns alle mehr als innig zugewandt sind, wofür wir sehr dankbar sind. Wir beide freuen uns an Erde, Wasser, Feuer und Luft und können über nasse Gummistiefel genauso lachen wie über Splitter in den Fingern vom Baumhausbauen. Auch die Leidenschaft meines Mannes, Wein und Likör anzusetzen, ist eine wunderschöne Erfahrung für die Kinder. Wenn in großen Ballons die Hefe gluckert, erinnert das an unsere Kindheit mit zentnerweise Pfirsichen und Kirschen vor den Einmachgläsern in der großen Küche, in der ich übrigens auch Rollschuh fahren lernte.

So können unsere Kinder, Julius (11), Anna, (11), Laura (9) und Valentin (8), unser Lebensgefühl erleben, das ohne Zweifel durch unsere Herkunft geprägt ist. In unseren Elternhäusern gab es neben viel Arbeit immer Platz für Bücher, Sammlungen, Gastfreundschaft und vieles mehr – wir haben also über den berühmten Tellerrand hinausgeguckt. Dieser Horizont trotz bzw. in Gummistiefeln war in dieser Form nicht jedem vergönnt und wir sind dankbar dafür.

Mit unserer Lebenseinstellung überstehen wir sogar eine räumliche Trennung von 600 Kilometern, weil wir nicht nur Liebende sind, sondern auch Eltern. So gab es bisher noch keine Variante, die meinem Mann eine neue, passende berufliche Perspektive geboten hätte, oder den Kindern, besonders meinen Holsteiner Söhnen, eine adäquate Lebensmöglichkeit außerhalb des hessischen Ballungsraumes, wo er arbeitet. Oder ob wir beide unser inneres „Abziehbild“ suchen, die 180-Grad-Himmel, unter denen wir groß geworden sind? Jedenfalls bin ich doch noch zu den vier Kindern gekommen, die ich mir immer gewünscht und auch zugetraut habe. Die innere Nähe überwindet die räumlichen Grenzen und wir gehen liebevoll mit der besonderen Situation um.

Die Liebe als Paar erlebe ich zum ersten Mal als frei, bedingungslos, belastbar, fröhlich und verbindlich. Grenzenlos.

Nach 22 Jahren, die ich nicht am Niederrhein lebe, überlegen wir ernsthaft, falls es beruflich möglich ist, an die Wurzel zurückzukehren und unseren Hof – der meines Mannes ist „versorgt“ – in ein Heuhotel umzuwandeln oder – meine Vision – mit ähnlich veranlagten Menschen eine neue Hofgemeinschaft und Lebensform zu finden. Jetzt erst wäre das bei eigener innerer Unabhängigkeit denkbar, nachdem ich mir selbst meinen Lebensweg wie einen Trampelpfad geschaffen habe, nicht immer leicht, aber entschlossen und dem Leben anvertraut. Aber auch einer Zukunft in diesem herrlichen Schleswig-Holstein, von Meeren umgeben und den Trampelpfaden (s.o.) durchzogen, in dem es keinen Dichtestress gibt, halten wir die Hand hin. Umwege erhöhen die Ortskenntnis.

Das Gefühl, zu einer bäuerlichen Ahnenreihe zu gehören, diesem Strom zu entspringen, trägt durch die Untiefen des Lebens. Er bündelt sich in jedem von uns, verzweigt sich wieder neu in unseren Kindern und ich habe die Hoffnung, dass er nicht verebbt wie der afrikanische Fluss Okawango, der nie im Meer ankommt. Auf die weiteren „Zuflüsse“ bin ich schon gespannt.

Auch wenn wir heute nicht mehr in der Landwirtschaft tätig sind, sondern mein Mann als Umweltingenieur und ich nach zahllosen Ehrenämtern und Honorareinsätzen beim Jugendamt hoffentlich bald als Familientherapeutin tätig sein werde, oder den gemeinsamen großen Haushalt führe, möchten wir gerne diesen Klang der Weltmelodie aufrechterhalten. In einer Welt zunehmender Individualisierung und Beziehungslosigkeit ist es ein besonders reicher biografischer Schatz. Den Zeitgeist allerdings, von dem ich nie weiß, ob er den Menschen prägt oder umgekehrt, können wir auch nicht mehr zurückdrehen. Und die damals so gehaltvollen Beziehungen innerhalb des Dorfes, der Verwandtschaft, der Nachbarschaft, sich über Generationen gegenseitig zu kennen und zu begleiten, auch „einsortiert“ zu werden, das ist wirklich nur noch Nostalgie. Ich rette davon für uns, was ich kann, und gebe Neuem Raum.

Für mich ist meine Biografie immer eine Gratwanderung zwischen der Bodenständigkeit und Verantwortung als Bauerntochter und der steten Veränderung, dem Aufbruch und Erneuern als Frau und Mensch, was manchmal wehmütig einen gleichen Nenner sucht. Aber gerade in der Vereinbarung dieser Polarität liegen Chance und Kraft, die eigene Mitte zu finden, authentisch, glaubwürdig und hell in die Welt zu strahlen – da, wo ich lebe.

„Die Wüste wird zum Acker werden" (Jes. 32,15) war der Wahlspruch unserer gemeinsamen Vorfahren, die auf dem Weg nach Amerika auf diesem wüsten Fleckchen am Niederrhein meine Heimat schufen. Ich hoffe, dass ich in die Seelenkräfte unserer Kinder diese glänzendschwarzen Apfelkerne legen kann, die früher oder später auf einen fruchtbaren Boden fallen, deren Wachstum und Reifen auch die „Wüste" übersteht und sie das Leben gestalten, meistern, feiern und lieben lässt.

Greta, Beraterin, z. Zt. Familienfrau in Nordrhein-Westfalen

Der erste Hawaii-Toast war eine Offenbarung

„Im Winter wurde nur die Wohnküche durch die „Herdmaschine“ geheizt, sodass alle Familienmitglieder sich hier aufhielten.

Ich bin eine Bauerntochter, eine, die auf dem „platten Land“ nahe der holländischen Grenze groß geworden ist. Ich bin, zumindest in meiner frühen Kindheit, in einer Großfamilie aufgewachsen: mit Großeltern, Eltern, Geschwistern, Tante und Onkel – insgesamt zwölf Menschen.

Meine Eltern sind beide in meinem Heimatdorf auf einem Bauernhof aufgewachsen und beide haben in ihrer Kindheit die Mutter verloren. Was es hieß, mit einer Stiefmutter in diesen bäuerlichen Zusammenhängen groß zu werden, kann ich nur erahnen.

Mein Vater musste den Hof übernehmen. Er war der Älteste und hatte keine andere Wahl. Obwohl eigentlich sein Bruder viel eher der „Bauer“ war, ließen ihm Tradition, Elternhaus und Hofrecht keine Entscheidungsmöglichkeit. Er beendete die Schule mit 14 Jahren und wurde Bauer auf dem elterlichen Hof. Mit Sicherheit haben diese Erfahrungen dazu geführt, dass er seinen Kindern ermöglicht hat, weiterführende Schulen zu besuchen und Abitur zu machen – auch in dem Wissen, dass der Hof eventuell nicht weitergeführt werden würde. Er selber hat sich sehr viel Wissen angeeignet, vielleicht als Ersatz für die fehlende Schulbildung. So wusste er immer eine Antwort, wenn es um Pflanzen und deren lateinische Namen ging.

Meine Mutter zog mit der Heirat auf den Hof meines Vaters und hatte „nichts zu sagen" in der Familie, in der die Schwiegermutter und die anderen Geschwister meines Vaters ja noch lebten. Manchmal frage ich mich, wie sie es geschafft hat, neben der vielen Arbeit noch fünf Kinder großzuziehen. Mein Bruder war der „Hoffnungsträger" als potenzieller Erbe des Hofes, wir Mädchen blieben von dieser Frage weitgehend unbelastet.

Für mich war immer klar, dass ich etwas anderes machen würde. Ich hatte, verglichen mit meinen Geschwistern, am wenigsten Bezug zum bäuerlichen Leben und konnte der ständigen Arbeit nur wenig abgewinnen. Wenn ich so zurückblicke, ist das ein ganz vorherrschendes Bild: Arbeit bestimmt das Leben und ist schwer, also bestimmt Schwere das Leben. Alle mussten, wo und wie sie konnten, auf dem Hof helfen. Jedes Kind hatte bestimmte Aufgaben, die mehr oder weniger gern getan wurden. Ich fand es immer ein bisschen eklig, einmal die Woche den Kuhstall zu schrubben. Das hieß, den Gang hinter der Abflussrinne bei den Kühen mit einem Wasserschlauch einzuweichen und dann den Mist abzuschrubben. Das konnte dauern und es stank. Also zog ich einen Kittel an und versteckte die Haare unter einem Tuch, um nur ja keinen Geruch anzunehmen. Duschen war zu der Zeit nicht selbstverständlich. Es gab nur ein „Arbeitswaschbecken" im Flur, sodass ich schon darauf geachtet habe, dass der Gestank nicht haften blieb. Da habe ich dann schon lieber die Schuhe geputzt, ungefähr 15 Paar für die gesamte Familie. Ich saß dabei auf der untersten Stufe der Treppe und die Schuhpaare standen in einem großen Halbkreis vor mir. Zu diesen wöchentlichen Routinearbeiten kam natürlich der Einsatz bei den jeweiligen Ernten hinzu. Das Kartoffelsammeln zum Beispiel ist mir noch sehr gut in Erinnerung: Jeder mit einem kleinen Drahtkorb neben sich, knieten wir Reihe um Reihe auf dem Acker und gruben nach den Kartoffeln. Dieses Gefühl der trocknenden Erde an den Händen, wenn eine Pause gemacht wurde, kann ich mir noch heute vergegenwärtigen. Und ich fand es damals schon unangenehm. Genauso war's eigentlich beim winterlichen Rübenziehen, bei uns hieß es „Knollen trekken"; sie wurden an die Kühe verfüttert. Je nach Wetter waren die Dinger nass, nasskalt oder einfach nur kalt. Jedenfalls waren unsere Hände manchmal steif gefroren, wenn wir dann endlich genug zusammenhatten und nach Hause gehen konnten. Weitaus schöner fand ich die Heuernte. Es war warm draußen und ich durfte Trecker fahren.

Da meine Zwillingsschwester und ich die jüngsten Kinder waren, hatten wir sicherlich trotz allem einigen Schonraum, auch was die Arbeit anging. Meine älteste Schwester würde wahrscheinlich eine ganz andere Geschichte erzählen.

Meine Schwester und ich waren die Nesthäkchen in der Familie. Bei unserer Geburt soll es geheißen haben: „Da kommt ja noch eins!" – mit zwei Kindern auf einmal hatte niemand gerechnet.

Ich war nie allein, immer war ich mit meiner Zwillingsschwester zusammen. Wir haben zusammen gespielt, wir sind zusammen zur Schule gegangen, wir haben zusammen in einem Bett geschlafen. Wir hatten in der Kindheit die gleiche Kleidung, nur die Größen unterschieden sich: Immer war meine Schwester ein bisschen größer als ich, obwohl ich doch die ältere von beiden war. Wir waren etwas Besonderes, aber nur in diesem Doppelpack und dabei waren wir so verschieden!

Und im Grunde wollte jede von uns auch mal gern für sich sein. Also haben wir uns kleine Rückzugsecken geschaffen, wie zum Beispiel den Verschlag unterhalb der Treppe, wo unsere große Mehlkiste stand. Eigentlich war das mehr ein Abstellraum ohne Fenster mit einer trüben Lampe und ausstaffiert mit einer alten Matratze. Dort hatten wir die Möglichkeit, mal in Ruhe zu lesen oder eben einfach einmal allein zu sein „unner de Trappe". Natürlich waren wir nie zusammen in dieser Höhle, sondern haben uns abgewechselt.

Aber nicht nur meine Zwillingsschwester und ich hatten diesen Wunsch nach Rückzug. Ich erinnere mich noch, dass auch meine beiden älteren Schwestern gerne allein spazieren gingen. Es gab die durchaus ausgesprochene Übereinkunft, bitte eine Zeit lang zu warten, bis dann die Nächste losgehen durfte, nur, um ja nicht unterwegs der anderen zu begegnen. Also konnte es passieren, dass wir vier Schwestern alle im „Feld" unterwegs waren, nur eben jede für sich. Ich vermute, mein Bruder hat sich seinen Platz eher beim Basteln und Schrauben gesucht.

Solange meine Oma noch lebte, hatte sie in der Küche das Sagen. Sie verarbeitete jeden Abend die restlichen Kartoffeln vom Mittagessen. Es gab dann Bratkartoffeln in viel Fett, Speck und Zwiebeln und das alles matschig. Vorab gab es einen Brei aus gekochter Milch und Grieß. Und selbstverständlich mussten wir das essen. Bei mir, aber auch bei meinen Geschwistern, ist der Ekel vor diesem Essen bis heute geblieben. Erst als meine Schwestern zur Frauenfachschule gingen und zu Hause ihre Kochkünste ausprobieren durften, gab es ein bisschen Abwechslung. Der erste Hawaii-Toast war schlichtweg eine Offenbarung!

Es gab zwar Raum für alle, aber nicht jeder hatte ein Zimmer für sich. Im Winter wurde nur die Wohnküche durch die „Herdmaschine“ geheizt, sodass alle Familienmitglieder sich hier aufhielten. Wohnen hieß eben, in dieser Küche zu sein, hier zu essen, später dann auch hier fernzusehen. Auch zum Schlafen gab es nicht besonders viel Platz. Meine Zwillingsschwester und ich haben lange gemeinsam in einem Bett geschlafen, das andere Bett im Zimmer belegte meine Tante. Erst Mitte der sechziger Jahre wurde der Hof um- und ausgebaut. Es gab endlich ein richtiges Badezimmer und eine Toilette, nicht mehr nur das Plumpsklo draußen am „Kock-Huus“ (dem Backhaus) mit dem passend zerschnittenen Zeitungspapier. Später heirateten der Onkel und auch die Tante „vom Hof weg“ und es gab ein wenig mehr Platz im Haus.

Aber auch jetzt noch hieß es, wenn ich nachts aufs Klo musste, durch den kalten Flur die Treppe runter bis zur Toilette zu tapsen. Als ich das erste Mal in einer Wohnung war – ich kannte ja nur große Bauernhäuser –, war ich total fasziniert davon, dass alle Zimmer auf einer Ebene lagen und so schnell und warm über den Teppich zu erreichen waren. Ich stellte es mir wunderschön vor, in so einer gemütlichen und überschaubaren Wohnung zu leben. Bei uns zu Hause war es nicht so anheimelnd, es war eben alles praktisch angelegt. Und immer war alles offen, die Türen wurden weder tagsüber noch nachts abgeschlossen. Man hatte ja nichts zu verbergen.

Erst als ich in die Schule kam, habe ich Hochdeutsch gelernt; meine Muttersprache ist Plattdeutsch und auch heute noch rede ich selbstverständlich mit meinen Geschwistern so. Ich finde es schade, dass meine Kinder sagen: „Mama redet wieder so komisch“, und sie selber zu meiner Ursprungssprache keinen Bezug mehr haben. Plattdeutsch zu reden bedeutet für mich Heimat, Tradition und Wärme.

Es gab sogar von Dorf zu Dorf unterschiedliche Wörter, Aussprachen und Redewendungen für dieselben Dinge. Besonders in unserem Dorf wurden solche Eigenheiten gerne gepflegt. Es gab zum Beispiel die „Binnen-Dörfler“ und die „Buuten-Dörfler“. „Binnen“ hieß, im Dorf aufgewachsen zu sein und dazuzugehören, „buuten“ (draußen) blieben alle anderen, auch wenn sie schon lange im Dorf wohnten. Daraus ergab sich ganz selbstverständlich, dass Ehen unter Verwandten keine Besonderheit waren. Eigentlich war jeder mit jedem verwandt. So kamen auch bei Familienfesten ausschließlich die Verwandten und die Nachbarn.

Die Bezeichnung „Freunde“ für eine selbst gewählte, nahe Beziehung außerhalb der Familie kenne ich aus der Generation meiner Eltern eigentlich gar nicht. Es gibt auch meiner Erinnerung nach in der plattdeutschen Sprache kein eigenes Wort dafür, ebenso wenig wie für das Wort „Liebe“. Das würde man ungefähr mit „ik mach di gerne lien“ (ich mag dich gerne leiden) übersetzen, aber mehr Enthusiasmus im Ausdruck von Gefühlen hat sich in der plattdeutschen Sprache nicht etabliert. Es gab einfach gar keinen Raum für so etwas wie Gefühle, selbstbestimmte Entscheidungen und eigene Vorstellungen in diesem bäuerlichen Rahmen.

Soziale Beziehungen waren im Dorf festgelegt und geregelt: Es gab den ersten Nachbarn, den zweiten und dann die anderen. Jeder Nachbar hatte entsprechend dieser Rangfolge bestimmte Aufgaben. Bei Familienfesten musste der erste Nachbar die Bedienung bei Tisch stellen. Wenn jemand gestorben war, war es die Aufgabe des ersten Nachbarn, von Haus zu Haus zu gehen und den Todesfall mitzuteilen bzw. auch die Beileidskarten zu schreiben. Beim Arbeiten und beim Feiern – die Nachbarn waren mit dabei. „Elk was allees“, was hieß, dass jeder gleich war; alle waren Bauern mit den gleichen Sorgen und Nöten und immer wieder auf Unterstützung anderer angewiesen. Der erste Nachbar wurde gegebenenfalls auch nachts aus dem Bett geholt, wenn etwa eine Kuh kalbte und

Das macht die Autorin heute

Greta Wüppen-Schneider

Ich bin dem geschriebenen Wort treu geblieben und arbeite seit 10 Jahren in einer kleinen Stadtteilbuchhandlung. Und hin und wieder esse ich – immer noch gerne – einen Hawaii-Toast.

man weitere Hilfe brauchte. So war das Leben geregelt, „et mott soa“, es muss so sein, ohne dass man große Worte darüber verlor.

In diesem Rahmen aufzuwachsen bedeutete für mich, sehr viel Sicherheit und Orientierung zu haben, aber auch viel Enge. Und für so etwas wie Individualität und Kreativität gab es überhaupt keinen Platz. Wenn ich mir heute diese beiden Worte „auf der Zunge zergehen“ lasse, schmecke ich immer noch leichte Verachtung für so etwas „Unnötiges“ und „Überflüssiges“. Das hat eben nichts mit Arbeit und Existenzsicherung zu tun und insofern hatte es auch keinen Wert. Das Leben auf einem Bauernhof erforderte Disziplin, Vernunft, Anpassung an Regeln und natürliche Abläufe; alles darüber hinaus machte das Leben nur komplizierter. Und schwer genug war es ja sowieso schon.

Oft hatte ich das Gefühl, für mich und meine Gefühle keinen Platz zu haben. „Platz“ gab es draußen, „goa noa buuten“, das hieß, „geh nach draußen spielen.“ Eigentlich war ich gerne drinnen in der Küche, um dort zu spielen. Aber oft störte ich wohl dort. Meine Mutter, meine Oma und meine Tante hatten natürlich zu arbeiten; Zeit für die Kinder und mit den Kindern gab es nicht. Aufmerksamkeit habe ich bekommen, weil ich „nervös“ und empfindlich war, weil ich oft Bauchschmerzen hatte. Dann ging meine Mutter mit mir zum Arzt, der drückte auf meinem Bauch herum und ich konnte nicht sagen, wo es mir wirklich wehtat. Ich wusste es ja selbst nicht. Eine Zeit lang war ich mir sicher, ein adoptiertes Kind zu sein. Ich reimte mir das so zusammen, dass meine Eltern mir absichtlich gesagt hatten, ich hätte eine Zwillingsschwester, damit ich nicht merkte, dass ich eigentlich nicht zur Familie gehörte. Nur die durchaus vorhandene Familienähnlichkeit sprach dann doch dagegen.

Auch in der Schule waren meine Zwillingsschwester und ich zusammen in einer Klasse. Fast alle Kinder kamen von einem Bauernhof und konnten nur Plattdeutsch reden, sodass unser „Fräulein Bielefeld", die schon damals in meinen Augen eine ältere Frau war, sicher ihre liebe Not hatte, uns ein angemessenes Deutsch beizubringen. Heute ist die Situation genau umgekehrt: Kein Kind lernt zu Hause noch ausschließlich Plattdeutsch, dafür gibt es in der Grundschule jetzt Plattdeutschunterricht.

Später im Gymnasium brachte uns unser Französischlehrer das Kehlkopf-„R" bei, wir sollten das typisch plattdeutsche, zungengerollte „R" vermeiden. Für mich war das eine willkommene Gelegenheit, auch gleich mein Hochdeutsch zu verfeinern, damit kein Mensch mehr hören konnte, dass ich vom Bauernhof kam.

Beim Rückblick auf meine Geschichte weiß ich heute nicht, was mich mehr geprägt hat: meine bäuerliche Herkunft oder mein Platz in der Geschwisterreihe. Trotz vieler persönlicher Einschränkungen war ich auch immer sehr stolz, so viele Geschwister zu haben. Und in der Gemeinschaft dieser Geschwister hatte ich eher einen Platz denn als Einzelne.

Obwohl wir heute in alle Winde verstreut sind, treffen wir uns regelmäßig mit unseren Familien. Und bei solchen Zusammenkünften wird auch deutlich, wie unterschiedlich wir unsere Geschichten erlebt haben.

Ich hadere noch manchmal mit dem Gefühl, immer etwas tun zu müssen und keine Muße haben zu dürfen. Wie tief doch die Erfahrung verankert ist, dass Nichtstun nutz-, wert- und sinnlos ist!

Was ich als Bauerntochter mitgenommen habe, ist auf der einen Seite die Hemmung, die eigenen Bedürfnisse zu erkennen und ihnen Raum zu geben, und auf der anderen Seite die Bodenständigkeit, die Gradlinigkeit und die

Gelassenheit, die Dinge zu nehmen, wie sie sind. Ebenso, wie ich einerseits mit der Erfahrung des Fehl-am-Platze-Seins und andererseits mit dem Gefühl der Zugehörigkeit und des Aufgehobenseins im sozialen Umfeld groß geworden bin.

Auch wenn ich heute mit meiner Familie in einer Stadt lebe, in einem selbst gewählten Rahmen – wir wohnen in einer Hausgemeinschaft –, so bin ich doch immer noch auch die Bauerntochter vom „platten Land“ oder, wie mein Mann sagt, manchmal auch ein bisschen „Bauernprinzessin“.

Gudrun, Bäuerin in Niedersachsen

Die Sache mit dem Urlaub

„Ich wollte schon etwas in der Landwirtschaft machen, aber schön brav Hauswirtschaft lernen und irgendwo einheiraten?“

Ich wohne in einem Dorf mit 300 Einwohnern, in dem ich auch aufgewachsen bin. In meiner Kindheit empfand ich es als völlig normal, vom Bauernhof zu kommen. Fast alle meine Schulfreundinnen und Verwandten kamen vom Bauernhof.

Wenn ich mir die Situation heute im Dorf klar mache, sehe ich mit Erstaunen und Empörung, dass in den 20 Jahren, seit mein Mann und ich den Hof übernommen haben, die Hälfte der Höfe entweder aufgegeben wurden oder im Nebenerwerb bewirtschaftet werden.

An meine Kindheit habe ich nicht so viele Erinnerungen. Ich wuchs zusammen mit meiner älteren Schwester auf; außerdem lebte noch eine Tante mit auf dem Hof. Schon damals wurde der Hof im Nebenerwerb geführt. Das hieß konkret: Mein Vater war fast immer weg – entweder Arbeiten oder auf dem Acker – und meine Mutter musste die ganze Vieharbeit machen. Wir hatten einen für damalige Verhältnisse normalen „Bilderbuchbauernhof“ mit vielen Tieren (Kühe,

Bullen, Kälber, Sauen, Mastschweine und Hühner). Da meine Schwester damals schon aufs Gymnasium ging und spät heimkam, sollte ich abends beim Füttern immer helfen. Das fand ich ziemlich ungerecht, da ich doch die Jüngere und Kleinere war. Das Versorgen der Tiere machte mir aber auch Spaß: Loses Heu vom Boden werfen und verteilen, Rüben schnitzeln, ausmisten, Kälber tränken, all das mochte ich gerne, besonders die Atmosphäre auf der Diele, wo die Kühe, Bullen und Kälber untergebracht waren. Das Rasseln der Ketten beim Aufstehen und Niederlegen, das ewige Fressen und Wiederkäuen, das lustige Springen der Kälber im Stroh, dieser Geruch von Heu, Silage und Kuh, das hatte für mich etwas Heimeliges.

Ich erinnere mich auch an manche Nächte, sicher nur in den Ferien, in denen ich aufpassen musste, dass die Muttersau sich nicht auf ihre gerade neu geborenen Ferkel legte und sie erdrückte. Ich pendelte zwischen Küche und Saustall hin und her, um nicht den entscheidenden Moment zu verpassen, wenn die Muttersau sich nach dem Fressen wieder hinlegte, um ihre Ferkel zu säugen. Wenn die Sau dann lag und anfing, die rosigen, neu geborenen Ferkelchen, die aufgeregt suchend um sie herumwuselten, zu säugen und schließlich alles in einem ruhigen seligen Schmatzen von acht bis zehn Ferkeln endete, fühlte ich so etwas wie Achtung vor der Vollkommenheit der Schöpfung, Achtung vor den Tieren. Auch wenn ich wusste, dass sie als Schweinebraten im Topf enden würden – da war ich ganz pragmatisch.

Schon als Kind hab ich lieber draußen als drinnen gespielt, genauso wie ich heute noch lieber draußen als im Haus arbeite. Puppen, sich schick verkleiden, große Dame spielen, Kaufmannsladen, malen und basteln, das interessierte mich wenig. Ich wollte draußen toben, auf meine Lieblingsbäume klettern, Buden bauen oder Räuber und Gendarm spielen. So kam es auch, dass meine Spielkameraden häufig Jungen waren. An den Spruch meiner Eltern: „An dir ist ein Junge verloren gegangen!“, erinnere ich mich noch heute.

Als ich etwa zehn oder zwölf Jahre alt war, wurde bei uns eine Flurbereinigung durchgeführt. Bäche wurden begradigt oder zugeschüttet, Hecken abgeholzt, Wiesen entwässert, umgebrochen und in Ackerflächen verwandelt, kleinere Flurstücke wurden zu großen, rechteckigen, gut zu bearbeitenden Feldern zu-

Das macht die Autorin heute

Gudrun Möllenhoff

15 Jahre Bauerntöchterbücher, 15 aufregende Jahre, verbunden mit vielen Lesungen, Gesprächen, Zusammenkünften und dem Kennenlernen vieler neuer Freundinnen! Für unseren Hof eine entscheidende Zeit, denn keiner unserer Söhne zeigte berufliches Interesse an der Landwirtschaft. Unsere Äcker haben wir z. T. verpachtet, so dass wir arbeitsmäßig gut über die Runden kommen. Wir versuchen unsere Tiere noch gut zu vermarkten, z. B. über Tierwohl und andere Label, was uns bei den Mastschweinen auch gelingt. Ansonsten bereiten wir uns langsam auf den Ruhestand vor, genießen die freie Zeit für Hobbies und Reisen und besuchen unsere Kinder, die über ganz Deutschland verteilt leben und arbeiten.

sammengelegt. Die Betriebe wuchsen (oder wichen), die Maschinen wurden größer, also mussten die Ackerflächen auch mitwachsen, damit man sie besser bewirtschaften konnte. So kam es, dass vor unserem Haus, mitten in unserer Sumpfwiese, eine riesengroße Sanddüne aufgehäuft wurde; der Aushub eines ebenso riesengroßen Vorfluters (Entwässerungsgraben, ca. drei Meter tief). Das war für mich als Kind ein toller Spielplatz. Dass man für den Graben allerdings meinen Lieblingsbaum absägte, eine Erle mit Ästen, die quer übers Wasser hingen und auf denen ich so toll sitzen und träumen konnte, fand ich damals entsetzlich. Nun, man tat des Guten zu viel. Meine Heimat, das waren jetzt nicht mehr Hecken mit Brombeerbüschen zum Naschen, Bäume zum Klettern und Bäche zum Stauen, sondern eine kahle, öde, leer geräumte Landschaft ohne Charakter. Das war ökologisch gesehen natürlich eine Katastrophe. Es dauerte Jahrzehnte, bis die nachgewachsenen Hecken dieses Jammerbild wieder etwas kompensierten. Dazwischen gab es Jahre, in denen wir regelrechte Sandstürme hatten, wenn die Erde trocken und fertig zur Aussaat da lag und der Wind ungehindert darüber hinwegsausen konnte.

Als ich 16 wurde, machte ich den Führerschein für Trecker und Moped und legte mir auch sofort ein Moped zu. Natürlich hatte ich den Trecker auch schon vorher gefahren, aber nur zum Weiterfahren beim Stroh- und Heuladen, während mein Vater die Strohbunde auf den Anhänger warf und meine Mutter den Hänger hoch voll packte. Gerne tat ich diese Arbeit allerdings nicht, da mein Vater immer etwas zu meckern hatte, mir aber nie richtig erklärte, wie ich es besser machen sollte. Das Mithelfen in der Ernte im Sommer war selbstverständlich für mich, schließlich hatte ich schon als Kind viel Verantwortungsgefühl. Bei schönstem Badewetter in Staub und Hitze Stroh zu bergen war manchmal ziemlich hart. Überhaupt die Sache mit dem Urlaub. Als Kind habe ich die fehlenden Urlaube nicht vermisst. Es war für mich eben normal, dass eine Bauernfamilie keine Zeit und keine Gelegenheit hatte, in Urlaub zu fahren; schließlich mussten die Tiere jeden Tag versorgt werden. Später habe ich in den Ferien diesen Dienst mit meiner Schwester zusammen übernommen, damit meine Eltern auch einmal in Urlaub fahren konnten.

Nach meinem Abitur wusste ich nicht so recht, was ich machen wollte. Damals war die grün-alternative Bewegung in vollem Gange. Alle möglichen Leute interessierten sich plötzlich für das Leben auf dem Land und insbesondere für Biolandwirtschaft. Ich wollte schon etwas in der Landwirtschaft machen, aber schön brav Hauswirtschaft lernen und irgendwo einheiraten? Nein, das war nicht mein Ding. Also hab ich erst einmal eine landwirtschaftliche Ausbildung gemacht und anschließend Landwirtschaft studiert. Ob ich unseren Hof noch weiterführen wollte und auch konnte, allein schon wirtschaftlich gesehen, wusste ich damals noch nicht genau. Nach der Ausbildung würde ich weitersehen. Die zwei Lehrjahre auf verschiedenen Höfen habe ich sehr genossen. Ich war stolz, dass ich alles machen musste und auch konnte, was die Männer draußen machten (zum Beispiel Trecker fahren), auch wenn es manchmal nicht einfach war, sich unter so vielen Männern in der Berufsschule zu behaupten. Man musste schon ein dickes Fell haben, um so manchen dummen Spruch daran abprallen zu lassen. Aber mit den Lehrherren hab ich mich prima verstanden und sie haben mich vorbehaltlos zu einer guten Landwirtin ausgebildet. Im anschließenden Studium lernte ich meinen Mann kennen und wir beschlossen, unseren Traum vom Biohof zu verwirklichen. Es stellte sich als großes Glück heraus, dass unser Hof im Nebenerwerb geführt worden war. Daher war lange nichts mehr investiert worden, also auch nicht in teure, auf Kredit gebaute Ställe mit Spaltenböden. Dadurch war der Hof schuldenfrei. Von unseren mageren Böden konnten wir wenig Ertrag erwirtschaften, also mussten die Haupteinnahmen aus der Viehwirtschaft kommen. Wir begannen, uns mit artgerechter Tierhaltung zu beschäftigen. Da auf dem Hof kein Milchkontingent vorhanden war, fingen wir mit Bullen- und Schweinemast an. Wir bauten Offenställe auf Stroh mit Außenklima, d. h. im Winter wie im Sommer herrscht drinnen dieselbe Temperatur wie draußen. Mit der Zeit wuchs unsere Vermarktung, sodass wir zusätzlich eine kleine Hähnchenmast anfingen. Tagsüber arbeiteten wir auf dem Acker und in den Ställen, nachts machten wir Bürokram und versuchten, die Vermarktung voranzubringen. In dieser Zeit wurden unsere drei Jungen geboren. Da wurde es im Haus doch ziemlich eng. Das gab schon mal Reibereien unter den drei Generationen, auch wenn wir eine eigene Wohnung im Haus hatten.

Nach mehreren Schicksalsschlägen entschieden wir uns, den Bioanbau krankheitsbedingt aufzugeben, da er doch zu arbeitsintensiv für uns geworden war. Nun konzentrieren wir uns nur noch auf unsere Viehhaltung und Vermarktung von artgerecht gehaltenen Bullen, Schweinen und Hähnchen.

Ich bereue es nicht, in der Landwirtschaft geblieben zu sein, auch wenn ich schon die Nachteile sehe. Ob unsere Kinder noch Bauern sein werden und sein können, weiß ich allerdings nicht. Es ist nicht leichter geworden in den letzten 20 Jahren, seit ich wieder auf dem Hof bin. Die Rahmenbedingungen für die Landwirtschaft werden immer schlechter. Ich bin stolz darauf, den Hof meiner Eltern fortgeführt und so weit entwickelt zu haben. Ich könnte mir ein Leben in der Stadt nur schwer vorstellen – so ohne Bezug zu den Jahreszeiten und zur Natur. Die viele Arbeit und das Angebundensein stören mich schon, aber es gibt auch Kraft zu wissen, wo man hingehört und was man aufgebaut hat.

Ich denke, das gemeinsame partnerschaftliche Arbeiten von Mann und Frau auf dem Hof ist eine Quelle von Zufriedenheit und Glück.

Hilde, Lehrerin in Niedersachsen

Wir waren viele auf dem Acker

„Es war so schön, im weichen Heu zu liegen, umgeben von diesem herrlichen Geruch.“

Ich wurde 1955 geboren, in einem kleinen Dorf an der Grenze zum katholischen Emsland. Viele Höfe waren im Umkreis in näher zusammenliegenden Nachbarschaften mit eigenen Namen verteilt. Unser Ortsteil, der Haneberg, war für mich als kleines Kind weit vom Dorf entfernt (drei Kilometer). Das Dorf mit knapp 300 Einwohnern hatte ein kleines Zentrum, das aus einer Gaststätte, der Schmiede, dem Bäcker, dem Landhandel, der Schule, der Brandkassenvertretung meines Vaters und einer zerfallenden Windmühle bestand. Sie war später ein toller, geheimer Spielplatz für mich.

Opa war Bürgermeister und Brandkassenvertreter gewesen. Sein Tod zu Hause in seinem Bett gehört zu meinen ersten Kindheitserinnerungen. Tante Emma, seine unverheiratete Schwester, eine unzufriedene Frau, die Kinder nicht mochte, lebte noch bei uns, bis ich 18 wurde. Meine Schwester ist fünf Jahre jünger als ich. Ich habe Erinnerungen an das Hofleben, die sie schon nicht mehr haben kann, so sehr hat sich die Landwirtschaft in diesem kurzen Zeitraum verändert. Ich habe als Kind die Jahreszeiten erfahren, so wie es heute für unsere Kinder die Waldorfpädagogik zu ermöglichen versucht. Rinder wurden auf entfernte Weiden getrieben. Das war aufregend. Laufen sie weg? Wir mussten mit Stöcken aufpassen. Waren sie angekommen, tobten sie wild und ich freute mich. Im Mai wurden die Runkelrüben gehackt. Wir waren viele auf dem Acker. Wann durfte ich endlich eine eigene Reihe machen? Wer hatte als Erster seine Reihe fertig?

Im Juni stand die Heuernte an. Papa war stolz darauf, immer einer der Ersten im Dorf zu sein, der sie einbrachte. Gewendet und zusammengezogen wurde mit dem Heumar am Trecker. Nur vom Foto kenne ich unser Arbeitspferd, das vor eine große Heuharke gespannt war. Für mich war es eine aufregende Aufgabe, das Pferd auf die schöne Wiese auf der anderen Straßenseite zu bringen. Entlang der Wiese schlängelte sich mein geliebter Bach, an den sich der hohe Esch des Nachbarn anschloss. Ich hatte dort bereits ein Brett als Brücke angebracht, auf der ich manchmal Mußezeiten verbrachte. Oder ich nutzte sie, um mich unerlaubt zum Nachbarskind davonzuschleichen.

Die Arbeit mit dem Heumar war meine erste Aufgabe mit dem Trecker. Ich war sehr stolz auf mich, zumal ich sie übernahm, bevor andere Kinder, insbesondere andere Mädchen, es taten. Aber ich hatte auch große Angst. Es war nicht leicht, es meinem Vater recht zu machen und loben konnte er nicht. Er war als Einzelkind von seinem sehr strengen Vater stark gefordert worden und verlangte dieselbe Leistung auch von mir als Erstgeborener, auch als Mädchen. Wenn sich ein Gewitter ankündigte, half ich mit unserem Knecht, Mama und Tante Emma, das Heu in große Haufen zusammenzutragen. Bevor ich mithalf, es wieder auseinander zu streuen, spielten wir darin. Es war so schön, im weichen Heu zu liegen, umgeben von diesem herrlichen Geruch.

Bei den großen Ernten half uns unser Heuermann mit seiner Frau und seinen beiden Söhnen. Papa hob das Heu mit der Forke zu Mama auf den Wagen, wo sie es dann packte. Zu Hause wurde es mit einem Gebläse auf den Dachboden befördert. Das war ein wunderbarer, verbotener Spielplatz für uns.

Das Getreide wurde noch mit dem Bindenmäher geerntet. Ich half, die Garben zu Hocken aufzustellen und spielte anschließend darin. Als kleines Kind war es für mich ein herrliches Sommergefühl, obwohl meine Beine sehr zerkratzt waren – ich liebte den Duft von reifem Getreide. Ich genoss es, dass wir sehr viele

Leute auf dem Feld waren, auch der Knecht des Nachbarn half mit. Im Herbst wurden die Runkelrüben geerntet. Papa schaffte bald eine Maschine an. Die anderen Bauern zogen sie noch mit der Hand heraus und teilten mit dem Spaten das Kraut von der Rübe. Ich half mit, die Rüben auf den Wagen zu werfen – Mann, war ich stark!

Die Kartoffeln haben wir nicht mehr mit der Hand aufgesammelt. Dafür gab es eine Maschine, auf der man stand, um faule Kartoffeln oder Steine herauszusuchen. Auf dem Hof wurden die Kartoffeln auf eine Maschine geschüttet, nach Größe sortiert und in verschiedene Kartoffelkeller abtransportiert. Dabei konnte ich mitmachen.

Zweimal im Jahr wurde geschlachtet. Der Schlachter kam zu uns auf den Hof. Dem Tod des Schweins wich ich aus. Solche Momente mochte ich gar nicht. Wenn Mama Hühner schlachtete, musste ich ihr dabei helfen. Den Schlachter mochte ich sehr und freute mich, ihm beim Wursten helfen zu dürfen. Das Wurstbrot, das es nur an diesen Abenden gab, schmeckte mir vorzüglich. Genauso, wie es auch Ida, der kleinen Schwester von „Michel aus Lönneberga", schmeckte. Einige meiner Kindheitserinnerungen könnten auch aus Astrid Lindgrens Buch „Die Kinder von Bullerbü" stammen.

Im Winter war das Dreschen ein besonderes Ereignis. Die große Dreschmaschine fuhr von Hof zu Hof. Sie machte furchtbaren Krach und es staubte heftig. Alle Nachbarn kamen, um zu helfen. Mama kochte Grünkohl mit viel Wurst dazu. Es war richtig viel los in der Scheune. Der Kornboden füllte sich. Ich mochte diese Körnerberge sehr und half gerne, die Schrotmühle zu füllen. Ich liebte diesen frischen Mehlgeruch in der Schweineküche, wo täglich aus Mehl, Kartoffeln und Essensresten das Schweinefutter gerichtet wurde.

Im Erwachsenenalter schuf ich mir immer wieder Situationen, die an Stimmungen auf dem Hof erinnerten. Ich kaufte mir eine Getreidemühle für meinen Haushalt. Ich arbeitete mehrmals in den Semesterferien in Camps, wo mit vielen Leuten für einen guten Zweck harte, dreckige Arbeit verrichtet wurde.

Zum Jahreslauf gehörte wie Weihnachten, Ostern und das Schützenfest bei uns die Brandkassenzeit. Anfang Januar brachten alle Bauern ihre Beiträge zu uns ins Haus. Ich saß sehr gerne dabei in der kleinen Stube, wo der Schreibtisch stand. Ich genoss es, wenn viele Leute zu uns kamen.

Ich war sehr oft bei unseren Nachbarn oder schlief mit fünf Jahren bereits bei allen möglichen Verwandten, da ich mich zu Hause einsam fühlte. Der Hof mit seiner vielen Arbeit nahm meinen Vater und meine Mutter ganz und gar in Anspruch.

Bei der Stallarbeit war ich immer dabei. Meine Aufgabe war es, die Kälber zu tränken. Den Kühen hätte ich so gerne das Kraftfutter, ihre Lieblingsspeise, gegeben. Aber meine Arbeit bestand darin, ihnen die Reste zuzufegen und anschließend das Heu zu verteilen. Im Schweinestall musste ich nach den kleinen Ferkeln schauen, wenn die Sauen aufstanden, um zum Futtertrog zu gehen. Wenn Ferkel geboren wurden, musste ich auch spät abends die Wacht halten und sie den Sauen ans Gesäuge legen. Das war sehr aufregend. Wie viele werden es? Wird die Mutter sie ruhig trinken lassen? Ich kann noch heute mein heftiges Herzklopfen dabei spüren und den grellen Schrei der Ferkel hören, wenn mein Vater ihnen die Zähne abknipste und ein Stückchen vom Schwanz abschnitt, wenn sie größer wurden.

Auch die Geburt eines Kalbes war ein großes Ereignis. Meine Mutter war stets sehr besorgt, ob alles gut gehen würde. Ich mochte es gar nicht, wenn ein Strick eingeführt und um die Hinterbeine des Kälbchens gebunden wurde. Wir mussten dann alle zusammen das Kälbchen herausziehen, rieben es trocken und brachten es in seinen Stall. Es war faszinierend zuzuschauen, wie es das erste Mal wackelig auf seinen Beinen stand.

Eine sehr beängstigende Situation war es, wenn ein junger Bulle aus dem Stall ausgebrochen war oder gar ein großer sich losgerissen hatte. Jeden Abend, wenn ich ihnen das Heu brachte, hielt ich so weit wie möglich Abstand und war froh, wenn die Arbeit getan war.

Eine Arbeit, die meine Schwester und ich ungern taten, war, im Frühjahr im düsteren, kalten Keller die langen Keime von den Kartoffeln zu entfernen. Ich dachte mir dabei unheimliche Geschichten aus.

Mit sieben Jahren kam ich in die Dorfschule. Wir waren acht Klassen in einem Raum mit einem alten Lehrer. Glücklicherweise hatte jeder von uns fünf

Erstklässlern eine Betreuerin aus der achten Klasse, die mit uns Schreiben und Rechnen übte. Die großen Jungen ärgerten den alten Lehrer, der sich davon aber nicht stören ließ und nur auf seine Pensionierung wartete. Mir machte das Angst, denn für mich war er eine Autorität. Ich erinnere mich noch deutlich an eine Situation aus der ersten Schulzeit: Der Lehrer sitzt zeitunglesend hinter seinem Pult. Ein großer Junge wirft aus einer der hinteren Reihen etwas gegen die Zeitung. Ein Korken bleibt neben mir liegen. Ich hatte große Angst, der Lehrer könnte mich für den Übeltäter halten.

Im ersten Schuljahr musste ich mit unserem Nachbarmädchen zu Fuß zur Schule gehen, weil sie noch nicht Fahrradfahren konnte. Darüber habe ich mich oft geärgert. Glücklicherweise wurde die Dorfschule nach meinen ersten beiden Schuljahren zur reinen Grundschule gemacht. Wir bekamen einen neuen, jungen Lehrer, den wir sehr mochten. Er liebte uns Kinder auch, fast so sehr wie die Musik. Ich wechselte in der fünften Klasse mit zwei Mitschülern in die Realschule im Nachbarstädtchen. Ich musste neun Kilometer mit dem Fahrrad dorthin fahren. Meinem Vater war die Schulbildung seiner Kinder sehr wichtig. Er selbst hätte sie gerne genossen, um Rechtsanwalt zu werden. Aber er musste Bauer werden. Seine beiden Töchter hatten das Recht zu werden, was sie wollten. Dafür wünschte er sich von uns einen guten Schulabschluss. Er organisierte für uns Realschüler im Winter eine Fahrgemeinschaft, bei der sich die Eltern im Dorf abwechselten.

Meine Welt wurde viel größer. Ich staunte über die Lebensverhältnisse der Stadtkinder. Die Wohnungen waren blitzblank geputzt. Es gab keine Fliegen im Sommer, im Winter war es überall warm. Sie mussten sich nicht umziehen nach der Schule. Die Stadtkinder beneideten mich um den großen Platz zum Spielen und um die vielen Tiere. Der Fernseher hatte bereits Einzug in unser Haus gehalten, besaß aber keine große Bedeutung für mich. Ich entdeckte die Bücher in der Buchhandlung im Städtchen und auf dem Dachboden einer Freundin aus meinem Dorf. In ihrer Familie fühlte ich mich wohl. Es gab einen lustigen Opa dort. Sonntags nahmen sie mich auf ihren Ausflügen mit. Meine Eltern machten einen ausgedehnten Mittagsschlaf nach ihrer anstrengenden Woche. Humor und Sinn für das Kindliche gab es in meiner Familie überhaupt nicht.

Mein Vater war sehr leistungs- und erfolgsorientiert, meine Mutter eine arbeitsame, fleißige Bauersfrau. Sie freute sich, dass ich seit Beginn meiner Schulzeit die Hausaufgaben immer ganz alleine machte.

In meiner Grundschulzeit begann bereits der heftige Wandel in der Landwirtschaft. Unseren Knecht gab es schon lange nicht mehr. Unser Heuerhaus wurde verkauft. Den Heuerleuten wurden günstig Ackerflächen angeboten, die durch Moorkultivierung neu entstanden waren. So hatten sie die Chance, einen eigenen Hof zu gründen oder sie wurden Fabrikarbeiter und zogen fort. Viele kleine Fachwerkhäuser standen verlassen da. Der neue Besitzer unseres Heuerhauses arbeitete zeitweise gegen Lohn bei uns. Später wurde sein Sohn nach Abschluss der Schule bei uns eingestellt. Er wechselte nach kurzer Zeit zur Fabrik im Dorf, die aus einer Holzwerkstatt entstanden

Das macht die Autorin heute

Hilde Kuhlmann-Lehmann

Mittlerweile sind mein Mann und ich Rentner. Unsere Kinder haben ihre Wege gefunden. Noch immer arbeite ich gerne an der frischen Luft: In einem Gemeinschaftsgarten bauen wir mit 15 Freunden unser eigenes Bio-Gemüse an. In meinem Blumengarten ums Haus blüht es jetzt kräftig. Außerdem arbeite ich ehrenamtlich in unserem Eine-Welt-Laden mit, um mit fairem Handel ganz praktisch für Frieden, Gerechtigkeit und die Bewahrung der Schöpfung tätig zu sein.

war. Alle Arbeit musste nun von uns als Familie geleistet werden. Das war nur durch die neuen Maschinen möglich, die die Landwirtschaft rationalisierten. Mein Vater war ein Vorreiter auf diesem Gebiet. Er gründete einen Maschinenring im Ort.

Wir Kinder waren nun größer und einsatzfähiger, deshalb wurde auch von uns intensiver Arbeitseinsatz gefordert. Viele Beispiele fallen mir dazu ein: Meine Schwester fuhr den Trecker, mein Vater hob die Stroh- oder Heubunde zu mir auf den Wagen. Meine Mutter fütterte zu Hause alle Tiere. Diese verantwortungsvolle Aufgabe hatte ich in Hochsaisonzeiten auch alleine zu verrichten. Ich lernte schon früh Melken, ebenso wie die Treckerarbeit. Es wurde immer erwartet, dass die Arbeit sehr gut gemacht wurde.

Meine Mutter hatte keinen Führerschein und hat ihr Leben lang auch keinen Trecker gefahren. Ich konnte mich mit den großen Maschinen auch nie richtig anfreunden. Neben einem gewissen Stolz, dass ich mich trotzdem traute, blieb immer dieses Unbehagen im Umgang mit den Maschinen und die Angst vor der Kritik meines Vaters.

Meine Mutter forderte von mir Mitarbeit in ihrem großen Gemüsegarten, bei der Ernte und Verarbeitung von Obst und Gemüse und im Haushalt. Es gab immer etwas zu tun. Diese Erfahrung macht es mir heute noch schwer, zu Hause nichts zu tun, ohne ein schlechtes Gewissen dabei zu haben.

Meine Lebenssituation änderte sich mit Beginn der siebten Klasse. Ich wechselte in das Gymnasium einer 35 Kilometer entfernten Stadt. Die ersten fünf Kilometer fuhr ich mit dem Fahrrad zur Haltestelle des Linienbusses; im Winter brachte und holte mich mein Vater. Ich verließ um 6.00 Uhr das Haus und kehrte um 15.00 Uhr zurück. Lange Zeit verbrachte ich mit dem Warten auf den Bus. Mein Schulweg wurde sogar einmal fürs Fernsehen aufgenommen, als Beispiel für die schlechten Bedingungen, die wir Kinder vom Lande auf uns nehmen mussten, um ein Gymnasium zu erreichen. Ich kam mit einem anderen Mädchen aus unserer Realschule in eine bereits zwei Jahre bestehende Klasse. Viele Kinder kamen aus Orten, deren Namen wir nicht einmal kannten. Wir fühlten uns wie Fremdkörper. Aber auch im Dorf fühlte ich mich zunehmend wie eine Fremde. Ich kannte mich selbst gar nicht richtig – die Pubertät setzte ein. Ich weiß noch genau, wie mir Spaziergänge durch die „Vechteler Wiesen" bei all diesen Problemen eine große Hilfe waren. Diese Wiesen, umgeben von Hecken mit einzelnen großen Bäumen darin und durchzogen von kleinen Gräben, begannen direkt hinter unserem Haus.

Auch die Religion bedeutete mir in dieser Zeit sehr viel. Ich freute mich auf die Konfirmandenzeit, wurde aber schwer enttäuscht. Zum einen fühlte ich mich nicht wohl in der Gruppe, in der sich fast alle aus der Schule gut kannten. Zum anderen konnte der Pfarrer mir keine Antworten auf meine essenziellen Fragen geben. Meinen Konfirmationsspruch schlug ich ihm vor. Er lautet: „Zur Freiheit hat Jesus Christus uns befreit, so stehet nun fest darin und lasset euch nicht wiederum in das knechtische Joch fallen."

Freiheit suchte ich. Diese festen Dorfsitten konnten mir keinen Halt und keine Sicherheit geben. Nachdem ich beim ersten Schützenfest-Tanzabend, zu dem ich gehen durfte, brav am Mädchentisch gesessen und auf eine Aufforderung zum Tanz gewartet hatte, stand ich im nächsten Jahr mit meiner Freundin an der Theke wie die Jungen. Wir organisierten private Treffen am Wochenende, dafür bauten wir uns aus einem leer stehenden Hühnerstall unsere Disco.

Die Spezialisierung in der Landwirtschaft setzte ein; im Zuge dessen wurden auch unsere Kühe abgeschafft. Das tat mir sehr weh, auch wenn das Hofleben in meinem Leben gar nicht mehr viel Platz einnahm. Meinen Arbeitseinsatz konnte ich mit Berufung auf die Schularbeiten stark reduzieren. Leid empfand ich darüber, die Zerstörung unserer Landschaft miterleben zu müssen. Im Zuge der Flurbereinigung, einer staatlichen Reformmaßnahme, wurden alle Hecken entfernt. Alle Gräben und Bäche wurden begradigt und vertieft, sodass aus den „Vechteler Wiesen" Ackerflächen werden konnten. Der Bach gegenüber dem Hof wurde so tief ausgehoben, dass das Wasser darin braun wurde, wie das Grundwasser im Ort. Es wurden große, rechteckige Ackerflächen für die Bauern geschaffen.

Mein Vater war zweiter Vorsitzender des Flurbereinigungsvereins. Ich erinnere mich an Tritte meiner Mutter unter dem Tisch gegen mein Schienbein, wenn ich mich heftig mit meinem Vater über dieses Thema stritt – und das geschah oft.

Mit 16 Jahren führte ich ein sehr selbstbestimmtes Leben. Meine Mitschüler waren die Hauptbezugspersonen geworden. Der Hof spielte gar keine Rolle mehr. Ich erinnere mich noch, dass ich einmal in den Ferien sogar in einer Fabrik arbeiten ging, obwohl meine Eltern mir Hofarbeit mit Bezahlung anboten. Auch mein Vater war nur noch zu 50 Prozent Bauer. Aus der Brandkasse war ein großes Versicherungsunternehmen geworden, für das er im eigenen Büro arbeitete. Er war – als in der Öffentlichkeit hoch aktiver Mann – kaum zu Hause. Meine Mutter hatte alle Vieharbeit zu verrichten. Sie tat es gerne und war stolz, viel Arbeit zu schaffen. Die festen dörflichen Sitten und ihre Grüppchen – die Jägerfrauen, der Landfrauenverein und die Kirchengemeindetreffs – gaben ihr Sicherheit. Mein Anderssein tat ihr weh. Meine Cousine, die eine Hauswirtschaftslehre machte, wäre ihr Traumkind gewesen. Als ich kurze Zeit einen Bauernsohn aus meiner Klasse als Freund hatte, war sie glücklich.

Ich lebte in einer ihr völlig fremden Welt. Für meinen Vater war es okay, wenn ich nur das Abitur machte. Meine persönliche Entwicklung interessierte ihn nicht. Die einzige Reaktion meiner Eltern auf mein Verhalten war der Versuch, mir die Beziehung zu meinem jetzigen Mann zu verbieten. Er war aus Düsseldorf in ein altes Heuerhaus im Nachbardorf gezogen. Viele dieser romantischen, leer stehenden, alten Fachwerkhäuser füllten sich mit Stadtmenschen, die ihr Glück im Leben auf dem Lande suchten. Sie wurden in den Dörfern, wie die Gastarbeiter in den Städten, sehr abweisend behandelt. Wenn ich ihn verließe, würden sie mir eine Reise finanzieren. Ich liebte es, mir Europa anzuschauen und hatte mir selbst schon einige Reisen organisiert. Aber meinen Mann liebte ich mehr.

Die Hofübernahme stand niemals zur Debatte, weder für meine Eltern noch für mich. Ich erinnere mich an ein Gespräch mit meiner Schwester, die nach dem Abitur nicht recht wusste: „Wie mache ich weiter?" Sie konnte sich vorstellen, die landwirtschaftliche Richtung einzuschlagen. Ich bestärkte sie sehr darin, lag mir die Zukunft des Hofes doch sehr am Herzen. Heute bewirtschaftet sie mit ihrem Mann den Hof.

Bei mir scheint der Apfel sehr weit vom Stamm gefallen zu sein!

Ich wurde Grundschullehrerin. Mein Hauptfach war Biologie. Ich genoss das Studium in unserer schönen Unistadt. Das Referendariat musste ich im Ruhrgebiet leisten. Dort bekam ich manchmal, nachdem ich die Ferien zu Hause auf dem Hof verbracht hatte, schreckliches Heimweh. Eine angebotene Lehrerstelle konnte ich deshalb nicht annehmen. Ich musste zurück aufs Land. Zurück in Niedersachsen fand ich keinen Arbeitsplatz. Aber wir fanden einen wunderschönen alten Fachwerkhof, umgeben von großen, dicken Eichen auf einem riesigen Grundstück mit einer feuchten, großen Wiese davor, auf der Rinder grasten. Mein Traumhof! Ich bekam das erste meiner drei Kinder. Ich schuf für sie ein Zuhause wie das Meinige. Ich legte einen großen Gemüsegarten an. Meine Mutter kam gerne, um mir darin zu helfen. Meine Kinder schickte ich zur Waldorfschule. Wir hielten uns ein paar Schafe, die später einem Pferd weichen mussten, Hühner und Katzen. Die Kinder freuten sich so auf die Geburt der Lämmchen im Frühjahr. Als wir einmal ein Fohlen bekamen, war das ganz besonders aufregend. Wir pressten viele Kisten Apfelsaft von den Obstwiesen am Haus und lagerten die schönsten Äpfel für den Winter ein.

So weit vom Stamm fiel der Apfel also doch nicht!

Als Bauerntochter interessiere ich mich nach wie vor für die Entwicklung der Landwirtschaft. Vor Jahren, in der Anfangsphase des Biohandels, betrieb ich über mehrere Jahre einen Marktstand mit Trockenfrüchten, Getreideprodukten und Backwaren. Der Geflügelfleischverkäufer vom Stand gegenüber, unzufrieden mit seinen Lieferanten und angeregt durch meine wachsende Kundschaft, verkaufte sein erstes Schwein vom Biolandhof meiner Schwester und wurde zum Biofleischer.

Den Handel musste ich einstellen, als ich eine chronische Krankheit bekam. Als die großen Kinder das Haus verließen, gaben wir meinen Traumhof auf, denn meine Krankheit verbietet mir das Autofahren. So fühlte ich mich unbeweglich und oft einsam auf dem Hof. Wir zogen in den nächstgrößeren Ort.

Mein Dorf aus Kinderzeiten berührt mich nicht. Denn es hat sich so sehr verändert, dass es für mich gar nicht mehr wirklich existiert. Zur Flurbereinigung kam noch die Stilllegung vieler Höfe dazu.

Ich habe mir nie gewünscht, keine Bauerntochter zu sein, obwohl ich heute fast keine Freunde mehr habe, die vom Hof stammen. Ich weiß, dass meine Herkunft mir eine starke Erdverbundenheit mitgegeben hat. Mir ist mein Garten, in dem Vögel zwitschern, sehr wichtig. Der kahle Baum im Winter, im frühen Frühjahr die Knospen, später die hellgrünen Blätter und der traumhaft blühende Baum; das frische Grün der Blätter im Frühjahr und das satte Grün des Sommers, das immer staubiger wird, sich schließlich bunt färbt und im Winter den Blick auf die Äste wieder freigibt – diesen Zyklus mitzuerleben, macht mich glücklich.

Ich weiß, dass meine Familie mir sehr wichtig ist. Ich glaube, diese Wertschätzung ist mir als Bauerntochter mit auf den Weg gegeben worden. Man hatte selbstverständlich für den Hof und füreinander zu sorgen.

Die Autorinnen dieser und der vorangehenden Geschichte sind Schwestern.

Christa, Pressesprecherin in Nordrhein-Westfalen

Du heiratest ja sowieso

„In Berlin grüßte ich zunächst, wie ich es gewohnt war, alle Leute, denen wir begegneten."

400 Jahre war der Hof an der Ostsee schon in unserer Familie. Jetzt sollte mein Vater ihn übernehmen. Er war gut vorbereitet auf sein Leben als Gutsbesitzer. Nach der Landwirtschaftsschule in Eldena, wo fast ausschließlich Gutsbesitzersöhne den Mittelschulabschluss machten, ging er zur Lehre auf die Insel Rügen. Sein Vater war schon früh gestorben, das Familiengut wurde von der Mutter und dem unverheirateten Onkel bewirtschaftet. Im Januar 1943 wurde mein Vater als 17-Jähriger eingezogen und in den Krieg nach Russland geschickt. Weihnachten 1943 kam er noch einmal auf Heimaturlaub und nahm an, dass der Krieg bald vorbei sein und sein vorgezeichnetes Leben auf dem Hof beginnen würde. Dann kam alles anders.

Er war in Kriegsgefangenschaft, als seine Mutter im Januar 1946 innerhalb von 24 Stunden den Hof verlassen musste. Alle Grundbesitzer über 100 Hektar wurden von den sowjetischen Besatzern enteignet und unter Androhung von Waffengewalt vertrieben. Sie flüchtete zu ihrer Schwester nach Berlin. Später heiratete sie noch einmal und wohnte dann in einem der ersten neu gebauten Hochhäuser Berlins im Stadtteil Friedenau, wo ich sie oft in den Ferien besuchte.

Nach der Gefangenschaft blieb für meinen Vater nur noch ein Zufluchtsort: das Dorf in der Eifel, wo er meine Mutter kennengelernt hatte. Hier war der einzige Sohn der Familie in der Ardennenoffensive gefallen und alle waren froh, wieder einen Mann im Haus zu haben, der mit anpacken konnte. Der kleine Hof von fünf Hektar mit steilen Wiesen und karger Erde gab gerade genug für den Eigenbedarf her. Weizen und Roggen wurden zur Mühle gebracht, im Steinofen wurden alle 14 Tage die großen Laibe Eifelbrot gebacken. Um ein paar Kartoffeln mehr anzubauen, wurden im Winter, wenn sonst nichts zu tun war, mühselig weitere Flächen dem Brachland abgerungen. Die Winter waren lang, der Schnee zog sich nur langsam zwischen den dunklen Tannenwäldern zurück. Im Stall standen fünf Kühe, zwei Schweine wurden zum Schlachten gehalten, die Hühner liefen ums Haus und morgens krähte der Hahn auf dem Misthaufen vor der Haustür mit den anderen Hähnen im Dorf sehr laut. Noch im Nachbardorf unten im Tal hallte das Krähen nach und die sonstige Stille über der Landschaft wurde umso fühlbarer durch die einsamen Rufe der Hähne, die trostlos nach Antwort schrien.

Kein Vergleich zu dem 170-Hektar-Gutshof in Pommern mit 30 Milchkühen, 40 Jungtieren, 70 Schweinen, 30 Pferden und zwölf Arbeitern. In der Eifel waren die Felder „handtuchgroß“ für pommersche Verhältnisse. Der neue Schwiegervater war auch Bürgermeister und Gastwirt des Ortes. Die Gaststube wurde von der Mutter und den drei Töchtern betreut. Meine Mutter war die älteste der drei Schwestern und mit ihrer Entscheidung für den Jungen aus Pommern, der, obwohl ja auch bäuerlicher Herkunft, einer ganz anderen sozialen Schicht entstammte, hoffte sie, der Arbeit und dem harten Leben der kleinen Eifelbauern zu entkommen.

Nachdem mein Vater eine Stelle als landwirtschaftlicher Verwalter auf einem großen Hof im Siegkreis gefunden hatte, heiratete er meine Mutter und die beiden zogen dort in ein kleines Fachwerkhaus. Hier wurde ich 1952 geboren. Meine Mutter hat nie mehr draußen bei der Arbeit mitgeholfen, damit zumindest erfüllte sich ihre Vorstellung von einem besseren Leben. Mein Vater ließ sie allerdings spüren, dass er sich ihr überlegen fühlte. Bei seinen häufigen Wutanfällen hörte ich demütigende Worte über die Mutter, die mir wehtaten. Bei der Hochzeit war sie eine kleine, schlanke Frau mit blonden Locken und blauen Augen, sie war wunderschön. Nach einigen Jahren Ehe und der Geburt von zwei

Kindern war sie dick geworden und blieb es auch; ihr Essverhalten änderte sich erst im Alter wieder. Sie hat viel in sich hineingefressen.

Mein Vater wechselte die Stelle, wir zogen auf die Kauber Platte am Rhein, wo 1955 mein Bruder geboren wurde. An den nächsten Stellenwechsel kann ich mich dann schon erinnern – da war ich vier und wir machten unseren Antrittsbesuch in der Villa des Besitzers. Die Villa lag etwas unterhalb des Hofes auf der anderen Straßenseite und war von einem großen Park umgeben. Durch ein schmiedeeisernes Tor, das von zwei steinernen Löwen bewacht war, betraten wir die Auffahrt. Weiter ging es über eine Freitreppe durch die grüne Eingangstür in die Halle. Nie wieder war ich von einem Duft so beeindruckt wie damals: Das ganze Haus war durchströmt von Parfumduft. Es war das Parfum der Dame, der Frau unseres neuen Chefs. Eine neue Welt tat sich für mich auf, die Welt der Eleganz, der guten Manieren und des guten Geruchs. Mir schien einfach alles gut daran. Und blitzschnell war mein Ziel im Leben klar – da wollte ich hin.

Zunächst aber war ich von solchen Düften weit entfernt. Der Weiler im Westerwald, den man nicht Dorf nennen kann, bestand aus zwei Bauernhöfen, einem Fachwerkhaus und der Villa unseres Chefs. Das war alles, mein Bruder und ich waren die einzigen Kinder. Anfangs hatten wir noch ein Plumpsklo draußen am Stall und der Kohleherd in der Küche war die einzige Wärmequelle. Bis zu meiner Einschulung hatte ich so gut wie keinen Kontakt mit gleichaltrigen Kindern. Da war nur der kleine Bruder, der in meinem Schlepptau mitlief und oft nur von mir geduldet wurde, weil er meine Aufträge ausführte. Wenn es ihm zu viel wurde und er in jähzornige Wutausbrüche verfiel, schickte ich ihn weg oder kämpfte mit ihm, was natürlich auch immer zu meinen Gunsten ausging. Er war halt abhängig von mir, einen ebenbürtigen Spielpartner oder Gegner kannte ich gar nicht.

Ich war ja die Einzige in meinem kleinen Reich, das so klein nicht war, vergleicht man es mit dem Aktionsradius von Stadtkindern. Ich hielt mich immer draußen auf, wobei zu „draußen“ auch der Stall zählte und natürlich die Straße, die an der Villa und dem anderen Bauernhof vorbei bis zum letzten Haus des Dorfes führte, wie auch der Wald und das weit gestreckte Tal mit dem Bachlauf. Meist war ich mit dem Vater unterwegs. Wo er gerade etwas zu tun hatte, hielt ich mich in der Nähe auf und spielte. Über seine Arbeit war ich gut informiert, kannte die Kühe beim Namen, wusste über den abendlichen Ablauf im Stall Bescheid, konnte die Kornarten auseinanderhalten. Ich wusste immer, was gerade anfiel bei der Arbeit. Niemals wollte ich so ein Leben führen wie meine Mutter: immer im Haus und immer nur kochen, backen, putzen, bügeln. Das Leben als Mann gefiel mir bedeutend besser und ich beschloss früh, niemals zu heiraten. Ich wollte so leben wie ein Mann, dabei aber eine schöne Frau sein und Kleider tragen wie unsere Chefin.

Mein Vater behandelte die Mutter wie eine Untergebene. Er ließ sich von ihr bedienen. Entscheidungen traf er allein. Dass sie sehr wohl die Entscheidungen beeinflusste, merkte ich erst später. Sie erreichte mit Klagen und Jammern schließlich doch, dass sie ihren Willen bekam. Oder mit ständigem Reden über eine Sache, sodass der Vater schließlich nachgab, nur um seine Ruhe zu haben.

Die Hände meiner Mutter: klein, fleischig, kurze Finger mit spitz zulaufenden Fingerkuppen. Immer sah ich sie arbeiten: Teig kneten, Kartoffeln schälen, Wäsche auswringen, Strümpfe stopfen, den Herd feuern. Wenn ich krank war, lag ich tagsüber auf dem Sofa in der Küche und guckte ihr bei der Arbeit zu. Am gemütlichsten war es, wenn sie bügelte.

Aber ich war lieber bei der Arbeit des Vaters dabei: melken, ausmisten der Ställe, Jauche fahren, Heu wenden, Heu einfahren, Strohballen aufstellen, Stroh einfahren, eggen und pflügen. Ich saß oft mit auf dem Traktor – auf dem kleinen Beifahrersitz aus Blech, nur ein kleiner Griff zum Festhalten – und erlebte alles mit. Ganz zu Anfang gab es noch einen Kaltblüter als Zugpferd, der aber schnell durch einen Hanomag ersetzt wurde. Und das Gefühl der Verantwortung, wenn ich auf dem Feld den Traktor fahren durfte, mit dem Hänger dran, auf den die Ballen aufgeworfen wurden: so stolz, so stolz!

Die Hände meines Vaters: groß und kantig, fast quadratisch, voller Hornhaut, dicke Finger, rechteckige Fingernägel. Als ich ganz klein war, stand ich mit meinen kleinen Schuhen auf diesen Händen, wenn er mich hochhob. Sie bildeten eine ruhige, sichere Fläche.

„Nie abkömmlich sein", da die Tiere ja versorgt werden mussten – den Satz habe ich von meinen Eltern oft gehört. Als Hilfe hatten wir immer einen Knecht. Die Knechte wechselten häufig, wegen der einsamen Lage des Hofes hielt keiner lange durch. Dann musste mein Vater wieder nach Köln zum Arbeitsamt fahren, um einen Neuen anzuheuern. Auch dabei durfte ich mit. Da hatte ich einen ersten Eindruck davon, wie es in einem großen Büro zuging. Kein Vergleich zum Büro meines Vaters oder gar zum Büro unseres Chefs. Keine Spur von Großzügigkeit oder gar Eleganz. Mir wurde klar, dass es da große Unterschiede gab. Ich wollte niemals in so einem Amt arbeiten.

Der jeweilige Knecht lebte bei uns in der Familie fast wie ein Familienmitglied. Der Unterschied wurde nur durch die Bettwäsche klar: die bunt karierte für den Knecht, die weiße Bettwäsche für uns. Meine Mutter beklagte sich zwar darüber, dass immer eine fremde Person mit am Tisch saß, aber sie behandelte sie gut. Sie wurden von ihr nicht nur mit Essen, sondern auch mit einer guten Portion Anteilnahme und Fürsorge bedacht. Mich störte allerdings ihr Geruch; allein meine Neugier ließ mich gnädig darüber hinweg riechen, wenn sie mir von ihrem Leben in der Stadt erzählten, von Freundinnen und Bars. Lange hielt es keiner bei uns aus, denn hier gab es weder Freundinnen noch Bars. Hier gab es nur sonntags nach dem Hochamt die Wirtschaft im Kirchdorf, wo alle Männer an der Theke zusammenstanden und im dichten Qualm von Rothändle und Senoussi ihr Pils tranken.

Bei uns gab es immer Fleisch und Wurst, das war nichts Besonderes. Das meiste davon schmeckte mir nicht. Einmal im Jahr kam der Metzger zur Hausschlachtung. Dann wurden in dem großen Kessel in der Waschküche statt der Weißwäsche die Würste gekocht und die Dosen mit Blut- und Leberwurst gefüllt. Der Geruch zog durchs ganze Haus und ich ekelte mich davor. Es machte mir nichts aus, zuzugucken, wie das Schwein mit einem Bolzenschuss getötet und anschließend zum Ausbluten an der Stalltür aufgehängt wurde. In einem Eimer wurde das Blut aufgefangen. Aber Blutwurst kann ich bis heute nicht essen, der Geruch war doch zu schlimm. Auch an den Schinken habe ich böse Erinnerungen. Er wurde in der Räucherkammer aufgehängt und roch streng nach Rauch, immer war er zu dick geschnitten und mehr als einmal bin ich fast daran erstickt, weil ich die harten Scheiben gar nicht durchbeißen konnte und sie mir im Hals stecken blieben.

Fremd kam ich mir vor, wenn ich in den Ferien bei der „Eifeler Oma" war. Da war noch immer der Misthaufen vor der Haustür, der stank, und das Papier, das neben dem Plumpsklo hing, tat weh am Po. Doch das Brot schmeckte himmlisch und meine kleine Eifeloma schnitt mir dicke Scheiben davon ab und bestrich sie mit Marmelade. Damit setzte ich mich auf die Stufen vor der Haustür und wartete auf die Kinder aus dem Dorf. Die fanden mich interessant, ich sprach Hochdeutsch und hatte feine Kleider, aber bald war das vergessen und nach zwei Wochen Ferien war ich nicht mehr fremd und fing an, Dialekt zu sprechen und ihre Spiele zu lernen. Die Eifeloma trug immer Kittelschürze und Haarknoten. Ich guckte ihr morgens zu, wenn sie in der Küche vor dem kleinen, schräg gestellten Spiegel ihre langen Haare kämmte und mit langen Nadeln und Haarnetz zum Knoten steckte. Jeden Tag kochte sie auf dem Kohleherd für ihre Tochter und den Schwiegersohn; die arbeiteten auf dem Feld und waren tagsüber selten im Haus. Sie kümmerte sich auch um den kleinen Enkel. Als dann noch Zwillinge hinzukamen, wurde die Gastwirtschaft aufgegeben und aus dem Raum ein richtiges Wohnzimmer gemacht.

Selten verirrte sich ein auswärtiger Gast in die Gastwirtschaft. Der wurde dann genauestens von Oma befragt, woher er kam und wohin er wollte. Am Abend kamen die Männer aus dem Dorf zum Skatspielen mit dem Opa. Da war es dann laut und voller Qualm in der Gaststube. Die Hände des Opas mit den fleischigen, spitz zulaufenden Fingern und den schwarzen Rändern unter den Nägeln hielten die Karten und knallten sie plötzlich hart auf den Tisch. Dabei rauchte er Pfeife. Magisch angezogen wurde ich von den beiden Glasautomaten auf der Theke, einer mit gebrannten Mandeln, einer mit Wundertüten. Man brauchte zehn Pfennig dafür. Die Wundertüten enthielten immer Kaugummi in bunten Kugeln. Und es gab gelbe sprudelnde Limonade, einfach toll. Das hatten wir zu Hause nicht. Manchmal durfte ich mit dem Opa tagsüber aufs Feld, ich spielte den ganzen Tag am Waldrand. Mittags kam die Oma mit dem Henkelmann und brachte etwas Warmes zum Essen und wollte mich mitnehmen. Aber ich blieb lieber noch und durfte abends auf dem Rücken des dicken Kaltblüters wieder zurück ins Dorf reiten. Ich war gern mit dem Opa zusammen.

Endlich durfte ich in die Schule gehen! Die Schule war im Kirchdorf, das etwa drei Kilometer entfernt lag. Der Schulraum mit dem Ofen in der Mitte lag im ersten Stock, ein einziger Raum für alle acht Klassen. Der Lehrer war jung, es war seine erste Stelle. Er war sehr musikalisch und wir hatten jeden Tag Musikunterricht. Im Sommer zogen wir oft in der Natur umher, „Im Frühtau zu Berge wir zieh'n" und Ähnliches singend, und er erklärte uns die Bäume und Sträucher, die Blüten und was gerade vorbeikroch. Er ging mit uns in den Wald zum Blaubeerenpflücken und zum Pilzesammeln. Wir machten mit der Bahn große Ausflüge zu Burgen am Rhein und traten dabei als Schulorchester auf. Im Zug wurde unsere Musik über die Lautsprecher übertragen. Er studierte Theaterstücke mit uns ein und vor Weihnachten traten wir immer im Gemeindesaal auf. Ich habe nie wieder so einen guten Lehrer gehabt.

Ich konnte sehr gut lesen und machte das auch mit Leidenschaft. Im dritten Schuljahr schickte mich der Lehrer mit den Kleinen in den Gang, wo die ausrangierten Schulbänke standen, und ließ mich mit ihnen Lesen üben. Ich nahm meine Aufgabe sehr ernst, bat mir unbedingte Ruhe aus und verbesserte jeden kleinsten Fehler. Verdutzt haben die Kleinen, die eine fröhliche Auszeit im Flur erwartet hatten, meine Anordnungen befolgt.

Nach meinem ersten Schuljahr durfte ich in den Osterferien zum ersten Mal allein zu meiner Oma nach Berlin. Ich durfte fliegen! Ganz allein! Meine Eltern brachten mich zum Flughafen nach Köln-Wahn und übergaben mich in meinem Lodenmantel und dem kratzenden Mohairpullover, den braunen knöchelhohen Halbschuhen und der grauen Filzhose, die noch mehr kratzte, der eleganten, gut riechenden Stewardess. Die verwöhnte mich mit so viel Schokoladenkuchen, dass ich ihn prompt wieder von mir geben musste. Trotzdem war mein Berufswunsch ab sofort klar: Ich würde Stewardess werden. Das würde mein Eintritt in die große Welt sein und ich stellte mir mein Leben weltweit in Flugzeugen, Villen, Autos mit Chauffeur und gut riechenden, eleganten Leuten vor. Auf dem Rückflug wurde ich von einer noch eleganteren Stewardess mit rot lackierten Fingernägeln betreut, diesmal lehnte ich kennerhaft die Schokolade ab und alles ging gut!

In Berlin grüßte ich zunächst, wie ich es gewohnt war, alle Leute, denen wir begegneten. Die reagierten darauf amüsiert, erstaunt. Nur meine Oma schüttelte den Kopf darüber, dass ich nicht von selbst darauf kam, dass so etwas in der Stadt unmöglich sei. Ich schämte mich und passte sehr genau auf, nicht noch mehr falsch zu machen. Diese Oma war das Gegenteil von der „Eifeloma". Sie hatte Regeln,

Das macht die Autorin heute

Christa Bohl

Als meine Geschichte 2004 im 2. Band der Reihe erschien, befand ich mich in einer Zeit des Aufbruchs. Mit 52 startete ich gerade beruflich durch. Mein Neuanfang als Pressesprecherin gab mir endlich die Chance, zu zeigen, was in mir steckt. 2006 zog mein Sohn aus und ich war nun frei für Karriere und Abenteuer aller Art. 2010 entdeckte ich in Thailand die Meditation, was mich und meine Sicht auf die Welt sehr veränderte. Mit Gelassenheit und Optimismus ging ich Ende 2016 in Ruhestand, kaufte ein Haus in Portugal und lebe jetzt wieder auf dem Land in einem kleinen Dorf – so wie in meiner Kindheit. Allerdings mit Aussicht aufs Meer und deutlich besserem Wetter. Und – geheiratet habe ich immer noch nicht.

einen strengen Tagesablauf, nach dem man sich richten musste und einen Mann, den ich Onkel Fritz nannte. Er hatte einen dicken Bauch und spielte gern mit mir „Mensch-ärgere-dich-nicht". Tagsüber war er in der Firma und spielte keine große Rolle im Tagesablauf meiner Oma. Nicht so, wie ich es bisher kannte, dass der Vater oder der Opa in der Eifel immer zum Essen mittags da war und die Arbeit auf dem Hof immer im Mittelpunkt stand. Oma konnte den Tag ganz allein für sich planen. Sie war immer gut gekleidet und ging schrecklich gern Kuchen essen im Café. Sie hatte genaue Vorstellungen davon, was man tat und was man nicht tun durfte. Da gab es keine Diskussionen. Wichtig war, immer Haltung zu bewahren! Und jeden Tag Maniküre! Und jeden Tag Stuhlgang! Und niemals Lippenstift oder Schminke! Sie war immer tadellos selbstbeherrscht und zeigte keine Gefühle. Nur manchmal, wenn ich sie bat, mir von ihren früh verstorbenen Töchtern Ursula und Christa zu erzählen, sah ich ihre Tränen und ihre Traurigkeit. Die zeigte sie sonst nicht. Ihr fester Tagesablauf, ihr Festhalten an den erlernten Wertvorstellungen hielten sie irgendwie zusammen, vielleicht wäre sie sonst einfach auseinandergefallen vor Leid und Schmerz. Ihr zugeknöpftes Wesen schaffte einen Abstand, den jeder unwillkürlich einhielt. Es war sehr wichtig für mich, von ihr anerkannt und gut gefunden zu werden. Ich fragte sie nach Ähnlichkeiten mit der verstorbenen Christa aus, deren Namen ich erhalten hatte, und versuchte, mich möglichst genauso zu verhalten, wie diese Christa es getan hätte.

Mein Volksschullehrer setzte sich dafür ein, dass ich auf die Höhere Schule geschickt wurde. Aber das hatte mein Vater sowieso vorgehabt. Er und seine Schwestern waren schließlich auch auf die Höhere Schule gegangen. Aber für mich als Mädchen sei die Realschule ausreichend: „Du heiratest ja sowieso!" Das würde ich zwar nicht tun, wie ich beschlossen hatte, aber der Unterschied zwischen Gymnasium und Realschule war mir damals auch nicht klar. Ich war auch als Realschülerin etwas Besonderes, denn ich und der gleichaltrige Helmut waren die ersten Kinder aus dem Ort, die überhaupt in die 20 Kilometer entfernte Kleinstadt zur Höheren Schule geschickt wurden. Helmut natürlich aufs Gymnasium. Es bedeutete, morgens um 6.00 Uhr aufstehen, mit dem Fahrrad zur Bushaltestelle fahren und um 15.00 Uhr war ich erst wieder zu Hause. Dann gab es etwas Aufgewärmtes und wenn ich am Küchentisch die Hausaufgaben machte, spülte meine Mutter das Geschirr. Wegen der weit entfernten Schule war ich auch nachmittags immer allein. Der Kontakt mit den Kindern aus der Volksschule brach ab und die Mädchen aus der neuen Schule wohnten einfach zu weit weg.

So blieben mir weiterhin nur mein Bruder und natürlich die Tiere. Ich war viel bei den beiden Pferden und gelegentlich gab mir mein Vater Reitunterricht. Wenn eine Kuh kalbte, durfte ich das neue Kalb mit Stroh abreiben. Die Schreie der Kuh, wenn das Kalb schlecht lag und mit dem Flaschenzug geholt werden musste, waren kaum zu ertragen. Sie tat mir so leid! Mein Vater wirkte sehr sicher als

Geburtshelfer und meist brauchten wir den Tierarzt nicht zu holen. Wenn die Sau ferkelte, dauerte das meistens die ganze Nacht, mein Vater verbrachte dann im Schein der Rotlichtlampe mehrere Nächte im Stall, er musste aufpassen, dass die Sau die Kleinen nicht erdrückte.

So viel wir auch gestritten haben, ich passte schon immer gut auf den Bruder auf. Ich bemerkte eines Sonntags während des Hochamts, wie mein Bruder, auf der anderen Seite des Mittelgangs bei den Buben sitzend, hin und her rutschte und es kaum noch verhindern konnte, in die Hose zu machen. Den Anblick seiner Verzweiflung kaum ertragend, zögerte ich nur kurz, um meine Scham und Schüchternheit zu überwinden, stand auf, drückte mich an den anderen Mädchen vorbei aus der Bank und überquerte mit lauten Absätzen den Mittelgang. Ich zerrte den überraschten Bruder aus der Bank und unter den Augen der wortlos zusehenden Gemeinde führte ich ihn ins Freie, das Geräusch unserer Schritte auf dem Steinboden hallte noch lange in mir nach.

Am liebsten baute ich mit dem Bruder Hütten im Wald. Ich legte sehr viel Wert auf den Ausbau und die Ausgestaltung durch Äste und Zweige. War sie erst fertig, verlor ich augenblicklich das Interesse und suchte schon nach einem Platz, wo wir eine neue Hütte bauen könnten. Mein Bruder aber war eigentlich nur zur Mithilfe bereit, damit er anschließend darin mit mir spielen konnte. Das machte ich nur kurz mit und erklärte dann, dass die Hütte nicht gut genug sei und wir eine neue bräuchten. Da wurde er schon sehr wütend!

Mein Bruder hat sich auch später nicht viel von der Stelle bewegt und wohnt heute noch im Haus meiner Eltern im selben Ort, während ich unzählige Male nicht nur „die Hütte", sondern Beruf, Anstellung oder Männer gewechselt habe.

1964 wechselte mein Vater noch einmal die Stelle. Er fing als Gutsverwalter auf einem viel größeren Hof nahe der Mosel an. Wir verließen einmal mehr unsere gewohnte Umgebung und fingen neu an. Das ging bei mir nicht ohne Blessuren ab. Ich war in der Pubertät und der Zeitpunkt war denkbar ungünstig. Auf dem neuen Hof, er hatte 150 Hektar, habe ich mich nicht mehr für die Landwirtschaft interessiert. Die war mir jetzt zu groß und zu unübersichtlich und war aufgeteilt auf verschiedene Personen, das bekam ich alles nicht mehr mit. Wir hatten jetzt einen Melker und einen festen Arbeiter auf dem Hof. Wir bauten einen Freilaufstall nach der neuesten Methode und zwei große Silos, in die das gemähte Gras hineingepumpt wurde. Heu gab es keins mehr, aber eine Kornbrennerei. Wir zogen in ein 300 Jahre altes Gebäude aus roten Backsteinen mit meterdicken Wänden, das einen sehr romantischen Anblick bot. Wir blickten auf die Hänge der Weinberge, die sich um ein breites Tal zogen. Zunächst musste ich das Zimmer noch mit meinem Bruder teilen, doch bald hatte ich es für mich allein und konnte den Sonnenuntergang über dem Waldrand von meinem Fenster aus mit meinen ersten heimlichen Zigaretten begleiten.

Zum Glück hatten wir auch wieder ein Pferd, einen Haflinger, mit dem ich lange einsame Ausritte in den Forstwald unternahm. Hier kamen mir die besten Gedanken und ich fühlte mich sehr glücklich, wenn ich mich mit dem Pferd in Einklang wusste, die Zügel locker ließ und mich seinen Bewegungen überließ. Das war die Freiheit, die ich wollte.

Die Kleinstadt, wo ich zur Schule ging, war jetzt ganz nah, sodass ich nachmittags mit dem Fahrrad schnell überall hinkommen konnte. Ich durfte jetzt auch Reitstunden im Reitverein nehmen. Hier unterschied sich mein Alltag nicht mehr so sehr von dem der anderen Mädchen in der neuen Klasse. Ich konnte dabei sein, wenn nachmittags etwas los war, hatte aber große Schwierigkeiten, mich an diese neuen Mädchen zu gewöhnen und fühlte mich nicht zugehörig. Den neuen Dialekt, der sich auch bei den angeblich Hochdeutsch Sprechenden noch in einem singenden Tonfall äußerte, lernte ich nicht und ich wurde nie wirklich akzeptiert von ihnen, die sich alle schon seit dem Kindergarten kannten. Ich war sehr unglücklich in den ersten drei Jahren nach dem Umzug, bis ich mich mit 15 Jahren doch noch als hübsch entpuppte und von den jungen Männern des Ortes entdeckt wurde. Damit hatte mein Leid ein Ende.

Die vielen Erzählungen meines Vaters über sein früheres Leben auf dem großen Gut in Pommern mit den Pferden, dem eigenen Strand und den vielen Arbeitern wurde zu meiner Vorstellung davon, wie das Leben sein sollte. Es war ein großbürgerliches Leben mit Dienstboten, Köchin und Kindermädchen. Aber auch mit Verantwortung und Anständigkeit den Angestellten gegenüber. Und mit dem Verwachsensein mit dem Dorf und dem Land, das man bebaut. Mit Beständigkeit und verlässlichen Werten, die sich über Generationen nicht ändern. Nun war das aber alles vorbei und uns gehörte nichts mehr. Mein Vater tat zwar die gleichen Dinge wie früher, fing auch wieder an, auf die Jagd zu gehen, aber der Unterschied war klar: Wir waren keine Hofbesitzer mehr.

Damit gab es auch nicht die Frage der Hofübernahme. Trotzdem überredete er meinen Bruder, eine landwirtschaftliche Lehre zu machen, einfach aus Tradition und in Gedanken an die Vergangenheit. Ich hingegen sollte heiraten und möglichst so werden, wie die Frauen in der Familie seiner Mutter in Berlin. Diese ganzen Verpflichtungen lasteten wie ein Druck auf mir. Ich traf schon früh andere Entscheidungen, um mich von diesem Druck zu befreien. Ich wollte nie heiraten und ich wollte den Familiennamen weiterführen. Warum sollte das nur ein Mann können? Der Stammhalter – wie ich das gehasst habe! Warum sollte ich nicht die Stammhalterin sein? Nicht heiraten und trotzdem Kinder kriegen, schon ist der Name weitergeführt. Außerdem geriete ich dann nicht in die Falle, wie meine Mutter als Hausfrau, ohne eigenes Geld und eigene Rechte leben zu müssen.

Ich habe mich daran gehalten, habe nie geheiratet und mit dem Vater meiner Kinder ohne Trauschein zusammengelebt. Aber nach der Geburt meiner Kinder schnappte die Falle dennoch zu. Auch ohne Heirat lebte ich genau das Leben meiner Mutter, wurde gedemütigt und verlor mein Selbstbewusstsein. Schließlich trennte ich mich und fing allein von vorn an. Ich musste mir dreimal einen neuen Job suchen, was ich jedes Mal auch schaffte, und die Kinder allein großziehen. Heute bin ich beruflich erfolgreich und stolze Mutter von zwei gut geratenen Kindern. Meine ländliche Kindheit in der Abgeschiedenheit unseres Hofes und die besondere Situation – wir waren immer etwas anders als die Leute der Umgebung – haben mich stark gemacht. Aber auch unerfahren und wenig kompromissbereit im Zusammenleben mit anderen. Bis heute bin ich eine Einzelgängerin geblieben.

Renate, Bäuerin in Niedersachsen

Und wer soll die ganze Arbeit machen?

„Wenn ich beim Rollschuhfahren hingefallen war, führte mein erster Weg sofort zu meiner Oma."

Mein Urgroßvater hatte im Nachbarort eine kleine Landwirtschaft verkauft und in unserem Dorf einen größeren Hof erworben. Unter allergrößten Anstrengungen ist es ihm gelungen, den Hof an die nächste Generation weiterzugeben. Er hat sehr spät geheiratet und seine Frau war über zehn Jahre jünger als er. Sie bekamen zwei Kinder. Das jüngere war der ersehnte Hofnachfolger. Leider ist dieser Sohn mit zwölf Jahren verstorben. Ein schwerer Schlag!

Nun war die Schwester, meine Oma, gezwungenermaßen die Hofnachfolgerin. Da sie körperlich nicht gesund war, ist ihr die Arbeit manchmal sehr schwer gefallen. Sie heiratete sehr jung einen tüchtigen Landwirt. Es wurde viel gebaut und die Hofanlage konnte sich sehen lassen. Die einzige Tochter, die sie bekamen, war meine Mutter. Auch sie heiratete einen Landwirt, sodass unser Hof immer von Frauenhand weitergegeben wurde.

Wir sind drei Schwestern, wobei ich als jüngste letztendlich zu Hause geblieben bin. Meine Schwestern haben beide früh das Haus verlassen, um zu studieren oder eine Ausbildung zu machen.

Auf einem Bauernhof aufzuwachsen bedeutet, viel Freiheit zu haben. Durch die großen Wohnhäuser hat man ausreichend Platz und kann sich frei bewegen. Der große Hof und die Stallungen bieten zahlreiche Abenteuerspielplätze. (Ich freue mich auch heute noch darüber, ein großes Wohnhaus zu haben, aber da ich es allein sauber halten muss, ist es auch eine riesige Belastung. Und die Vorstellung, dass mein Mann und ich eines Tages allein darin sein werden, macht mich sehr traurig.)

Da die Eltern meistens sehr beschäftigt waren, hatten wir viel unbeaufsichtigte Spielzeiten. Allerdings gab es feste Regeln, die nicht überschritten werden durften. Zu meinen Freundinnen durfte man ab Samstagmittag nicht mehr zum Spielen kommen. Nach dem Saubermachen war das Spielen dort tabu. Auf unserem Bauernhof durften wir jederzeit spielen. Es gab auch mittags keine Ruhezeiten. Als kleines Kind war ich einmal bei meiner Oma väterlicherseits in der Kleinstadt, da meine Mutter ins Krankenhaus musste. Dort fühlte ich mich total eingeengt. Die Mittagsruhe wurde streng eingehalten und abends ging es früh ins Bett, obwohl es Sommer war. Im Sommer, besonders in den Ferien, durften wir zu Hause abends noch Federball spielen oder noch andere Sachen machen. Ich bekam fürchterliches Heimweh.

Ich erinnere mich an meine Oma, wie sie aus dem Garten kommt – mit drei Eimern frisch geerntetem Gemüse und von der Anstrengung sichtlich gezeichnet. Der Haushalt war überwiegend ihre Sache. Sie hat gekocht, gewaschen und sauber gemacht. Erst heute weiß ich das zu schätzen. Ihre Apfeltaschen waren immer ein Gedicht. Jedes Mal, wenn auf dem Hof ein Ernteeinsatz gefahren wurde, hat auch sie einen Großeinsatz inszeniert. Und zwar in der Küche. Wenn meine Eltern dann zum Essen ins Haus kamen, sah es dort aus wie auf einem Schlachtfeld. Sie hatte es nur gut gemeint. Wenn alle arbeiteten, wollte auch sie ihren Beitrag leisten. Aber die Hausarbeit wurde nie anerkannt.

Wenn ich beim Rollschuhfahren hingefallen war, führte mein erster Weg sofort zu meiner Oma. Dort bekam ich Trost; sie entfernte mir die Kieselsteine aus dem Knie und versorgte die Wunde. Außerdem stopfte sie gleich die kaputt gegangene Strumpfhose und gab mir sogar etwas Süßes. Zu meiner Mutter bin ich mit solchen Lappalien nicht gegangen, ich hätte obendrein noch Schimpfe bekommen.

Als ich noch nicht mithelfen musste, blieb ich in der Futterzeit mit meiner Oma in der Küche auf einem alten Kanapee. Wir sollten keinen Strom verbrauchen und das Licht auslassen, weil man im Stall ja schon genug Energie brauchte. So meinte jedenfalls meine Mutter. Es waren urgemütliche Stunden; man konnte sich gut unterhalten und dabei in den Sternenhimmel gucken, da das Sofa direkt vor dem Fenster stand. Meine Mutter hatte nie Zeit für uns. Musste ich wegen Krankheit mal das Bett hüten, war es meine Oma, die mir mein Lieblingsessen ans Bett brachte. Sie holte dann auch extra Joghurt und Bananen vom Kaufmann.

Beim Mittagstisch gab es oft Diskussionen zwischen meinen Eltern und der Oma. Sie musste immer alles wissen und gab zu allem ihren Kommentar. Meine Eltern hat das oft genervt und sie reagierten manchmal recht heftig darauf. Heute geht es mir mit meinen Eltern ähnlich. Die üblichen Generationenkonflikte halt.

Wenn ich mittags aus der Schule kam, musste ich mich sofort umziehen und nach den Hausaufgaben meist auf dem Hof mithelfen. Wenn alle schon draußen bei der Arbeit waren, lag ein Zettel für mich parat, der Anweisungen und Aufgaben für mich enthielt. Es war selbstverständlich, dass wir mitarbeiteten. So mussten wir Kinder damals die Runkeln von Hand herausziehen, während es Aufgabe der Frauen war, die Blätter abzuhacken. Auch wir wollten gerne mal das Abhacken übernehmen, denn diese Arbeit war höher angesehen und weniger anstrengend. Aber das war angeblich zu gefährlich.

In den ersten Jahren halfen uns Frauen aus dem Dorf, die sich etwas dazuverdienen wollten. Damals wurde viel erzählt und so ging die Zeit schnell um. Später jedoch stand ich mit meiner Mutter oft allein beim Runkelhacken. Wenn jede zweite Reihe die eigene ist und man kaum Fortschritte sieht, kann das sehr frustrierend sein.

Später bekamen wir dann einen Runkelroder. Sieben Bauern aus unserem Dorf legten zusammen und schafften diese Maschine gemeinsam an. Einer saß auf dem Trecker, ein anderer hinten auf der Maschine, wo er sie so steuern konnte, dass möglichst jede Runkel erfasst wurde. Ab und zu fielen aber doch welche daneben. Die mussten aufgelesen und möglichst gleich in den Fangkorb der Maschine geworfen werden. Das war meine Aufgabe, da die anderen angeblich nur von Männern erledigt werden konnten. Man hatte ja als Frau oder als Mädchen angeblich keinerlei technisches Verständnis.

Ich musste also schnell laufen und mich immer wieder bücken, um den Anschluss zu halten. Die Maschine fuhr dabei unbeirrbar weiter und ließ einen nicht zur Ruhe kommen. Besonders in nassen Jahren blieb der Dreck an den Gummistiefeln haften, sodass diese mit jeder Runde schwerer wurden. Anschließend mussten die geernteten Runkeln zu Hause einzeln in den Keller und dort noch zweimal weiter nach hinten geworfen werden, damit auch alle hineinpassten. Für jede Futtermahlzeit haben wir später vier bis fünf Schubkarren Runkeln eingelesen, die wir vorher mühselig einzeln vom Dreck befreit hatten.

Wenn ich im Winter nach der Schule zum Schlittenfahren ging, war ich trotzdem zur Futterzeit zu Hause, um diese Arbeiten zu erledigen. In diesen Jahren habe ich Ausdauer und Durchhaltevermögen gelernt.

Für meine Eltern war der Hof immer das Wichtigste im Leben. Wir waren wichtig, weil wir Arbeitskräfte waren. Da meine Schwestern sich schnell gegen die Landwirtschaft entschieden hatten, wurde ich als Hofnachfolgerin angesehen. Ich habe es als schwere Last empfunden und fühlte mich stets verpflichtet, meine Eltern zu unterstützen. In den Sommerferien blieb ich meist zu Hause, denn ich wurde ja in der Ernte gebraucht. Mit 16 Jahren machte ich meinen Trecker-Führerschein und konnte von da an auch andere Arbeiten übernehmen, wie beispielsweise Strohpressen, Getreidefahren, Grubbern und Ähnliches. Da ich keinen Bruder hatte, bin ich sehr früh mit Schlepper und Geräten betraut worden. Außerdem war meine Mutter eine schlechte Fahrerin und deshalb froh, wenn ich ihr diese Aufgaben abnahm. Damals war es noch eine Seltenheit, dass eine Frau mit zwei Fudern Weizen beim Landhandel vorfuhr. Die staunenden Blicke der männlichen Kollegen habe ich natürlich entsprechend genossen.

Wegen der Sinneswandlungen meiner ältesten Schwester während ihres Studiums, die zuweilen revolutionäre Ausmaße annahmen, waren meine Eltern von der Aussicht, mich Abitur machen zu lassen, nicht sonderlich begeistert.

Sie hatten Bedenken, dass ich mich ähnlich entwickeln und mich somit von der Landwirtschaft abwenden könnte. Also habe ich mich mit der mittleren Reife begnügt. Welch fataler Fehler!

Das letzte Jahr in der Schule war für mich schrecklich. Alle meine Mitschüler hatten schon Berufspläne und zum Teil Lehrstellen, nur ich hing völlig in der Luft. Meine Mutter wollte mich gerade mal auf einen Lehrhof gehen lassen; natürlich lediglich als Hauswirtschafterin und nicht etwa als Landwirtin. Ich verabscheute die Hauswirtschaft jedoch und wehrte mich dagegen. Mein Vater ging mit mir daraufhin zur Berufsberatung. Aufgrund meiner guten Schulnoten wurde mir empfohlen, doch das Abitur zu machen und dann Landwirtschaft zu

Das macht die Autorin heute

Renate Quentin

Heute geht es mir sehr gut. Das Abschaffen der Milchkühe hat mir die Möglichkeit gegeben beruflich neu durchzustarten und zu reisen, sowie meinen Interessen an Garten und Musik nachzugehen. Der Betrieb wird als reiner Ackerbaubetrieb von meinem Mann bewirtschaftet. Nur in Spitzenzeiten helfe ich mit aus. Durch meine berufliche Tätigkeit haben wir gesicherte feste Einnahmen, die die Risiken der Landwirtschaft ausgleichen. Da das Leben auch für mich einmalig und endlich ist, genieße ich jeden Tag und freue mich über meine Enkelkinder und die beruflichen Erfolge meiner Kinder.

studieren. Uns beiden hatte das Konzept zugesagt, doch als wir meiner Mutter davon berichteten, war ihr einziger Kommentar: „Und wer soll die ganze Arbeit machen?"

Ich fühlte mich eingeengt und völlig allein gelassen. Aus lauter Pflichtbewusstsein habe ich den Vorschlag der Berufsberatung zu meinem heutigen Bedauern verworfen. Eine Ausbildung zur landwirtschaftlich-technischen Assistentin war die Alternative. Es hatte etwas mit Landwirtschaft zu tun und ich konnte während der Lehrzeit zu Hause wohnen und, was entscheidend war, nach Feierabend mitarbeiten.

Da ich nun als Hofnachfolgerin ausersehen war, fehlte mir noch der richtige Partner. Ich hatte einige nette Freunde, doch immer, wenn es etwas ernster wurde, kam der Kommentar meiner Mutter: „Was willst du denn mit dem? Der hat doch zwei linke Hände." Es ist halt nicht jeder Landwirt von Beruf.

Als ich schließlich vor 15 Jahren zusammen mit meinem Mann unseren Betrieb übernahm, war ich voller Optimismus und Elan. Wir übernahmen zwei andere Betriebe und hatten dadurch unsere Ackerflächen und die Zahl unserer Milchkühe mehr als verdreifacht. Nebenbei wurde umgebaut und renoviert. Eigentlich sollten die daraus zu erzielenden Einkünfte unser Familieneinkommen für die nächsten Jahre sichern, doch es ist alles anders gekommen, als ich dachte.

Die Preise sind so sehr gefallen, dass ich mir große Sorgen um die Zukunft mache. Auch die Hoffnung, dass eines meiner beiden Kinder Interesse für die Landwirtschaft zeigt, musste ich begraben. Dabei wollte ich doch auf keinen Fall die letzte Betriebsleiterin unseres Hofes sein. Doch ich kann die Kinder verstehen! 365 Tage im Jahr zu arbeiten und dafür nur wenig Lohn zu erhalten ist sehr schmerzlich.

Wir haben immer wieder versucht, den Preisverfall durch Zupachtung und Aufstockung auszugleichen, sind dadurch aber in eine Arbeitsfalle geraten, aus der wir oft keinen Ausweg sehen. Eigentlich darf niemand ernsthaft krank werden, sonst bricht unser System völlig zusammen. Falle ich mal wegen einer Grippe aus, habe ich ein schlechtes Gewissen und nehme meine Arbeit viel zu früh wieder auf.

Früher hatte fast jede Familie eine Verbindung zur Landwirtschaft und folglich auch Verständnis. Da wurde das eigene Hausschwein gemästet, die Wegränder abgemäht, um die Ziegen zu versorgen. Einige Frauen verdienten sich durch Rübenhacken oder andere Saisonarbeiten etwas dazu. Man war nicht allein auf dem Feld und es wurde lustig erzählt, sodass die Zeit auch schneller verging.

Heute sind wir allein. In unserem Dorf gibt es nur noch einen Berufskollegen. Zu dem ganzen Stress kommen dann noch Beschwerden hinzu, wenn wir zum Beispiel um 22.00 Uhr noch mit dem Mähdrescher unterwegs sind oder in der Erntezeit die Straßen etwas verschmutzen. Es macht mich sehr traurig, dass Leute, die früher auf unserem Hof gearbeitet haben, uns heute wegen dieser „Belästigungen" sogar anzeigen wollen. Was sollen wir aber tun, wenn ein extrem nasses Jahr die landwirtschaftlichen Arbeiten so erschwert?

Wenn das Getreide reif ist und dann ein mehrwöchiger Dauerregen einsetzt, liegen unsere Nerven blank. Der Ertrag ist dahin; von der Qualität ganz zu schweigen. Die Einnahmen, auf die wir dringend gewartet haben, fallen aus. Wenn am Mähdrescher etwas zu Bruch geht, kommen die Reparaturkosten noch hinzu. Treten dann noch Skandale wie BSE oder Maul- und Klauenseuche auf, die die Preise fallen lassen, sind wir am Boden zerstört. Aus diesem Tal sind wir bis jetzt nicht mehr herausgekommen. Der Preisverfall unserer Produkte lässt uns mittlerweile verzweifeln.

Bis vor einigen Jahren haben wir die Kühe noch täglich auf die Weide gebracht. Dabei mussten wir ein Stück Dorfstraße passieren. Es war faszinierend, wie die Kuhherde ruhig ihren täglichen Fußmarsch zurücklegte. Man spürte sofort, wenn in der Herde irgendetwas nicht stimmte. Und es war auch immer eine bestimmte Kuh, die vorweg ging. Als dann die Kuhzahl stieg und immer mehr parkende Autos die Straße verengten, haben wir den Austrieb eingestellt.

Bei der Betriebsübernahme hätte ich mir manchmal von meinen Eltern Zuspruch und Verständnis erhofft. Das Gegenteil war der Fall: Viele unserer Entscheidungen wurden kritisiert und nicht anerkannt. Besonders mein Vater hat keine Gelegenheit ausgelassen, mir unsere vermeintlichen Fehler vorzuhalten. Er hat es bis heute nicht aufgegeben, uns erziehen zu wollen. Dass die Landwirtschaft sich so sehr gewandelt hat, seit er den Betrieb leitete, ist ihm bis heute nicht aufgegangen. Allein die Buchführung zu erledigen und den bürokratischen Zwängen gerecht zu werden macht ja heute schon so viel Arbeit, dass man für andere Dinge kaum noch Zeit hat. Sitzen wir am Schreibtisch, so schüttelt er nur verständnislos den Kopf, da für ihn nur die Arbeit draußen zählt.

Nachdem nun meine Mutter auch noch zum Pflegefall wurde, habe ich zuweilen das Gefühl, dass ich alles nicht mehr schaffe. Das einzig Positive daran ist, dass mein Vater nun andere Sorgen hat und uns nicht mehr so häufig kontrolliert.

Wie gerne würde ich einmal keine Sorgen haben und einfach die Seele baumeln lassen. Eigentlich wollte ich nie wie meine Mutter werden, die immer nur die Arbeit und die Verpflichtungen im Kopf hatte. Aber wenn man täglich so viel zu erledigen hat, wird man irgendwann so. (Ich wäre mit meinen Kindern auch gerne in die Eisdiele gegangen; jetzt sind sie erwachsen und gehen ohne mich Eis essen. Die betrieblichen Arbeiten gehen halt doch vor. Und man wird nie fertig).

Bei all diesen Erschwernissen denke ich oft über meine Entscheidungen nach und frage mich, ob ich heute glücklicher wäre, wenn ich einen anderen Weg eingeschlagen hätte.

Glück: Was bedeutet das eigentlich für mich?

Wenn am Heiligabend die gesamte Familie wieder vollzählig und gesund im Wohnzimmer versammelt ist. Wenn ich im Stall stehe und meine Kühe alle genüsslich in ihrem Futter wühlen. Dann sind alle gesund und das ist Glück. Wenn ich mit meinem Mann nachts beim Mähen bin und der Mähdrescher sich im Scheinwerferlicht in die goldenen Ähren frisst. Das Getreide ist trocken und das Wetter optimal – Glück pur! Wenn beim Silieren alles gut klappt, dann langsam doch dunkle Wolken aufziehen, der aufkommende Wind heftig in die Siloplane fasst, man alle Kräfte mobilisieren muss, um die Plane auszubreiten, und man trotzdem gerade noch fertig wird, bevor das Gewitter hereinbricht ...

Und es ist auch Glück, wenn mein Mann und ich morgens nach dem Stalldienst über den Hof gehen und unser Kater und der Hund liebevoll neben uns herlaufen, in Erwartung einiger Schmuseeinheiten, die sie auch jedes Mal bekommen.

Ilse, Bäuerin in Niedersachsen

Die Hühnerkirche

„An ein hellblaues Perlonkleid mit Puffärmeln und weißer Spitze kann ich mich gut erinnern. Ich fand mich sehr schick.“

Ein Feldweg. Meine Mutter schiebt barfuß einen Kinderwagen auf einen Mann zu. Meinen Vater.

Obwohl es kein Foto gibt, habe ich dieses Bild genau vor Augen. Unzählige Male hat meine Mutter davon erzählt, wie sie damals im Sommer 1946 über viele Umwege die Adresse meines Vaters erfahren hatte und ihn dann, mit meinem ältesten Bruder im Kinderwagen, endlich fand.

Meine Eltern hatten an Weihnachten 1944 in Striegau/Schlesien geheiratet. Schon drei Tage danach musste mein Vater wieder an die Front und erfuhr erst viel später, dass im Mai dort in Schlesien sein erster Sohn geboren war. Als Bauer wurde er „zur Einbringung deutscher Ernte“ aus der Gefangenschaft entlassen. Er landete in einem Dorf in Ostfriesland. Dort hat ihn meine Mutter im Sommer 1946 auf diesem Feldweg zum ersten Mal nach der Hochzeit wiedergesehen.

Langsam gewöhnten sie sich in Ostfriesland ein und es wurde ihnen klar: Es gab keinen Weg zurück nach Schlesien! Sie blieben weitere vier Jahre bei einem Bauern einquartiert und es sind dort noch zwei Brüder von mir geboren worden.

Als ihnen eine Siedlung im Hochmoor angeboten wurde, griffen sie zu. Mit einer Kuh, einem Kreierwagen (ostfriesisch: offener Heuwagen) mit Heu, fünf geschenkten Hühnern, einem Sack Weizen, etwas Saatgut, drei Söhnen und kaum genug zum Anziehen zogen sie auf die Landstelle. Es gab keine Gebäude, alles musste auf dem moorigen Grund mühsam errichtet werden. Solange wohnte man in einer Baracke.

Heute steht an dieser Stelle mein Elternhaus, an einer lang gestreckten Straße, auf der einen Seite weit auseinander stehend die Bauernhöfe, auf der anderen Seite das Moor. Mein jüngerer Bruder bewirtschaftet den Hof heute als reinen Milchviehbetrieb. Fast alle Nachbarbetriebe wurden bereits aufgegeben.

Acht Jahre vor mir wurde ein Zwillingspaar geboren. Nun waren es also vier Jungen und ein Mädchen. Aber ich will ja von mir erzählen! Über meine Geburt im Jahr 1960, sagt meine Mutter, haben sich alle sehr gefreut. Das hatte mehrere Gründe: Die anderen fünf Kinder waren schon aus dem Gröbsten heraus und konnten, was wichtig war, schon helfen! Dann war ich ein Sonntagskind mit schönen schwarzen Augen und Haaren. Meine Schwester freute sich auf eine Gespielin, bislang plagte sie sich schließlich mit vier Brüdern.

Von mir gibt es die meisten Fotos. Sicher hatte einer von den Größeren einen Fotoapparat. 1961 und 1962 wurden noch einmal zwei Jungen geboren. Wir sahen völlig unterschiedlich aus: Ich hatte ganz dunkle Augen und Haare, Franz ganz blonde Haare und strahlendblaue Augen und der kleine Reinhard hatte blonde Korkenzieherlocken und rehbraune Augen. Wir drei, wir hatten eine schöne Kindheit.

Die Großen haben oft die Eltern geärgert, weniger uns kleine Geschwister. Die Jungen wollten gerne Moped fahren, Radio hören und nicht immer nur arbeiten. Meine Schwester wollte sich gerne fein machen, einen Minirock anziehen und sich mal schminken, stattdessen hat sie sich viel um uns kümmern müssen. Das hat ihr bestimmt nicht immer gut gefallen. Bis sie mit mir spielen konnte, war sie schon aus dem Haus. Die anderen Dorfkinder waren weit weg, weil die Höfe so vereinzelt standen. So waren wir immer unter uns und immer gab es Arbeit, die erledigt werden musste. Mein Vater spannte Groß und Klein mit ein. „Wer nicht arbeitet, macht Dummheiten."

Die fünf Großen bildeten eine Gruppe und wir drei Kleinen die andere.

Als wir drei Jüngsten drei, vier und fünf Jahre alt waren, sollte die Mutter eine vierwöchige Müttergenesungskur im Schwarzwald verbringen. Wer zu Hause den Haushalt geführt hat, weiß ich nicht, ich vermute, die Großmutter aus Leer. Wir drei Kleinen wurden in ein Kindererholungsheim gebracht. Man hatte uns eingeredet, dass es dort ganz wunderbar sei, und so haben wir uns auf die „Holung" sehr gefreut. Aber die Enttäuschung war groß. Ich kann mich an einen langen Schlafsaal erinnern, in dem die weißen Gitterbetten in langen Reihen eins neben dem anderen standen. Abends wurden wir an die Wand gestellt, die Nonnen sprachen mit uns das Nachtgebet und dann ging es ins Bett. Oft hat Franz in der Nacht vor Heimweh nicht schlafen können und mich schluchzend geweckt, um mit in meinem Bett zu schlafen. Die Betreuung der Kinder ließ ebenfalls zu wünschen übrig. So habe ich seit dieser Zeit eine Narbe rund um den Oberschenkel, weil mir tagelang ein Schlüpfer (rosa, innen angeraut und mit einem zu engen Gummiband) nicht gewechselt wurde. Zuletzt waren wir alle drei krank. Als wir wieder abgeholt wurden, hatten wir unsere Eltern fast vergessen, der kleine, kecke Reinhard hat den Vater zuerst erkannt. Und wenn immer es irgendwo so ähnlich aussah, wie in und um das Kinderheim, haben wir drei im Chor gerufen: „Aber nicht wieder in die Holung bringen."

Weil es mit acht Kindern doch etwas eng um den Mittagstisch wurde, hat mein Vater ein Küchenhaus gebaut. Das war ein Anbau an das Wohnhaus und es gab einen Vorratsraum, einen Keller und einen Dachboden. In der neuen Küche standen eine große Eckbank, die mein großer Bruder, der mittlerweile in der Tischlerlehre war, gemacht hatte, ein großer Tisch, eine weiße Einbauküche und ein ostfriesischer Stangenofen. Hier konnten wir unsere Füße wunderbar wärmen und zum Schneebälleschmelzen taugte er auch. Sonntags hat der Vater immer die Ofenplatte blank geputzt und die Küche gefegt. Ich kann ihn noch vor mir sehen, er hielt den Besen immer so komisch in einer Hand. Denn das war doch eigentlich Frauenarbeit. Auf der Fensterbank standen in Reih und Glied die selbst gezogenen Geranien. Auch die Tretnähmaschine stand in der Küche; Flickarbeit gab es genug. Der Tagesablauf spielte sich hauptsächlich in der Küche ab. Die Wohnstube und die Schlafstuben wurden am Morgen aufgeräumt und dann abgeschlossen.

Ilse Meyer

37 Jahre sind wir jetzt verheiratet. Die schönsten Jahre waren die ersten Jahre mit den kleinen Kindern auf dem Schoß. Die schlimmsten Jahre waren zweifellos die Jahre der Krankheit meines Mannes. So viele Sorgen, Ängste und schlaflose Nächte. Meine größte Angst war, die Hofübergabe alleine regeln zu müssen. Meine Ehrenämter habe ich in dieser Zeit alle abgegeben.
Momentan geht es uns allen gut. Der älteste Sohn ist auf dem Hof geblieben. Wir helfen gerne mit und noch immer steht der Hof an allererster Stelle. Unsere gemeinsame große Freude ist es, dass wir durch drei kleine Enkelkinder wieder „gefühlt" immer ein Kind auf dem Schoß haben können.

Die Küche hatte einen Ausgang in den großen Gemüsegarten (im Moor wächst Gemüse wunderbar), eine angrenzende Waschküche und einen Abstellraum. Wichtig für uns aber war die Treppe zum Dachboden, dem Spielboden. Das war der flache Spitzboden über der Küche. Dort durften wir drei spielen, wie und was wir wollten. Im Winter hatten wir Mantel und Handschuhe an, denn es wurde dort nicht geheizt. Von dort gelangte man zu der Luke, von der aus wir in den Hühnerstall hineinsehen konnten. Etwa 30 Hühner verteilten sich auf den Stangen. Manchmal gab es „Hühnerkirche" zu sehen. Ein Huhn stand vorn, die anderen aufgereiht dahinter. Genauso, wie wir es aus unserer katholischen Kirche kannten. Vorne stand der Hühnerpfarrer und sagte etwas vor und die Hühnergemeinde antwortete. Wir haben das ganz ernsthaft geglaubt.

Am Samstag wurde die Wäsche gewaschen. Weil bei einer so großen Familie viel Wäsche anfiel, bekam die Mutter schon früh eine Waschmaschine. Sie stand im Waschhaus und war ein mit Feuer beheizbarer Waschkessel, in dem ein Flügel hin und her schwenkte. Gerne haben wir diesen gleichmäßigen Rotierbewegungen zugeschaut. Zuerst kam die Leibwäsche und zuletzt die Arbeitswäsche an die Reihe. Mit einem langen Holzlöffel hat die Mutter geprüft, ob die Wäsche sauber genug war. Hinterher hat sie den kleinen Reinhard noch in das letzte Wasser gesetzt und gebadet. Es hat ihm nicht geschadet!

Gingen die Eltern abends aus und wir blieben allein (ich glaube, die Großen waren schon aus dem Haus), freuten wir uns auf unser Von-Holz-zu-Holz-Spiel. Das war ein sehr wildes Spiel und es wundert mich bis heute, dass die Eltern es nie bemerkt haben, vermutlich ist nie etwas zu Bruch gegangen. Wir hatten überhaupt kein schlechtes Gewissen. Ich weiß auch nicht, wer von uns es erfunden hat. Es muss wohl eine Co-Produktion gewesen sein. Kaum war die Tür geschlossen und das Auto vom Hof, wurde die Tischdecke vom Tisch gezogen, die Anrichte abgeräumt und der Teppichläufer zur Seite geklappt. Dann begann das Spiel: Wir sprangen im Kreis herum und durften nur Holz berühren. Also sprang man vom Tisch auf den Dielenfußboden und von dort auf die Sessellehne, dann auf die Ablagefläche des Schrankes und wieder auf Dielenfußboden. Von dort sprang man auf die Lehne von Vaters Klippklappsessel und auf die Anrichte, dann wieder auf den Tisch. Das war der Kreislauf – wie die Affen hintereinanderher. Das Geschirr im Schrank hat ganz schön geklappert. Hatten wir genug davon, wurde alles wieder aufgeräumt und wir gingen ins Bett.

Der Vater hatte den Führerschein, die Mutter nicht. Sonntags fuhren wir 18 Kilometer mit unserem Käfer in die nächste katholische Kirche; das war meinen Eltern ganz wichtig. In Ostfriesland sind nämlich fast alle evangelisch-lutherisch. In der Kirche trafen meine Eltern viele Vertriebene, mit denen sie gerne Kontakt halten wollten. So waren wir für die Ostfriesen im Dorf etwas Besonderes und es war schwer, in die Dorfgemeinschaft aufgenommen zu werden. Für den Gottesdienstbesuch nahmen die Eltern viel auf sich. Sie standen extra früher auf, damit die Arbeit fertig wurde. Das Mittagessen musste auch noch vorbereitet werden, denn wir waren immer noch eine große Tischrunde. Es gab jeden Sonntag einen Braten und natürlich schlesische Kartoffelklöße. Die mochten wir alle so gerne – Reinhard hat sogar einmal 15 Klöße geschafft. Wir drei wurden fertig angezogen. Die Jungen trugen so etwas wie einen Anzug (Hose zu kurz, Hemd und Jackett und Hosenträger) und ich ein Kleidchen. An ein hellblaues Perlonkleid mit Puffärmeln und weißer Spitze kann ich mich gut erinnern. Ich fand mich sehr schick.

Die Großen weigerten sich mittlerweile, mit in die Kirche zu gehen. Das gab natürlich viele Auseinandersetzungen. Aber irgendwie ging uns drei Kleine das nichts an. Wir fuhren mit. Oft haben wir die lauten Schimpfereien und Ermahnungen mit angehört und uns dann geschworen: „Wenn wir mal groß sind, dann wollen wir aber Mutter und Vater nicht so ärgern."

Einmal musste auf dem Rückweg von der Kirche unbedingt bei der Rinderweide haltgemacht werden. Wir drei blieben im Auto. Im Handschuhfach lag eine Schere. Da habe ich dem Reinhard die Haare geschnitten. Das kitzelte so schön und er hielt still. Weil er vorn einen Wirbel hat, standen die kurzen Haare jetzt hoch und das konnte ich einfach nicht berichtigen. Lange habe ich geglaubt, ich sei schuld, dass er überhaupt einen Wirbel hat.

Die beiden kleineren Brüder sind mir wie einer Glucke hinterhergelaufen. Die Mutter sah das gerne, mir fiel immer eine Beschäftigung ein. „Wer schön spielt, kann später tüchtig arbeiten" – so wurden wir beim Spielen nicht gestört. Oft haben wir Schule gespielt. Ich war schon ein Schulkind, da durfte ich Reinhard einmal mit in die Grundschule nehmen. Ich sehe uns noch im Stuhlkreis sitzen. Da steht er einfach auf und will hinausgehen. „Das darf er nicht", sagte das Fräulein zu mir, „da muss er doch erst fragen." Er dreht sich um und sagt: „Ich muss doch nur mal Pullern." Weil alle so über ihn gelacht haben, ist er erst gar nicht wieder zurück in die Klasse gekommen. Als ich ihn suchte, sah ich ihn auf dem kleinen Fahrrad nach Hause strampeln.

Die Großen gingen alle in die Lehre und dann schnell aus dem Haus. Alle haben einen handwerklichen Beruf gewählt und sich weitergebildet. Meine

Schwester holte auf einer katholischen Hauswirtschaftsschule mit Internat ihre mittlere Reife nach. Dort gefiel es ihr überhaupt nicht und mit der Kirche war es von da an auch ganz vorbei. Aber sie hat dafür gesorgt, dass ich nach der Grundschule gleich zur Realschule gehen durfte. Das bedeutete für mich einen sehr viel weiteren Schulweg.

Ich musste alleine aufstehen und mich für die Schule fertig machen, denn die Eltern waren ja noch im Stall oder auf dem Land beim Melken. Das hatte natürlich auch Vorteile: Ich konnte mich anziehen, wie ich es wollte. Neue Kleidung wurde nur ganz selten gekauft, war doch für uns noch genug von den Großen und den Verwandten aus der Stadt vorhanden. Zum Glück bekam ich schon früh eine elektrische Nähmaschine und konnte mich kreativ beschäftigen. Dabei habe ich viel gelernt und bei Klassenkameradinnen an Ansehen gewonnen. Weil man mich sehr früh eingeschult hatte und ich ein Kurzschuljahr mitmachte, war ich noch sehr jung. So wurde ich mit knapp 15 Jahren aus der Realschule entlassen. Die beiden kleineren Brüder waren wegen des Kurzschuljahres (das etwas mit der Verlegung des Schuljahresbeginns von Ostern auf den Sommer zu tun hatte) zwei bzw. drei Schuljahre unter mir und unsere gemeinsame Zeit wurde nun doch erheblich gekürzt. In den Ferien besuchten wir drei gerne die großen Geschwister, die mittlerweile geheiratet und Kinder bekommen hatten. Ich fuhr zu meinem ältesten Bruder in die Stadt, erlebte zum ersten Mal eine Stadtwohnung und hatte Spaß an Haushalt und Kinderhüten. Trotzdem war und blieb ich ein überzeugtes Landkind. In der Schulzeit haben wir am Nachmittag die Hausaufgaben gemacht und dann den Eltern geholfen. Wegen des weiten Weges waren kaum Aktivitäten mit Freundinnen möglich. Später, als die Schulzeit schon fast vorbei war, bekam ich öfter Besuch von motorisierten Klassenkameraden. Großartige Auseinandersetzungen mit den Eltern haben wir drei, glaube ich, gar nicht gehabt. Wir haben einfach getan, was wir für richtig hielten und sind nach dem Motto verfahren: Was ich nicht weiß, macht mich nicht heiß! Reibereien und Kämpfe haben die Großen für uns miterledigt oder die Eltern hatten keine Kraft mehr dafür.

Weil ich viel Spaß an Kindern, dem Garten und dem ländlichen Haushalt hatte, lag es nahe, die ländliche Hauswirtschaft zu erlernen. Mir gefiel es gut in einer fremden Familie, in der es viel Arbeit, aber auch Anerkennung gab. Aber richtig entwickelt habe ich mich erst auf der Landfrauenschule in Hildesheim. Das war eine Internatsschule, wo ich zwar wieder die Jüngste war, aber alle Freiheiten hatte. Hier habe ich viele Freundschaften fürs Leben geschlossen. Hier war ich mit meinem Einfallsreichtum und praktischen Können am richtigen Platz. Jetzt wurde mir erst klar, wie einfach wir zu Hause lebten, hatte ich doch von Tischkultur nicht viel Ahnung. Meine Mutter stellte den Suppentopf einfach auf den Tisch und los ging's. Suppenterrine, Silberbesteck und Hutschenreuther, wovon redeten die Mitschülerinnen da eigentlich? Zu Hause ging es darum, dass die Arbeit bewältigt wurde. Meine neuen Freundinnen wollten mich gerne mit einem Bauern bekannt machen und schleppten mich auf alle möglichen Volksfeste in Niedersachsen mit. Aber der Mann fürs Leben lief mir auf dem heimischen Tanzboden über den Weg. Da ein Sonntagskind zwangsläufig an die Liebe auf den ersten Blick glaubt, war uns beiden klar, was aus uns werden sollte. Zwei Jahre bin ich jedes Wochenende 500 Kilometer gefahren, weil ich als Lehrerin in einer anderen Landfrauenschule gearbeitet habe. Diese Schule war viel kleiner und alles wurde sehr genau und pingelig gehandhabt. Dort konnte ich die viele Freizeit gar nicht richtig genießen, sehnte ich mich doch zu meinem Bauern, um dort mein gelerntes Wissen anzuwenden. Manchmal, wenn dringend mal wieder aufgeräumt werden müsste, neckt er mich mit dem Titel eines Lehrbuchs aus der Landfrauenschule: „Mein Haushalt gut geführt".

Heute sehne ich mich nach etwas mehr Freizeit und würde sie auch gerne genießen. Wir haben einen reinen Grünlandbetrieb mit 75 Milchkühen und ihrer Nachzucht. Wir haben vier Söhne bekommen und bis jetzt viel Freude an ihrem Aufwachsen gehabt. Mein Wunsch ist es, dass die Jungen später auch von ihrer schönen Kindheit auf dem Bauernhof erzählen. Wir haben die Kinder schon früh in unsere Arbeit mit eingebunden, denn wie bei meinen Eltern sind auch bei uns keine Großeltern da, die Arbeiten und Aufgaben übernommen hätten. In 23 Ehejahren sind wir nicht eine einzige Nacht gemeinsam außer Haus gewesen. Ein paar Tage Urlaub mit den Kindern habe ich allein verbracht.

Vor ein paar Jahren haben wir uns ein neues Wohnhaus gebaut und eine Ferienwohnung auf unserem Bauernhof eingerichtet. Damit die Urlauber auch etwas anderes sehen als Kühe, Kälber und Katzen, habe ich mir wieder eine kleine Hühnerschar angeschafft, denn ich verstehe auch heute immer noch die Hühnersprache.

Gabi, Bäuerin in Niedersachsen

Alles hat einen Namen

„Das gleichmäßige Geräusch der Pulsation beim Betrieb der Melkanlage hat etwas Beruhigendes an sich. Fast wie das Rauschen des Meeres …“

Beim Melken bin ich gerne allein. Ich mag es, alleine im Melkstand zu stehen, kann dabei gut meinen Gedanken nachgehen. Das gleichmäßige Geräusch der Pulsation beim Betrieb der Melkanlage hat etwas Beruhigendes an sich. Fast wie das Rauschen des Meeres … Es entspannt mich vom Alltag, selbst bei der Arbeit.

Man könnte fast meinen, ich würde schon lange Zeit meines Lebens hier verbringen, in diesem Milchviehbetrieb in Niedersachsen. Aber …

Geboren und aufgewachsen bin ich in einem kleinen Ort in Sachsen. Meine Eltern bewirtschafteten dort einen kleinen Dreiseitenhof mit neun Hektar Land, sechs Milchkühen, vier Jungtieren und fünfzehn Schweinen. Jedenfalls bis zum so genannten „sozialistischen Frühling“. Anfang 1960 mussten auch sie dem Druck nachgeben und in die Landwirtschaftliche Produktionsgenossenschaft (LPG) eintreten. Sie waren mit bei den Letzten, die zum staatlich verordneten „Ich zum Wir“ übergingen. Eine andere Wahl blieb ihnen nicht, wollten sie nicht total isoliert werden. Mittel und Wege gab es genug, um sie unter Druck zu setzen oder gefügig zu machen.

Als Mitglieder einer LPG Typ 1 wurde ihnen erst einmal das Land weggenommen und ging in die gemeinsame Bewirtschaftung. 25 Ar Ackerland blieben ihnen noch für den eigenen Bedarf als „individuelles Eigentum". Alles hatte einen Namen ...

Das Vieh konnten sie noch behalten, mussten dafür aber ein „Soll" (z.B. an Milch, Eiern usw.) abliefern. Was über dieses Soll hinausging, gehörte ihnen. Seit dieser Zeit arbeitete mein Vater als Traktorist in der LPG. Dabei fuhr er meist einen LKW. Meine Mutter war im Gemüsefeldbau beschäftigt.

1961 wurde mein Bruder geboren, vier Jahre später dann ich. Als ich sieben Jahre alt war, wurden meinen Eltern auch die Kühe weggenommen und in die LPG „zwangseingebracht". Daran kann ich mich aber nicht erinnern. Ich glaube auch nicht, dass meine Eltern mit uns Kindern darüber gesprochen haben. Seit dieser Zeit hatten meine Eltern nur noch ein paar Schweine, Hühner, Enten und Kaninchen. Diese waren für den eigenen Bedarf gedacht, aber auch, um sie abzuliefern und damit den geringen Lohn, den sie für ihre Arbeit in der LPG erhielten, aufzubessern. In unserem Dorf gab es eine Annahmestelle, in der wöchentlich die Eier und monatlich Kaninchen abgeliefert werden konnten. Meine Aufgabe bestand meist darin, die Eier der Woche zu säubern, mit unserer Liefernummer zu beschriften und abzugeben. Die Schweine wurden immer schön fett gefüttert und jedes Jahr ließen meine Eltern eines für uns schlachten. Dieses Schlachten mochte ich überhaupt nicht. Der Geruch von frischem Fleisch erzeugte in mir immer einen Ekel. Geschlachtet wurde bei uns im Waschhaus. Ich erinnere mich noch genau, dass ich – selbst als alles schon vorbei war – noch die Augen zumachte und luftanhaltend durchs Waschhaus ging, um ins dahinter gelegene Bad zu gelangen. Oder ich zog es sogar vor, drei Tage unser „Plumpsklo" draußen zu benutzen. Einmal machte mir unser Schlachter den Ringelschwanz mit einer Sicherheitsnadel an der Hose fest. Wie ich ihn dafür verachtete. Seitdem machte ich einen großen Bogen um ihn.

Mit unserem Vieh und der kleinen verbliebenen Außenwirtschaft hatte ich nicht viel im Sinn. Wir mussten zwar auch beim Stroheinfahren, Kartoffellegen und -roden mithelfen, aber ich zeigte daran kein wirkliches Interesse. Ich denke, es lag an der staatlich verordneten „Zwangskollektivierung". Sind nicht mit dem Eintritt in die LPG die Wurzeln meiner Eltern gekappt worden? Verloren sie nicht damit ihren Ausgangspunkt als „freie Bauern“? Was sie das gekostet hat, haben sie nie erzählt. Gefühle und Empfindungen zu zeigen und auszudrücken gab es in unserer Familie nicht. So konnte ich diese „Zwangskollektivierung“ weder zuordnen noch verstehen. So lernte ich auch weder ihren und schon gar nicht meinen Ursprung als Bauern bzw. Bauerntochter kennen. Diesen gab es nicht mehr.

Mit den Wurzeln meiner Eltern sind auch meine Wurzeln abhandengekommen. Ich fühlte mich nie als Bauerntochter. Ich verband mit dem Bauer-Sein keine Lebensform. Gerade mal einen Beruf oder eine Arbeitsstelle, wie jede andere auch. Ich denke, vielen meiner Klassenkameraden, deren Mütter oder Väter in der LPG arbeiteten, ging es bestimmt ähnlich. Keiner hat seine Eltern als Bauern im eigentlichen Sinn bezeichnet. Aber so kam es auch zu keinen Hänseleien in der Schule wegen unserer Herkunft.

Die LPG unterhielt – wie viele Betriebe auch – ein eigenes Kinderferienlager in Großlohra im Harz. In den Sommerferien konnten die Kinder der Mitglieder jeweils für zwei Wochen hinfahren. Auch ich fuhr in jedem Sommer mit, als ich das Alter dafür erreicht hatte. Ich erinnere mich noch genau an meinen ersten Ferienlageraufenthalt. Mit drei anderen Mädchen aus meinem Dorf war ich zusammen in einem Zimmer. Trotzdem hatten wir alle schreckliches Heimweh und weinten uns gegenseitig etwas vor. Als sich unsere Betreuer keinen Rat mehr mit uns wussten, kam jemand von der LPG angefahren, um uns wieder abzuholen. Da waren wir auf einmal still und so konnten wir bis zuletzt dableiben. Es gab während der Ferienlagerzeiten ein gut organisiertes Programm mit Baden, Sportfest, Nachtwanderung, Spielen und Ausflügen. Es wurde uns einiges geboten. Bei allem durfte natürlich auch der Fahnenappell nicht fehlen und Pionier- bzw. FDJ-Kleidung mitzunehmen war auch Ehrensache. So gern wie ins Ferienlager, fuhr ich auch wieder nach Hause. Auf die letzte Ansichtskarte, die ich nach Hause schickte, schrieb ich mein Lieblingsgericht: „Hefeklöße mit Heidelbeeren bzw. Vanillesoße.“ Und meine Mutter machte mir zum Willkommen die Freude, das zu kochen.

In den Ferien waren wir oft auf uns gestellt. Meine Eltern mussten ja arbeiten gehen und Urlaub gab es nicht viel. Mittags war ich in den Ferien für das Kochen zuständig, denn meine Mutter kam in ihrer kurzen Mittagspause nach Hause zum Essen. Die Essensauswahl war gering, denn großes Interesse am Kochen hatte ich nicht. Auch so drückte ich mich gerne vor jeder Hausarbeit, wo ich nur konnte.

Zwei bis drei Wochen ging ich in den Ferien mit zu meiner Mutter aufs Feld arbeiten. Im Sommer mussten wir Freilandgurken abnehmen oder die vollen Eimer auf dem Hänger ausschütten. Manchmal auch auf der Pflanzmaschine mitfahren, um Kohlrabi, Porree oder Kohl zu pflanzen. In den Herbstferien wurde Rotkohl in die Mieten gestapelt. Die Arbeit war für mich eine gute Gelegenheit, Taschengeld zu verdienen, um mir auch einmal einen Wunsch zu erfüllen. Denn ich kann mich nicht erinnern, dass wir jemals Taschengeld von unseren Eltern bekamen.

In den Ferien fuhr ich gerne mit meinem Vater mit dem Lkw mit. Es kam darauf an, was gerade an Arbeit anlag. Manchmal wurden die Lkws der LPG auch zweckentfremdet, um beim Aufbau der „sozialistischen Heimat" zu helfen. Einmal musste er beim Bau von Leipzig-Schönefelds Plattenbauten Erdaushub abfahren. In den Pausen spielten dann die Männer im Bauwagen Karten. „Knack" wurde mit 30 Pfennig Einsatz gespielt. Ich war gut im Spielen, da wir zu Hause oft Karten- oder andere Gesellschaftsspiele machten. Ich gewann und gewann. Jedenfalls gaben die Männer nach diesem Tag meinem Vater zu verstehen, dass er mich nicht mehr mitzubringen brauchte.

Die Schule bereitete mir keine großen Schwierigkeiten. Ich hatte nur ein Problem: Ich schwatzte gerne und war oft unaufmerksam. In der sechsten Klasse stand deshalb im Zeugnis eine Drei in Betragen. Die tendierte schon zur Vier und das bei einer Benotung von lediglich Eins bis Fünf zu DDR-Zeiten. Daher stellte mich mein Klassenlehrer als schlechtes Beispiel im Betragen vor die „Patenbrigade". In der DDR hatten viele Schulklassen eine Patenbrigade. Das war ein Kollektiv von Männern und Frauen in einem nahe gelegenen Betrieb. Unsere arbeitete im KfL (Kreisbetrieb für Landtechnik). Mit denen trafen wir uns vielleicht ein- bis zweimal im Jahr. Wir führten dann ein einstudiertes Programm auf. Dafür wurden wir im Betrieb herumgeführt, bekamen Kuchen und einen Betrag für die Klassenkasse. Und vor eben diese fremden Leute stellte mich mein Lehrer. Wie habe ich mich dabei geschämt und wie wütend war ich auf ihn. Dieser Tag brachte aber für mich eine Wende. Der Ehrgeiz hatte mich gepackt. Meinem Lehrer, der mich so blamiert hatte, wollte ich es zeigen. Im nächsten Halbjahr stand deshalb nicht nur im Betragen eine Eins auf dem Zeugnis, auch in allen anderen Fächern hatte ich mich verbessert. Von da an stiegen meine Leistungen sprunghaft an.

Als die Berufswahl für mich anstand, war das Thema Landwirtschaft keine Überlegung wert. Warum auch, denn eine Perspektive sah ich da nicht. Ich wusste aber auch nicht, was ich sonst wollte. Meine Noten waren sehr gut und so schwankte ich zunächst zwischen dem Besuch der erweiterten Oberschule und dem Grundschullehrerberuf hin und her. Ich konnte mich nicht entscheiden. Meine Mutter meinte, ich sollte es mal besser haben und wollte mich am liebsten in einem Büro sehen. Ich war erst dagegen. Außerdem gab es wenig Chancen, einen Ausbildungsplatz in einem Büroberuf zu bekommen, denn solche waren zu DDR-Zeiten fast ausschließlich Schwerbeschädigten vorbehalten. Ich hatte jedoch großes Glück und bekam einen Ausbildungsplatz als Wirtschaftskaufmann in Leipzig. Die Ausbildung machte mir sogar Freude. Ich liebte es, mit Zahlen zu „jonglieren", Abrechnungen zu machen und hatte gerne mit Menschen zu tun. Nur das Großstadtleben gefiel mir nicht und so zog ich nach meiner Ausbildung wieder zurück zu meinen Eltern und begann, als Sekretärin in einem Baustoffhandel zu arbeiten.

Inzwischen war mein Vater als Einkäufer im Lager der LPG beschäftigt. Er fuhr einen kleinen Transporter „Barkas", mit dem er auf „Jagd" nach den knappen Ersatzteilen für die Maschinen und Geräte der LPG ging. Er erzählte oft, wie er mit einer Kiste voll Gurken oder Äpfeln losgeschickt wurde, um Ersatzteile zu besorgen. Eine undankbare Aufgabe bei den Engpässen überall. Aber manchmal halfen die mitgebrachten Vitamine etwas nach und er konnte das Gewünschte mitbringen. Wie mag er sich dabei vorgekommen sein, wenn er auf Tour ging. Aber ich kannte das ja selbst durch meine Arbeit im Baustoffhandel, wo es nicht besser mit der Versorgungslage aussah. Es war oft eine nervenaufreibende Arbeit, vor allem dann, wenn meine Kollegen und ich von aufgebrachten Kunden beschimpft wurden, weil sie das benötigte Baumaterial nicht bekamen oder monatelang darauf warten mussten. Wie oft saß ich da und war deswegen am Weinen, konnte doch aber auch nichts herbeizaubern. Ich erinnere mich deshalb noch gut an meinen ersten Besuch mit Freunden in einem Baumarkt im „Westen" nach dem Mauerfall. Da war alles da – man konnte einfach hingehen und kaufen. Es hatte mir nichts ausgemacht, volle Regale in den anderen Geschäften zu sehen, aber angesichts dieser Fülle an Baustoffen kam alles hoch, wie wir uns abmühen mussten und wie viel Kraft dabei sinnlos vergeudet wurde. Ich stand da und konnte nur noch weinen.

Ja, die Wendezeit war eine aufregende Zeit für mich und meine Familie. Schon die Wochen vor dem Mauerfall ängstigten mich. Das Brodeln unter dem Topfdeckel, die Montagsdemonstrationen, an denen ich teilnahm, die flüchtenden Leute, zu denen auch viele Freunde und Schulkameraden gehörten, erzeugten in mir eine Spannung, die kaum auszuhalten war. Wie wird das wohl ausgehen? Gibt es einen Aufstand, der blutig niedergeschlagen wird? Es gab ja in der DDR-Geschichte dafür Beispiele. Deshalb erschien mir die Nachricht vom Mauerfall auch so unwirklich. Konnte das wirklich friedlich möglich sein? Es war kaum zu glauben. Ich sehe mich noch heute vor dem Fernseher sitzen und fassungslos die Nachrichten verfolgen. Die Gedanken daran erzeugen in mir immer noch eine Gänsehaut und Tränen der Freude und Dankbarkeit. Wie leicht hätte es anders kommen können!

Plötzlich wurden wir mit vielen Dingen konfrontiert, mit denen wir noch nie in Berührung gekommen waren. Manche Veränderungen brachten Unsicherheit, ein Gefühl des „Boden-unter-den-Füßen-Wegziehens". Ich hätte nie wieder tauschen wollen, aber das Tempo, mit dem die Ereignisse fortschritten, war manchmal zu rasant.

Bisher hatten wir unser Wissen über den „Westen" fast ausschließlich über das Westfernsehen. Den Aussagen in der Schule und in den DDR-Medien hatte ich intuitiv nicht geglaubt, sondern wusste genau, was Lehrer und Funktionäre hören wollten. Wir wohnten ja nicht ganz im „Tal der Ahnungslosen", wie die Gegend um Dresden genannt wurde, weil da kein Westfernsehen empfangen werden konnte, sondern hatten das Glück, auch ARD sehen zu können. Das war unsere einzige Quelle, da wir keine Verwandten im „Westen" hatten, mit denen wir in Kontakt standen. Vielleicht ist das der Hauptgrund, dass uns als Familie die Trennung nicht so schmerzlich bewusst wurde wie anderen, bei denen Familien auseinandergerissen waren, oder wie den Menschen, die grenznah wohnten und die Zeichen der Trennung ständig vor Augen hatten. Wir lebten zwar genauso mit den Einschränkungen, die fehlende Meinungs- und Reisefreiheit und die Versorgungsmängel mit sich brachten, waren aber eben nicht mit einer Familientrennung belastet.

Der einzige Kontakt in den „Westen“, den ich noch ein Jahr vor dem Mauerfall bekam, war eine Luftballonbekanntschaft. Mein Bruder, der eine landwirtschaftliche Ausbildung gemacht hatte und als Agrotechniker in der LPG arbeitete, fand 1988 auf einem Rübenacker einen Luftballon. Ich schickte die anhängende Karte zurück und es entwickelte sich ein reger Kontakt zu einer Familie aus Detmold, die mir bis heute liebe Freunde sind und durch die ich eine Beziehung zum christlichen Glauben fand.

Anfang der neunziger Jahre hatte ich eine Anstellung als Chefsekretärin in einer renommierten Firma, ein ansprechendes Gehalt und eine eigene, moderne Firmenwohnung. Ich hatte mich einer freikirchlichen Gemeinde angeschlossen, in der ich mich in der Kinderarbeit engagierte. Ich war gerne unterwegs, konnte mir alle Annehmlichkeiten leisten und hatte schon einige Länder bereist. Dann lernte ich 1996 während einer christlichen Freizeit in der Schweiz meinen späteren Mann kennen – einen Landwirt aus Ostfriesland. Ich bemerkte sein Interesse an mir und beeilte mich, ihm deutlich zu machen, dass ich mit Kühen und dergleichen nichts anzufangen wisse – ja sogar Angst vor ihnen habe. Aber er ließ nicht locker. Ich staune noch heute, dass er sich trotzdem auf so eine Beziehung einlassen wollte – obwohl ich mich schon in der Schweiz wie wild gebärdete, als ich bei einer Wanderung über eine Kuhweide gehen sollte.

Wieder zu Hause, erzählte ich meinen Eltern, dass ich jemanden kennengelernt hätte. Meine Mutter lachte nur, als ich ihr sagte, was er von Beruf sei: „Du und einen Bauern heiraten!“ – das konnte sie – und sie war nicht die Einzige – sich nun wirklich nicht vorstellen. Ich selbst ja eigentlich auch nicht und mein erster Besuch ließ mich erst einmal die Ausmaße des Betriebes und des ganzen Anwesens sehen. Aber Liebe macht ja bekanntlich blind oder naiv oder beides.

Ich, die keine Ahnung von Landwirtschaft, der Führung eines großen Haushaltes, eines großen Gartens und Grundstücks hatte, die nie die Lebensform eines landwirtschaftlichen Betriebes und einer dazugehörigen Großfamilie kennengelernt hatte, wollte mich nach einem kurzen Kennenlernen darauf einlassen. Ich kann heute selber nur noch darüber staunen.

Als ich anfing, meine Zelte zu Hause abzubrechen, schlug mir genug Unverständnis entgegen. Wie konnte man so eine sichere Anstellung und tolle Wohnung aufgeben, um „Viehmagd“ zu werden. Ich war nicht nur Dorf-, sondern sogar Stadtgespräch. Da merkte ich auf einmal, dass viele mit dem Beruf eines Landwirts nur Negatives verbanden – dass diesem Beruf etwas „Dümmliches“ und „Hinterwäldlerisches“ anhaftete. Etwas, was ich als Kind so nicht zu spüren bekommen hatte. Ich wurde von vielen belächelt – offen oder versteckt.

Ich selbst hatte deshalb Bedenken in den „Westen“ zu gehen, weil ich Angst davor hatte, dort vielleicht als „ach, die aus dem Osten“ abgestempelt zu werden und nichts zu gelten. Diese Bedenken sollten sich später glücklicherweise nicht bewahrheiten. Ich bewundere heute noch meinen Mut, trotzdem an der Beziehung festzuhalten. Zumal nicht alle aus der Familie meines Mannes gerade begeistert davon waren, als wir die Haushalte ordneten. Mein Mut zur Veränderung kam aber nicht aus mir, sondern entstammte vor allem aus meinem festen Glauben heraus, dass Gott uns zusammengeführt hat, diese Verbindung möchte und auch für alles Weitere sorgen wird. Denn eigentlich bin ich eher ein Mensch, der an Altem und Bekanntem festhält und nicht so gerne Neues wagt.

Meinen Eltern bin ich noch heute dafür dankbar, dass sie mir nicht in meine Entscheidungen hineingeredet hatten, sondern mich gewähren ließen. Wie schwer ist ihnen das sicherlich gefallen! Ich sehe noch heute meinen Vater vor mir, als ich mich von ihm verabschiedete. Er weinte wie ein kleines Kind – so hatte ich ihn noch nie erlebt. Sie mussten die Tochter einem Mann geben, den sie vorher gerade zwei- oder dreimal gesehen hatten.

Auf den Tag genau ein Jahr nach unserem Kennenlernen heirateten wir. Es war von Anfang an klar, dass ich nicht regelmäßig mit im Betrieb helfen musste. Mein Mann hatte zu dieser Zeit noch einen Auszubildenden und stundenweise eine Fremdarbeitskraft. Andererseits wollte ich nicht sofort eine neue Arbeitsstelle außerhalb annehmen, sondern erst versuchen, in den neuen vier Wänden „heimisch“ zu werden. Deshalb blieb ich erst einmal zu Hause bzw. nahm nur einen von Bekannten angebotenen Mini-Job in meinem alten Beruf an.

Es fiel mir schwer, von 100 auf fast 0 im Berufsleben zu kommen. Obwohl ich zu Hause den „Schriftkram“ und die Buchführung erledigte, hatte ich das Gefühl, im

Das macht die Autorin heute

Gabi Geppert

Vor drei Tagen haben wir zum letzten Mal gemolken. Eine jahrhundertealte Tradition geht damit zu Ende und ein prägender Teil meines Lebens, den ich nicht missen möchte. Unser Entschluss zum Ausstieg, vor über zwei Jahren wohlüberlegt gefasst, ging langsam vonstatten. Das war gut so, denn so konnten Herz und Verstand nachkommen. Ich halte mich an unserem Trauvers, den wir vor 21 Jahren ausgewählt haben, fest: „Mein Plan mit euch steht fest. Ich will euer Glück und nicht euer Unglück. Ich habe im Sinn, euch eine Zukunft zu schenken, wie ihr sie erhofft (Jeremia 29, 11). Auch wenn ich noch nicht genau weiß, wie es für mich weitergeht, bin ich getrost. Meine Familie und ich – wir wissen uns von Gott getragen.

Betrieb „außen vor zu stehen". Und so begann ich nach drei Monaten, mit in den Stall zu gehen, wenn der Azubi nicht im Betrieb war. Natürlich wurden mir auch schnell meine Unzulänglichkeiten in puncto Haushaltsführung bewusst. Deshalb belegte ich schon wenige Wochen nach unserer Heirat einen Hauswirtschaftslehrgang, auch um Kontakte zu knüpfen. Denn mein eigener Freundes- und Bekanntenkreis war ja nun weit weg. Lehrgänge und Weiterbildungen hatte ich aber früher schon immer gerne besucht, um meinen Horizont zu erweitern. In diesem Lehrgang erwachten auch mein Interesse und meine Liebe zum Garten und zur Gartengestaltung, was mich früher nicht im Entferntesten interessiert hatte. Dieses Interesse hält bis heute an und ich besuchte im Laufe der nächsten Jahre noch viele Kurse zum Thema Gartengestaltung und bin begeistert dabei, meine Ideen umzusetzen.

Auch wir blieben nicht von den Generations- und Geschwisterkonflikten verschont, die es in vielen landwirtschaftlichen Betrieben gibt. Sie bereiteten uns manche schlaflose Nacht und Schmerzen in der Magengegend. Da wir die Haushalte aber von Anfang an geordnet hatten, blieb jedem die Möglichkeit, sich in seinem Bereich zu entfalten. Mein Mann erlitt 16 Monate nach unserer Hochzeit seinen ersten Bandscheibenvorfall, durch den er mehrere Monate durch Krankheit und Kur im Betrieb ausfiel. Der Betriebshelfer fiel nach einer Woche schon aus und einen Ersatz bekamen wir nicht. So musste ich in der arbeitsreichsten Zeit des Jahres den Betrieb allein führen. Da unser Lehrling keinen Führerschein für unseren großen Trecker hatte, musste ich alle Maschinen auf die Ländereien fahren, um das Maisland für die Aussaat vorzubereiten. Am Tag der Entlassung meines Mannes konnten wir den Mais drillen.

Nachdem unser Lehrling ausgelernt hatte, bewirtschafteten wir den Hof alleine. In dieser Zeit wurde ich mit unserem ersten Kind schwanger. Der Stalldienst wurde plötzlich für mich zur Qual, da ich den Stallgeruch überhaupt nicht mehr ertragen konnte. Mir war dort permanent übel und ich musste würgen. Ich war gesundheitlich angeschlagen und deshalb stellten wir drei Monate vor dem Ende der Schwangerschaft wieder einen Auszubildenden an. Dieser kam aber nicht aus der Landwirtschaft und musste bei Punkt null beginnen.

Wenige Wochen später verfehlte ich drei Stufen auf unserer Treppe, stürzte und kam mit vorzeitigen Wehen ins Krankenhaus. Während dieser Zeit erlitt mein Mann einen weiteren Bandscheibenvorfall. Und ich kam wieder nach Hause und sollte mich schonen, gleichzeitig musste sich mein Mann ins Krankenhaus einweisen lassen – drei Wochen vor dem errechneten Geburtstermin.

Fünf Tage vor der Geburt unseres Sohnes wurde mein Mann schließlich an der Bandscheibe operiert. Ich selber hatte zu dem Zeitpunkt die Illusion, dass bei mir alles glattgehen würde, ich das Baby bekäme und nach kurzer Zeit selbst wieder im Betrieb stehen könnte. Denn mein Mann würde ja eine ganze Weile bis zur Genesung brauchen. Aber es sollte anders kommen: Die Wehen begannen nachts und der Betriebshelfer fuhr mich ins Krankenhaus. Er war total aufgeregt und es war ihm gar nicht geheuer, mich zum Kreißsaal zu bringen. Dort wurde er von den Schwestern angesprochen, als ob er der Vater wäre. Er war heilfroh, als ich den Irrtum aufklärte und er endlich nach Hause „flüchten" konnte. Nach zweieinhalb Tagen in den Wehen, durch die mich eine Freundin wunderbar begleitete, bekam ich endlich einen Kaiserschnitt, der kompliziert verlief. Mein Sohn war gesund, nur mir ging es schlecht. Wir waren dennoch sehr glücklich, denn Christian wurde am 9. 11. 2000 geboren, dem elften Jahrestag des Mauerfalls. Ein schönes Datum für ein Kind aus einer deutsch-deutschen Verbindung. Wir waren und sind darauf besonders stolz – trotz aller Strapazen. Mein Mann erlebte das alles per Telefon in 80 Kilometer Entfernung zu mir. Dabei hatten wir uns eine gemeinsame Geburt gewünscht und extra einen Geburtsvorbereitungskurs für Ehepaare besucht.

Zwei Wochen nach der Entlassung bekam ich Fieber und musste erneut für eine Operation ins Krankenhaus. Mein Mann war zu dieser Zeit in der Reha. Aus den geplanten fünf Tagen nach der Operation wurden durch weitere Komplikationen 14 Tage. Dann konnte ich endlich nach Hause. So waren wir nach fast drei Monaten Krankenhauszeit, von einem oder von allen beiden, endlich wieder vereint zu Hause – zwar mächtig angeschlagen, aber wieder zusammen. Mein Mann hatte den Eingriff glücklicherweise so gut überstanden, dass er drei Monate nach der Operation wieder im Melkstand stehen konnte. Bei mir sollte es noch viele weitere Monate dauern, bis es mir wieder gut ging.

Diese schwere Zeit hat mich einerseits geprägt, andererseits hat sie sich tief eingeprägt. Denn sie war voll von menschlicher Größe, aber eben auch voll von schweren menschlichen Enttäuschungen. Sie hat mich wahre Freunde erkennen, aber auch Menschen erleben lassen, die mir eigentlich nahe stehen sollten, aber mich sehr verletzten. Diese Wunden verheilen nur sehr langsam.

Heute ist unser Leben „ruhiger" geworden, d. h. es verläuft in ruhigeren Bahnen. Seit drei Jahren bewirtschaften wir den Hof nun wieder alleine und ich gehe zudem noch wenige Stunden pro Woche außerhalb arbeiten. Unser Sohn entwickelt sich gut und ist ziemlich lebhaft. Es würde mich nicht wundern, wenn diese Unruhe bei ihm das Spiegelbild der bewegten Schwangerschaftszeit und der Babyphase bei uns wäre. Wir sind dankbar, dass es uns jetzt gut geht – es ist längst nicht selbstverständlich.

Mein Mann und ich engagieren uns auf verschiedenen Gebieten in unserer politischen und kirchlichen Gemeinde und in Ehrenämtern. Dies ist unser „Fenster zur Außenwelt“. Auszeiten sind selten und ich leide manchmal sehr darunter, dass ich Unternehmungen und Urlaube nicht mehr wie früher spontan planen kann. Die Zeiten in einem Milchviehbetrieb sind eben sehr geregelt. Ich träume davon, mal auszuschlafen und dann den ganzen Tag bummeln zu gehen – und das alles ohne schlechtes Gewissen. Manchmal gönnen wir uns kurze Urlaube. Seit wir den Hof alleine bewirtschaften, dann auch manchmal getrennt. So gewinnt jeder mal Abstand und der andere erledigt dann die Arbeit zu Hause.

Vor einiger Zeit hörte ich einen Ausspruch: „Wo Gott dich hingesät hat, sollst du blühen.“ Dieses Blühen war und ist nicht immer leicht. Aber wenn man den Platz, an den man gestellt wurde, einnimmt und annimmt, kann man vieles schaffen. Ich habe es geschafft, meine Ängste zu überwinden, mich einzuarbeiten, und habe meinen Platz gefunden. Ich bin für viele Erlebnisse dankbar, die ich so nur in einem landwirtschaftlichen Betrieb erleben konnte: für das Eingebundensein in viele natürliche Abläufe wie Säen und Ernten, Geborenwerden, Wachsen und Sterben, das Abhängigsein vom Wetter, Erfolge und Misserfolge. Nichts wird und kann ausgeklammert werden. Dieses zu erleben ist wertvoll für mich und das hätte ich so woanders niemals erfahren können – gerade in der heutigen Gesellschaft, in der viele Bereiche ausgeklammert werden (wie z. B. das Sterben) und wir uns immer mehr von der realen Welt entfernen.

Durch die Erfahrungen der nun schon sieben Jahre in Ostfriesland kann ich jetzt beruhigt im Stall oder im Melkstand stehen, dem gleichmäßigen Geräusch der Pulsation zuhören und meinen Gedanken nachgehen. Denn ich bin zwar keine Bauerntochter im eigentlichen Sinne, habe es aber dennoch geschafft, meinen Platz in einem landwirtschaftlichen Betrieb zu finden und einzunehmen.

Petra, Städteplanerin in Sachsen-Anhalt

Stubenfliege, knusprig

„Das ganze Haus, meine ganze Kindheit, war angefüllt mit Gerüchen – an jeder Ecke eröffnete sich ein neuer Duft.“

Der Keller erschien mir riesig – dunkel, feucht; von der Decke hingen zahllose kleine, weiß eingesponnene Insektenpäckchen mit langen, dünnen Beinen, die sich hell von dem schmutzigen Gewölbe abhoben. Aber ich hatte keine Angst – der Keller war mir vertraut, weil er auch Schätze barg und weil ich wohl oder übel im Laufe der Jahre Stunden darin zugebracht habe. Die Fässer mit Most standen dort und auf den Sprudelkisten lag das selbst gebackene Brot meiner Mutter. In den Wintermonaten musste ich jeden zweiten Abend, immer im Wechsel mit meiner älteren Schwester, die Futterrüben, die wir im Herbst einzeln durch das kleine Fenster unterhalb des Gewölbes hereingeworfen hatten, in Körbe füllen und nach oben in die Scheune schleppen, wo sie in kleine Stücke gehäckselt und mit Heu vermischt den Kühen in die Futtertröge gefüllt wurden – alles in Handarbeit; für vier Kühe, vier Kälber und zwei Schweine lohnte sich keine aufwendige Technik; nur der Häcksler, der aussah wie eine überdimensionale Kaffeemühle, übertönte mit einem Höllenspektakel jeden Abend für eine Viertelstunde das angestrengte Keuchen von uns Kindern und das gleichförmige Kauen der Tiere. Das ganze Haus, meine ganze Kindheit, war angefüllt mit

Gerüchen – an jeder Ecke eröffnete sich ein neuer Duft – hier der herbe, fruchtige Geruch der Rüben; im Stall die warmen Ausdünstungen der Kühe, in der Scheune ein säuerlicher Rest Milch in der Katzenschale. Und erst die Welt draußen – zu jeder Jahreszeit andere Gerüche; die feuchte, fette Erde nach einem Regenguss im Frühjahr und wieder anders die staubtrockene, warme Erde an einem Sommertag – jede Jahreszeit hatte ihre eigenen Gerüche und Farben: die frisch geschnittenen Bündel von saftig-grünem Mais, die Wagenladungen voller Weizenkörner, die Äpfel im feuchten Gras der Obstbaumwiesen und abends, nach einem Tag auf dem Feld, der unvergleichliche Duft der soeben vom Acker aufgelesenen Kartoffeln, heiß, dampfend, nur mit etwas Salz und Butter.

Die ungewaschenen Strümpfe meines Vaters … die Schuhe, an denen der Stallmist klebte, und die Wäsche, die bei schlechtem Wetter unweit des Misthaufens unter dem Scheunendach aufgehängt wurde und dann einen ekelerregenden, schalen, undefinierbaren Dunst verströmte; die Sofakissen, die immer ein wenig speckig und staubig waren und manchmal etwas verschämt vor den dunklen Fleck über der Sofalehne drapiert wurden, der vom ungewaschenen Kopf meines Vaters herrührte, den er dort allabendlich gegen die Tapete lehnte. Man konnte den Fleck aufhellen, indem man mit einem Stück vom frischen, selbst gebackenen Brot vorsichtig daran herumrieb.

Manchmal saß ich in der Küche und war wütend vor Ekel, weil ich die Fliegen nicht mehr ertrug, die überall herumschwirrten, überall, aber besonders in der Küche, sie summten um die Nase, krabbelten an den Beinen hoch, hingen an den langen, klebrigen, honigfarbenen Fliegenfängerstreifen von der Decke herab, krochen auf dem Tellerrand herum und manchmal ertranken sie in der Suppe, die man gerade aß, oder flogen in die heiße Pfanne, wo sie in Sekundenschnelle zu knusprigen braunen Kügelchen zusammenschrumpften. Es waren nur zwei Türen zwischen dem Kuhstall und der Küche und nur ein paar Meter Luftlinie zwischen dem Misthaufen und dem Küchenfenster, wie hätte es anders sein sollen. Und obwohl es immer so gewesen war, hasste ich es.

Mein Vater hatte sein ganzes Leben auf diesem kleinen Hof in einem kleinen Städtchen unweit von Stuttgart verbracht. Als er seine Familie gründete, war er ein ungelernter Arbeiter in einer Linoleumfabrik, der als Jüngster von zwölf

Kindern auf dem elterlichen Hof, auf dem er geboren worden war, „hängen geblieben“ war, weil alle älteren Geschwister das Elternhaus bereits verlassen hatten. Ich selbst kannte ihn nur als Bauern. Als ich Mitte der sechziger Jahre als Jüngstes von drei Geschwistern geboren wurde, war er bereits Frührentner und bewirtschaftete mit meiner Mutter, die nebenbei natürlich noch den Haushalt zu führen hatte, unseren kleinen Hof. Der hätte zwar ohne die Rente meines Vaters keine fünfköpfige Familie ernähren können, bedeutete aber dennoch von morgens bis abends Arbeit, jeden neuen Tag.

Natürlich habe ich mich manchmal gefragt, warum ausgerechnet ich, als eines der letzten Kinder im Ort, auf einem Bauernhof groß werden musste. Schließlich hatte mich keiner gefragt, ob ich überhaupt Rüben schleppen und mein Essen selbst aus der Erde graben wollte.

Natürlich habe ich mich manchmal geschämt für meine Eltern, sie waren ja Bauern – und „Du Bauer!“ war ein gern und eher arglos verwendetes Schimpfwort auf unserer Schule –, ich habe mich geschämt, ohne dass jemals jemand mir bewusst das Gefühl vermittelt hätte, in irgendeiner Art anders oder gar rückständiger zu sein als die anderen – das war nicht nötig, ich war ja anders: Ich trug zwei lange Zöpfe mit strengem Seitenscheitel, bis ich zwölf oder dreizehn war, und war der vollsten Überzeugung, dass ich hässlich war. Und obwohl ich schon in der zweiten oder dritten Klasse die Erfahrung gemacht hatte, dass ich nur meine Zopfspangen verlieren und meine langen Haare offen tragen musste, um von den Buben plötzlich als bevorzugtes Objekt zum „Fangenspielen“ entdeckt zu werden, kam ich nie auf den Gedanken, dies absichtlich zu tun – diese Zöpfe waren buchstäblich auf meinem Kopf festgewachsen, kein Gedanke daran, dass die morgendliche Zeremonie, in der mich meine Mutter in ein richtiges Bauernmädel verwandelte, irgendwie infrage gestellt werden könnte.

Ich war überzeugt, anders zu sein, weil ich den Beginn des neuen Schuljahres fürchtete und die Frage „... und wo warst du in den Sommerferien?!“ Wo sollte ich schon gewesen sein? Wo sollte jemand schon gewesen sein, der bis zu seinem fünfzehnten Lebensjahr nicht wesentlich weiter als zum Jeans-Fabrik-Verkauf nach Künzelsau gekommen war? Und das war nur ca. 80 km von meinem

Heimatort entfernt. Ich fand es absurd, wenn meine Eltern darauf angesprochen wurden, wie braun sie doch waren – es war eine andere Bräune als die, die sich die Eltern meiner Schulkameraden auf Ibiza zugelegt hatten, konnte man das nicht sehen?! Es war eine ganz andere Bräune, sie reichte nur bis zu den Unterhemdträgern meines Vaters, bis zum Halsausschnitt meiner Mutter – und jenseits dieser Grenze kam die im Kontrast geradezu grotesk weiße Haut meiner Eltern zum Vorschein, Haut, die selbstverständlich niemals einfach nur des guten Aussehens wegen der Sonne ausgesetzt wurde. Aber dort, wo sie braun war, war es eine Bräune, die viel tiefer reichte. Über Generationen gebräunt sah diese Haut aus, getrocknet, gegerbt und an den Händen zerfurcht und voller Schwielen.

Aber am schlimmsten für mich war die Sprachlosigkeit; am schlimmsten war die Tatsache, dass mein Vater in meinen Augen tatsächlich in vielem dem Klischee des „dummen Bauern" entsprach.

Er hatte ja nichts gelernt. Nichts außer ein wenig Lesen und Schreiben in ein paar Jahren „Volksschule". Und Bauer sein ..., mein Vater war kein Bauer aus Berufung, er war Bauer, weil er nichts anderes kannte. Er aß und trank wie ein Bauer, er roch wie ein Bauer, er sprach wie ein Bauer, er war stumm und eigenbrötlerisch wie ein Bauer. Es gab nichts zu beschönigen, es gab nicht viel, woran ich die Achtung vor meinem Vater, die ich fühlen wollte, hätte festmachen können. Er hat wahrscheinlich, so seltsam das klingen mag, in seinem Leben keine zwei zusammenhängenden Sätze an mich gerichtet, in all den Jahren, in denen wir oft täglich viele Stunden zusammen verbrachten, auf dem Feld, auf dem Hof ...

Und doch war er in der Lage, auf seinem hellblauen Traktor über den Feldweg tuckernd – mit einer einzigen ausladenden Handbewegung über die Felder hinweg – mir deutlich zu machen, dass all dies uns gehörte; der Himmel, die Sonne, die Erde ...

Meine Mutter dagegen war so voller ... Neugier ..., so wach und aufgeweckt ..., es fällt mir schwer, die richtigen Worte dafür zu finden, weil all dies ja nie wirklich zur Entfaltung kommen konnte und ich als Kind es nie bewusst so empfunden habe – auch sie war nicht wirklich „in Kontakt" mit mir. Ihre Tage waren angefüllt mit Stall-, Feld- und Hausarbeit und damit vermutlich noch weit anstrengender als die meines Vaters, denn während er sich nach dem Essen mal ein halbes Stündchen aufs Sofa legen konnte, bevor es wieder aufs Feld ging, schaffte meine Mutter gerade noch schnell den Abwasch zwischendurch – auch sie kannte nichts anderes, als Bäuerin zu sein, hatte nie eine Ausbildung gemacht, aber durch sie kamen in diese wortlose Welt zumindest ein paar Bücher ... und unzählige Mengen an Krimskrams, aus denen man die überflüssigsten Dinge zaubern konnte. Es scheint, als hätten die in ihr schlummernden Potenziale sich wenigstens irgendein Ventil gesucht, und so gab es kaum einen Basteltrend, den sie ausließ, das Haus war angefüllt mit Strohsternen, Kupferbildern und Strumpfblumengestecken, die wir abends gemeinsam produzierten.

Heute gäbe es für mich nichts Abwegigeres, als mich mit Strumpfblumengestecken zu umgeben. Heute kaufe ich bei „Manufactum" – und zahle horrende Summen für Dinge, die in den Augen meiner Eltern nach nichts aussehen. Heute bin ich Diplom-Ingenieurin, habe in Stuttgart und London Architektur und Städtebau studiert und arbeite seit gut zehn Jahren als Projektleiterin in der Stadtplanung. An sich nichts Besonderes, nicht gerade eine atemberaubende Karriere, aber in Relation zu den Strumpfblumengestecken meiner Kindheit ein relativ weiter Weg.

Mein Glück war damals, dass mir so vieles einfach zuflog, dass mir das Lernen so leicht fiel, dass ich fast zwangsläufig nach und nach die engen Grenzen meiner Welt überschreiten musste. Natürlich war für mich nicht geplant, dass ich aufs Gymnasium gehen sollte, obwohl sich bereits in der Grundschule abzeichnete, dass dies kein größeres Problem darstellen würde. Ich besuchte die Realschule, die einen Steinwurf von unserem Hof entfernt lag, langweilte mich nur ein wenig und wechselte schließlich, weniger aus einem konkreten Ziel heraus als aus dem Gefühl, mit 16 Jahren noch nicht zu wissen, was aus mir werden sollte, nach der mittleren Reife auf das Wirtschaftsgymnasium. Meine Eltern ließen es geschehen – „wenn's unbedingt sein muss" – und ich brachte die Schulzeit mit einer seltsamen Mischung aus Zielstrebigkeit im Detail – ich gab erst auf, wenn ich etwas wirklich verstanden hatte – und Ziellosigkeit im Großen und Ganzen – „Wozu brauch' ich überhaupt Abitur?" – zu Ende.

Ich hätte niemals studiert, wenn mein Abitur „nur“ gut gewesen wäre – aber mit einer Note, die praktisch jede Numerus-clausus-Hürde nahm, schien es mir irgendwie Verschwendung, es nicht wenigstens mal zu versuchen. Da ich mit einer kompletten Finanzierung über BAföG rechnen konnte, mussten selbst meine Eltern mir den Versuch durchgehen lassen, zumal meine beiden älteren Geschwister bereits ordentliche Berufe erlernt hatten. Der Entschluss zu studieren war trotzdem harte Arbeit. Ich fasste ihn, das ist mein Ernst, nach der Lektüre von Goethes Faust, den ich richtiggehend durchgeackert habe – was für ein seltsames Bild in meiner Erinnerung, all dies unter einem Dach: die Kühe im Stall, Vater mit der Bild-Zeitung in der Küche und der etwas eigentümliche, stets sich unverstanden fühlende Teenager unterm Dach im Kampf mit der deutschen Klassik. Die Entscheidung für das Fach Architektur war dabei das kleinere Problem – ich hatte ja die freie Auswahl, nichts wurde von mir erwartet, kein Weg war mir vorgezeichnet, kein wirtschaftlich lebensfähiger Hof war zu übernehmen – und so wählte ich das, was mir intuitiv am nächsten lag, weil es mit sinnlicher Erfahrung zu tun hatte, dem Suchen nach einer eigenen Ausdrucksform, einer Sprache, nach der ich als Kind einer sprachlosen Familie geradezu hungerte, und weil es versprach, produktiv zu sein, etwas hervorzubringen, eine Spur in der Welt zu hinterlassen.

Und ich liebte es ... ich liebte es, anders als manche Kommilitonen, keine Angst vor dem weißen Blatt Papier zu haben, weil sich in mir so viele Bilder und Eindrücke angesammelt hatten, dass ich immer wieder daraus schöpfen konnte.

Mein Elternhaus habe ich dennoch erst gut drei Jahre später verlassen. Ich hätte zu Anfang nie gewagt, mein Recht auf einen anderen (Bildungs-)Weg so selbstbewusst einzufordern, dass ich mir auch noch ein sündhaft teures Studentenzimmer hätte leisten wollen; die Tatsache, dass ich überhaupt studierte, war so unerhört, dass ich es möglichst unauffällig bewerkstelligen wollte. Erst im Laufe des Studiums, als meine Eltern endgültig nicht mehr nachvollziehen konnten, was ich da so trieb, ließ das unterschwellige Gefühl, dass mir das, was ich tat, nicht wirklich zustand, langsam nach und machte der Ahnung Platz, dass ich mein Leben selbst gestalten konnte. Was für Möglichkeiten! Was für ein Unterschied zu meiner Mutter, die nie erfahren durfte, wozu sie fähig gewesen wäre, hätte sie ihre Tage nicht damit zubringen müssen, ihren Körper zu schinden, bis sie nicht mehr aufrecht gehen konnte. Alles schien mir zuzufallen. Wie seltsam!? Wenn ich zurückblicke, hab' ich wirklich das Gefühl, dass ich einerseits sehr hart gearbeitet habe, weil ich mir vieles, was andere selbstverständlich nebenbei mitbekommen hatten, erst mühsam aneignen musste, und dass mir andererseits so vieles geradezu beiläufig zufiel, dass ich fast schlafwandlerisch durch dieses Leben ging und an bestimmten Weggabelungen einfach intuitiv das gemacht habe, was zwar schwieriger, aber auch erfüllender war.

Selbstverständlich fiel mir auch ein Stipendium für London mehr oder weniger zufällig zu. Ich wäre niemals auf den Gedanken gekommen, gezielt nach England zu fahren und mich so lange zu bewerben, bis ich angenommen

DAS MACHT DIE AUTORIN HEUTE

PETRA BRAUN

Es scheint, als müsste ich überall Wurzeln schlagen, wohin die Flügel mich tragen: rund 15 Jahre später tatsächlich (und immer noch) London, noch immer ein kleines Haus in der kleinen Stadt an der Saale und auch den Bauernhof meiner Kindheit im Schwäbischen kann ich noch von Zeit zu Zeit besuchen... Meine Mutter lebt dort seit über sechs Jahrzehnten. Meine Tochter, das Großstadtkind, zieht im Herbst weiter zum Studium nach Edinburgh. Für diese beiden ist diese Geschichte.

würde – nicht, weil ich zu faul gewesen wäre, sondern weil es so abwegig war. Auslandssemester, das war etwas für höhere Töchter oder diejenigen, die bewusst und zielstrebig an ihrem Lebenslauf arbeiteten. Aber gerade weil nichts selbstverständlich war, habe ich immer auch eine Art Pflicht empfunden, das Beste daraus zu machen, ... und Dankbarkeit. Ja, ich fühlte mich immer ein wenig wie das kleine Mädchen, das staunend und mit offenem Mund vor der Fülle des Lebens stand: „Oh ... Danke Gott, für diese wunderbare, große ... Futterrübe ...“

Und so zog ich also mit Anfang zwanzig aus meinem kleinen schwäbischen Kaff nach London. Ich blieb dort nur ein Jahr, aber danach gab es kein Zurück mehr. Erst dort fing ich an, meine Herkunft, die Erfahrungen, die keiner außer mir gemacht hatte, mit anderen Augen zu sehen. Es war eine seltsame Mischung aus Stolz – ich kannte auch ein ganz anderes Leben, was wussten schon diese „Söhne“ und „Töchter“ davon, niemals Antworten auf die eigenen Fragen zu bekommen – und aus Traurigkeit – was wäre aus mir geworden, wenn meine Eltern mich gefördert oder zumindest an mich geglaubt hätten?! Heute weiß ich, dass ich diese Zeit gebraucht habe, um meinen Frieden zu finden mit meiner Kindheit und Jugend ... um meinen Platz im Leben klarer zu orten, um meine eigene Leistung und die meiner Eltern deutlicher erkennen zu können. Ich hatte den Schritt heraus gewagt und sah von außen plötzlich, dass meine Eltern es gar nicht besser konnten, dass ihnen keine anderen Mittel an die Hand gegeben waren, um ihren Kindern ihre Zuneigung zu zeigen, als zumindest den einen Schritt zu gehen, ihnen das zu ersparen, was sie selbst als Kinder erlebt und erlitten hatten: Meine Mutter schuftete sich lieber kaputt, als von uns Kindern zu verlangen, neben der Arbeit auf dem Feld und im Stall auch noch einen Teil der Hausarbeit zu übernehmen, so wie sie es selbst von klein auf jeden Tag tun musste, und während meine Eltern noch regelmäßig mit dem Gürtel „erzogen“ worden waren, kann ich mich an höchstens ein, zwei Ohrfeigen von meiner Mutter erinnern.

Erst mit dem nötigen Abstand sah ich, wie viel Freiheit mir diese Herkunft gleichzeitig ermöglicht hat. Ich hatte keinen vorgezeichneten Weg, ich konnte und musste meinen ganz eigenen gehen.

Ich kam zurück nach Deutschland, lebte und studierte fortan ganz und gar in Stuttgart und zögerte nicht, als ich unmittelbar nach dem Diplom die Chance erhielt, dem „Musterländle“ den Rücken zu kehren und mutterseelenallein, mit Sack und Pack, in die neuen Bundesländer aufzubrechen. Ich hatte gleich nach der „Wende“ angefangen, neben dem Studium in einem Büro zu arbeiten, das auch Projekte in Sachsen-Anhalt bearbeitete, sodass ich regelmäßig zwischen Ost und West hin und her pendelte und ein ungefähres Bild davon hatte, was mich erwarten würde, als ich Anfang 1994 ganz in den Osten zog. Damals waren alle noch voller Tatendrang und gerade für Stadtplaner gab es eine ungeheure Fülle an Aufgaben. Und obwohl ich längst überzeugte Großstädterin geworden war, verschlug es mich in die Provinz, in eine 30.000-Einwohner-Stadt, in der ich fast lehrbuchmäßig das ganze Spektrum meines Berufes auskosten – und manchmal erdulden – durfte.

Die ganzen Jahre vor der Wiedervereinigung hatte ich keinerlei Bezug zur damaligen DDR gehabt. Ich war mit den Anführungszeichen („DDR“) der Bild-Zeitung groß geworden, die ich anmaßend fand, ohne genau sagen zu können, warum – ich ahnte nur, dass sie dem „demokratisch“ galten. Ansonsten hatte ich ein eher vages Bild von einem etwas skurrilen, rückständigen Land, in dem die Menschen kleine Autos aus Pappe fuhren und von kleinen Männern aus Pappe regiert wurden. Wer im Südwesten der alten Bundesrepublik lebte und keine Verwandten im Osten hatte – so wie ich –, dem war Frankreich oder Österreich vermutlich weit näher als das andere Deutschland.

Dies ist vielleicht auch der Grund dafür, dass ich heute keinerlei persönliche Erinnerung an den Tag des Mauerfalls habe. So sehr ich auch in meinem Gedächtnis grabe – ich kann mich schlichtweg nicht erinnern, wann und wie ich damals erfahren habe, dass sich hier ein historisches Ereignis vollzieht. Es waren abstrakte Fernsehbilder, an die ich mich erinnere; die mich zwar rührten, deren Tragweite ich aber nicht wirklich ermessen konnte. Und natürlich hatte ich keine Ahnung, dass dieses Ereignis mein eigenes Leben nachhaltig bestimmen würde.

Im Grunde wusste ich also nicht viel. Aber da ich vor der Grenzöffnung noch nicht einmal Berlin besucht hatte, die innerdeutsche Grenze nie mit eigenen Augen gesehen hatte, war ich umso neugieriger, als sich plötzlich alles änderte.

Ich war 1990 aus einem immer noch geteilten Land nach England gegangen und kam 1991 in ein wiedervereinigtes Deutschland zurück. Für mich war klar, dass ich eine einmalige Chance hatte, in meinem eigenen Land, mit meiner eigenen Muttersprache, eine mir völlig unbekannte Welt zu entdecken – wie hätte ich mir das entgehen lassen können?!

Und so fand ich mich plötzlich in einer Umgebung, in der, zumindest bis vor kurzer Zeit, sich niemand seine Bräune auf Ibiza geholt hatte; ein Land, in dem eine ganze Menge Menschen wussten, wie es ist, kein Badezimmer mit fließend warmem Wasser zu haben und morgens bei Eiseskälte erst mal Feuer im Ofen zu machen; in einem Land, das sich vor kurzem noch „Arbeiter- und BAUERN-Staat" nannte!!!

Aber nicht, dass ich mich deshalb besonders zu Hause gefühlt hätte – nein, es roch ja so anders – das ganze Land war von dieser braun-grauen Schicht überzogen und die Frauen waren seltsam bunt bemalt. Ich war von Zeit zu Zeit deprimiert, trug dann vielleicht ein paar Tage lang die braun-graue Schicht auf der Seele, aber im Grunde fühlte ich mich wohl. Hier war alles so spannend, so offen, so … „hungrig" – nicht so fett und selbstzufrieden wie im Westen, in dem ich mir ja genauso meinen Platz erst hätte suchen müssen. Hier trat meine bäuerliche Herkunft zurück vor der alles überspannenden Tatsache, dass ich aus dem Westen kam. Plötzlich war ich die Weitgereiste, die Selbstsichere, die gut Ausgebildete … und natürlich auch manchmal die, die sich genau darauf bloß nix einbilden muss, die garantiert alles besser weiß, die den Leuten hier die Arbeit wegnimmt, usw., usw.

Dabei lag mir nichts ferner, als mich überlegen zu fühlen, nur, weil ich „aus dem Westen" kam. Zu tief sitzt mein Misstrauen gegenüber jeder Art von Standesdünkel oder gegen jene bräsige Selbstgefälligkeit, wie sie leider auch manchmal unter dem „eingewanderten" West-Establishment gepflegt wird.

Vielleicht fällt es mir ja leichter, mich den Ostdeutschen nahe zu fühlen, weil ich den Zustand zumindest erahne, den ein unsichtbares Mal auf der Stirn hervorrufen kann, ein Mal, das dich quasi durch Geburt als rückständig und ignorant kennzeichnet. Ich habe demgegenüber ein sehr grundlegendes Bedürfnis nach gegenseitiger Toleranz und Offenheit, die ich mit wechselndem Erfolg zu leben versuche; ein Bedürfnis, das aus dem Wissen herrührt, dass man sich nicht aussuchen kann, wohin man geboren wird; entscheidend ist allein, was man daraus macht und wie man es macht.

Es hat trotzdem seine Zeit gedauert, bis ich nicht mehr der Wessi war, sondern ein echter – und immer noch überzeugter – „Wossi". Ich war jahrelang mit einem Bein auf dem Sprung, weg aus der kleinstädtischen Enge, und wurde schließlich doch in den neuen Ländern sesshaft, als ich meinen heutigen Lebensgefährten, einen „Eingeborenen", kennenlernte und meine Tochter zur Welt kam – ein Kind, das es ohne den Mauerfall nicht gäbe.

Heute möchte ich es vor allen Dingen nicht mehr missen, dass ich hier im Osten auch mit einem kleinen Kind einen Beruf ausüben kann, der mir Spaß macht und der mich fordert – ein Zustand, der in meiner alten Heimat bei Weitem nicht so selbstverständlich wäre. Aber wirklich angekommen bin ich nie. Was weniger am Osten liegt, als eben an jenem Kleinstadtmief, der sich in seiner Zähigkeit in Ost wie West wahrscheinlich nicht wesentlich unterscheidet. Der Weg fort aus der Provinz war zu schwer, als dass ich mich, wieder in der Provinz gelandet, hier wirklich ganz und gar wohl fühlen könnte. Und so arbeite ich im Moment daran, wieder neue Wege zu suchen, und wenn alles gut geht, könnte ich vielleicht bald mit meiner ganzen Familie und ganz neuen Aufgaben noch einmal auf unbestimmte Zeit in London landen. Wieder ins Schwäbische zurückzukehren scheint mir dagegen ein eher abwegiger Gedanke. Einerseits brauche ich zwar das Gefühl, die Stätte meiner Kindheit von Zeit zu Zeit besuchen zu können, andererseits bekomme ich bereits nach ein paar Tagen dort unerklärliche Beklemmungen. Zu vieles erinnert mich doch noch an das damals so übermächtige Gefühl, nicht recht zu wissen, wieso ich überhaupt auf die Welt gekommen war, irgendwann zwischen zweimal Melken von meiner Mutter hervorgebracht, nur um später unerbittlich jeden Nachmittag aufs Feld getrieben zu werden, wo ich in sengender Sonne Heu machen musste, während meine Schulkameraden sich im Schwimmbad vergnügen durften. Später wieder hatte ich Phasen, in denen ich meine freie und ungebundene Kindheit, das stundenlange Herumstromern mit Leidenschaft idealisierte. Auch wenn mein Selbstbild heute differenzierter ist, geschieht es noch manchmal, dass die „Erdung“ etwas nachlässt und ich angesichts meiner eigenen Erfahrungen („Mir hen dich als Kend halt onder en Boom gsetzt on du hasch Dreck gfressa.“) meiner neugeborenen Tochter, ganz engagierte Spätgebärende, sündhaft teure, plazentafarbene Bio-Seidentücher über das Babybettchen hänge, damit die postnatalen Traumata sich in Grenzen halten.

Gleichzeitig blutet mir das Herz, wenn ich zurückkehre und sehe, wie die Landschaft meiner Kindheit sich verändert. Heute wird dort, wo ich jeden Feldstein, jede Pfütze kannte, doch tatsächlich – was für ein abgestandenes Klischee – eine Umgehungsstraße gebaut ... und ich habe das Gefühl, dass da jemand wagt (Stadtplaner!), mit einer riesigen Schere das Bild meiner Kindheit mittendurch zu schneiden. Heute wundere ich mich jedes Mal, wenn ich meine Eltern besuche, wie klein dort alles ist, wie klein unser alter Gewölbekeller ist, der immer noch dieselben Insektenpäckchen trägt wie damals. Nur der Geruch ist anders, weil die Rüben fehlen – schaler, abgestandener. Das ist das Seltsamste an der Tatsache, dass nichts mehr so ist, wie es war – alles sieht noch fast so aus wie früher, aber der Geruch fehlt, keine Rüben, kein Heu, keine Milch ... Der Gedanke, dass viele Menschen gar nichts, weder die Gerüche noch die Töne noch die Orte ihrer Kindheit von Zeit zu Zeit besuchen können, befremdet mich. Und mir wird klar, wie sehr sich all dies in mich eingebrannt hat – und wie sehr ich heute noch davon zehre.

Natürlich bin ich stolz – nicht, weil ich auf eine besondere Herkunft verweisen kann, auf ein respektables Familienunternehmen, den größten Hof im Ort oder die romantischste Kindheit; ich bin stolz, weil ich die Erde irgendwo schräg links hinter dem Brustbein trage – die Erde, den Himmel, den Regen, den Wind, die Farben und die Gerüche ... weil ich eine Art von Kraft in mir spüre, die wahrscheinlich nur im immer wiederkehrenden Erleben dieser Dinge mit allen Sinnen wachsen konnte, langsam, stetig, aber mit unerschütterlicher Sicherheit. Ich war ein selbstverständlicher Teil der Welt.

Und so ist dieses Aufwachsen auf dem Bauernhof mir gleichzeitig Basis und Bürde, als ob ich tatsächlich Flügel hätte – und Schuhe aus Feldsteinen ... Die Freiheit und Weite meiner Kindheit im Herzen und gleichzeitig die

Wortlosigkeit, das Alleingelassensein, die mich hindern, meine Flügel wirklich zu nutzen, weil sie immer noch so bleischwer lasten ... Manchmal mühsam Tellerränder erkletternd, manchmal mühelos darüber hinwegschauend ... und immer das Gefühl, nicht in die eine noch in die andere Welt so richtig zu gehören.

Ich werde sehen, wohin die Flügel mich noch tragen. Und vielleicht schließt sich der Kreis am Ende wieder und ich grabe als altes verhutzeltes Frauchen in einem großen Garten irgendwo auf dem Land mit Hingabe mein Essen aus der Erde. Bis dahin versuche ich mein Leben, ganz nach Rilke, in „wachsenden Ringen" zu leben, „die sich über die Dinge ziehen". Hätte ich die Welt meiner Eltern nicht verlassen, hätte ich Rilke vielleicht nicht kennengelernt, aber wäre ich in diese Welt nicht hineingeboren, hätten die Dinge niemals für mich die Bedeutung, die sie haben.

PETRA, GESCHÄFTSFÜHRERIN IN MECKLENBURG-VORPOMMERN

WER EINMAL KUHSCHIET AN DEN STIEFELN HAT

„Es war meine Kindheit, in einem Stall bei den Tierpflegern abgesetzt zu werden, mit Stiefelchen und Kopftuch ‚Bauer' zu spielen."

„Wenn meine Tochter nur den Gedanken hegt, in die Landwirtschaft zu gehen, ich schlage sie windelweich ..." Mit diesem Satz meines Vaters, unzählige Male gesagt, bin ich aufgewachsen. Dass ich heute Geschäftsführer zweier Landwirtschaftsbetriebe mit zusammen 26 Angestellten bin, war trotzdem zu erwarten. Landwirtschaft und bäuerliche Familienkultur machen mein Leben aus.

Mein Vater kam 1945 als Umsiedlerkind mit der Mutter, der Großmutter und drei kleinen Geschwistern im Pommerschen an. Nach Rückkehr seines Vaters aus der Kriegsgefangenschaft bekam die Familie eine Bodenreformwirtschaft. Mein Großvater stammte aus einer Bauernfamilie, hatte aber vor dem Krieg als Frisörmeister in Bad Polzin gearbeitet. Großmutter war eine so genannte gebildete Frau, sie hatte eine Ausbildung auf dem Lyzeum gehabt, sprach französisch und englisch.

Aber nach dem Krieg hatten vor allem in den Ostgebieten die Menschen einfach nur Hunger und so bekam mein Vater auf diesem Hof eine klassische Ausbildung zum Landwirt. Ob er hätte was anderes lernen wollen, wurde nicht erwogen, er war noch aus Bad Polziner Zeiten „Erbhofbauer“, der Liebling der Landwirtsgroßmutter, blond und breitschulterig und stark wie ein Stier. Vater und Großvater waren beide vom selben Schrot und Korn, das konnte nicht gut gehen. Nach einem fast tödlich ausgetragenen Streit ging mein Vater nach Greifswald, wo schon sein älterer Bruder studierte. Heimlich hatte er sich zum Fachschulstudium in Eldena angemeldet. Ohne die Hilfe seines Bruders hätte er wohl auf den elterlichen Hof zurückgemusst. Aber der Wille zum Erfolg trieb ihn über das erste Semester zu Leistungen, die ein Weiterstudieren zuließen. Inzwischen ging Großvater mit seinem Betrieb in die neu gegründete LPG und leitete diese zeitweise als Vorsitzender. Vater nahm viele Stationen, er beendete sein Studium in Eldena, absolvierte neben seiner Tätigkeit in einer LPG auf Usedom ein Universitätsstudium in Rostock und promovierte im Anschluss daran zum Dr. agrar. Im aufzubauenden volkseigenen Gut Ferdinandshof fand er die Aufgabe, die ihn herausforderte. Ganze Betriebsbereiche aufzubauen, nach ausländischen Mustern und mit eigenen Erfahrungen. Das trieb ihn um. Sicherlich hat es ihn ein Leben lang gekränkt, nicht Direktor „seines“ Betriebes werden zu können. Er war nicht in der richtigen Partei, aber als stellvertretender Direktor mit weitestgehenden Befugnissen hatte er die Möglichkeit, in Zucht und Haltung von Tieren alles auszuprobieren, was einen Landwirt zu dieser Zeit herausforderte.

Was war er stolz, als die ersten Chianina-Rinder aus Italien aus den Güterzügen verladen wurden und er züchterisch die Genreserve dieser Rasse in der DDR betreuen durfte! Zur Einweihung „seiner“ Jungrinderanlage durfte ich die Gäste mit Kaffee und Bockwurst bewirten. Wie oft hat er mich in all den Jahren mit in die Ställe genommen! Jeden Wochenenddienst, alle abendlichen Kontrollgänge habe ich an seiner Seite erlebt. Es war meine Kindheit, in einem Stall bei den Tierpflegern abgesetzt zu werden, mit Stiefelchen und Kopftuch „Bauer“ zu spielen. Unsere Familie, bei der sich 13 Jahre nach meiner Geburt noch mein Bruder einstellte, war auf die Landwirtschaft fixiert. Kam ein Hilfeanruf, weil eine Gruppe Bullen durch die Kotgitter gefallen war oder eine Kuh Schwierigkeiten machte bei der Kalbung oder was auch immer, hatte alles seinen Platz: Mutter machte das Hoftor auf, ich sperrte die Garagentore auf und sprang mit meinen und Vaters Stiefeln in das Dienstauto. Und dann ging es wie ein Trupp „Geiselbefreier“ in Richtung Hilferuf.

In den achtziger Jahren begann man in der DDR mit der „Färsenvornutzung“, sozusagen dem Vorläufer der Mutterkuhhaltung. Färsen, die nicht für die Milchproduktion geeignet waren, wurden mit Fleischrindrassen besamt, brachten ein Kalb zur Welt und gingen dann zur Schlachtung. Nur so einfach war das nun wirklich nicht. Auf Färsen der Milchrindrasse Fleischrindbullen zu belegen, bedeutete, Schwergeburten zu provozieren. Da es aber kein anderes Ausgangsmaterial gab, stellte sich Vater mit seinen Kollektiven dieser Herausforderung. Tief im Bewusstsein ist mir die Winterabkalbung dieser Färsen geblieben. Etwas abseits vom Dorf stand eine massive, hölzerne Feldscheune. In ihr war die erste Gruppe dieser Färsen untergebracht. Vater teilte sich mit anderen Kollegen die nächtlichen Kontrollgänge. Einmal war der Weg zu dieser Feldscheune nicht mal mehr mit dem Auto zu erreichen, alles war zugeschneit. Wir stapften beide gegen 21.00 Uhr im Schein der Taschenlampe den weiten Weg bis zum Scheunentor. In der ersten Gruppe war alles ruhig, aber in der zweiten Gruppe lag eine Färse in den Wehen. Die Augen quollen fast aus dem zierlichen Kuhgesicht und es sah aus, als wollte sie um Hilfe schreien. Vater legte die Geburtsstricke an, und mit einem festen Knüppel begannen wir im Takt der Wehen zu ziehen. Ich glaube, ich bin in diesem Moment über meine kindlichen Kräfte hinausgewachsen. Ich habe gleichzeitig das Muskelspiel meines Vaters bewundert. So ruhig, stark und besonnen hatte ich ihn nie zuvor gesehen. Als das kleine Kälbchen dann vor der Kuh stand und diese nicht wusste, nach all den Schmerzen, was sie damit sollte, mussten wir sie anbinden und mit viel Mühe und auch Angst vor den „nervösen“ Hinterbeinen dem Kälbchen den „Sinn des Lebens“ erläutern. Dieses Gefühl der Verantwortung für das einzelne Tier bin ich nicht mehr losgeworden. In der Schule wurden wir zum Beginn des Schuljahres immer nach unseren Berufsvorstellungen gefragt, mein „Zweitberuf“ war natürlich mädchenhaften Wunschvorstellungen unterworfen, aber Tierarzt war immer ein Wunschberuf.

Nachdem Vater meine Neigungen zur Tierproduktion erkannt hatte, gab es seinerseits noch ein letztes Aufbäumen: Ich bekam ab 14 Jahren in den Ferien die Möglichkeit, in „seinem" Betrieb Ferienarbeit in den unterschiedlichen Stallanlagen zu machen. Es waren für mich mit die schönsten Ferienerlebnisse. Die Kollegen zeigten mir bereitwillig viele Dinge, bezogen mich auch in die Scherze und Neckereien mit ein. Schimpften, wenn ich was falsch machte, und gaben mir das Gefühl, „angekommen zu sein". Die Stallbesetzung war immer knapp, so teilte Vater mich in letzter Not in seinen Betrieb mit ein. Natürlich war der Zugewinn zum Taschengeld eine Triebfeder – ich kann es bis heute noch genießen, über „eigenes" Geld zu verfügen –, aber richtiger Genuss war es, in den Kollektiven anerkannt zu sein, am Abend von getaner Arbeit stolz nach Hause zu kommen und auch die Umsorgtheit durch die Betriebsküche zu spüren, die sich besonders an den Feiertagen selber übertraf. In sauberen und anheimelnd gestalteten Sozialräumen saß man zum Frühstück und zum Mittag mit allen Kollegen bei Brötchen und frischem Kaffee zusammen. Die meist etwas breiter gebauten Küchenfrauen – selbst alle ehemalige Bäuerinnen – schauten aus den Küchenluken heraus und füllten bereitwillig und mit wohlwollendem Grinsen jedem einen zweiten Teller, schoben den guten Essern noch ein Schälchen Kompott zu und gaben allem ein behagliches Gefühl.

Auch diese „Berufsabschreckungsmaßnahme" meines Vaters ging nicht auf. Inzwischen nahm ich seinen Spruch sowieso nicht mehr ernst und bewarb mich zur Berufsausbildung mit Abitur. Dies war eine der tollen „Erfindungen" der DDR-Bildung: Man lernte einen Facharbeiterberuf und machte gleichzeitig in der dreijährigen Ausbildung das Abitur, sodass man im Anschluss studieren konnte. Diese Ausbildungsplätze waren sehr begehrt, weil sie Sinn machten für die weitere Ausbildung, sie machten aber auch Spaß, da man später etwas studierte, von dem man vorher die Grundlagen „per Hand" gelernt hatte. Obwohl ich beste Zeugnisse vorzuweisen hatte, war es mehr als fraglich, ob ich einen dieser begehrten Plätze bekommen würde. Ich rechne es meinem Vater bis heute hoch an, es mit all seinen Beziehungen und seinem Engagement geschafft zu haben, mich an diese Schule zu bringen. Wie viel Sorgen ich ihm mit dieser Ausbildungsrichtung gemacht habe, konnte ich erst 20 Jahre später verstehen, als ich selber mich um die Ausbildung unseres Sohnes sorgte.

Vater hat sein Leben lang mit Tierproduktion zu tun gehabt, er war so erfolgreich, dass er im beschränkten Rahmen der DDR ein anerkannter Tierzüchter war. Er war für mich immer ein Held. Er hat sich jedoch im Stillen immer mehr zum Ackerbau hingezogen gefühlt und konnte nicht verstehen und verwinden, dass ich, als seine einzige Tochter, noch dazu von schmächtiger Statur, „mich in der Tierproduktion so quälen sollte wie er".

Die Lehre als Melker mit Abitur hat mir das gebracht, was ich mir erwartet hatte – einen Beruf, den ich mochte, und die Möglichkeit zum Studium. Wirklich berührt war ich von folgendem Erlebnis: Als Lehrlinge durften Einzelne aus unserer Schule auch an Konferenzen des Bezirkes Neubrandenburg zu landwirtschaftlichen Themen teilnehmen. Auf einer dieser großen Konferenzen war ich anwesend und wurde vom Präsidiumsleiter mit an den Präsidiumstisch genommen. Es war üblich, sozusagen als „Garnitur" ins Präsidium immer einen Jugendlichen, eine Dame und sonst noch Vertreter aus allen Bereichen zu setzen, um den „Volksquerschnitt" zu dokumentieren. Als wir dann als Tagespräsidium vorgestellt wurden, nahm das jeder im Saal zur Kenntnis, wie den Wetterbericht. Als aber mein Name fiel, mit dem Hinweis auf meinen Vater und meinen Großvater – vormaliger Meisterbauer Loeck im Kreis Anklam –, setzte ein staunendes und anerkennendes Gemurmel ein. Da habe ich das erste Mal gespürt, was gelebte Familientradition und Stolz auf die Vorfahren bedeuten können. Wie im Rausch habe ich während der Pausen die Fragen von Vaters Berufskollegen beantwortet, die anerkennenden Schulterklopfer genossen. Der unbedingte Wunsch, zu dieser Gemeinschaft dazuzugehören, meinen Nachkommen einen ehrbaren Ruf mitzugeben und unter Berufskollegen einen Namen zu haben, hat mich seit damals nicht verlassen.

Doch mit Beendigung der Lehrausbildung und der Wahl einer Studienrichtung setzte wieder Vaters Allmacht ein. Mit allen Mitteln versuchte er mich von allem, was nur irgend an Tierproduktion heranreichte, fernzuhalten. Zur Bewerbung Studienrichtung Veterinärmedizin fehlte mir der Mut – ich hatte das Abitur „nur" mit 2 bestanden und diese Studienrichtung war reglementiert. Vielleicht hätte ich es versucht, wenn ich mehr Rückhalt durch Vater gehabt hätte, aber Vater war so gefangen im Wunsch, mich von allem Schweren dieser Welt fern zu halten, dass von dieser Seite keine Hilfe zu erwarten war. Vaters Traumberuf für mich als Mädchen war ... natürlich ein Bürojob. Himmel, was war er glücklich, als ich wunschgemäß die Zulassung für die Studienrichtung Ökonomie – heute Betriebswirtschaft – an der Hochschule Bernburg vorzeigen konnte. Ganz zufrieden war er zwar nicht, galt diese Hochschule doch als „Kaderschmiede" für den Staatsapparat, aber nachdem ich mich seinen Wünschen gebeugt hatte, meinte er zufrieden, mich nun für alle Zeit der Schwere der Landwirtschaft entzogen zu haben.

Heute kann ich nur schmunzeln über so viel Naivität. Denn zum einen gilt auch hier: „Der Mensch denkt, Gott lenkt", und wem das Schicksal eine Rolle zudenkt, der hat sie auch auszufüllen, mit und ohne übermächtigen irdischen Vater. Auch weiß ich heute deutlicher als damals, dass für mich Landwirtschaft keine Plage ist, sondern Lebensinhalt und Glücksmomente ganz eigener Art. Morgens auf eine Koppel mit Mutterkühen zu kommen, die Kälber mit im Winde flatternden Schwänzchen Bocksprünge vollführen zu sehen, die Kühe im Gras friedlich wiederkäuen zu lassen und den Morgen in seinem Erwachen ganz still auf sich wirken zu lassen kann man nur in diesem Beruf so unmittelbar erleben. Nichts gibt mir mehr inneren Frieden, als nach einer Schwergeburt mit „meinen Männern" schwitzend und schnaufend sich aufzurichten, sich glücklich in die Augen zu schauen und den Augenblick zu genießen.

Aber ganz so schnell konnten auch Gottes Boten mich nicht an Vater vorbei auf den „rechten Weg" lotsen. Nach dem Studium begann ich 1986, in Vaters Nachbar-LPG in der ökonomischen Gruppe zu arbeiten. Ich hatte inzwischen einen Bauernsohn aus dem Thüringischen geheiratet und wir hatten einen Sohn bekommen.

In der DDR gab es fast nur spezialisierte LPG – entweder reine Tierproduktionsbetriebe oder Betriebe der Pflanzenproduktion. Eine Nachbar-LPG war auf Pflanzenproduktion spezialisiert. Mein Mann fühlte sich hier wohl, war er doch von Hause aus und Berufs wegen Pflanzenbauer. Ich kam zwar meiner Arbeit nach, die große Erfüllung war das jedoch nicht, den ganzen Tag im Büro zu sein. Außer 1.000 Schafen hatten wir keine anderen Tiere im Betrieb. Und so wurden die Tage Festtage für mich, an denen eine „Büromieze" für die Schafschur gesucht wurde. Es war nämlich üblich, zu Stoßzeiten – wie der Wollesortierung bei der Schafschur, dem Spargelstechen an Sonn- und Feiertagen, dem Aussortieren der Kartoffeln und den sonstigen Massenarbeiten – die Bürodamen an die frische Luft, sprich in die Produktion zu setzen. Das wäre wohl auch so weitergegangen und ich wäre meinem stillen Wunsch, dem Berufsziel LPG-Vorsitzende, kaum näher gekommen, wenn es nicht die „Wende" gegeben hätte.

Für mich als Person hat sich nach der Wende so viel Positives an Möglichkeiten ergeben. Als Familie haben wir uns sesshaft gemacht und ein Haus gebaut. Wir haben uns einen kleinen „gutbürgerlichen" Wohlstand schaffen können, unsere Reisewut, der wir aber auch zu DDR-Zeiten schon gefrönt hatten, konnte nun weiter befriedigt werden. Gemessen an dem Umbruch in unserem Dorf, in unserem landwirtschaftlichen Betrieb und auch in der Familie fehlt mir für die Erfolge noch bis heute der richtige Genuss. Von 200 Beschäftigten blieben 20 Arbeitsplätze. Alle anderen bekamen diese Chance, sich zu entfalten, nicht. Die Arbeitslosenquote in unserem Dorf liegt bei 50 %. In einem Klima von Arbeitslosigkeit und Hoffnungslosigkeit kann ich persönliches Glück kaum mit jemand anderem teilen, noch ist jemand in der Lage, sich darüber zu freuen.

1990 wurde alles infrage gestellt. In unzähligen LPG-Vollversammlungen, ausgerüstet mit dem Wissen aus der Tagespresse und übereifrigen – nicht immer den befähigtsten – westdeutschen Beratern, versuchten wir, die LPG auf die neuen Umstände auszurichten. Glück hatten wir, als sich aus den Reihen der ehemals übergeordneten Behörde – der Agrar-Industrie-Vereinigung – die geistige Elite umstrukturierte, weiterbildete und mit uns zusammen komplett neue Strukturen aus der alten LPG flocht. Von Anfang an wurde ich von unserem „alten" LPG-Vorsitzenden in diese Umstrukturierung einbezogen. Eigentlich war es unser „gemeinsames Kind", die neue ALWI agrar GmbH & Co KG, deren beider Geschäftsführer wir auch wurden. Die Hälfte „unserer" rund 4.000 ha Pachtfläche gaben wir an die benachbarte LPG-Tierproduktion ab und erhielten im Gegenzug die heruntergekommenen Ställe, Gebäude und den Tierstapel, die sich auf dem Territorium unserer verbleibenden 2.160 ha befanden. Nun war ich angekommen. Wenn ich an Vaters Aufschrei denke, dass ich nun doch mitten in der Tierproduktion angekommen war, graust es mich noch heute. Die Ausstattung der Anlagen und Gebäude waren allerdings auch wirklich zum Grausen. Wir hatten mit den eigenen Gebäuden fast 120 Gebäude, Ställe, Schuppen und Hallen. Bei den übernommenen war kaum ein Dach dicht, die Ausstattung war auf dem ältesten Stand, die Melker kamen mit dem gesamten Urlaub des Vorjahres zu uns und hatten wochenlang vorher keinen Tag frei gehabt. Es war an manchen Tagen so trostlos, dass man hätte verzweifeln können. – Konnte man aber nicht, weil die anderen Sorgen mindestens genau so stark wirkten, dass man sich mit einzelnen Problemen nur bis zu ihrer Lösung befassen konnte.

An den Start gingen wir mit 200 Leuten auf 2.160 ha, 512 Milchkühen, 1.000 Stück Jungvieh und Masttieren, rund 1.500 Schweinen von Zuchtsauen bis hin zum Ferkel, 700 Schafen und diversem Geflügel, verteilt in drei Dörfern auf jeweils bis zu vier dörflichen Standorten. Mit diesem Gemischtwarenhandel war, ohne Spezialisierung und Straffung, kein Blumentopf zu gewinnen. Zuerst mussten wir eine Lösung für die 200 Arbeitskräfte finden. Das war uns schon von Anfang an klar – 200 Personen trägt dieser Betrieb nicht. Spätestens bei der ersten Lohnzahlung nach Einführung der D-Mark wurde uns dieses Problem deutlich: Das Geld reichte nur bis zum Buchstabenbereich -D-!!!

Die erste Entlassungswelle traf die bisher als notorische Faulpelze, Trinker und Tunichtgute bekannten Arbeitskräfte. Die Entlassungen für diese Gruppe zu unterschreiben war mit gutem Willen noch möglich. Ich konnte mir einreden, dass diese Leute die LPG schon mit ihrem Verhalten geschädigt hatten, als sie gut vom Fleiß der anderen mitgelebt hatten. Viele dieser Männer standen dann jahrelang vor dem Dorfkonsum mit der Flasche in der Hand. Wer bis heute daran nicht gestorben ist, mahnt mit leeren Augen eine Gerechtigkeit ein, die es nicht mehr gibt. Sie sind von der Gesellschaft fallen gelassene, lebendige Leichen. Ohne Hoffnung auf eine Sinnhaftigkeit in diesem Leben. Die zweite Gruppe waren die Rentner, die zur DDR-Zeit sich neben der Rente etwas dazu verdient hatten. Sie und alle Personen, die in die großzügig gestaltete Frührente „reinpassten“, mussten jetzt den Betrieb verlassen – alle Entlassungen von mir unterschrieben. Es waren nicht die Drohungen Einzelner: „Nun haben wir die

Freiheit und den Westen, der Baum für dich und die anderen SED-Bonzen ist schon ausgesucht …", die mich am meisten bedrückten, es waren die verschüchterten Augen der Mitarbeiter, zu denen ich mit der Kündigung kam und denen ich die Vorruhestandsregelung in den schönsten Worten pries, obwohl jedem klar war, dass es nur ein sanftes Abschieben war.

Dann kam die Gruppe der Kurzarbeiter und ABM-Mitarbeiter. Mit der ersten Welle bin ich per LPG-Aufsatzbus noch zum Arbeitsamt gefahren. Das war für viele noch fast wie ein Betriebsausflug. Man meldete sich dort an,

Das macht die Autorin heute

Petra Döhler

Unseren beiden landwirtschaftlichen Firmen geht es nach 4 schlechten Ernten sowie der 3. Milchkrise so schlecht, dass wir 2017 mit der Milchproduktion aufgehört haben. Gegenwärtig bemühen wir uns um Lösungen für den Weiterbestand des Betriebes. Selbst ein Verkauf unserer Anteile ist nicht mehr ausgeschlossen. Mein Mann musste berufsbedingt unter der Woche in eine andere Stadt umsiedeln, was wir zwar managen, aber es belastet unsere Familie schon.
Unser Sohn ist stellvertretender Vorstandsvorsitzender in einem leistungsstarken Großbetrieb in Mitteldeutschland. Seine Frau und er haben uns mit zwei jetzt 2 und 4 Jahre alten Enkelmädchen beschenkt.

blieb zu Hause und bekam dafür noch Geld. Oder arbeitete in den gleichen Objekten wie früher, machte dort nun sauber, riss alte Gebäude ab und sorgte für Ordnung. Die wenigsten realisierten zu diesem Zeitpunkt, dass sie übrig waren. Menschen, die die Gesellschaft nicht mehr brauchte. Einige Männer aus dem Dorf gingen in den Westen „jobben", fuhren montags morgens los und kamen Samstagnacht wieder heim. Der Verdienst sah blendend aus. Es waren aber Menschen mit Wurzeln, mit Familien, die zu Hause waren. Viele haben diese Art der Familienführung nicht ausgehalten. Wir haben uns über die Jahre in immer neuen Wellen von so vielen guten Mitarbeitern trennen müssen, dass es mich bis heute belastet. Jede Entlassung zu unterschreiben und zu überbringen tötet real Hoffnungen eines Menschen, bringt seine Familie in existenzielle Not. In unserem Gebiet liegt die Arbeitslosenquote laut statistischem Amt bei 30 %, zählt man ABM, Vorruhe und nicht mehr gezählte Arbeitslose dazu, kommt man schnell auf 50 %.

Doch als Ergebnis haben wir es mit unserer Mannschaft geschafft, einen „runden" Betrieb aufzubauen. Ab 1992 haben wir den Betrieb geteilt in einen herkömmlich wirtschaftenden Betrieb mit Milchkuhhaltung und einen ökologisch wirtschaftenden Betrieb mit Mast und Mutterkuhhaltung. Seit 1997 habe ich von unserem „alten" Geschäftsführer die Leitung übernommen. Es macht mich stolz, dass beide Betriebe inzwischen meine „Handschrift" tragen. Unsere beiden Betriebe beschäftigen heute 26 Angestellte und hinter mir steht ein starkes Leitungsteam. Es geht auch heute nicht ohne Entlassungen im Winter ab, aber meine Mannschaft gibt mir das Gefühl, dominante Mutter einer großen Familie zu sein.

Meine Leidenschaft ist die Mutterkuhhaltung. Bei 400 Mutterkühen sind Zwillinge keine Seltenheit, Kühe, die ihre Kälber nicht annehmen oder keine Milch haben, ebenfalls nicht. Dann übernehmen eine Kollegin und ich im Wechsel neben unserer eigentlichen Tätigkeit immer mal wieder eines der Unglückskälbchen und päppeln sie daheim groß. Diese enge Beziehung zu Tieren lässt Mühen, Sorgen mit Ämtern und Behörden, Wettertraumata wie die letzte Dürre nicht kleiner werden, macht sie aber erträglicher.

„Wenn mein Sohn nur den Gedanken hegt, in die Landwirtschaft zu gehen ..."

Ist Geschichte wiederholbar? Sie ist es. Als kleiner Junge schon wollte unser Sohn Tobias mit zum Leitungsdienst an den Wochenenden. Wenn ich mich weigerte, ihn mitzunehmen – ich kannte ja die nachhaltigen Auswirkungen auf die zukünftige Berufswahl –, rannte er schon als kleiner Bengel zu den Feldern, auf denen die Maschinen fuhren. Die Traktoristen machten sich einen Spaß daraus, ihn mitfahren zu lassen. Als eines Tages der Häckslerfahrer gemütlich unter einem Baum saß und der Häcksler wie von Geisterhand gesteuert seine Runden drehte, wurde es mir doch zu viel. Tobias war damals vielleicht elf Jahre alt und mir waren die Konsequenzen schon alleine vom Arbeitsschutz nur zu gut bekannt. Also blieb mir nichts anderes übrig, als ihn wieder in meinem Auto mitzunehmen und ihn in den Ferien zu unserem rheinländischen Viehhändler fahren zu lassen, der nebenbei noch einen Bauernhof betrieb. Nach einem Jahr in einer amerikanischen Rancherfamilie mit über 1.000 Milchkühen gab es dann kein Halten mehr für ihn. Wunderbarerweise gibt es in Mecklenburg-Vorpommern wieder die Ausbildung zum Landwirt mit Fachhochschulreife. Sein Wunsch und Ziel ist es, wie seine Mutter einmal Geschäftsführer auf einem landwirtschaftlichen Betrieb zu werden.

Ich finde es gut, wenn junge Menschen Ideale und Ziele haben, das gibt mir die Hoffnung auf Unendlichkeit unseres Berufes. Und diese Hoffnung muss man haben, sonst verliert man sich an manchen Tagen in den Parolen übereifriger Politiker.

Liane, Kaufmännische Angestellte in Sachsen

Die Tagesschau zum Abendbrot

„Als Kind haderte ich ewig damit, dass die Bauern doch so ein schlechteres Leben haben als die Arbeiter: Sie müssen so früh aufstehen, ihr Arbeitstag endet erst am Abend, ohne Urlaub, ohne Wochenende."

Schon wieder die Aufforderung: „Liane in der nächsten Pause zum Direktor."

Mein Vater war immer schon politisch sehr interessiert und gebildet. Das hatte seinen Ursprung im Bauerntum, im Besitzstand, im Privateigentum, im freien Denken der Bauernschaft vor der Zwangskollektivierung 1970. Dies hat seine Spuren bei mir hinterlassen. So scheute ich mich nicht, seine Ansichten als Schüler in meiner Sprache im Unterricht weiterzugeben.

Ich weiß nicht, wie oft ich meine Pausen und teilweise den Stundenanfang im Direktorenzimmer bei politischen Diskussionen verbracht hatte. Unser Direktor und gleichzeitig mein Staatsbürgerkundelehrer hatte sich wahrscheinlich zur Aufgabe gemacht, mich zu bekehren, einmal an der Jugendweihe teilzunehmen und zum anderen meine etwas zu deutliche Meinungsäußerung in die rechte

Bahn zu lenken. Wenngleich er regierungstreu war, honorierte er meine eigenen Gedanken mit einer guten Note in Staatsbürgerkunde. Er fand sich auch damit ab, dass ich nicht den damals üblichen Doppelweg beschritt, indem ich in einem Jahr zur Jugendweihe ging und mich zum Staat bekannte, im anderen zur Konfirmation und mich zur Kirche bekannte. Wobei ich darin keinen Widerspruch sah. Es war eigentlich mehr aus Tradition und zum Teil auch eine Trotzreaktion gegenüber der Staatsmacht. Die Bauernkinder gingen alle zur Konfirmation, manche kombinierten es auch mit der Jugendweihe. Aber meines Wissens waren alle Bauern kirchlich eingestellt, bei uns, regional bedingt, natürlich evangelisch.

Für uns Nur-Konfirmanden bedeutete dies auch eine gewisse Ausgrenzung vom Schulleben, denn für die Teilnehmer an der Jugendweihe gab es jeden Monat eine Veranstaltung: eine Theaterfahrt, eine Busreise oder einen anderen Themennachmittag. Daran konnten wir natürlich nicht teilnehmen und so waren wir bei manchen Unterhaltungen unserer Schulfreunde nur Zuhörer. Richtig belastet hat es uns nicht, dafür hatten wir ja den Konfirmationsunterricht. Unser Pfarrer Richter, ein sehr kluger Mann, hatte die Gabe, mit uns Themen zu erarbeiten, sodass es nie langweilig wurde. Wir konnten mit ihm philosophieren und er gab uns immer das Gefühl, dass er unsere Worte ernst nahm.

Ich war geprägt durch ein Elternhaus, in dem Politik immer ein Thema war, die „Tagesschau" gehörte sozusagen zum Abendbrot. Wir kannten alle westlichen Politiker mit dazugehörigem Amt. Die angenehmen wie die unangenehmen Seiten des angeblichen Klassenfeindes waren uns bekannt. Deshalb hat uns später die Vereinigung unserer Staaten als eigentlich unerreichbares Ziel zwar überrascht, aber die auf uns zukommenden wirtschaftlichen Veränderungen weniger. Wir wussten, dass der goldene Westen kein Märchenland war, wo nur Milch und Honig fließen. Aber bis heute sind wir froh und dankbar, dass unsere Generation und die unserer Eltern dieses erleben durften.

Ich habe die verschiedensten Formen der Landwirtschaft miterlebt, vom Privateigentum zur LPG Typ 1, Typ 3 und wieder zurück zum Hof in Privatbesitz. Sehr einprägsam war die allmähliche Enteignung meiner Eltern bis zur Kollektivierung in der LPG Typ 3 Anfang der siebziger Jahre. Meine Eltern waren die Letzten im Dorf, die eingetreten sind. Die staatlichen Zwänge wie die Rationierung von Saat- und Düngemitteln wurden zur Existenzfrage und ließen keine andere Wahl. Der staatlich verordnete Eintritt hat sie alles Land, Milch- und Jungvieh, Maschinen und einen hohen Betrag an Bargeld gekostet. Welche Verbitterung dieser materielle und auch der ideelle Verlust ausgelöst haben, kann man sich ja vorstellen. Meine Eltern hatten sich als junges, mittelloses Paar in einem anderen Dorf einen Hof gepachtet. Mit viel Ehrgeiz und unter großen Mühen haben sie sich dort in kurzer Zeit ihre Existenz aufgebaut, auf diesem Hof bin ich auch als zweites Kind geboren. Anfang 1960 haben sie ihren jetzigen Hof mütterlicherseits als Erbe übernommen. In den Folgejahren blühte der Hof durch ihren Fleiß und kluges und intelligentes Wirtschaften.

Ich denke, meine Achtung vor anderer Leuten Eigentum, die Wertschätzung von Fleiß, Zielstrebigkeit und Geradlinigkeit habe ich aus dieser Zeit geschöpft.

Als Kind haderte ich ewig damit, dass die Bauern doch so ein schlechteres Leben haben als die Arbeiter: Sie müssen so früh aufstehen, ihr Arbeitstag endet erst am Abend, ohne Urlaub, ohne Wochenende. Vielleicht war das aber unbewusst nur ein Vorwand, um meine eigenen vermeintlichen Entbehrungen zu definieren. Gerne wäre ich mal mit meinen Eltern in den Urlaub gefahren, hätte am Wochenende mit ihnen einen Ausflug gemacht oder wäre gern öfters mal in einen weiter entfernten Ort zum Eisessen oder zum Baden gefahren.

Ich glaube, meine Eltern hat das alles viel weniger gestört als mich. Sie waren und sind mit Leib und Seele Bauern.

Meine Kinder- und Jugendzeit verlief ganz normal, wie üblich auf dem Dorf. Ich hatte meine Pflichten, zuerst einen Kälberstall zur Stallzeit beschicken (versorgen), später standen vier Milchkühe drin, die mit der Kannenmelkanlage gemolken wurden. Das war mein Bereich, in dem ich abends ausmisten, melken und füttern musste. Mein großer Bruder hatte auch seine Arbeiten im Pferdestall und mit weiteren Tieren. Morgens brauchte ich nicht mitzuhelfen, da ging ich zur Schule.

Die Erntezeit im Sommer war straff, mein Vater kannte keine Gnade, weder mit sich, meiner Mutter noch mit uns Kindern. Am einprägsamsten war die Heuernte, wir hatten Unmengen an Wiesen abzuernten. Alles wurde per Hand auf den Wagen gegabelt und geschichtet, auf dem Hof ins Heugebläse gegabelt und in der Bansel breitgemacht. Meistens half noch ein kräftiger Mann aus unserem Dorf mit. Schlimm war es, wenn ein Gewitter drohte, dann liefen alle wie um ihr Leben, um alles Heu trocken einzufahren. In den späteren Jahren hatten wir in allen Scheunen Kaltbelüftung, das machte uns etwas unabhängiger vom Wetter, da das Heu auch im Vorstadium eingebracht werden konnte. Der Nachteil war die Lärmbelästigung über viele Tage bis zur endgültigen Trocknung.

Im Sommer gab es den Erntekindergarten am anderen Ende des Dorfes. Dorthin ging ich nicht gerne. Oft bettelte ich so lange, bis ich zu Hause bleiben durfte. Mein Vater gab in diesem Punkt eher nach als meine Mutter. Warum ich so ungern in den Kindergarten ging, weiß ich eigentlich nicht. Ganz sicher gestört hat mich der Mittagsschlaf und die Kindergärtnerinnen hatten auch nicht alle meine Liebe. Zum Mittagessen wurden wir nach Hause geholt und gegen 13.00 Uhr, wenn die Frauen wieder aufs Feld gingen, wieder abgegeben.

Wir Kinder spielten am Nachmittag zusammen, oft trafen wir uns zum „Feindsuchen". Das ging dann durch das halbe Dorf, durch die Bauernhöfe, in die Hof- und Feldscheunen. Besonders interessant waren die Bauernhöfe, auf denen es noch alte Kutschen gab. Die standen meistens halb verdeckt in einer Bansel. Heute wäre es undenkbar, dass eine Kinderschar durch fremdes Eigentum tobt und auch noch in die Gebäude geht und Verstecken spielt. Ich kann mich nicht erinnern, dass uns ein Bauer jemals vom Hof gejagt hätte. Manche Höfe waren nicht so beliebt, da gab es eine Oma, die hinter uns Kindern herschimpfte, oder bösartige Hackhähne und Enteriche, die uns verfolgten. Aber wir wussten auch, welche Mutter oder Oma den besten schwarzen Streuselkuchen backte. Nicht selten musste deren Kind oder Enkelkind uns dann damit versorgen.

Als Kind hatte ich eine Freundin aus der Nachbarschaft, sie wohnte mit ihrer Familie zur Miete in einem Nebengebäude des Vierseithofes. Wenn ich zu ihr wollte, musste ich an der Eingangstür klingeln. Wir hatten zu Hause keine Klingel, die Haustür war immer unverschlossen und fremde Personen riefen einfach in den Hausflur hinein. Meine Freundin wohnte oben im ersten Stock, das hat mich total fasziniert. Eine immer saubere und gebohnerte Holztreppe führte zu ihrer Wohnung. Unten vor der Treppe wurden die Schuhe gewechselt. Bei uns durfte man in alle Räume mit Schuhen, außer in die „große“ Stube.

Freitags wurden bei meiner Freundin alle Schuhe der Familie geputzt. Die Schuhe wurden unten im Hof aufgereiht und jeweils abwechselnd von den Kindern geputzt. Das hat mich so beeindruckt, dass ich mehrmals zu Hause unsere Schuhe auf der Mistmauer aufgereiht und nacheinander geputzt habe.

Das „oben Wohnen“ habe ich heute geschafft. Unser Haus steht an einer Hanglage, sodass unser Wohnbereich eine Holztreppe höher beginnt, aber dann nach hinten ebenerdig ausläuft. Das Schuheputzen habe ich jedoch nicht weiter verfolgt!

Als Kind bin ich mit vier Generationen auf dem Hof aufgewachsen: meinem Urgroßvater, meinen Großeltern, meinen Eltern und mit zwei Geschwistern. Von jeher teilten sich meine Eltern mit den Großeltern die Wohnräume, es gab praktisch nur separate Schlafräume. Gekocht und gegessen wurde gemeinsam. Noch in meiner Kindheit änderte sich dieser Zustand: Wahrscheinlich war die Generation meiner Eltern es leid, keine eigenen Wohnräume für ihre Familie zu haben. Im Obergeschoss wurden zwei Zimmer hergerichtet für Oma und Opa, die als Küche und Wohnstube dienten. Von nun an wurde getrennt gewirtschaftet, gekocht und somit wurden auch die Abende und Wochenenden getrennt verbracht. Das ging natürlich nicht ohne Streit und Zerwürfnissen ab, doch nach und nach wurde das auch auf vielen umliegenden Höfen praktiziert. Ich denke, davon hat nur die jeweils jüngere Generation profitiert, indem sie endlich, wie wir es uns heute gar nicht anders vorstellen können, ihre Privatsphäre hatte.

Uns Kinder hat das Miteinander der Generationen überhaupt nicht gestört, im Gegenteil, es gab ja auch eine nützliche Arbeitsteilung. Meistens gingen die jungen Frauen mit aufs Feld und die Omas kochten zu Hause das Essen. Wenn wir aus der Schule kamen, standen immer Reste vom Mittagessen warm gehalten auf der Herdplatte, im Keller gab es immer feinen Kuchen und irgendjemand war immer da. Meine Großeltern väterlicherseits wohnten etwa 15 km von uns entfernt. Wir fuhren regelmäßig jeden zweiten Sonntagnachmittag auf Besuch. Diese Großmutter hatte ich besonders ins Herz geschlossen, es vergingen keine Ferien, in denen ich nicht als Ferienkind bei ihr aufkreuzte. Das kleine landwirtschaftliche Anwesen lag weit entfernt vom eigentlichen Dorf zwischen Wiesen und Wald. Es war nie langweilig. Meine Oma war eine sehr kleine zierliche Frau, ruhig und bescheiden. Alles, was Stall und Garten hergaben, wurde verwertet, auch eigene Ziegenmilch. Lebensmittel wie Butter, Quark und Käse wurden selbst hergestellt, alle Früchte wurden eingekocht und Säfte abgefüllt. Morgens gab es eine Schrot- oder Haferflockensuppe aus eigenem Getreide. Fleisch war verpönt, es sei denn, es kam von selbst gezogenem Geflügel wie Perlhühnern, Flugenten und Puten. Aus heutiger Sicht war es ein hundertprozentiger Biobetrieb. Mein Großvater war ein strenger Naturheilmedizinverfechter und Gegner der Schulmedizin. Daher wurden nur natürliche Lebensmittel verwendet.

An eine Begebenheit muss ich bis heute oft zurückdenken: Meine Oma war gläubig und sang auch mit wunderschöner Stimme im Kirchenchor. Einmal kam sie mit mir darüber in Streit. Ich glaube, das war das einzige Mal überhaupt. Als Kind mit vielleicht zehn Jahren muss ich mich etwas abfällig über das Beten oder Gott geäußert haben, denn eindringlich sagte sie zu mir, dass ich in meinem späteren Leben oft genug in Situationen kommen werde, wo ich ganz von allein die Hände falten und beten werde und dann froh wäre, einen Gott zu haben. Wie wahr!

Weihnachten war für mich als Kind das schönste Fest im Jahr. Mein Vater spielte in der Weihnachtszeit Klavier. Unser Klavier stand in der „kleinen" Stube, wurde aber nur zu Weihnachten gespielt. Wenn Klaviermusik erklang, war eindeutig Weihnachtszeit. Diese Stimmung löste bei mir eine Vorfreude auf das Fest aus; diese an meine Kindern weiterzugeben war mir immer ein Bedürfnis. Kurz vor Weihnachten fuhren meine Eltern immer nach Leipzig und besorgten die Geschenke. Wir Kinder wussten das genau, denn für uns kam zur Aufsicht eine alte Frau aus dem Dorf, die auch sonst bei Flickarbeiten half. In den Tagen bis Heiligabend war es für uns Kinder ungeheuer spannend, heimlich nach Geschenken zu stöbern und schon mal einen Blick darauf zu werfen. Heiligabend nach der Stallzeit ging es in den Nachbarort zum Krippenspiel. Wir Kinder gingen meistens für uns und auf dem Nachhauseweg im Dunkeln wurde uns mit dem Weihnachtsmann Angst gemacht. Zu Hause hatte meine Mutter alles unter dem Tannenbaum gerichtet und nach dem Abendbrot gab es die Geschenke in der „großen“ Stube (diese wurde nur benutzt an Feiertagen und wenn Besuch kam). Das ist bis heute so geblieben. An Heiligabend gab es lauter schöne Dinge zum Essen. Der Erste von vielleicht 20 Stollen wurde angeschnitten, dazu gab es selbst gemachten Glühwein, Nüsse, bunte Teller, Apfelsinen – alles Dinge, die es nur an Weihnachten gab.

Manchmal gab es auch Schokolade aus dem Westen. Unsere Familie hatte keine Westverwandtschaft, aber ein Kriegskamerad meines Vaters schickte jedes Jahr in der Vorweihnachtszeit ein Paket von der Größe eines Schuhkartons. Da waren dann solche Leckereien wie Rosinen, Mandeln, Kokosraspel, Kakao und vielleicht Schokolade drin.

Wenn die Weihnachtszeit zu Ende ging, war ich immer traurig, das ist bis heute so geblieben.

Die Winterzeit war erfahrungsgemäß eine ruhigere Zeit. Die Frauen beschäftigten sich mit Näh- und Flickarbeiten. Während in der Küche Getreidesäcke gestopft wurden, werkelten die Männer draußen an oder in den Wirtschaftsgebäuden. Es war auch die Zeit des „Federnschleißens“: Gemeinsam mit Frauen aus der Nachbarschaft wurden die Federn der geschlachteten Gänse vom Federkiel gerissen und in Bettbezüge gestopft. In dieser Zeit durfte man die Türen nur ganz langsam öffnen, sonst flogen die Federn durch die ganze Stube. Ich saß nach der Schule gerne dabei, da gab es auch den neuesten Dorftratsch.

Neben Skifahren und Malen war das Lesen eine weitere große Leidenschaft von mir. Eigentlich hatten meine Eltern nichts dagegen, doch wenn es draußen Arbeit gab und Töchterchen saß weltentrückt über einem Buch, dann gab es Zoff. Ich weiß noch, wie mein Vater einmal wutentbrannt zur Stubentür hereinkam, mir das Buch entriss und es unter unsere Kredenz (Stubenschrank) feuerte. Was dem vorausgegangen war, weiß ich nicht mehr, sicher eine wiederholte Aufforderung zur Arbeit.

Kompliziert wurde es für mich, als ich in das Alter kam und am Wochenende zum Tanz ging. Ich trug immer längeres Haar und das brauchte lange zum Trocknen – einen Fön gab es noch nicht –, und da wir zu meiner Jugendzeit noch zu menschenfreundlichen Zeiten zum Tanz oder in die Disco gingen (gegen 19–20.00 Uhr), musste ich die Haare vor der Stallzeit am Nachmittag waschen.

Das macht die Autorin heute

Liane Schlegel

Bei der Erst-Veröffentlichung des Buches stand ich mitten im Leben. Heute fühle ich mich zwischen den Generationen. Auf der einen Seite stehen die hochbetagten und teilweise pflegebedürftigen Eltern. Auf der anderen die Enkel im Baby- und Kleinkindalter. Jedem will man gerecht werden. Das fällt nicht immer leicht. Ich muss aufpassen, dabei meine eigenen Wünsche und Bedürfnisse nicht aus den Augen zu verlieren. Zumal der berufliche Ruhestand auch schon in greifbarer Nähe ist und damit die Frage: Was kommt dann?

Da war aber das Problem des Geruchs, der sich in frisch gewaschenem Haar besonders gut mischt. Ich brauchte mindestens zwei Kopftücher, um alle Haare zu verstecken, und ich bin mir nicht ganz sicher, ob mich nicht doch manchmal beim Ausgehen ein zarter Stallduft umgab. Stolz war ich in dieser Zeit auf meine hautenge Levis-Jeans. Ich trug sie jahrelang – bis sie auseinanderfiel. Mein Vater hatte sie mir mit dem Westgeld gekauft, das er durch den Verkauf seiner Zuchttauben (Strasser) auf Ausstellungen eingenommen hatte. Auch hatte er, im Gegensatz zu seiner sonstigen Strenge, nichts gegen meine Tanzlust. Er meinte, es gäbe keine schönere Zeit im Leben als die Jugend. Wahrscheinlich lag es an seiner gestohlenen Jugendzeit, denn als er gerade 17 Jahre alt war, wurde er zum Kriegsdienst eingezogen. Nach sieben Jahren Krieg und Gefangenschaft kam er mit 24 Jahren wieder nach Hause.

Mein Vater hat uns Kindern zu Zeiten der LPG immer abgeraten, einen landwirtschaftlichen Beruf zu lernen. Er war zu verbittert über die Enteignung durch die Genossenschaften. Meine Brüder haben beide Landmaschinenschlosser gelernt. Mein älterer Bruder hat später das Abitur nachgeholt und an einer technischen Hochschule einen Abschluss als Ingenieur gemacht. Meine Eltern haben gleich nach der Wende im Dezember 1990 als Wiedereinrichter den Hof mit damals 27 ha Land und 25 Stück Milchvieh übernommen. Noch heute bewirtschaften sie im fortgeschrittenen Alter von 73 und 78 Jahren mit meinem jüngeren Bruder gemeinsam den Hof, der heute mit Pachtland 130 ha und 30 Stück Vieh mit Jungvieh umfasst. Vieles ist wieder so, wie ich es noch aus meiner Kinder- und Jugendzeit in Erinnerung habe: Die Eltern haben nie Zeit, bei Familienfesten muss die Stallzeit immer eingehalten werden, an den Wochenenden gibt es kein Ausschlafen und nur eine Woche Urlaub im Jahr.

Ein großer Bestandteil meiner Kindheitserinnerungen an den elterlichen Hof sind auch Geräusche und Gerüche. Ein Bild habe ich noch heute vor Augen: Ich habe Sommerferien, es ist Mittagszeit, die Sonne brennt, ich laufe barfuß über unseren Hof, unter meinen nackten Füßen spüre ich zerfahrenes, frisches, weiches Stroh, es riecht nach Heu und Stroh, es ist ganz still. Nur die Hühner gackern und etwas entfernt muht eine Kuh.

Noch heute, wenn in der Abendsonne ein leichter Wind die Geräusche der Stallzeit aus dem Dorf, in dem ich jetzt mit meiner Familie wohne, zu unserem Haus hochträgt, überkommt mich eine Art innere Ruhe und Geborgenheit, die ich damit in Verbindung bringe. Wenn ich Eimer- oder Milchkannengeklapper höre, die Geräusche von Kühen, Schafen, Gänsen, Tauben und all den anderen Tieren, dann fühle ich mich immer zurückversetzt in die Zeit auf dem elterlichen Hof.

Ich hatte überhaupt keine Ambitionen, in die Landwirtschaft zu gehen, nicht im Entferntesten. Ich habe zuerst eine Ausbildung zum Baufacharbeiter, dann zur Kauffrau gemacht und arbeite heute als kaufmännische Angestellte in der Natursteinfirma meines Mannes. Unser erster Sohn hat ebenfalls im Baufach gelernt und besucht jetzt im zweiten Jahr eine Fachschule, der zweite Sohn lernt seit August Landwirt und so schließt sich der Kreis. Familiär geht es über die

Kinder zu den Wurzeln zurück. Die bäuerlichen Wurzeln sind bei unserem jüngeren Sohn seit frühester Kindheit erkennbar gewesen.

Heute könnte ich mir wieder ein Leben in der Landwirtschaft vorstellen, natürlich nur mit den Erleichterungen der heutigen Technik. Was mich heute fasziniert am bäuerlichen Leben, ist der Einklang mit der Natur. Durch das Versorgen der Tiere hat jeder Tag seinen Rhythmus. Die Mahlzeiten werden immer eingehalten, Frühstück, Mittag, Kaffee, (Vesper) und Abendbrot. Die Jahreszeiten gestalten den Jahresablauf zwischen Saat und Ernte, zwischen Arbeitsspitzen und ruhigeren Zeiten. Und das ist sicher gesünder als ein Unternehmertag, wie ich ihn von meinem Mann kenne. Das bedeutet nicht, dass es keine Hast und Stress gibt auf einem Hof, doch bedingt durch die Stallzeiten muss man immer wieder zum Gleichklang zurückfinden.

Wenn ich durch die Landschaft fahre, geht mein Blick noch immer über die Felder und Weiden. Ich ernte bei meinen Mann oft einen nachsichtigen Blick, wenn ich den Wachstumsstand von Feldfrüchten kommentiere oder mich über eine Kuhherde auf der Weide freue. Er meint dann immer: „In dir steckt doch ein Bauer."

Sibylle, Landwirtin in Sachsen-Anhalt

... wichtiger als jede Betriebsgrösse

„Die Geschichten vom Zusammenhelfen aller, die auf dem Hof lebten, faszinierten mich immer wieder."

„Ich wurde als Zweite von drei Töchtern der Genossenschaftsbauern Friedrich-Wilhelm und Elisabeth Müller geboren." So begann ich meinen Lebenslauf, den ich in der neunten Klasse der Polytechnischen Oberschule (POS) im Deutschunterricht geschrieben habe. Er wurde dann Teil der Bewerbungsunterlagen für die spätere Berufswahl.

Schon die Wortwahl lässt erkennen, ich wurde in der DDR geboren, meine Eltern waren zu dieser Zeit schon fünf Jahre Mitglieder der Landwirtschaftlichen Produktionsgenossenschaft (LPG) in unserem kleinen Dorf. Und somit kannte ich nur diese Form der Landwirtschaft, die unser Dorfleben bestimmte.

Mein Heimatdorf liegt ruhig zwischen Feldern, Waldstücken und auch richtigen Wäldern, vor allem aber umgeben von wunderbaren Wiesen. Hier waren immer schon Schwarzbunte Kühe und auch Pferde, schwere Kaltblüter, zu Hause. Den zentralen Punkt der meist länglichen Straßendörfer bilden seit mehreren Hundert Jahren immer die Kirchen, die aus Feldsteinen gebaut, ihre Türme hoch über das flache Land erheben. Es sind kleine Dörfer (150–300 Einwohner), die nur zwei bis drei Kilometer voneinander entfernt liegen.

Als 1960 im Frühling der Eintritt aller Bauern in die Genossenschaft, eine LPG Typ 3, vollzogen war, gab es keine bäuerlichen Betriebe mehr. Der politische Druck und die Umstände der damaligen Zeit gaben den Weg der Zusammenlegung vor. Mein Großvater gab somit sein Vieh, seine ca. 20 Hektar Acker und Wiesen und seine vier Hektar Wald in die LPG. Auch die Ställe auf dem Hof waren nun Inventar der Genossenschaft. Er und meine Eltern, die bis dahin zusammen den Hof bewirtschaftet hatten, arbeiteten nun als Mitglieder der Genossenschaft weiter. Mit der Genossenschaft hatten sich in unserer Familie wohl alle abgefunden. Die Zeit für politische Äußerungen, vor allem gegenüber uns Kindern, war nicht gegeben. Wir fanden uns mit den gegebenen Umständen ab und es gehörte in unserer Familie – ebenso im Elternhaus meines Mannes – dazu, dass es im Alter von 14 Jahren erst eine sozialistische Jugendweihe mit der Schulklasse gab und wir ein Jahr später dann die Konfirmation erhielten, die mit allen Verwandten groß gefeiert wurde.

Anfang der siebziger Jahre wurden die LPGs spezialisiert, d. h. bei uns im Dorf gab es nur noch Tierproduktion, mit Milchkühen, deren Nachzucht und Schweinemast. Die Pflanzenproduktion wurde in einer Kooperation mehrerer Dörfer zu größeren Einheiten zusammengeschlossen.

Als Kind erlebte ich es so, dass meine Mutti auf unserem Hof eine kleine Herde Milchkühe der LPG versorgte. Sie war eine Bäuerin, die es verstand, mit Fleiß und menschlichem Geschick trotz der körperlich schweren Arbeit und allen häuslichen und familiären Pflichten immer für uns da zu sein. Kamen meine Schwestern und ich von der Schule oder dem Kindergarten nach Hause, war immer unsere Mutter für uns da. Für alle kleinen und großen Sorgen hatte sie ein offenes Ohr. Besonders an die Winterszeit erinnere ich mich gut, wenn wir ihr im Kuhstall geholfen haben oder auf einem Strohbund saßen und sie bei der Arbeit Zeit fürs Reden und Zuhören hatte.

Es waren die Geschichten aus ihrer Kinderzeit, von ihrem Spitz „Teddy“, von unserem Vati und seiner Stute „Flora“, mit der er erfolgreich auf Reitturnieren ritt, und von tollen Unternehmungen und Ausflügen. Aber sie erzählte auch von den Arbeiten mit den schweren Kaltblütern auf dem Acker, von dem von Saat und Ernte bestimmten Leben im Dorf und von dem nicht immer einfachen Zusammenleben mehrerer Generationen in der Familie. Die Geschichten vom Zusammenhelfen aller, die auf dem Hof lebten, faszinierten mich immer wieder. Meine Mutter vermittelte mir damit ein Bild vom guten Landleben und ihrer Sehnsucht nach diesem Leben, das es nun nicht mehr gab.

Gern hätte ich mehr von ihr gelernt, hätte oft ihren Rat und ihre Hilfe gebraucht, aber leider war die Zeit uns nicht vergönnt. Viel zu früh starb sie und ließ uns Kinder mit dem Vater allein zurück. Meine ältere Schwester hatte zu dieser Zeit schon einen Beruf in der Stadt. Meine kleine Schwester war erst elf Jahre und ich selbst vierzehn Jahre alt, sodass die Pflichten im Haushalt, teils mit Unterstützung der Verwandten und Nachbarschaft, von uns übernommen werden mussten.

Mein Vater war erst Viehbrigadier (verantwortlicher Leiter der Viehwirtschaft) und später dann Vorsitzender der LPG.

Durch ihr Leben und Tun vermittelten sie mir menschliche Werte, das Festhalten an Traditionen und den Stolz auf meine Herkunft, „Bauernstolz“, auf das von den vorherigen Generationen Aufgebaute – nicht jedoch den Besitzerstolz auf Materielles, auf Flächen und Güter.

Nach der Wiederheirat meines Vaters kamen noch ein jüngerer Bruder und eine jüngere Schwester dazu. Wir alle haben zusammen ein gutes Verhältnis.

Es war toll, meinen Vater nach der Schule oder in den Ferien bei seiner Arbeit zu begleiten und auch ihm zu helfen. Nachdem klar war, dass ich meine Berufswahl getroffen hatte und meine Liebe zu Tieren von den Pferden bis zu den Schwarzbunten Rindern reichte, wurde ich von ihm doch etwas vorgezogen, aber auch zunehmend gefordert.

Jedes Mitglied der LPG hatte das Recht, eine bestimmte Menge Futtermittel von der Genossenschaft zu kaufen, um so ein oder zwei Schweine zu mästen, Hühner und Enten und seltener sogar eine Kuh oder einen Schlachtbullen zu halten. Dieses wurde offiziell als „individuelle Wirtschaft“ bezeichnet. Es war keine Form des genossenschaftlichen Wirtschaftens und wurde auch nicht bei allen so intensiv wie in unserer Familie betrieben. Wir hatten einen großen Garten, Geflügel, mehrere Schweine und anfangs auch eine Kuh. Damit wurde ein zusätzliches Einkommen zu der regulären Tätigkeit in der Genossenschaft erarbeitet. Für uns Kinder gab es einige Pflichten. Zu denen gehörten, sicher wie überall, mal sauber machen, Holz und Kohlen für die Feuerung holen, aber auch Gartenarbeit und Hühnerfüttern. So manches Mal haben wir als Teenager rumgenörgelt, wenn es wieder so viel zu tun gab, aber rückblickend kann ich sagen, geschadet hat es mir nicht.

Besonders unbeliebt war zu Hause, aber auch bei meinen Schulfreunden, bei denen es ja ähnlich war, das Gurkenpflücken im großen Garten hinterm Hof. Täglich fielen davon in der Erntezeit mehrere Zentner an. Diese wurden dann zur Obst- und Gemüseaufkaufsstelle in den Nachbarort gefahren und zu einem guten Festpreis verkauft. In den Ferien konnten wir in der LPG noch Geld zuverdienen. Als Schüler haben wir im Schweinemaststall ausgeholfen, später in der Studentenzeit gefielen mir dann die Arbeit im Kuhstall und das Melken weitaus besser. Auch meine jüngere Schwester, die heute Lehrerin ist, übernahm mit mir zusammen Arbeiten im Kälberstall. So gab es auch immer ein Miteinander in der Familie.

Trotzdem hatten wir auch immer noch Freizeit. Sportarbeitsgemeinschaften oder Bastelgruppen wurden nach der Schule angeboten. Wir konnten uns aber auch gut selbst beschäftigen oder unternahmen gemeinsam ausgedehnte Fahrradtouren, bauten uns die schönsten Butzen. Dazu verwandelten sich Holzställe genauso wie ein Baumhaus auf einer großen Weide. Im Winter gab es herrliches Schlittschuhlaufen auf dem Teich oder auf zugefrorenen Wasserstellen auf der Wiese. Bei Schnee, den es auch in meiner Kindheit viel zu selten gab, wurde von Dorfjungs der gute „Poldi" vor eine lange Reihe Kinderschlitten gespannt und dann ging es rasant über schneebedecktes Feld. Wir waren in unserem Dorf eine tolle Kindergemeinschaft, aber auch in den gemeinsamen Schuljahren hatten wir viele Freunde.

Aber das Schönste waren für mich der Pferdesport und die Pflege der Zuchtstuten, die sich im Besitz der LPG befanden und auf der Pferdekoppel hinterm Hof liefen. Die Ställe und der Pferdebestand wurden von Fachkräften erledigt.

Dann kam die erste Trennung von zu Hause.

Nach dem Abschluss der polytechnischen Oberschule machte ich eine Ausbildung zum „Zootechniker/Mechanisator; Spezialisierungsrichtung Milchproduktion mit Abitur“ in einem VEG (volkseigenes Gut). Es war schon etwas Besonderes, diesen begehrten Ausbildungsplatz zu bekommen.

Die dreijährige Ausbildungszeit war unterteilt in die Berufsschule und in die Praxiswochen. In der Berufsschule wurde neben Englisch, Mathematik und Russisch auch Fütterungslehre und sozialistische Betriebswirtschaft gelehrt. „Praxiswochen“, das bedeutete Melken im Melkstand, Arbeiten im Milchviehstall, im Abkalbestall oder im Kälber- und Jungviehbereich; hierzu wurden vom Lehrmeister Wochenpläne erstellt. Das waren meine Lieblingswochen, denn hier konnte ich durch meine heimatliche Vorbildung schon etwas mehr und hab es auch gern getan.

Das Zusammenleben im Lehrlingswohnheim war, nach anfänglichem Heimweh, ein schöner Teil meiner Jugendjahre, der uns alle selbstständiger und selbstbewusster werden ließ.

Nach Abschluss der Berufsausbildung fing ich ein Ingenieurstudium an der Agraringenieurschule für Tierzucht an. Während dieser Zeit heiratete ich meinen Mann und zog zu ihm ins Nachbardorf.

Der Beginn meiner Berufstätigkeit als Viehbrigadier in dieser etwas größeren LPG war mit so jungen Jahren nicht ganz einfach. Die Arbeit in der Tierproduktion war körperlich sehr schwer, es wurde in den meisten Ställen in unserer LPG mit der Hand gefüttert und auch gemistet. Das Melken wurde mit der Kannenmelkmaschine erledigt. Ich war als „Leitungskader“ für 25 Mitarbeiter, also Mitglieder der LPG-Tierproduktion, für deren Arbeitseinteilung und ordnungsgemäße Durchführung, Lohnabrechnung, Urlaubseinteilung und Vertretung im Krankheitsfall zuständig. Dies war wirklich nicht immer einfach, denn leider war die Einstellung zur Arbeit nicht immer die Beste. Ein Rinderbestand von rund 550 Milchkühen, die dazu gehörende Futterverteilung, Koordinierung des Tierarzteinsatzes und der Zuchtanpaarung sowie der Einsatz des Besamungstechnikers mussten täglich organisiert werden. Und das bei Mangelwirtschaft, vorgeschriebenem Kraftstoffkontingent und ohne eigenen Telefonanschluss. Mehr als einmal wollte ich doch alles hinwerfen und was anderes machen.

Aber was nur? Mein Herz hing an der Landwirtschaft und dem doch relativ frei einzuteilenden Arbeitstag. Und dann kam die große Veränderung!

Die Verkündung des Mauerfalls in den Medien haben wir leider am Abend des 9. November 1989 nicht gesehen, was ich heute noch sehr bedaure. Am nächsten Tag gab es kein anderes Thema auf der LPG und im Dorf. Einige der Kollegen waren noch in der Nacht nach Marienborn zur Grenzübergangsstelle gefahren und waren nun vollends in Feierlaune.

Ich selbst hatte zwiespältige Gefühle. Einerseits wollte ich auch gern in den „Westen" reisen, andererseits hatte ich aber auch Angst, dass die Grenzöffnung nur ein vorübergehender Zustand sein könnte, und ich selbst hätte niemals meine Heimat verlassen, um mich in eine ungewisse Zukunft aufzumachen.

Dass es eine Zeit des Umbruchs war, bekamen wir schon im Spätsommer und Herbst '89 mit. Wir gingen auch zum Montagsgebet im Stendaler Dom, daran schlossen sich dann ruhige, geordnete Märsche durch die Innenstadt an. Es wurden Kerzen aufgestellt vor einem völlig eingezäunten Gebäude mitten in der Stadt, welches wir gar nicht kannten. Dass dies der Sitz der Stasi war, erfuhren wir erst später. Obwohl wir schon über zwanzig Jahre alt waren, hatten wir uns politisch wenig interessiert. Aber am 11.11. hielten wir es dann auch nicht mehr aus, ich weiß noch heute, wie mein Mann sagte: „Die ganze Welt steht Kopf und du willst bei solch einem Ereignis nicht dabei sein!"

Also fuhren wir mit unserem Trabbi an einen kleineren Grenzübergang, der erst morgens für den Autoverkehr geöffnet wurde. Es war überwältigend, wie wir dort empfangen wurden. Es waren mehr als Tränen der Rührung, die hier geflossen sind. Auch wenn wir heute an der Stelle nach Niedersachsen hineinfahren oder ich mit meinen Kindern über das Ereignis spreche, denke ich an diesen Tag und bin froh, es so „live" miterlebt zu haben. Mein Mann und ich wussten sofort, dass die Wende unsere Chance ist. So begannen wir 1990, zu planen, zu organisieren und vor allem uns weiterzubilden, um das nötige Rüstzeug als „selbstständige Landwirte" zu erwerben.

Wir wurden „Wiedereinrichter" in den neuen Bundesländern und bildeten gemeinsam mit dem Bruder meines Mannes eine GbR auf deren elterlichen Hof. Dazu pachteten wir im Ort zu den rund 30 ha Eigentum rund 400 ha hinzu. Dieses

Das macht die Autorin heute

Sibylle Klug

Große Veränderungen gab und gibt es nicht – ist das ein Nachteil?
Neben meiner Arbeit in unserem Landwirtschaftsbetrieb nimmt mein Ehrenamt als Vorsitzende des Landfrauenverbandes Sachsen-Anhalt breiten Raum ein, es bestimmt sehr meinen Alltag. Dieser Einsatz verlangt oft viel, gibt mir persönlich aber auch so viel zurück.
In meinem Heimatdorf, in der Region bin ich stark verwurzelt. Dieser Hintergrund gibt Halt und lässt mich bei allen Schwierigkeiten, mit denen wir Bauern zu kämpfen haben, doch optimistisch in die Zukunft blicken.

war nach der Liquidation der LPG möglich und für uns zukunftsweisend. Das große zweigeschossige Wohnhaus des Vierseitenhofes steht längs der Straße und wird durch die Toreinfahrt in zwei Hälften geteilt, eine wird von uns bewohnt und die andere Hälfte bewohnt die Familie des Schwagers und Betriebspartners.

Die Stallungen wurden vor hundert Jahren für einen damals 25 ha großen landwirtschaftlichen Familienbetrieb gebaut. Wir bauten dann 1991 einen großen Boxenlaufstall für 180 Milchkühe an die Rückfront der Scheune an. In der alten Scheune ist der Melkstand. Dieser wurde 1997 auf ein Side-by-Side-System umgerüstet, sodass jetzt je Melkzeit nur noch drei Stunden benötigt werden. Diese Arbeit wird hauptsächlich von meiner Schwägerin, einer Angestellten und mir im

Wechsel erledigt. Darüber hinaus haben wir noch zwei weitere Angestellte, von denen einer für den Ackerbau und der zweite für den Kälber- und Jungviehbereich eingeteilt ist. Beide haben einmal als Auszubildende in unserem Betrieb begonnen.

Mein Tagesablauf beginnt um 2.30 Uhr mit dem Melken, das bis ca. 6.00 Uhr dauert. Danach wecke ich die Kinder für die Schule und erledige alle anfallenden Arbeiten im Haus. Vor dem Mittagessen hole ich noch etwas Schlaf nach. Die Kinder bekommen beide ihr Mittagessen in der Schule. Ich gehe um 13.00 Uhr wieder in den Melkstand und bin dann gegen 16.30 Uhr fertig. Für die Kinder bin ich durch meine Arbeit auf dem Hof immer zu erreichen. An meinen „melkfreien Tagen" erledige ich dann die zeitintensiveren Arbeiten in Haus und Hof und einen Teil der Büroarbeit, die aber sonst überwiegend von meinem Mann übernommen wird.

Unser Entschluss, in dieser Betriebsform, einer Betriebsgemeinschaft mit zwei Familien, zu wirtschaften, hängt sicher mit unserem LPG-Vorleben zusammen. Wir tun uns keineswegs schwer mit der Arbeitsteilung und der Abgrenzung von Zuständigkeiten. Der Umgang und das menschliche Miteinander aller auf dem Betrieb arbeitenden Partner ist meiner Meinung nach für den Erfolg eines Betriebes – gleich welcher Betriebsform – wichtiger als jede Betriebsgröße. Regelmäßig freie Wochenenden und kurze Urlaube sind für uns selbstverständlich. Ich vermisse auch keine langen Urlaube. Dagegen freue ich mich auf Familienausflüge, ob mit dem Fahrrad, der Ponykutsche oder dem Auto.

Im Großen und Ganzen bin ich mit meinem Dasein als Landwirtin zufrieden. Ich schätze es sehr, dass ich vor allem für die Kinder, beide sind als Bauernsöhne 1992 und 1996 geboren, immer erreichbar bin. Die Jungs verbringen auch viel Zeit mit ihrem Vater auf dem Hof. Dies ist für unser Familienleben ein Gewinn. Und es erfüllt mich mit Stolz, wenn auch unsere Söhne dabei mit interessiertem Blick auf die Felder und Wiesen schauen.

In meinem Elternhaus hängt ein Zinnrelief, dessen Spruch ich schon als Kind gelesen habe, aber erst in den letzten Jahren kann ich ihn verstehen: „Was du ererbt von deinen Vätern, erwirb es, um es zu besitzen."

Iris, Bäuerin in Nordrhein-Westfalen

Gräfin Mariza

„Man spürt das Leben in einer ganz anderen Intensität, wenn man auch mal Schwierigkeiten zu bewältigen hat."

Heute, mit 43 Jahren, blicke ich mit Freude und Dankbarkeit auf meine Kindheit zurück. Freude darüber, dass ich das Glück hatte, auf einem Bauernhof in Ostwestfalen aufzuwachsen, und Dankbarkeit besonders meinen Eltern gegenüber, die mir die Liebe zur Landwirtschaft vorgelebt haben.

Auf dem Hof lebten damals mein Großvater, dessen Bruder und meine Eltern mit drei Kindern unter einem Dach mit nur einer Küche. Meine Oma war gestorben, als ich vier Jahre alt war, und meine Mutter war allein als Frau für den Haushalt zuständig. Und der war nicht so einfach. Mein Opa aß zum Beispiel keine aufgewärmte Soße, was bedeutete, dass frisch gekocht werden musste. Als Nachspeise kam für ihn nur Vanillepudding oder Milchreis infrage und Kuchen nur in Form von Sandkuchen oder Butterkuchen. Das Schlimmste war aber für meine Mutter, meinen Opa um Geld bitten zu müssen, da er der Besitzer des Betriebes war und meine Eltern zwar auf dem Hof arbeiteten, jedoch über kein eigenes Einkommen verfügten. Den größten Teil ihrer Zeit verbrachte meine Mutter aber nicht im Haushalt, sondern mit meinem Vater im Außenbetrieb beim Melken, Kälbertränken, Anhängen von Maschinen hinter den Trecker, bei der Ernte und anderen Arbeiten. Mein Vater hat sicher sehr viel geleistet, aber er hätte das nie geschafft ohne die Hilfe meiner Mutter. Das hat er auch immer wieder betont. Und meine Mutter hat sich nie beklagt. Indem sie tat, was getan werden musste, hat sie der Arbeit immer etwas Positives abgewonnen.

Ich erinnere mich noch sehr gut daran, dass ich der „Stubenhocker" in der Familie war, mein Vater nannte mich deshalb auch gern „Gräfin Mariza". Womit er ausdrücken wollte, dass er für meine Art zu leben kein Verständnis hatte. Denn einen großen Teil meiner Kindheit verbrachte ich vor dem Fernseher und über Büchern. Ich liebte es besonders, in den alten Büchern herumzustöbern, die von meinem Onkel und meinem Großonkel, die beide studiert hatten, noch auf dem Hof waren. Mein Vater selbst hat zwar nie ein Buch gelesen, jedenfalls nicht im Erwachsenenalter, aber er hat uns Kindern immer zugeredet, achtsam mit den Büchern umzugehen.

In Schränken, Truhen und Schubladen herumzustöbern war eine meiner liebsten Beschäftigungen. Besonders liebte ich die Schranktür, hinter der sich die vielen Familienfotos befanden. Alle Fotos lagen durcheinander und ich entdeckte immer wieder neue Details.

Sehr gern bin ich als Kind verreist. Glücklicherweise hatten wir damals viele Verwandte, die weiter entfernt wohnten. In dem Sommer vor meiner Einschulung wurde ich für drei Wochen nach Holstein geschickt, um dort das Essen zu lernen. Ich war nämlich ein so genannter schlechter Esser. Mir hat der Urlaub ausgezeichnet gefallen, das Essen habe ich aber nicht gelernt. Meine Großtante hatte schon Angst, ich würde verhungern. Auf der langen Fahrt nach Holstein durchquerten wir in der Lüneburger Heide ein Truppenübungsgelände der Engländer. Dort kam uns eine große Anzahl von Panzern entgegen, die mir als Kind einen wahnsinnigen Respekt einflößten. Ich hatte Angst, es würde einen Krieg geben. Verstärkt wurde diese Angst noch, als wir in Lauenburg am Grenzübergang haltmachten. Ich bekam hier ein Bild davon, was es heißt, in einem Land eingesperrt zu sein. Wie schwer die Zonengrenze bewacht wurde, das konnte ich hier deutlich erkennen. Durch die Elbe zu flüchten war ganz und gar unmöglich. Es war für mich zugleich faszinierend und beängstigend, dass jenseits der Grenze Deutsche lebten, die nicht zu uns herüber durften und die immer mit einer gewissen Angst leben mussten.

Mindestens einmal im Jahr fuhr ich für ein paar Tage zu meinem Onkel und meiner Tante, die kinderlos waren und erst in Münster lebten und später nach Neuss zogen. Mein Onkel liebte es sehr, mir möglichst viel von der Welt zu zeigen. Wir machten zusammen Ausflüge in das Münsterland, nach Düsseldorf, Köln, Bonn, Aachen und auch Amsterdam. Nach meiner Konfirmation erkundete ich mit den beiden auf einer Reise die Sehenswürdigkeiten Südenglands.

Da meine Tante den ganzen Tag außer Haus arbeitete, gingen wir meistens essen. Das kannte ich von zu Hause überhaupt nicht. Ich erinnere mich noch sehr gut daran, als ich mit meinem Onkel in der Mensa Spaghetti gegessen habe. Bei uns gab es immer Kartoffeln und Nudeln höchstens in Form von Makkaroni, die vor dem Kochen in kleine Stücke gebrochen wurden. Nebenbei lernte ich dann noch gutes Benehmen. Nicht, dass zu Hause kein Wert darauf gelegt wurde, aber wie man das Besteck auf dem Teller platziert, wenn man noch etwas essen möchte, und ähnliche Dinge waren durchaus neu für mich.

Auf Klassenfahrten lernte ich dann noch Reims, Paris, Prag und Trier kennen. Ich finde, für eine Bauerntochter, deren Eltern nie verreisten, war das schon ganz schön viel.

An meine Schulzeit erinnere ich mich immer mit einem leichten Unbehagen. Ich weiß noch genau, dass ich kein Kind in meiner Klasse kannte, als ich eingeschult wurde. Unser Hof lag zusammen mit zwei anderen Bauernhöfen, einigen Wohnhäusern und einer Bäckerei etwa zweieinhalb Kilometer außerhalb, die anderen Erstklässler kamen überwiegend direkt aus dem Dorf und kannten sich schon vorher. Da ich zudem auch noch sehr schüchtern war, habe ich in der Klasse nie richtige Freundschaften schließen können. Auf dem Gymnasium hatte ich auch wieder große Schwierigkeiten, Kontakt zu meinen Mitschülerinnen zu bekommen. Ich habe das immer auf meine Schüchternheit geschoben, heute denke ich, dass es eher ein familiäres Problem von uns ist, da ich selbst Kinder habe, die zum Teil mit dem gleichen Problem kämpfen. Damals kam erschwerend hinzu, dass es undenkbar war, dass man mit dem Auto zu seinen Freunden gebracht wurde, wie es heute selbstverständlich ist.

Der Sportverein, in dem andere Kontakte knüpften, kam aus dem gleichen Grund nicht infrage.

Die langen Fahrten mit dem Fahrrad zur Schule und später zur Bushaltestelle hatten aber auch ihre guten Seiten: Wir fuhren sehr oft mit mehreren Kindern, beziehungsweise Jugendlichen zusammen. Da haben wir uns die Zeit dann mit Gesprächen vertrieben.

Als meine zwei Schwestern, die vier und neun Jahre jünger sind als ich, alt genug waren, spielte ich auch mit ihnen. Wir konnten uns ganz tolle Spiele ausdenken und wir konnten uns auch ganz hervorragend streiten.

Die Nachmittage verbrachten wir oft mit Kindern aus der Nachbarschaft. Wir kletterten im Schöpsel auf zusammengeworfenem Holz herum, was immer auch ein wenig gefährlich war. Ich vergesse nie den Morgen, als mir dabei ein kleiner Eimer mit Ablassöl über den Kopf lief. Meine Freundin musste sofort nach Hause und mir wurde in der Badewanne erst einmal der Kopf gewaschen. An diesem Tag hatte sich das gemeinsame Spiel erledigt. Als meine Freundin nachmittags wiederkam, wurde sie von meinen Eltern wieder nach Hause geschickt. In dem Schöpsel stand ein so genannter Geschäftswagen. Das war ein Pferdewagen mit Kutschbock und Ladefläche, auf dem es sich herrlich spielen ließ. Mein Opa fuhr noch oft mit diesem Wagen zum Ackern. Er konnte sich nicht von seinem Pferd trennen. Er war ein großer Pferdeliebhaber und ich weiß sehr gut, wie traurig er war, als das letzte Pferd verkauft wurde. Kümmern musste sich nämlich immer mein Vater um dieses Tier und der hatte mit Pferden nicht so viel im Sinn.

Wenn es auf dem Hof besonders dick kam und ganz schnell Hilfe benötigt wurde, konnten wir auf Tante Inge zählen. Tante Inge gehörte irgendwie zur Familie, ohne mit uns verwandt zu sein. Sie war in den Fünfzigerjahren aus der Ostzone zu meinen Großeltern auf den Hof gekommen und lebte und arbeitete zunächst hier. Später ging sie dann von hier aus in eine Fabrik zur Arbeit. Selbst als sie in die Nachbarschaft geheiratet hatte, kam sie noch täglich mit ihrem Fahrrad bei uns vorbei. Sie müsse eben einmal am Tag nach Hause, begründete sie ihre Blitzbesuche immer. Denn unsere Familie, das war ihr Zuhause. Ich habe mich als Kind immer gewundert, wenn ich die Bilder im Schrank durchstöberte, dass meine Großeltern auf ihrem Hochzeitsfoto den Platz der Brauteltern einnahmen. Ich musste mir dann erst erklären lassen, dass Tante Inges Familie in der Ostzone wohnte und aus der Ostzone wurde niemand mehr herausgelassen. Das beschäftigte mich als Kind sehr. Eltern zu haben, die einen nicht besuchen dürfen, stellte ich mir sehr schlimm und traurig vor. Woran ich mich noch sehr gut erinnere, waren die vielen Pakete, die Tante Inge immer zur Post brachte, weil die da drüben ja nichts kaufen konnten. Ich stellte mir die Menschen in der Ostzone sehr arm vor, weil sie offensichtlich dort nichts von alledem hatten, was Tante Inge immer für ihre Pakete zusammensammelte. Für mich waren schon Pakete etwas fremd. Bei uns wurden weder welche verschickt, noch haben wir welche bekommen. Die Geschenke, die von dort an die Enkelkinder verschickt

Das macht die Autorin heute

Iris

Ich habe bislang viele Träume verwirklichen können, wenngleich es immer schwieriger wird in unserer betrieblichen Größenordnung noch Landwirtschaft zu betreiben. Die Kinder haben sich für andere Wege entschieden. Unser Betrieb wird deshalb auslaufen.
Als Ernährungsfachfrau gehe ich in Schulen und mache dort Projektunterricht. Das ist mein Ding. Über 3000 Kinder haben schon mit mir den Ernährungsführerschein gemacht. Außerdem bringe ich mich ehrenamtlich in die Landfrauenarbeit ein, was mein Leben sehr bereichert.

wurden, fanden wir manchmal sehr komisch. Das schien dort für uns eine ganz andere Welt zu sein. Fremd, traurig und arm.

Zu meinen frühesten Kindheitserinnerungen gehört noch das Kornmähen mit dem Binder und den Hocken, in die man so schön hineinkriechen konnte. Bei meiner Freundin war direkt am Garten ein Kornfeld. Gerne lief ich dort hinein. Es reizte mich immer, wenn ihre Oma mich vor der Roggenmutter warnte, die angeblich in dem Feld wohnte und die kleinen Kinder holte. Heute weiß ich, dass das eine reine Vorsichtsmaßnahme war. In dem damals noch sehr langen Roggen hätte man ein kleines Kind schwer wiedergefunden. Aber so weit, dass ich mich verlaufen hätte, bin ich nie gegangen.

Ein echter Höhepunkt war immer die Runkelernte im Herbst. Mit der Rübenziehmaschine wurden die Rüben gerodet. Mein Opa fuhr den Trecker, auf der Maschine saß Fritz, der Bruder meines Opas, der als Kind an Kinderlähmung erkrankt war und seitdem behindert war. Er musste alle paar Meter mit einem kleinen Hebel den Kippmechanismus der Auffangschale für das Laub auslösen. Dadurch wurde das Laub in großen regelmäßigen Schwaden auf dem Acker abgelegt. Mein Vater und ich gingen hinterher und zogen die noch stecken gebliebenen Runkeln heraus. Mein großer Auftritt kam dann, wenn die Runkeln und das Laub auf den Wagen geladen wurden, dann durfte ich nämlich den Trecker fahren. Ich habe das Treckerfahren auf einem Lanz-Bulldog gelernt. Der Trecker fuhr so langsam, dass mein Vater zwischendurch bequem auf- und absteigen konnte, um mir zu helfen. Ein alter Lodenmantel, der mir bis zu den Füßen reichte, musste mich wärmen. Auf dem Treckersitz, der eigentlich so etwas wie eine Blechschüssel war, lag als Polster immer ein alter Sack.

Die Runkeln wurden in der Runkelkuhle abgekippt, mussten zuerst mit Folie abgedeckt und dann noch mit Erde gegen Frost geschützt werden. Im Winter mussten sie dann wieder mit der Hand auf den Wagen geladen und ebenfalls von Hand im Stall wieder abgeladen werden. Dort kamen sie dann in den Rübenschneider und wurden danach als Rübenschnitzel mit der Schubkarre in den Trögen verteilt. Wir Kinder höhlten gerne die Runkeln aus und machten daraus Runkelmasken mit einer Kerze drin. Das waren die Vorläufer der Kürbislaternen.

Diese umständlichen Handarbeiten wurden nach und nach ersetzt. Mein Vater war einer der Ersten im Dorf, der Mais anbaute. Damit konnte der Wintervorrat an Futter für die Tiere in viel kürzerer Zeit und mit weniger Handarbeit eingebracht werden. Das Silieren des Maises dauerte nur einen Tag und wurde ganz mit Maschinen gemacht. Allerdings musste in den ersten Jahren die Maissilage mit Schubkarren hereingeholt werden, ein Siloentnahmegerät an den Traktor gab es erst später. Meine Eltern hatten den Großviehbestand damals in den siebziger Jahren schon auf 40 Milchkühe aufgestockt. Da standen dann zur Futterzeit immer etwa zehn bis zwölf Karren mit Maissilage vor der Stalltür. Das war damals Dorfgespräch.

Nach und nach wurden die Sauen und die Mastschweine abgeschafft und jede freie Ecke in Stall und Scheune für Milchkühe umgebaut, auf die sich mein Vater nun spezialisierte. In den ersten Jahren war das eine wahnsinnig harte Arbeit für meine Eltern. Es wurde mit einer Eimermelkanlage gemolken. Das hieß, dass die Milch von jeder einzelnen Kuh mit dem Eimer aus dem Stall getragen und draußen in der Milchkammer dann in größere Kannen umgeschüttet werden musste. Diese großen Kannen wurden morgens von einem Milchsammelwagen abgeholt und spätnachmittags, mit Magermilch für die Kälber und Schweine gefüllt, wieder zurückgebracht. Eine große Erleichterung war die Anschaffung eines großen Milchtankes mit Kühlung. Jetzt mussten wenigstens die großen Kannen nicht mehr getragen werden. Die Milch wurde zwar auch hier noch von Hand hineingegossen, aber jetzt kam das Milchauto auf den Hof und hat die Milch direkt aus dem Tank abgesaugt. Durch die Anschaffung eines Milchkühltanks entfiel zwar das Tragen und Auswaschen der einzelnen Milchkannen, aber die Milch musste immer noch per Hand zum Tank getragen werden und dann dort hineingegossen werden. Als ich 14 Jahre alt war, installierten meine Eltern eine Absauganlage und diese Technik weckte plötzlich mein Interesse an der Stallarbeit. Von da an half ich jeden Abend beim Melken. Jetzt erwachte auch mein Ehrgeiz, all dies auch zu lernen, was meine Schwester schon vor mir konnte. Meine vier Jahre jüngere Schwester hatte nämlich von Anfang an viel mehr Interesse an den Kühen gezeigt als ich. Sie kannte zu der Zeit schon alle Kühe und konnte sie auch auf der Weide unterscheiden. Sie ist auch diejenige, die den Betrieb heute mit Erfolg weiter bewirtschaftet.

Das gemeinsame Melken hat mir immer sehr viel Spaß gemacht. Meine Mutter hatte jetzt auch endlich einmal Zeit, an Landfrauenveranstaltungen teilzunehmen, von denen sie dann immer ganz ausführlich berichtete. Überhaupt war das Melken immer eine gute Gelegenheit sich zu unterhalten. Außerdem haben wir währenddessen sehr viel gesungen.

In den Sommerferien wurden die Kühe auf eine Weide gebracht, die ungefähr einen Kilometer vom Hof entfernt lag. Da mussten nicht nur wir Kinder helfen, sondern auch die Nachbarn. Einer fuhr mit dem Fahrrad vor den Kühen her, einer fuhr hinterher; und an jeder Straßeneinmündung musste auch jemand stehen. Wenn dann 40 bis 50 Kühe auf der Straße getrieben wurden, mussten die Autos, die dort entlangfuhren, schon etwas Geduld und Zeit haben.

Da die Kühe damals alle auf Stroh im Anbindestall gehalten wurden, musste im Sommer auch die entsprechende Menge Stroh eingefahren werden. Meine Mutter konnte die Wagen immer besonders gut vollpacken. Jeder Wagen wurde nach einem bestimmten System bepackt, sodass die Lagen nicht auseinanderbrechen konnten. Auf dem Boden musste dann auch jede Ecke vollgepackt werden. Dazu konnten wir immer auf die Hilfe von Bekannten zählen. Es waren immer sehr anstrengende Tage, aber da hier jeder seinen Beitrag leistete, war es auch immer irgendwie schön. Man ging abends mit dem Bewusstsein ins Bett, richtig etwas geleistet zu haben. Außerdem ließen wir die Abende immer in fröhlicher Runde ausklingen. Wenn auch oft hart gearbeitet wurde, so legte mein Vater immer sehr großen Wert auf Geselligkeit. Er nahm sich immer Zeit für Gespräche, sowohl mit der Familie als auch mit Nachbarn, Freunden oder wer sonst so auf den Hof kam. Wir hatten auch häufig Gäste bei Tisch, da kam es dann gar nicht darauf an, dass ein großartiges Menü auf den Tisch gebracht wurde, sondern es ging hauptsächlich um das Zusammensein. Wir haben das als Kinder immer sehr genossen.

Da meine Schwester schon sehr früh als Hofnachfolgerin feststand, musste ich mir einen anderen Beruf aussuchen. Meine Vorlieben lagen dabei immer im naturwissenschaftlichen Bereich. Zuerst wollte ich Chemie studieren, dann

Biologie, und als ich immer mehr das Leben auf dem Bauernhof lieben lernte, wollte ich Landwirtschaft studieren. Ich war zu der Zeit noch eine richtige Träumerin. Ich träumte davon, während des Studiums einen Landwirt, möglichst mit Milchkühen, kennenzulernen. So endete dann das Ganze in einem Fiasko. Ich hatte einen Studienplatz in Göttingen, habe mich dort eingeschrieben und habe den Platz dann nicht angetreten. Meine Eltern haben mir nie viel in meine Pläne hineingeredet, aber ich kann mich noch sehr gut an den Samstagabend erinnern, als der Vertreter unseres Hoftierarztes davon erfuhr. Er hat über eine Stunde auf mich eingeredet, was ich alles verpassen würde und was für eine Chance so ein Studium wäre. Ich habe anschließend geheult wie ein Schoßhund, aber es hat nichts genützt. Ich habe eine hauswirtschaftliche Ausbildung begonnen und habe meine Entscheidung nie bereut. Das erste Lehrjahr verbrachte ich auf einem Ausbildungsbetrieb, wo ich mich sehr wohl gefühlt habe. Da ich mich mit Rindvieh ganz gut auskannte, durfte ich hier auch schon mal die Kälber füttern. Eine verantwortungsvolle Aufgabe, die den anderen beiden Auszubildenden nicht übertragen wurde. Darauf war ich dann sehr stolz.

Es gab auch wirklich noch sehr viel Neues im hauswirtschaftlichen Bereich für mich zu lernen. Ich weiß noch sehr gut, als ich Porree aus dem Garten holen sollte und erst einmal nachfragen musste, ob dieser unter oder über der Erde wächst. Das gab natürlich erst einmal Gelächter. Umso größer war die Verwunderung, als ich auf dem Zeugnis in der Berufsschule in Gartenbaulehre eine Eins hatte. Der Garten ist bis heute meine große Leidenschaft geblieben.

Das zweite Lehrjahr absolvierte ich im elterlichen Betrieb. Während dieser Zeit lernte ich meinen Mann kennen, der einen auf Ferkelerzeugung spezialisierten Betrieb im gleichen Ort bewirtschaftete. Seine Bemühungen fanden bei mir zunächst kein Gehör, da ich noch einer anderen Liebe hinterhertrauerte. Damit hatte ich inzwischen abgeschlossen. Wir fanden schließlich doch noch zueinander, dabei spielte bei mir zunächst der Verstand eine größere Rolle als das Gefühl. Unsere Ehe hat bis heute immer gut funktioniert und das liegt sicherlich auch daran, dass wir sehr viel miteinander reden. Etwas, das ich von meinen Eltern gelernt habe.

Wir sind jetzt seit fast 17 Jahren verheiratet. Seitdem kämpfen wir zeitweise mit einer schlechten finanziellen Lage und mit meiner Schwiegermutter. Ich war immer sehr harmoniebedürftig und habe es nie gelernt, mich zur Wehr zu setzen. Ich habe einige Jahre gebraucht, um zu begreifen, dass ich es nicht immer allen recht machen kann und dass ich auch meine eigenen Interessen wahrnehmen darf. Dabei hat mein Mann immer zu mir gehalten. Und all die Widrigkeiten, die wir bis jetzt zu bestehen hatten, haben unsere Ehe besonders stark gemacht. Geholfen hat mir dabei auch immer mein christlicher Glaube, den unsere Mutter uns Kindern vorgelebt hat. Er hat mir in schweren Stunden Halt gegeben und mich getragen. Ich war Gott immer sehr nahe.

Ich habe sicher in meinem bisherigen Leben einige Entscheidungen getroffen, die für Außenstehende nicht immer nachzuvollziehen sind, ich bereue jedoch keinen Augenblick. Man spürt das Leben in einer ganz anderen Intensität, wenn man auch mal Schwierigkeiten zu bewältigen hat. Ich habe inzwischen gelernt, mein Leben mit Hingabe zu leben. Das heißt nicht, dass ich alles bedingungslos ertrage, vielmehr übe ich mich in einer positiven Sicht der Dinge und versuche, schwierige Situationen so anzunehmen, dass ich, so gut es geht, damit leben kann. Sich immer nur aufzulehnen und alles infrage zu stellen ist sehr viel anstrengender, als zu sagen: „Okay, es ist anders gekommen, als ich es mir vorgestellt hatte, und jetzt muss ich das Beste daraus machen." Und ich kann heute von mir behaupten, dass ich nicht an den Herausforderungen zugrunde gegangen bin und es mit Gottes Hilfe auch in Zukunft nicht werde.

Ute, Kinderkrankenschwester in Sachsen

Die Nachbarn auf der Hollywoodschaukel

„Die Trennung von meinen Geschwistern und von der Freiheit, die ich zu Hause hatte, fiel mir sehr schwer.“

Die alte Mühle am Ortsausgang von Oberpickenhain in Sachsen hatte mein Opa gekauft. Hier bin ich aufgewachsen, denn der Vierseitenhof meiner Großeltern wurde mit dem gesamten Land an den ältesten Bruder meines Vaters vererbt. Er bekam dafür diese Mühle mit nur knapp einem Hektar Land. Dies stellte sich später als Vorteil heraus, denn er brauchte sein Land nicht an die Genossenschaft abzugeben. Wer mehr als einen Hektar besaß, musste dies tun. So hat mein Vater die Mühle umgebaut.

Es gab eine Wohnung und einen Stall mit Scheune. Da die Fläche aber zu klein war, um davon zu leben, ging mein Vater, obwohl er Landwirt gelernt hatte, schon 1958 in den Nebenerwerb. Er machte den Lkw-Führerschein und war bis zur Arbeitslosigkeit und Frühpensionierung als Kraftfahrer im Handel tätig. Meine Mutter kam aus der Stadt und hatte Industriekauffrau gelernt. Sie war, bis auf kurze Babypausen, immer berufstätig und arbeitet noch heute als Verkäuferin in einer Fleischerei.

So bin ich als Älteste von drei Geschwistern mit dieser Nebenerwerbslandwirtschaft groß geworden. Wir hatten im Stall immer Bullen, Schweine, Enten, Gänse und Hühner. Außerdem hatte mein Vater noch zwei Bienenwagen mit insgesamt 50 Völkern, mit denen er auf Wanderschaft fuhr. Später kam noch eine Karpfenzucht in unserem Teich dazu.

In meiner Kindheit kannte ich keinen Sonntag. Da meine Eltern die ganze Woche auf Arbeit waren, wurde die Feld-, Garten- und Stallarbeit auf den Feierabend und das Wochenende verteilt. Da wir keine LPG-Mitglieder waren, mussten wir das Futter für die Tiere selbst erzeugen. Selbst das Getreide zum Verfüttern bauten wir selbst an, da es dies nicht frei zu kaufen gab. Auch alle anderen Feldarbeiten mussten wir zuerst von Hand oder mit dem Pferd machen, später kaufte mein Vater einen Lanz-Bulldog.

Im Frühjahr kamen die Bullen auf die Weide. Dazu mussten wir sie einen guten Kilometer übers Feld treiben. Sie waren immer angepflockt und mussten jeden Tag umgestellt werden. Auf dem Weg dahin erklärte uns unser Vater immer viele Dinge aus der Natur. Ich erinnere mich gerne an diese täglichen Spaziergänge zur Weide. In der Heuernte mussten wir alle mit ran. Vater mähte die Wiesen mit der Sense, weil wir fast ausschließlich Hänge als Grünland bewirtschafteten. Ich musste dann mit den Rechen das Heu wenden und zusammenmachen. Hinterher waren meine Hände voller Blasen. Das Einfahren geschah meistens mit der Gummikarre, einem luftbereiften Wagen, welcher mit der Hand gezogen wurde. Beim Zusammenrechen durfte kein Halm liegen bleiben, sonst mussten wir nochmals hinterherrechen. Das Heu wurde mit der Gabel auf einen Boden gesteckt, auf welchem ich es dann immer in der Ecke eintreten musste. Es war für mich schrecklich, da ich durch den Staub und die Hitze kaum Luft bekam. Mein Vater sagte dazu immer: „Hab' dich nicht so, deine Schwester hat das auch nicht!" Abends, nach dem Heueinfahren und dem Weiterhängen der Bullen, sind mein Vater, meine Schwester und ich dann noch oft zum Waldteich gegangen, um zu baden und mit unserem Vater um die Wette zu schwimmen. Es war ein schöner Ausgleich. Auch auf den Getreidefeldern gab es diese Familieneinsätze. Wenn das Getreide noch grün war, gingen wir alle zum Distelstechen. Meine Schwester und ich haben uns dann zum Ärgernis unserer Eltern mit Disteln beschossen und freuten uns, wenn wir trafen und sich die Disteln an der Kleidung oder in den Haaren festhakten. Die Getreideernte war anstrengend, aber auch interessant. Wenn das Getreide gut stand, konnte es mit einem Binder gemäht und zu Garben gebunden werden. Sonst musste es mit der Sense gehauen und mit der Hand gerafft werden. Ich habe mir sogar in der größten Hitze langärmlige Sachen dazu angezogen, damit es nicht Arme und Beine aufkratzte. In den Getreidepuppen haben wir uns dann versteckt oder Haschen um sie gespielt, bis wir uns völlig ausgetobt hatten. Am nächsten Tag fuhren wir es ein, wenn kein Regen dazwischen kam. Ich erinnere mich noch, wie wir in unseren langen verstaubten Klamotten zu Fuß nach Hause gingen und dabei noch die Rechen über unseren Schultern trugen. Die Nachbarn, die auf der Hollywoodschaukel vor ihrem Haus saßen, riefen uns zu: „Ihr kommt wohl vom Umzug." Ich dachte damals, meine Mutter würde vor Wut explodieren. Wir anderen haben nur gelacht und gerufen, dass sie beim nächsten Mal gerne mitkommen können.

Das Getreide wurde dann in der Scheune meines Onkels gleich ausgedroschen. Meine Mutter und meine Schwester ließen die Garben, die ihnen mein Vater reichte, in die Dreschmaschine ein. Ich kümmerte mich um das Stroh und überwachte das Füllen der Körnersäcke. So hatte ich Zeit, alles zu beobachten. Lustig fand ich, wie die Ähren hin und her tanzten und dabei ausgedroschen wurden. Auch beim Zusammenpressen und -binden des Strohs war ich gerne dabei. Die frisch gepressten, schweren Strohballen schaffte ich dann über den Hof in die Scheune und stapelte sie meist zusammen mit meinem Vater auf.

Vor dem Rübenabschneiden habe ich mich versucht zu drücken. Die Dämme waren ziemlich lang. Meistens war es nass und kalt. Ich fror immer tüchtig an den Händen. Aber das Schlimmste, was mir passieren konnte, war das Schleudern des Bienenhonigs in den Wanderwagen. Ich bekam schon Angstzustände, wenn mir nur eine Biene um den Kopf schwirrte. Zum Glück kamen am Wochenende meist die Großeltern aus der Stadt und haben uns Kindern manch unliebsame Arbeit abgenommen. So konnte ich alle Arbeiten mit den Bienen meinem Großvater und meiner Schwester überlassen. Wenn die Großeltern da waren, brauchte ich im Haushalt nicht zu helfen, da dies meine Großmutter für mich machte. Samstag war immer Badetag. Oma wusch uns die Haare und kraulte uns den Rücken, das habe ich immer sehr genossen.

Die Schule war für mich Nebensache. Die Grundschulzeit verbrachte ich bis zur vierten Klasse in unserer Dorfschule. Wir waren nur zwölf Kinder in der Klasse, darunter vier Mädchen. Meine Mutter musste voll arbeiten, deshalb musste ich mit meiner ein Jahr jüngeren Schwester nach dem Unterricht in den Hort gehen. Als mein Bruder neun Jahre nach mir geboren wurde und meine Mutter in die Babypause ging, brauchten wir nicht mehr dorthin zu gehen. Später galten wir mit drei Kindern als kinderreich und bekamen Schulspeisung und Schulmilch kostenfrei.

Die letzten beiden Schuljahre verbrachte ich in der Kreisstadt. Wir waren jetzt 28 Schüler in der Klasse und die Klassenstufe war fünfzügig. Für mich war es eine große Umstellung und ich konnte neue Freundschaften knüpfen. In meiner Klasse waren Schüler aus den Dörfern. Es gab eine schlechte Busverbindung in die Schule, so sind wir das ganze Jahr mit dem Rad gefahren. Wenn der Stundenplan mit den Älteren gleich war, konnten wir manchmal mit dem Moped mitfahren. Als Ausgleich gab es dafür Fahrrad und Benzingeld. Die Schule begann um 7.00 Uhr und war meistens gegen 14.00 Uhr beendet. Auf den Nachmittag zu Hause freute ich mich immer, wo ich meinen Eltern viel half. Für die Schule habe ich nur das Nötigste getan, weil ich viel lieber in der weiten Landschaft war.

Die Aufnahme in die Pionierorganisation als Jungpionier sollte für uns ein großes Ereignis sein. Wir bekamen dort eine weiße Bluse und ein blaues Halstuch, welches mit einem Pionierknoten umgebunden werden musste. Ich sah es als normal an und war auch nicht stolz, dort dabei zu sein. Einmal im Monat gab es einen Pioniernachmittag. Dort wurden Spiele gemacht und Veranstaltungen abgehalten. Zu den monatlichen Appellen mussten wir in Pionierkleidung klassenweise Aufstellung nehmen. Dort wurden Auszeichnungen – z. B. beste Pioniergruppe, bester Schüler – oder andere Ehrungen vorgenommen. Ebenfalls wurden politische Ereignisse interpretiert. Es ging alles sehr nach „Nase“ und Rang der Eltern. Ab der fünften Klasse gingen wir ins Nachbardorf zur Schule. Für mich wurde es dort interessanter, weil wir neue Fächer und andere Lehrer bekamen. Den Lehrern waren die „Nasen“ der Eltern nicht mehr so bekannt und in Geschichte, Erdkunde und Staatsbürgerkunde konnte man Fragen stellen und mitdiskutieren. Wenn man etwas Falsches sagte und nicht im Rahmen der sozialistischen Meinung blieb, konnte es allerdings schon passieren, dass man zum Direktor bestellt wurde und dort Rede und Antwort stehen musste. Außerdem hatte man noch die Befürchtung, es könnte auf höhere Ebene weitergeleitet werden und die Eltern würden dadurch Schwierigkeiten bekommen.

In der fünften Klasse wurde das blaue Halstuch gegen ein rotes ausgetauscht. Jetzt waren wir Thälmannpioniere. Nun gab es zu den Pioniernachmittagen und Appellen noch das Fest des Liedes und des Marsches. Es ähnelte militärischem Drill. Die Klasse musste sich in Dreierreihen aufstellen und verschiedene Marschschritte, Drehungen und Kommandos ausführen. Einmal im Schuljahr gab es einen Wettbewerb der Klassen. Zum Glück war es eine kleine Dorfschule und alles wurde nicht so eng wie in Stadtschulen gesehen. In den Gruppenstunden versuchte man, uns das sozialistische Weltbild zu vermitteln. Die Teilnahme daran war Pflicht. Ebenso das Mitmarschieren bei den Kundgebungen zum ersten Mai. Da mein Vater mit seinem LKW immer die Versorgung fuhr und am Morgen der Maidemonstration immer die tags zuvor aufgebauten Verkaufsstände einräumen musste, habe ich aber lieber ihm geholfen, um mir das Mitmarschieren zu ersparen. Ab der achten Klasse mussten wir in die FDJ (Freie Deutsche Jugend) und DSF (Deutsch-Sowjetische Freundschaft) eintreten. Dort mussten wir Mitgliedsbeiträge bezahlen. Interesse an diesen Organisationen hatte ich nicht, aber es war eben Pflicht, dort Mitglied zu sein. Fast genauso verhielt es sich mit der Jugendweihe, an welcher ich nicht teilnahm. Dies wurde in der Schule äußerst ungern gesehen. Deshalb haben viele an der Jugendweihe und ein Jahr später an der Konfirmation teilgenommen.

Ich entschied mich für die Konfirmation und das Bekenntnis zum christlichen Glauben. Zusammen mit anderen Kindern hatte ich einmal wöchentlich Christenlehre. Wir hatten eine gute Katechetin und es hat viel Spaß gemacht. Ich habe mich an der Aktion Schwerter zu Pflugscharen beteiligt, aber es wurde sehr schnell verboten. Trotzdem hatte ich immer verbotenerweise ein Lesezeichen

Das macht die Autorin heute

Ute Kipping

Mit zwei Rindern, Enten, Hühnern, Tauben, Hasen, Bienen und 12 ar Land hat alles angefangen. Heute bewirtschaften wir 7,5 ha im Nebenerwerb. Wir haben einen neuen Offenstall mit Tiefstreu für unsere Mastrinder gebaut und den Maschinenbestand modernisiert. Gemeinsam mit unserem Sohn, der nach dem Agrarstudium wieder zurückkam, bewirtschaften wir den Hof mit verteilten Aufgabenbereichen. Uns ist es wichtig, im Einklang mit der Natur zu leben. Deshalb arbeiten wir mit effektiven Mikroorganismen und mit Naturzeolith. Unsere zwei Töchter und unser zweiter Sohn üben andere Berufe aus. Wir sind die letzten im Dorf mit Landwirtschaft. Die Nachbarn auf der Hollywoodschaukel gibt es heute noch.

davon in meinen Schulbüchern. Nach der Konfirmation gingen wir jede Woche zur jungen Gemeinde, zum Jugendgottesdienst oder zu einem offenen Abend (Konzerte mit Kirchenbands). Dort sind wir auch erstmals mit dem anderen Teil Deutschlands in Berührung gekommen. Durch die Partnergemeinde unserer Kirche in Lüneburg wurde mir der Briefkontakt zu einem gleichaltrigen Mädchen vermittelt. Wir schrieben uns viele Jahre lang und tauschten auch zwei bis drei Mal im Jahr Pakete aus. Mich faszinierte immer wieder dieser wunderbare Duft eines Westpaketes mit Kaffee, Schokolade und Backzutaten. Durch die

Vorschriften, was man in den Westen schicken durfte und was nicht, tat ich mich schwer, etwas Passendes zu finden.

Nach Abschluss der Schule ging ich mit 16 Jahren aus dem Haus. Ich hatte mich schon drei Jahre zuvor um eine Lehrstelle als Krankenschwester im Diakonissenmutterhaus im 200 km entfernten Eisenach bemüht und diese auch bekommen. Es war mir wichtig, in einem kirchlichen Haus zu lernen, da die Ausbildung besser war und Marxismus-Leninismus dort keine Rolle spielte. In kirchlichen Häusern dauerte die Ausbildung vier Jahre und in staatlichen drei Jahre. Ein Pflegejahr musste ich noch vorher absolvieren. Die Trennung von meinen Geschwistern und von der Freiheit, die ich zu Hause hatte, fiel mir sehr schwer. Der Anfang meiner Berufsausbildung war für mich sehr hart, weil ich großes Heimweh hatte. Im Internat musste ich mir ein kleines Zimmer mit einem Mädchen teilen, mit dem ich überhaupt nicht klarkam. Die Stadt war zwar sehr schön, aber ich fühlte mich total eingeengt. Das erste Vierteljahr meiner Lehrzeit arbeitete ich in einem kirchlichen Erholungsheim. Dieses lag oberhalb der Stadt im Wald und ich konnte dort Kuchen backen, im Garten arbeiten und Obst und Gemüse verarbeiten. Das zweite Vierteljahr war ich dann in der Krankenhausküche. Eine Woche hatte ich die Aufgabe, das Frühstück und Abendbrot für die Stationen vorzubereiten, die andere Woche durfte ich das Mittagessen mitkochen. Dort habe ich viel gelernt. Da es ein kirchliches Internat war, mussten wir uns immer an- und abmelden und spätestens 22.00 Uhr wieder im Heim sein. Außerdem gab es Pförtnerdienste. So hatte man nie viel Freizeit. In der Schulwoche war der Nachmittag allerdings frei. Wenn ich nach elf Tagen für drei Tage nach Hause fahren konnte, war ich immer glücklich. Die Zugfahrt dauerte ziemlich lange bis nach Hause.

Nach einem halben Jahr wurde eine Stelle im evangelischen Kinderkrankenhaus in Altenburg frei. Dieses lag nur 20 km von meinem Dorf entfernt, deshalb brach ich meine Lehre in Eisenach ab und begann die Ausbildung zur Kinderkrankenschwester. Diese Ausbildung machte mir sehr viel Spaß. Da ich ein eigenes Moped hatte, konnte ich jetzt viel zu meinen Großeltern in den Garten fahren, welcher nur 10 km entfernt lag. Ich hatte jetzt auch wieder mehr Kontakt zu meinen Eltern und Geschwistern. Schule hatten wir alle drei Wochen.

Die medizinische Ausbildung hatte ich im Paul-Gerhard-Stift in Wittenberg. Um eine staatliche Berufserlaubnis zu bekommen, mussten wir einen Tag an die Medizinische Fachschule nach Dessau. Dort waren die Fächer Marxismus-Leninismus, medizinischer Schutz, Pädagogik und Deutsch, die mich wenig interessiert haben, verpflichtend. Während der Ausbildung merkte ich, wie wichtig meine Familie für mich ist. Ich habe immer viel geschrieben. Als ich dann in Altenburg war, konnte ich öfters nach Hause und habe als Ausgleich meinen Eltern geholfen.

Mit 19 Jahren lernte ich meinen Mann kennen. Seine Eltern hatten einen Bauernhof und arbeiteten beide für die LPG. Seine Mutter versorgte und melkte Kühe zu Hause und der Vater arbeitete auf den Feldern in der Pflanzenproduktion. Mein Mann ist Meister für Rinderzucht. Eigentlich wollte er noch ein Agrarstudium absolvieren, aber dazu brauchte er die Genehmigung vom Wehrkreiskommando. Diese hätte er erst nach seiner Armeedienstzeit bekommen. Dann kam alles anders.

Die Wende erlebte ich im Fernsehen, als unser erstes Kind kurz zuvor geboren worden war und mein Mann bei der Armee war. Viele sind nach dem Mauerfall gleich in den Westen gefahren, aber wir konnten dies nicht. Kurz vor Weihnachten bekam mein Mann Urlaub und wir sind zwei Tage zu den Bekannten aus der Partnergemeinde nach Lüneburg gefahren. Wir holten uns das Begrüßungsgeld bei der Post ab. Mit dem Familienvater gingen wir auf Einkaufstour, erst in ein Kaufhaus, wo es für uns viele Sachen in Überfluss gab, von denen wir nur träumten. Dann fuhr er mit uns die Supermärkte ab und erklärte uns, was man wo am billigsten einkaufen könnte. Für mich kam es vor, als wären wir im Ausland, da ich viele neue Eindrücke verarbeiten musste. Ich war froh, als ich wieder zu Hause war.

Im Frühjahr sind wir zu einer Familie nach Hessen gefahren, deren Luftballon kurz vor der Wende auf unserer Weide gelandet war. Hier wurden wir mit einer großen Herzlichkeit und Wärme empfangen. Sie wohnen ebenfalls in einem Dorf. Dort fand gerade ein Partnertreffen mit Dänen statt. Wir wurden in die Dorfgemeinschaft aufgenommen, als gehörten wir schon immer dazu. Da war ich das erste Mal richtig glücklich, dass die Grenze offen ist.

Wir sehen uns heute noch und telefonieren oft miteinander. Es ist eine wunderbare Freundschaft geworden.

Als mein Mann aus der Armee entlassen wurde, zogen wir zu seinen Eltern auf den Hof. Es ist ein Vierseitenhof mit vielen Tieren, Feldwirtschaft und Gartenarbeit noch nebenbei. Wir wohnten bis vor Kurzem mit vier Generationen in einem Haus. Es war alles sehr beengt. Nach der Wende wurden die kleinen Ställe mit Weidewirtschaft abgeschafft und die Kühe kamen in einen großen zentralen Stall. Die Felder verpachteten meine Schwiegerleute wieder an die Agrargenossenschaft. Sie behielten noch ein Rind, ein Schwein, Hühner, Enten und Tauben. Auch wir haben uns einen Garten angelegt und halfen meinen Schwiegereltern. Es sind nun 15 Jahre seit der Wende vergangen. Ich musste ein Jahr nach der Geburt unseres Sohnes die Arbeit wieder aufnehmen, sonst hätte ich meine Arbeit verloren. Ich gehe wieder halbtags arbeiten, verdiene als Kinderkrankenschwester unseren Lebensunterhalt und mache zurzeit noch eine Lektorenausbildung. Mein Mann hat nach der Wende noch seinen Besamungstechniker gemacht, dann als Bautischler gearbeitet und zuletzt noch Außenhandelskaufmann gelernt. Heute ist er arbeitslos und kümmert sich um Haus, Hof und Kinder. Wir haben inzwischen vier Kinder (zwei Jungs und zwei Mädchen). Der Hof, auf dem wir wohnen, wurde zwischen meinem Mann und seinem Bruder geteilt. Wir haben immer noch einen großen Garten, zwei Rinder, Enten, Hühner, Tauben, Hasen und einen kleinen Teich mit Karpfen. Auch bauen wir auf einem zwölf Ar großen Acker noch Rüben, Kartoffeln und Kürbisse an. Das Getreide für unser Federvieh kaufen wir bei einem Bauern aus dem Nachbardorf. In der Heuernte müssen alle mithelfen. Wir betreiben die Landwirtschaft zur Selbstversorgung mit Fleisch, Obst und Gemüse. Seit mein Schwiegervater nicht mehr lebt, halten mein Mann und ich den Hof in Ordnung. Meine zwei größeren Kinder helfen uns tüchtig mit. Wir müssen sie sehr viel fahren, da sämtliche Schulen in der Umgebung zugemacht worden sind, der Kindergarten auch nicht mehr im Nachbarort ist und sie noch einige Hobbys haben. Für meinen Mann sieht es hier auch schlecht mit Arbeit aus, aber wir wollen den Hof nicht verlassen. Hier haben wir einen großen Freundeskreis, und meine Großeltern, Eltern und Geschwister wohnen nicht allzu weit weg, sodass wir uns immer mal sehen. Mein ganzes Glück ist meine Familie und das gute Zusammenleben mit meinem Mann. Mir macht die Arbeit auf dem Feld, dem Hof, in Wald und Garten Spaß und ich fühle mich wohl dabei. Es macht mich glücklich, mit meinen Kindern die Natur genießen zu können, und ich genieße die Freiheit und die Unabhängigkeit, die uns unser Hof bietet.

Innerlich bin froh um das, was ich als Bauerntochter gelernt habe. Aber heute ist das Ansehen von Bauern in der Gesellschaft nicht sehr hoch, obwohl doch die Bauern die Gesellschaft ernähren. Für ihre Arbeit und ihre Erzeugnisse bekommen sie keinen gerechten Lohn. Um wirtschaftlich zu arbeiten, hätten wir auf großen Flächen in Monokulturen intensive Landwirtschaft betreiben müssen und dies wollten wir nicht. Als Bäuerin möchte ich deshalb heute nicht mehr leben.

Sabine, Diplomagraringenieurin für Tierproduktion in Mecklenburg-Vorpommern

Nun waren wir auch „Westen“

„Das schwere Leben meiner Mutter, die harte Arbeit in der Landwirtschaft mit wenig Urlaub und geringem Verdienst haben meinen Entschluss geprägt, niemals einen Beruf in der Landwirtschaft zu ergreifen.“

Es ist Heiligabend, langsam kommt die ganze Familie zusammen – Geschwister, einige schon mit Ehepartnern und Kindern, meine Großmutter und eine alte, alleinstehende Tante. Es herrscht geschäftiges Treiben in unserer großen, geräumigen Küche. Die Weihnachtsstube, unser Wohnzimmer, ist abgeschlossen, sodass wir Kinder nicht mehr herein können. Spannung liegt in der Luft.

Da geht die Außentür unseres Windfanges auf und meine Mutter tritt ein. Sie kommt von ihrer Arbeit im Kuhstall der LPG. Meine Mutti sieht kaputt, gestresst und abgearbeitet aus, dazu noch die vielen Menschen im Haus. Sie reagiert kurz angebunden auf die Frage, wann denn nun endlich Bescherung sei. Dann hetzt sie ins Bad, macht sich fertig und legt noch Hand in der Küche mit an. Endlich ist alles bereit zur Bescherung. Die Tür zum Wohnzimmer wird geöffnet. Ein Duft von Apfelsinen, Äpfeln, Weihnachtsgebäck und Süßigkeiten empfängt uns. Der Tannenbaum leuchtet mit elektrischen Kerzen aus dem „Westen". Überall liegen Geschenke. Aber bevor alles in Augenschein genommen werden darf, singt die ganze Familie „Oh Tannenbaum, ..." Plötzlich klopft es derb an die Tür und der Weihnachtsmann tritt herein. Dann endlich dürfen wir unsere Geschenke in Empfang nehmen. Es ist ein wildes Durcheinander. Später sitzen wir gemeinsam am langen Wohnzimmertisch und lassen uns das Essen schmecken. Bald rüsten die Ersten schon zum Aufbruch. Von meinen vier älteren Geschwistern fahren zwei Brüder mit ihren Familien nach Hause, sie wohnen im gleichen Ort. Meine Schwester mit Familie fährt am nächsten Tag, ihr Heimweg ist etwas weiter. Meine Mutter ist froh, dass langsam wieder Ruhe einkehrt, obwohl sie diejenige ist, die gern die ganze Familie um sich herum versammelt hat. Aber sie kann das Weihnachtsfest nicht so recht genießen, weil sie am nächsten Morgen wieder früh in den Stall muss. Sie hat schon einige Wochen ohne einen freien Tag durchgearbeitet und auch jetzt ist keine Vertretung in Sicht. Diese weihnachtlichen Treffen wiederholten sich über viele Jahre, bis dann langsam meine älteren Geschwister mit ihren Familien allein feierten und nur noch zum Kaffee an einem der beiden Feiertage kamen. Sicherlich auch mit Rücksicht auf meine Mutter. Ich jedoch war traurig darüber, da Weihnachten nun nicht mehr so war, wie ich es über viele Jahre genossen hatte: in einer großen Familie.

1963 wurde ich als Letztes von fünf Kindern geboren. Mein zwanzigjähriger Bruder hatte seine Tischlerlehre schon beendet und gründete bald seine eigene Familie. Meine Schwester und der nächste Bruder lernten in der benachbarten Kreisstadt an der EOS (Erweiterte Oberschule), um dort ihr Abitur zu machen. Danach gingen beide nach Rostock und studierten dort. Aufgewachsen bin ich mit meinem neun Jahre älteren Bruder. Er ist Landwirt mit Leib und Seele geworden. Zu DDR-Zeiten wirtschaftete er im Nebenerwerb gemeinsam mit dem ältesten Bruder. Jetzt bewirtschaftet er mit einem Partner eine ehemalige LPG.

Meine Eltern betrieben eine kleine Landwirtschaft. Anfang der sechziger Jahre wurde angestrebt, dass alle Bauern gemeinsam in einer LPG tätig sein sollten. Mein ältester Bruder erzählte mir, dass alle Bauern des Dorfes zu einer

Besprechung ins Dorfgasthaus geladen wurden. Von Parteifunktionären wurde ihnen angeraten, sich zu einer LPG zusammenzuschließen. Wer dies nicht wollte, war „für den Krieg und gegen den Frieden". Ein Teil der Bauern in unserem Dorf übergab damals ihr gesamtes Hab und Gut dem Staat und trat in die LPG ein. Teilweise aus Altersgründen, teilweise um sich gute Arbeitsstellen, wie z. B. als Brigadier, in der LPG zu sichern. Der andere Teil wollte, wie mein Vater, aber selbstständig bleiben. Sie schlossen sich „auf dem Papier" zur LPG Typ 1 zusammen. Das bedeutete, dass sie weiterarbeiten konnten wie bisher und sich bei der Ernte mit ihren Maschinen gegenseitig halfen. Dieser Wirtschaftstyp wurde von der Staatsmacht nicht favorisiert, aber vorläufig geduldet.

Als mein Vater im Sommer 1963 starb, ich war erst ein halbes Jahr alt, blieb meiner Mutter nichts anderes übrig und sie trat in die LPG ein. Sie überließ die Felder und einen Stall auf unserem Hof der LPG. Zusätzlich musste sie noch den erforderlichen finanziellen Inventarbeitrag erbringen, um Mitglied der LPG zu werden. Über viele Jahre war sie in verschiedenen Bereichen tätig, z. B. im Feldbau, in der Kartoffelsortierung und als Köchin. In den letzten Jahren ihres Arbeitslebens arbeitete sie in der Kälberaufzucht.

Das schwere Leben meiner Mutter, die harte Arbeit in der Landwirtschaft mit wenig Urlaub und geringem Verdienst haben meinen Entschluss geprägt, niemals einen Beruf in der Landwirtschaft zu ergreifen. Obwohl ich mich andererseits in unserem alten Bauernhaus auf dem Land sehr wohl fühlte. Aber es waren im Laufe der Jahre dringende Reparaturen nötig, wofür jedoch das Geld oft nicht reichte. Meine Mutter versuchte, nebenbei etwas Geld zu erwirtschaften. So lieferten wir die Eier unserer Hühner ab. Ein paar Schweine für die Hausschlachtung waren immer im Stall und unsere Kuh „Mohrchen" versorgte uns über viele Jahre mit Milch. Ein Garten lieferte frisches Obst und Gemüse. Meine Mutter hielt mich dazu an, in allen Bereichen der Hauswirtschaft mitzuhelfen. Es gab immer etwas zu tun und ich hatte, wie vermutlich alle Kinder, nicht immer Lust dazu. Trotz aller Arbeit blieb aber genügend Zeit zum Spielen übrig. In den Sommermonaten vermieteten wir zwei Zimmer unseres Hauses an Urlauber, so genannte Sommergäste. Ich fand den Trubel mit vielen Leuten im Haus immer schön. Oft hatten sie ihre Kinder dabei und ich hatte schnell neue Freunde. Die meisten der Gäste besaßen ein Auto und ich durfte manchmal bei ihren Ausflügen mit dabei sein. Diese Zeit genoss ich sehr, da ich mit meiner Mutter keine Reisen machte. In den Ferien fuhr ich höchstens zu meiner Oma, die in der Nähe wohnte, oder zu meiner großen Schwester nach Rostock.

Mein größter Wunsch war es, Lehrerin zu werden. Da ich ein Arbeiter- und Bauernkind war und in der Schule die gewünschten Leistungen erbrachte, stand einem Wechsel nach der achten Klasse in die EOS, um das Abitur zu machen, eigentlich nichts im Wege. Allerdings sagte mein damaliger Klassenlehrer zu mir, dass ich mich nicht konfirmieren lassen dürfe, denn Lehrer mit einer christlichen Gesinnung wären nicht erwünscht. Da jedoch meine älteren Geschwister alle konfirmiert waren, war meine Mutter der Meinung, dass es bei mir keine Ausnahme geben würde. Was ich später machen würde, wäre meine Sache. Das konnte ich nicht verstehen, aber es gab keinen Widerspruch und so wurde ich konfirmiert und bekam keinen Platz auf der EOS!

1979, am Ende der zehnten Klasse, schlug mir mein Schuldirektor vor, einen Intensivkurs in Russisch zu machen, um dann später in der Sowjetunion zu studieren. Ich war sprachlos, erfreut und auch geschockt, dass mir solch eine Chance angeboten wurde. Für DDR-Verhältnisse war das schon eine Besonderheit. Dieses Studium würde mir viele Türen öffnen. Doch auch hier gab es wieder einen „Haken“. Meine Familie sollte sämtliche Kontakte ins „kapitalistische Ausland“ sofort beenden. Zu diesem Zeitpunkt hätte ich kein Problem damit gehabt, zu sehr stand für mich meine eigene Zukunft im Vordergrund. Meine Hoffnung, dass meine Mutter mir zuliebe alles machen würde, wurde enttäuscht. Das könne sie niemals tun, nachdem Verwandte und Bekannte ihr bzw. der ganzen Familie über viele Jahre finanziell und materiell mit unzähligen Paketen über schwere Zeiten geholfen hätten. Es würde für mich auch einen anderen Weg geben. Das verstand ich und heute hätte ich nicht anders entschieden. Ich begann eine dreijährige Lehre als Zootechniker/ Mechanisator für Tierproduktion (Tierpfleger) mit angeschlossenem Abitur in einem VEG (Volkseigenes Gut). Ich wollte nicht in der Landwirtschaft bleiben, sondern Veterinärmedizin studieren. Ich bin mit Tieren aufgewachsen,

Das macht die Autorin heute

Sabine Bednarz

Seit fast 14 Jahren bin ich in der Buchhaltung eines Reiseunternehmens tätig. Einen aktiven Ausgleich dazu finde ich in meinem Hobby, dem Hundesport. Gemeinsam mit meinem Mann züchte ich die wunderbare Hunderasse Hovawart.
Neben meinem Hobby verlangt natürlich auch die Familie ihr Recht. Inzwischen bin ich schon vierfache Oma und die nächsten zwei Enkelkinder sind im Anflug. Unser Haus ist immer wieder Anlaufpunkt für unsere vier erwachsenen Kinder und deren Familien. Es ist also kein bisschen leise bei mir.

der Beruf interessierte mich. Jedoch auch dieser Wunsch war Illusion. Die Studienplätze waren knapp bemessen und Mädchen hatten so gut wie keine Chance, einen zu bekommen. Also musste ich mich wieder anders orientieren. Während dieser Zeit lernte ich meinen jetzigen Mann kennen. Die Lehrzeit in der Landwirtschaft hat mir Spaß gemacht. Langsam musste ich mich nun entscheiden, wie es weitergehen sollte. Ich zögerte noch, denn eigentlich wollte ich ja niemals einen landwirtschaftlichen Beruf ergreifen. Aber durch viele Praktika, selbstständiges verantwortungsvolles Arbeiten und letztendlich durch die Tatsache, dass auch mein Freund in die Landwirtschaft gehen wollte, entschied ich mich für ein Studium der Tierproduktion in Rostock. Eine LPG in der Nähe meines Heimatortes delegierte mich zum Studium. Das bedeutete, dass ich nach dessen Beendigung wieder zu Hause arbeiten konnte und nicht irgendwo in der DDR eingesetzt werden würde. Das war für mich schon wichtig, weil ich nicht woanders arbeiten wollte. Weiterhin könnte ich dann in der Nähe meiner Mutter sein, die mittlerweile Rentnerin war und doch schon etwas Unterstützung benötigte.

Das Studium von 1982 bis 1987 hat mir nicht viel Spaß gemacht. Da 1984 mein erster Sohn geboren wurde, fing mein Mann nach Beendigung seiner Armeezeit nicht wie geplant mit dem Studium an, sondern nahm eine Arbeit in meinem zukünftigen Betrieb auf. Nach meinem Studium wurde uns eine große Dreiraumwohnung von der LPG versprochen, allerdings mit der Vorgabe, dass wir unbedingt verheiratet sein müssten. So heirateten wir eben im August 1986. Im März 1987 begann ich mit meiner Arbeit in der LPG-Leitung. Ich sollte die Schwangerschaftsvertretung für eine Kollegin übernehmen, aber da ich selbst schwanger mit meinem zweiten Sohn war, wurden mir nur lapidare Aufgaben übertragen. Der Kontakt zum Kollektiv war auch nur sehr locker und so war ich froh, als mein Mutterurlaub begann. Während meiner kurzen Arbeitszeit in der LPG-Leitung wurde mir wiederum klar, dass es das nicht war, was ich beruflich machen wollte – Schreibtischarbeit, ständig die SED im Nacken, wenn die Produktionsziele nicht erreicht wurden, und dann die immer wiederkehrenden Gespräche mit dem Vorsitzenden oder Parteisekretär, wann ich nun endlich Mitglied der SED werden würde. Glücklicherweise konnte ich mich immer wieder herausreden, dass ich mich noch nicht „reif genug“ dafür fühlte.

Die Zeit als junge Familie, endlich mit eigener Wohnung, habe ich genossen. Im Dezember 1988 kam unsere Tochter zur Welt. Wir haben uns wohlgefühlt in dem kleinen, beschaulichen Dörfchen am See. Ich hatte keine Probleme damit, erst mal zu Hause zu bleiben und mich um die Kinder zu kümmern. Wir fütterten ein paar Schweine nebenbei, sodass immer etwas zusätzliches Geld in die Familienkasse kam. Am 8. November 1989 durfte ich erstmals zum 80. Geburtstag eines Onkels nach „drüben“ reisen. Ich freute mich sehr, dass ich nun bald alles mit eigenen Augen sehen konnte, was ich bisher nur aus Erzählungen kannte. Schon auf der Hinfahrt wunderte ich mich, dass so viele Familien mit Kindern im Zug saßen. Das war doch normalerweise undenkbar. An der Grenze hatten wir fast keine Kontrolle. Einen Tag später, am 9. November, bekamen wir die Erklärung dafür. Aus den Nachrichten, die ich bei meiner Cousine in Kassel sah, erfuhr ich von der Grenzöffnung. Ich konnte es eigentlich gar nicht so recht glauben, dass das Unmögliche wirklich wahr geworden sein sollte. Zwar hatte ich die Zeit der Unruhen und des Umbruchs in den vergangenen Monaten mitbekommen und in den Nachrichten, natürlich im „Westfernsehen", verfolgt. Aber dabei hatte ich immer nur die Menschen bewundert, die den Mut hatten, für ihre Wünsche und Hoffnungen auf die Straße zu gehen. Ich hatte es nie für möglich gehalten, dass es zu schaffen wäre, dieses System zu stürzen und konnte es auch jetzt, am 9. November, noch nicht glauben. Jetzt waren wir auch „Westen". Jetzt sollten wir all das haben können, was wir bisher nur von Verwandten geschickt bekommen hatten. Am nächsten Morgen, auf dem Weg in die Stadt, sah ich die endlosen Schlangen von Trabbis und Wartburgs durch Kassel fahren und auch die Busse und Straßenbahnen waren brechend voll mit aufgeregten Menschen. Westdeutsche zückten ihre Geldbörsen und reichten den Neuankömmlingen gönnerhaft Scheine herüber. Es war wie im Märchen und ich war mittendrin.

Nach den ersten Monaten der Euphorie der Wendezeit wurde meinem Mann und mir langsam bewusst, dass die betrieblichen Verhältnisse in der Landwirtschaft sich ändern und viele Arbeitsplätze verloren gehen würden. Die Zeit der sozialistischen Planwirtschaft, in der alle Arbeitsplätze – auch nach der Babypause – gesichert waren, war vorbei. Mein Mann hatte großes Glück und bekam im Oktober 1990 eine Arbeitsstelle als Angestellter im Außendienst einer Pharma-Firma, wo er noch heute tätig ist. Ich blieb weiterhin zu Hause, um mich um unsere Kinder und den Haushalt zu kümmern. Mir machte das Spaß und ich vermisste eine berufliche Tätigkeit zunächst nicht.

In den folgenden Jahren bauten wir uns ein Haus und 1997 wurde unser viertes Kind geboren. Ab September 2000 nahmen wir meine Mutter dann ganz zu uns, da ich ihre Betreuung und meine Familie sonst nicht mehr unter einen Hut bekommen hätte. Die Zeit bis zu ihrem Tod im Mai 2004 war schwer, da sie zunehmend pflegebedürftig wurde. Ohne die Mithilfe und Unterstützung meines Mannes und der Kinder wäre dies nicht zu bewältigen gewesen. Oft hatte ich einen viel längeren Arbeitstag als „normal“ berufstätige Menschen, dies wurde von vielen nicht gesehen. Die ständigen Nachfragen, wann ich denn mal wieder „richtig“ arbeiten gehen möchte, machten mir lange Zeit doch ganz schön zu schaffen. Andererseits merkte ich aber auch, dass meine großen Kinder immer selbstständiger wurden. Nach dem Tod meiner Mutter hatte ich plötzlich viel mehr Zeit zur Verfügung. Jetzt stellte ich mir langsam die Frage, wie es weitergehen sollte. Mit Anfang 40 fühlte ich mich noch nicht zu alt, etwas Neues zu wagen. Kürzlich erhielt ich das Angebot eines nahen Verwandten, in der Buchhaltung seiner Firma mitzuarbeiten. Das ist für mich die Chance, auf die ich gewartet habe. Ich werde sie ergreifen.

Elke, Agrarsoziologin in Nordrhein-Westfalen

Pendlerin zwischen den Welten

„Sie nahmen uns mit aufs Feld, ob beim Melken oder bei der Ernte – wir waren immer dabei und lernten nach und nach, selbst Aufgaben zu übernehmen."

Ich pendle zwischen Welten, meine Kinder und Familie im Schlepptau. Meine Kindheit und Jugend habe ich als Bauerntochter in einem Dorf in Niedersachsen verbracht. Dort liegen noch heute meine Wurzeln. Da ist meine Heimat. Es war eine behütete Kindheit, die ich dort verbracht habe. Später zog ich in die Welt hinaus, bereiste Europa, lebte einige Zeit in Afrika und heute in der Großstadt im Rheinland. Mit Projektarbeit mit Partnern in den Ländern des Südens verdiene ich heute in Bonn mein tägliches Brot: ländliche Entwicklung und Frauenförderung im Kongo, ein Gemeinwesengesundheitsprogramm, Bildungsprojekte und Handwerkerförderung.

Zweimal im Jahr reise ich in die Region Zentralafrika, um dort die Projektpartner zu besuchen und mir einen Überblick zu verschaffen, wie der Projektfortschritt verlaufen ist und welche Probleme es gibt. In den Ferien und an Feiertagen fahre ich mit meinen Kindern gerne wieder in das Dorf zurück.

Doch den Bauernhof von damals gibt es nicht mehr. Meine Eltern sind in Rente, die Ländereien sind verpachtet und meine beiden drei und zehn Jahre jüngeren Geschwister haben Berufswege außerhalb der Landwirtschaft eingeschlagen. Für meine Kinder ist ein Ferienaufenthalt auf dem Lande immer ein großes Erlebnis. Sie sind schon in ihrem kurzen Leben viel in der Welt rumgekommen und wünschen sich eigentlich nichts sehnlicher, als dort bei ihren Großeltern zu leben und Wurzeln zu schlagen.

Dabei sah mein Weg zunächst ganz anders aus. Als ältestes Kind von Dreien wuchs ich auf dem mittelständischen Hof in Norddeutschland auf, den zunächst ich übernehmen sollte, später mein zehn Jahre jüngerer Bruder. Meine Eltern betrieben Ackerbau und Viehzucht. Auch Milchvieh hatten wir und ein paar Hühner, manchmal Enten. Von allem gab es etwas und jede Menge Platz zum Spielen. Meine Eltern, Geschwister, die Großmutter und das Vieh lebten in dem Niedersachsenhaus unter einem Dach. Nach hinten begrenzt auch heute noch ein Fluss das Gehöft, an der einen Seite grenzt das Nachbargrundstück und nach vorne ist die Straße. Ein kleines Wäldchen liegt in unmittelbarer Nähe.

Im Dorf selbst gibt es noch heute ein Feuerwehrhaus. Die Dorfkneipe hat vor ein paar Jahren dichtgemacht. Die evangelische Kirche teilt sich mein Dorf, seit ich denken kann, mit dem Nachbarort. So steht sie genau an der Grenze zwischen den beiden Dörfern. Noch heute gibt es viele Kinder, die zu Freunden meiner Kinder wurden. Wie früher laufen die Kinder von Haus zu Haus, sie angeln im Fluss, besuchen die Nachbarskinder und gehen an Ostern zum Osterfeuer in der Nähe des Feuerwehrhauses. Es gibt auch heute noch jede Menge Tiere: Hunde, Katzen, Hühner, Pferde usw., die zu liebenswerten Spielgefährten meiner Kinder wurden. Auf dem einen oder anderen Hof wird noch Landwirtschaft betrieben. Alles in allem empfinden meine Kinder diesen Ort als Paradies.

Wenn ich dort bin, rieche ich meine Kindheit. Mein altes Kinderzimmer ist oben in der ersten Etage des Niedersachsenhauses. Als ich zehn war und mein Bruder unterwegs, wurden zwei Zimmer unter dem Dach für mich und meine Schwester ausgebaut. Vorher hatten wir jahrelang zusammen mit meiner

Großmutter im Zimmer geschlafen. Das Zimmer, in dem ich geboren wurde, ist heute das Büro. Der alte Birnbaum vor dem Hühnerstall ist abgehauen. Der Kirschbaum vor dem Haus ist irgendwann bei einem Sturm umgeknickt und wurde später aus dem Garten entfernt. Doch beide Bäume sehe ich noch vor mir. Der Birnbaum hatte so viele offen liegende Wurzeln, die wir als Höhlen zum Spielen benutzten, und den Kirschbaum haben wir erklettert und Jahr für Jahr die Kirschen abgeerntet.

Auf der Diele stand im Sommer ein Förderband, mit dem Heu und Stroh auf den Boden transportiert wurden. Dieser angenehme Duft von frischem Heu und Stroh war mir immer lieber als der strenge Geruch von Silage.

Meine Oma saß damals in der Küche, schälte Kartoffeln und beobachtete das Leben auf der Dorfstraße. Für uns Kinder hatte sie immer Bauernweisheiten parat. Nachbarn kamen ins Haus, um den neuesten Klatsch und Tratsch auszutauschen. Familien-, Nachbar- und Dorffeste wurden nach festen Regeln geplant, vorbereitet und durchgeführt. Jeder hatte eine klare Aufgabe. Der erste Nachbar war für diese Aufgabe verantwortlich und der zweite Nachbar für eine andere. Es gab bestimmte Erwartungen an Verhalten, Auftreten und eine strenge, festgelegte Ordnung von Abläufen im Alltag, bei Festen und sozialen Ereignissen. Die Regeln und Erwartungen des Dorf- und Familienlebens habe ich mit zunehmendem Alter als starr empfunden.

„Mama, warum ziehen wir nicht hierher und bleiben einfach hier? Hier haben wir alles, was wir brauchen!“ Dies sagte mein zehnjähriger Sohn zu mir nach einer Ferienwoche auf dem Land. Dies hat mich erstaunt. Ich schaute ihn lange an, ohne ein Wort zu sagen. Mein Sohn, der schon an meiner Seite viele Länder, ja die Welt bereist hatte, wollte also nichts lieber, als einfach an dem Ort bleiben, an dem ich mich als Kind nach dem Duft der weiten Welt gesehnt hatte. Er war es leid, von hier nach dort zu ziehen, neue Freunde zu suchen und in engen Stadtwohnungen zu wohnen. Hier auf dem Land war für ihn der ideale Ort, um Stabilität und Ruhe zu finden. Da begann ich, ihm von meiner Kindheit auf dem Land zu erzählen, um ihm zu zeigen, wie es dazu kam, dass es mich in die weite Welt zog.

Als erstgeborenes Mädchen auf dem Hof bereiteten mich meine Eltern darauf vor, einmal den Hof zu übernehmen. Früh lernte ich Treckerfahren und half auf dem Hof mit. Meine Mutter kümmerte sich damals stets um das Milchvieh und um die Schweine. Mein Vater beackerte das Feld und unterstützte meine Mutter beim Füttern und Melken. Ich hatte viel Platz zum Spielen. Meine Eltern und Großeltern waren immer da, meistens irgendwo am Arbeiten. Sie nahmen uns mit aufs Feld, ob beim Melken oder bei der Ernte – wir waren immer dabei und lernten nach und nach, selbst Aufgaben zu übernehmen. Meine Oma kümmerte sich um Küche und Haushalt und brachte mir, zusammen mit meiner Mutter, das Kochen, Backen und das Einkochen von Obst aus dem Garten bei. Der Tag war immer lang und angefüllt mit allerlei Aktivitäten. Ich kann heute nicht unterscheiden, was davon Freizeit und was Arbeit war. So, wie es war, hatte es eine Normalität. So ist es eigentlich bis heute geblieben. Mehr noch, bis heute nehme ich mir wenig Zeit nur für mich, da ich immer denke, es gibt was zu tun.

Als die Schule begann, ging es so weiter. Ich war immer eine gute Schülerin und lernte wissbegierig. In der letzten Grundschulklasse empfahl der Klassenlehrer jedoch, mich auf die Realschule zu schicken. Als Begründung sagte er meinen Eltern, dass es ja keinen Sinn hätte, Mädchen auf eine höhere Schule zu schicken, denn die würden ja sowieso früh heiraten. Er sei sich sicher, dass ich die Realschule auch gut schaffen würde. Da es noch kein Mädchen im Dorf gegeben hatte, das aufs Gymnasium ging, hatte ich weder eine Vorstellung noch eine Idee, wie ich diesen Wunsch durchsetzen sollte und fügte mich in mein Schicksal.

Meine Lieblingsfächer in der Schule wurden Deutsch und Erdkunde. Mit Begeisterung sog ich alles Neue über ferne Länder, Kulturen und Menschen auf. Als Fremdsprachen lernte ich Englisch und Französisch. Allerdings kannte ich niemanden, der eine Fremdsprache anwandte oder eine solche sprach. In dem Dorf, in dem ich lebte, gab es keine Ausländer.

Urlaub kannte ich nicht. Ein- oder zweimal im Jahr machten wir Kinder mit den Eltern einen Tagesausflug. Meine Ferien verbrachte ich bei meinen Verwandten. Mütterlicherseits wohnten sie im Umkreis von sieben Kilometern, väterlicherseits im Umkreis von 30 Kilometern. Einige hatten auch Bauernhöfe und ich blieb gerne diese Zeit bei meinen zahlreichen Cousinen und Vettern, die im Gegenzug auch einen Teil der Ferien bei uns verbrachten. Staunend hörte ich in der Realschule zu, wenn meine Mitschülerinnen, die in der Kreisstadt wohnten, von ihren fernen Urlaubsreisen mit ihren Eltern erzählten.

Eines Tages bekamen wir Besuch von einem entfernten Verwandten aus Berlin. Er fuhr mit einem VW-Campingbus auf den Hof. Das war ein großes Ereignis. Der Onkel Rudi war so ganz anders als alle anderen Verwandten, die ich so kannte, und aus seinem Campingbus strömte der Duft der großen weiten Welt. Ich träumte davon, eines Tages auch diesen Duft selber einzuatmen. Doch damals erschien das völlig außerhalb jeder Reichweite.

Ein paar Jahre später flatterte ein Brief aus den USA ins Haus. Völlig begeistert hielt ich diesen Brief in den Händen. Er kam von besagtem Onkel Rudi, der inzwischen in den USA lebte und uns nach New Orleans zu seiner Hochzeit einlud. Ich lief zu den Ställen und rief nach meinem Vater. Das war jetzt die Gelegenheit, das erste Mal eine große Reise zu machen. Tausend Gedanken flogen mir durch den Kopf. Doch mein Vater holte mich auf den Teppich zurück. So eine Reise sei viel zu teuer und deshalb würden wir da nicht hinfahren. Basta! Aus der Traum.

Die Jahre vergingen im Dorf. Mein Bruder wurde als Hofnachfolger angesehen. Ich erlernte einen anständigen Beruf in der Verwaltung, in dem ich bis zu meiner Heirat hätte arbeiten können. An Wochenenden ging ich mit der Dorfclique im Sommer auf Schützenfeste und im Winter in die Diskothek. Unter der Woche engagierte ich mich in der Gewerkschaft. Es machte mir Spaß, in diesem gewerkschaftlichen, engagierten Umkreis Leute kennenzulernen, die anders waren. Sie hinterfragten fest gefügte Regeln und setzten sich für Verbesserungen ein. Das war eine neue Welt, die sich mir da eröffnete.

Einmal ergab sich über diese Kontakte die Gelegenheit, an einer Gruppenreise nach Halberstadt teilzunehmen. Mit dem Bus fuhren wir in Helmstedt über die Grenze. Rechts und links der Autobahn waren riesige Felder zu sehen. Ab Magdeburg erinnerten mich die Häuser und Gehöfte entlang der Landstraße an Frankreich. Im letzten Jahr der Realschule war ich dort zwei Wochen zum Schüleraustausch gewesen. Ich weiß nicht mehr, was wir alles besichtigten. Ich erinnere mich aber noch gut, dass man das Frühstück im Hotel in seinen einzelnen Bestandteilen bestellen und bezahlen musste. Und es waren lauter so kleine, krumme Beträge. „Andere Länder – andere Sitten", dachte ich mir.

Nach meiner Ausbildung fand ich eine neue Anstellung in der nächsten Kreisstadt. Mein Ansinnen auszuziehen wurde von meinen Eltern unterstützt, weil es ja berufsbedingt erforderlich war. Mit der Hilfe meiner Eltern bezog ich meine erste Wohnung. Mit 19 Jahren verließ ich also mein Elternhaus und den Hof. Das war eine Umstellung! Plötzlich hatte ich jede Menge Zeit, mit der ich zunächst gar nichts anzufangen wusste. Ich lebte nun in einer Kleinstadt. Vom Stadtleben hatte ich ja oft geträumt. Das enge dörfliche soziale Gefüge hatte ich hinter mir gelassen und ein Stück Freiheit dazugewonnen. Zweimal im Jahr bereiste ich mit einer Freundin europäische Länder mit Rucksack und Zelt. Endlich mal Urlaub! Wieder taten sich neue Welten auf.

Mitte der achtziger Jahre wurde ich mutig und bewarb mich um einen Platz im zweiten Bildungsweg. Nach einer Zusage am Westfalenkolleg in Bielefeld zog ich schnell entschlossen in die Metropole Ostwestfalens, um das Abenteuer dreijähriger Schulausbildung mit dem Ziel Abitur auf mich zu nehmen. Ein gewagter Schritt, der mir durch ein Stipendium der Hans-Böckler-Stiftung ermöglicht wurde. Das Lernen machte mir als Erwachsener erneut richtig Spaß. Als Leistungskurse wählte ich Soziologie, weil ich es studieren wollte, und Russisch, weil ich die Anerkennung der ersten Fremdsprache Französisch schon hatte. Naja, zugegeben auch aus Neugier. Die Exkursionen nach Moskau und Leningrad waren ausgesprochen spannend. Glasnost und Perestroika begannen gerade und wir konnten direkt und hautnah verfolgen, wie der Wind des Wandels den Osten veränderte.

Mein Hauptinteresse galt im Studium der Soziologie und immer wieder dem Vergleich zwischen dem Leben und den Sozialbeziehungen in der Stadt und auf dem Land. Als ich 1989 für ein Jahr als „visiting student" an eine britische Universität ging, bekam diese Fragestellung eine neue Dimension. In Warwick gehörte ich zum internationalen Studienprogramm, in dem 100 Leute aus 40 verschiedenen Nationen mit mir studierten. Es war eine bewegte Zeit. Als im November '89 die Mauer in Berlin fiel, saß ich in England vorm Fernseher. „Wie geht es in Deutschland weiter? Wird es eine Wiedervereinigung geben?", fragten mich meine Kommilitonen. Mit solchen nationalen Fragen hatte ich mich vorher nie wirklich befasst. Nun stellte ich fest, dass die Welt nicht nur aus der niedersächsischen Tiefebene oder aus Ostwestfalen bestand. Unter den Studierenden aus aller Welt diskutierten wir Abend für Abend die Probleme der Welt. In der Zeit wurde auch Jemen wiedervereinigt, Namibia wurde unabhängig und Nelson Mandela wurde freigelassen. Alle diese Ereignisse begleiteten wir mit Veranstaltungen und endlosen Diskussionsrunden. So wie ich über mein Land befragt wurde, löcherte ich auch meine Freundinnen und Freunde, um über ihre Länder und deren Kultur etwas zu erfahren. Und diesmal bekam ich die Informationen aus erster Hand und nicht aus Büchern wie noch in der Schule.

Als ich nach Deutschland zurückkam, kannte ich Menschen in Tokio, Washington, Luanda, Douala und Maputo und ich war nicht mehr dieselbe. Entwicklungssoziologie wurde mein Studienschwerpunkt und ein erster Studienaufenthalt in Mosambik stand bevor. Doch mein erstes Forschungsfeld war die DDR. Mit einem Honorarauftrag der Heinrich-Böll-Stiftung reiste ich zusammen mit einem Bremer Mosambikaner durch die „alte DDR", um dort mosambikanische Vertragsarbeiter über ihre Rechte zu informieren. Im Zuge der bevorstehenden Wiedervereinigung wurden dort lebende vietnamesische und mosambikanische Vertragsarbeiter mit einer Abfindung von 3.000 DM in ihre Heimatländer zurückgeführt, doch nicht alle wussten, wie ihre Ansprüche durchzusetzen waren. In Hoyerswerda, Lauchhammer, Dresden und Freiberg besuchten wir die Wohnheime der Ausländer, die ein Jahr später traurige Berühmtheit durch rassistische Übergriffe erlangten. Wir erlebten wenig Solidarität und Toleranz gegenüber den Mitbürgern aus den sozialistischen Bruderländern. Ausländer waren wir selbst in diesem uns so unbekannten Teil Deutschlands. Wir waren Wessis. Als solche überall zu erkennen und nicht unbedingt erwünscht.

Es folgten Aufenthalte in Portugal zum Erlernen der Sprache und ein ASA-Aufenthalt in Mosambik. Mein ASA-Jahrgang 1991 war der erste deutsch-deutsche. Und meine Ländergruppe war so zusammengesetzt: drei Ökonomen aus Hamburg, ein Afrikanist aus Leipzig und ich als Soziologin aus Bielefeld.

Es war eine spannende Zeit. Hier standen nicht nur Fragen nach dem Ablauf des Studienaufenthaltes, sondern auch „Wie war das bei Euch?"-Fragen im Mittelpunkt der vielen Diskussionen.

Als wir im Sommer 1991 nach Maputo reisten, trafen wir dort nicht nur ehemalige mosambikanische Vertragsarbeiter, die uns in echtem Sächsisch ansprachen, sondern auch einige Deutsche, die dort viele Jahre gelebt haben und für die DDR in Mosambik tätig gewesen waren. Unter ihnen hatte sich eine Art Verbitterung ausgebreitet. Sie bedauerten, dass sich nun, nachdem alle Grenzen offen seien, niemand mehr dafür interessiere, dass sie im Ausland tätig seien. „Hier kann ja heute jeder hin!", beklagten sie. Und die „Ma-Germans" (so nennt man bis heute die in Deutschland gewesenen ehemaligen Vertragsarbeiter)?

DAS MACHT DIE AUTORIN HEUTE

DR. ELKE AHRENS

Stuttgart ist meine Heimat geworden. Ich war dem Ruf von Brot für die Welt in den Südwesten gefolgt. Eine spannende Zeit, in der ich auch mein Interesse an Interkulturalität entdeckte. Heute führe ich eine Agentur für interkulturelle Projekte und Dienstleistungen, unterstütze Menschen mit Zuwanderungsgeschichte in unserer Gesellschaft Fuß zu fassen und habe Lehraufträge zu interkulturellen Themen an Hochschulen und einer Uni. Kurzum, ich erkläre den Studies wie sie sich durch diese globale Welt navigieren können. Eine Pendlerin zwischen den Welten bin ich immer noch.

Auch sie klagten. Sie waren ausgebildete Industriearbeiter von Industrien und Wirtschaftszweigen, die es in Mosambik gar nicht gab. Es fiel ihnen schwer, sich selbst zu organisieren und die geforderte Flexibilität und Improvisationsfähigkeit zu entwickeln, die zum Überleben notwendig war. Sie waren Fremde im eigenen Land geworden.

Ich studierte und forschte mit Leidenschaft. In Mosambik wie in Bielefeld an der Uni. Die Verbindung/Synergie zwischen meinem Interesse an Internationalem und der Erfahrung aus meiner ländlich geprägten Vergangenheit faszinierte mich. Besonders leicht fiel mir der Zugang zu den Menschen in Entwicklungsländern. Ihre Sozialstrukturen erinnerten mich oft an meine eigenen oder ließen einen Vergleich zu. Ob städtische oder ländliche Entwicklungen, beides interessierte mich gleichermaßen.

Nach dem Studium heiratete ich einen Afrikaner. Er war sicher der Erste, der je mein altes Dorf betrat, und er entsprach auf keinen Fall den Vorstellungen eines idealen Schwiegersohnes, den man sich auf dem Dorf so wünschte. Doch meine Eltern akzeptierten diese Entscheidung, obwohl dieses Ereignis landauf, landab zum Gesprächsthema wurde. Wir lebten zunächst in Berlin, wo unser Sohn geboren wurde. Anschließend gingen wir nach Göttingen an die Uni. Als wissenschaftliche Mitarbeiterin an der agrarwissenschaftlichen Fakultät arbeitete ich an meiner Forschung über Entwicklung des Marktwesens in Mosambik. Für ein knappes Jahr forschte ich im südlichen Afrika. Mein Mann und unser Sohn haben mich begleitet. Wieder lernte ich eine andere Seite Mosambiks kennen. In der Provinzhauptstadt Chimoio, ca. 100 km östlich der simbabwischen Grenze gelegen, waren zahlreiche Märkte entstanden. Gab es früher nur einen städtischen Zentralmarkt, der in der sozialistischen Ära verstaatlicht worden war, schossen nun in allen Stadtvierteln informelle Märkte wie Pilze aus dem Boden. Es herrschte ein reges Treiben in und um Chimoio. Auch im Umland, in den ländlichen Distrikten und entlang der Hauptverkehrsachsen der Provinz Manica entstanden, allerdings eher zaghaft, kleinere Marktflecken. Die Ware kam Mitte der neunziger Jahre fast komplett aus Simbabwe und zum Teil auch aus Südafrika.

Als Familie fuhren wir einmal im Monat nach Simbabwe, um dort einzukaufen. Da wir im Supermarkt in Mutare/Simbabwe mit Kreditkarte bezahlen konnten, war das eine komfortable Lösung, um fehlendes Bargeld (eine echte Mangelware!) zu ersetzen. Der Grenzübertritt war wieder ein Pendeln zwischen den Welten. Während in Mosambik schwarz oder weiß zu sein nie eine Frage war, spürten wir in Simbabwe die Auswirkungen der rhodesischen Apartheid. Schwarze wurden dort anders als Weiße behandelt. Das fing schon im Kaufhaus an, in dem Schwarze kontrolliert und Weiße stets ohne Kontrolle den Eingang oder Ausgang durchschreiten konnten.

Nach vielen Forschungsjahren in und über Mosambik zog es uns Ende der neunziger Jahre ins zentralafrikanische Kamerun. In der Zwischenzeit war unsere Tochter geboren und so reisten wir fortan zu viert durch die Welt. Als ehemalige deutsche Kolonie war die Begegnung mit preußischer Kolonialgeschichte allgegenwärtig. Von den Kamerunern wurde sie gar sehr positiv stilisiert. Die Deutschen hätten wirklich was geleistet, sagte man uns. Gebäude, die sie errichtet haben, überstehen sogar Erdbeben und Vulkanausbrüche des Mount Cameroon.

Im Nordwesten Kameruns lebten wir in der Provinzhauptstadt. Wir hatten ein großes Haus, Hausangestellte, Hunde und zwei Pferde. Zuerst waren die beiden Kinder skeptisch. Die Sprache war nicht vertraut, doch bald fanden sie Freunde. In unserem Stadtviertel waren sie zu Hause und haben vieles von den afrikanischen Kindern gelernt. Das Reiten wurde zur Leidenschaft und ihre Freiheit haben sie geliebt. Mir gefielen die Arbeit bei der Frauenorganisation und das Leben, das mich oft an meine Heimat erinnerte.

So manches Mal traf ich Babette. Sie war schon ein paar Jahre dort Entwicklungshelferin, als ich kam. Acht Jahre hat sie insgesamt mit Ehemann und zwei dort geborenen Kindern in den Dörfern im Grasland gelebt und gearbeitet. Sie kam aus Jena. Wir wurden Freundinnen mitten in Afrika. Sie aus dem Osten und ich aus dem Westen. Über Kinderbetreuungsmöglichkeiten im Osten wie im Westen haben wir diskutiert und was hier und da gut war. Beide hatten wir kamerunische Kindermädchen und wir haben beide voll gearbeitet. „Das geht bei uns (im Westen) nicht so ohne Weiteres. Ein Kindermädchen kann ich mir ja gar nicht leisten", sagte ich. „Hab immer gearbeitet und das wäre auch mit Kids gegangen. Es gab so betriebseigene Betreuungseinrichtungen", sagte sie. So verlief so mancher Dialog, der des Öfteren mit einem „Habt ihr es gut gehabt“ von der einen oder anderen Seite endete.

Dann kamen ein neuer Abschied und ein Neuanfang in Deutschland. Wir leben seit drei Jahren in Bonn, haben dort Fuß gefasst. Den Duft der großen weiten Welt habe ich mancherorts geschnuppert und er fasziniert mich immer noch. Als meinen Lebensmittelpunkt habe ich Deutschland und ein Leben in der Stadt ausgewählt. Manchmal gehe ich auf Dienstreise nach Afrika. Und manchmal fahre ich gerne zurück aufs Land nach Niedersachsen. Manchmal kommen dann die Nachbarn oder meine Verwandten und fragen, wie es denn so ist in der großen weiten Welt. Dann schmunzle ich und erzähle gerne von dieser oder jener Begebenheit. Irgendwie denke ich immer noch an meinen entfernten Verwandten, der in dem VW-Campingbus auf den Hof fuhr. Wenn ich zurück in Bonn bin, gehe ich gerne unter in der Anonymität der Stadt. Meine Kinder fühlen sich hier wohl. Hier haben sie Freunde, ihren Sportverein und was ihr Herz begehrt. In den Ferien aber, da geht's ab aufs Land und meine Kinder freuen sich auf Oma und Opa.

Annette, Berufsschullehrerin in Niedersachsen

Die schönsten Drehengel der Welt

„Ich glaube, dass mein Leben in der niedersächsischen Kleinstadt bis zum 18. Lebensjahr insgesamt von Bodenständigkeit sowie dem täglichen und jährlichen Rhythmus geprägt war."

Ich sitze in meinem Arbeitszimmer, es ist schon relativ dunkel an diesem grauen Novembernachmittag. Auf meinem Schreibtisch liegen Bilder unseres noch schönen, gepflegten Hofes im niedersächsischen Osnabrücker Land. Dort bin ich 1964 geboren und lebte mit Mutter, Vater, Oma und Opa auf dem Hof. 1966 kam dann meine Schwester Heike dazu. Wir wohnten in einem großen Bauernhaus; der Fachwerkgiebel mit Wetterhahn war das Besondere des Hofes. Schon zu meiner Kinderzeit gab es keine Tiere mehr auf der Diele. Sie war zwar sauber und ideal zum Spielen, im Winter war es jedoch unglaublich kalt. Dann konnten nur der Springball oder das Spiel „Packen" helfen. Es gab nur ein kleines Zimmer an der Diele, das bewohnte unser jeweiliger landwirtschaftlicher Lehrling. Wahrscheinlich hat auch jeder Lehrling unglaublich gefroren. Das hat aber nie einer der Lehrlinge gesagt.

Im Wesentlichen spielte sich das Leben in Küche, Veranda und Alltagsstube ab. Die meisten Besucher, ob Futtermittelvertreter, unsere Nachbarin Tante Steppu oder die Käuferinnen von Omas Eiern, blieben in der Küche sitzen. Und das manchmal auch recht lange. Da wurde von Beerdigungsfeiern und Ferkelpreisen erzählt. Am warmen Holzofen war es auch noch sehr gemütlich.

Die gute Stube wurde zu runden Geburtstagen und zum Weihnachtsfest benutzt. Unsere Kindheit verbrachten Heike und ich zumindest im Winter in der Alltagsstube. Das Fernsehgerät stand darin und wurde von uns für Stunden angeschaltet. Viele Fernsehstunden mit den „Waltons" oder dem „Raumschiff Enterprise" haben wir während der Melk- und Fütterzeiten in der Alltagsstube verbracht. Im Waffenschrank standen die Wermutflaschen unseres Opas. Wir haben den Alkohol gerne aus der Flasche getrunken, ohne dass es jemand so recht mitbekam. Zum Alkohol bevorzugte ich ungewaschene Rosinen und Mandeln, die eigentlich zum Backen gedacht waren und in einem Korb im Wohnzimmerschrank lagerten. Die Tapete mit den riesigen Ornamenten sowie den braunen Farben war eigentlich nur hässlich. Fernseher und Sofa machten es dann wieder gemütlich für Heike und mich. Unser Kinderzimmer war sehr klein, Doppelbetten im Jugendzimmercharakter und ein grüner Badezimmerteppich, genannt „Kuschel-Muschel", füllten das Zimmer fast aus. Als Jugendliche zogen wir Jahre später in die ausgebauten Bodenräume. Da waren wir weit weg und konnten die Musik so richtig aufdrehen.

Der Garten um den Wohnteil wurde liebevoll von Oma und später dann von Mutter gepflegt. Ich habe allerdings nie verstanden, warum wir als kleine Kinder nicht auf dem Rasen spielen sollten. Das war strengstens verboten. Ich glaube, das hatte mit dem Sensenmähen zu tun. Der Garten war nicht nur durch die Blumenbeete mit Rosen, Geranien und winterlichen Astern schön, sondern auch durch die Obst- und Gemüsebestände. Die Mahlzeiten konnten für mich manchmal entfallen, weil ich mich mit rohem Gemüse schon satt gegessen hatte. Rohes Gemüse bevorzuge ich heute noch. Manchmal lohnt es nicht, die wenigen Kohlrabireste zu kochen. Es gab auf dem Hof noch einen Kuhstall, mehrere Schweineställe, die ständig erweitert wurden, einen gemütlichen Hühnerstall und eine Scheune. Zum Spielen diente uns der gesamte Hofraum. Spaß machte es, die Hühner beim Legen der Eier zu stören, die unreifen Kirschen vom Baum in den Bauch zu befördern oder auf dem Boden mit Stroh und Heu zu spielen. Suspekt waren mir die Bodenbereiche, weil Mäuse und Ratten dort wohnten. Mäuse wohnten auch in den Schweinefuttersilos. Wenn das Futtermehl herausgedreht wurde, fielen die Mäuse in den Wagen. Diese ungeliebte Arbeit übertrug ich am liebsten meiner Schwester. Oft gab es Streit, weil ich sie kommandieren wollte. Ich musste wohl auf einige Haare verzichten, Heike hat sie büschelweise rausgerissen. Als Kind wusste ich ziemlich schnell, was meine Schwester besser konnte und was ich nicht wollte.

Bis zu meinem zehnten Lebensjahr brauchten wir nicht im Stall mithelfen. Da waren es die Hausarbeiten, die uns am Freitag und Samstag nervten. Das Staubputzen auf dem Flur, das Abwischen der Regale in der feuchten Speisekammer waren bei mir unbeliebt. Gefreut habe ich mich, wenn ich alleine backen durfte oder die Nachspeise für das Mittagessen zubereiten konnte. Erst als Jugendliche, als unser Vater erkrankte, mussten wir im Kuh- und Schweinestall regelmäßig mithelfen. Das haben Heike und ich im Wechsel getan, um Zeit zu sparen, aber private Zeit hat es trotzdem gekostet. Andere Kinder haben Volleyball gespielt, sind zum Einkaufen nach Osnabrück gefahren oder haben nachmittags die bunten Lovestorys im Schein der Räucherstäbchen gelesen. Das gab es bei uns eher weniger bis gar nicht.

Ich glaube, dass mein Leben in der niedersächsischen Kleinstadt bis zum 18. Lebensjahr insgesamt von Bodenständigkeit sowie dem täglichen und jährlichen Rhythmus geprägt war. Es gab viele feste Abläufe. Das Mittagessen gab es immer um 12.00 Uhr. Wenn Oma kochte, gab es oftmals Erbsen- oder Möhreneintopf, manchmal zwei Tage hintereinander. Wahrscheinlich konnte Oma gut kochen, aber wegen ihres hohen Alters fing sie schon morgens um 7.00 Uhr beim Frühstück an und hielt sich an simple Rezepte. Wie peinlich war mir das, mit dem Geruch des Essens in die Schule zu gehen. Ich fühlte mich als Sonderling. Dagegen erinnere ich mich gern an die Torten, die es zum Weihnachtskaffeetrinken gab! Triester Nusstorte, Savarintorte mit Walnusshälften oder den saftigen Mandeltortenboden. Diese Rezepte liebe ich noch heute und bin stolz, wenn meine Gäste mich um solche besonderen Rezepte beneiden.

Wenn Besuch kam, mussten wir Kinder Kaffee einschenken und höflich den Kuchen anbieten, beim Gespräch war Schweigen angesagt. Das war manchmal nur langweilig. Wir waren mehr mit Erwachsenen als mit Kindern zusammen. Viel lieber hätten wir auch im eigenen Zimmer gespielt. Einige Besucher, wie die ehemaligen Lehrlinge meiner Oma, waren nur lästig und würdigten uns kaum. Sie besuchten lediglich meine Oma, meinen Vater, meine Mutter. Wir Kinder waren oft außen vor. Ungeliebt war der Besuch, wenn es für die Erwachsenen Pralinen gab, uns Kindern lediglich eine Sprengel-Vollmilchschokolade in die Hand gedrückt wurde. Die geliebte Tante Frieda, eine Großtante, war meiner Schwester und mir dagegen immer sehr gern willkommen. Da gab's schon mal Cola, die beim Blutspenden des Deutschen Roten Kreuzes für uns abgezweigt wurde.

Obwohl ich gerne mal weiter weggefahren wäre, ging das nicht allzu oft, weil Kühe und Schweine jeden Tag gefüttert werden mussten. Das Wegfahren beschränkte sich auf „mit dem Auto spazieren fahren“ im Osnabrücker Land. Im Urlaub wurden wir zu Verwandten geschickt. Das war klasse, weil die Verwandten in wohlhabenden Verhältnissen lebten und recht spendabel waren. Erst im Jugendalter war ich in Norwegen und England und habe Jahre später tolle Reisen nach Israel, New York, Australien unternommen. Aber nie in meinem Leben habe ich mit Mutti und Papa Urlaub gemacht. Insgesamt betrachtet, erstreckte sich der Lebensradius unserer Familie auf das Osnabrücker Land. Kontakte wurden auch zu Verwandten in Schleswig-Holstein, im Rheinland oder München gepflegt.

Im Osten hatten wir keine Verwandten, wohl aber Bekannte meiner Mutter, die uns Kindern Puppen und Plüschtiere schenkten. An meine Puppe Anne mit den blonden langen Haaren und den weißen Kniestrümpfen kann ich mich gut erinnern. Sie müsste sich gut verpackt mit dem blau-roten Samtpuppenkinderwagen im Haus meiner Mutter auf dem Boden befinden.

Die frühere Grenze zur DDR beeinflusste die Gedanken unserer Eltern und Großeltern. Opa sagte nach dem „Frühschoppen“, der Fernsehsendung im „Ersten“ mit Werner Höfer am Sonntagmittag: „Wir werden alle noch an den Osten verkauft.“ Was das bedeutete, wussten wir Kinder nicht. Eines war klar:

Alles wäre dann weg! Erst später habe ich begriffen, dass Marktwirtschaft gegen den Kommunismus ausgetauscht werden sollte.

Tante Frieda, die Großtante aus Ostwestfalen, fuhr manchmal nach Oberhof, um das Grab ihrer Schwester zu pflegen. Wenn sie über die Grenze fuhr, sagte sie den Kontrolleuren, was ihr an den Grenzformalitäten missfiel. Meine Mutter berichtete uns, dass Tante Frieda durch ihr radikales Auftreten länger an der Grenze bleiben musste, als sie wollte. Wir freuten uns immer, wenn sie unserer Familie Holzschnitzkunst aus dem Erzgebirge mitbrachte. Sie brachte uns die schönste Weihnachtspyramide mit, die ich in meinem Leben gesehen habe. Auf einem Holzreifen sind vier fröhlich aussehende Engel und vier Tannenbäume gleichmäßig angeordnet. Dieser Holzreifen ist mit gelben Kordeln an einer Vorrichtung aufgehängt. Werden die gelben Kerzen angezündet, dann drehen sich die Engel und werden zu Drehenglein. Mutti, Papa, Oma und Lehrling mussten dafür sorgen, dass die Engel sich auch wirklich drehten und die abgebrannten Kerzen durch neue ersetzt wurden. Schwarz angebrannte Flügel durfte es nicht geben! Die Kerzen der Pyramide brannten an den Adventssonntagen, an den Weihnachtstagen und zwischen Weihnachten und Neujahr. Wir haben Kaffee getrunken, es gab Mohnstollen und Kekse und die Engel drehten sich so schnell, als wenn sie der Aufforderung „Ihr Kinderlein kommet" folgen wollten. Ich konnte den Engeln lange zuschauen, sie ließen sich scheinbar von nichts entmutigen. Nur manchmal drehten sie sich nicht, dann musste an den Flügeln der Pyramide nachgeholfen werden. Auf Weihnachtsmärkten schaue ich noch heute nach „Drehenglein", jedoch sind alle nur zweitklassig. Der Blick für diese herrliche Kunst aus dem Erzgebirge wurde bei uns Kindern früh geschärft. Die Weihnachtspyramide ist heute noch im Besitz meiner Mutter und wird in jedem Jahr zum Drehen gebracht. Sie sieht genauso aus wie vor dreißig Jahren. Das Holz ist etwas dunkler geworden, die Kordeln leuchten aber noch in gelber Farbe und die Engel strahlen noch immer. Sie drehen sich jedoch nicht mehr im Bauernhaus auf dem Hof, sondern im neuen Haus der Mutter. Meine Schwester hatte vor mir Kontakte in die „Ostzone" aufgebaut. Durch Jugendarbeit und Kirche lernte sie wohl nach ihrer Konfirmation ihre Freunde in der Nähe von Dresden kennen. Damals fuhr sie mit anderen Jugendlichen

Das macht die Autorin heute

Annette Due

Beruflich hatte ich viele Jahre eine Leitungsfunktion in einer Schule wahrgenommen. Heute arbeite ich als schulfachliche Dezernentin in einer Behörde. Meine persönlichen und beruflichen Erfahrungen meines bisherigen Lebens waren unglaublich wertvoll für diese Veränderung. Traditionen haben das Leben in unserer Familie geprägt. Seit dem Tod der Mutter braucht die Tradition des Aufstellens die Weihnachtspyramide eine Auszeit. Die „Drehengel" stehen still, aber wohl nicht für immer. Das ist eine schöne Aussicht in die Zukunft.

und Kirchenmitarbeitern mit „Ente" und anderen „luxuriösen" Autos über Herleshausen ins unbekannte Nachbarland. Die Autobahn über Halle und Leipzig gab es noch nicht. Meine Eltern hatten immer Angst vor irgendwelchen Katastrophen. Damals hieß es bei uns zu Hause, man würde auch bei kleinen Vergehen schnell eingesperrt. Es ging alles gut – die ankommenden Telegramme waren ein Zeichen des Vertrauens in diesen Teil Deutschlands. Heute sagt meine Schwester, dass sie beim ersten Mal dachte, die erste Reise in den Osten sei gleichzeitig ihre letzte Reise gewesen. Mittlerweile besucht sie ihre Freunde mehrmals im Jahr.

Durch die jährlichen Weihnachtspakete, die wir für ein Ehepaar in Neustrelitz packten, wussten wir genau, was dort heiß begehrt war: Bohnenkaffee, evtl. auch mit DM gespickt, selbst gebackene Französische Pfefferkuchen, Mandelecken – alles das packten wir liebevoll weihnachtlich ein. In den achtziger Jahren kamen auch Konserven mit Ananas und wohl auch Maggi-Tütensuppen hinzu. Meine Schwester packte schon an den grauen Novembertagen ihr Paket, denn die Weihnachtsgeschenke mussten früh genug aufgegeben werden. Und die Frage war immer da: Kommt das Paket an oder nehmen es die Grenzkontrolleure an sich? Besuche in die DDR bedeuteten ja immer Visum und Zwangsumtausch. Wie sollte man an einem Wochenende nur das getauschte Geld loswerden? Meine Schwester brachte mir nach jedem Besuch Schallplatten, von den Puhdys oder von Bach, oder Bücher, insbesondere naturwissenschaftliche Fachbücher, die nicht schlecht waren, mit.

Meine Kontakte in die DDR begannen später und ganz anders als bei meiner Schwester. Ich muss ungefähr sechzehn Jahre alt gewesen sein, als eine Schulfreundin mir erzählte, sie habe an einer Luftballonaktion teilgenommen. Ihr Luftballon sei ganz weit geflogen, ob ich mir vorstellen könne, wie weit? Ich war völlig überrascht und dachte damals wohl, er könne nur in das Nachbarbundesland Nordrhein-Westfalen geflogen sein, vielleicht so in Höhe von Bielefeld. Ich hatte mich gründlich geirrt. Der Ballon hatte die „eiserne Mauer“ höhenmäßig geschafft und war zwischen Halle und Leipzig bei einer Familie gelandet. Diese Familie hatte eine Tochter Birgit und mit der pflegte meine Schulfreundin Marion einen Briefkontakt. Marion erzählte mir, dass Birgits Freundin Kathrin aus Merseburg auch auf der Suche nach einer Brieffreundin wäre und sie um Hilfe gebeten hätte. Da ich schon immer neugierig war und Kontakte suchte, brauchte ich nicht lange überlegen. In Gedanken war der erste Brief schon geschrieben.

In den endlos langen Briefen erzählte ich Kathrin alles, was mein Leben betraf. Teenagerprobleme kannte sie auch, obwohl sie einige Jahre jünger war als ich. Zunächst wohnte Kathrin in der „Straße der Freundschaft“, dann in der „Straße des Chemiearbeiters“ und später in der „Halleschen Straße“. Solche witzigen Straßennamen hatten wir in Melle nicht. Obwohl ich bis 1985 keinen persönlichen Kontakt mit ihr aufnehmen konnte, kannte ich ihr Leben und ihre Familie gut. Ihr Vater war Eisenbahner, ihre Mutter in der Altenpflege tätig und sie Schülerin mit dem Ziel, Physiotherapeutin zu werden. Die Familie bewohnte in der Chemiearbeiterstraße ein niedliches Häuschen mit Garten. Das irritierte mich, denn diese Wohnverhältnisse waren nach meinem Wissen nicht typisch für die DDR. Kathrin hätte mich gerne eingeladen, alles kennenzulernen. Das ging jedoch nicht, weil ihr Onkel in der Partei war und daher Westkontakte strengstens untersagt waren. Es dauerte einige Jahre, bis Kathrins Familie einen Vorstoß wagte. Diese Einladung kam im Jahr 1985, ich war mittlerweile 21 Jahre alt. Ich wurde, um für das Visum und die Anmeldung eine Adresse zu haben, von Birgit eingeladen, der Brieffreundin meiner Schulfreundin, wohnte aber bei Kathrins Familie. Meine Eindrücke der ersten Reise sind immer noch in meinem Kopf. Ich glaube sogar, dass sie stärker sind als die des Mauerfalls. Ich fuhr mit dem Zug über Marienborn und dachte, der Zweite Weltkrieg wäre gerade erst vor drei Jahren beendet worden. Vieles war kaputt – Steinhaufen mitten in der Stadt – und der Eindruck war sogar im Frühsommer eher dunkel und trostlos. Mit den Spruchbändern „Ruhm und Ehre dem Sowjetvolk" wollte ich mich nicht auseinandersetzen. Ich konnte dem Kommunismus nichts abgewinnen. Für mich bedeutete er Unfreiheit, für Kathrin Urlaub an der Ostsee und keine Möglichkeit zu einem Besuch bei mir in Melle. Nach dem Pfingstfest war ich froh, in Halle in den Zug Richtung Köln einsteigen zu können, das bedeutete Freiheit in jeglicher Form. Die Menschen, denen ich in Kathrins Lebensumfeld begegnete, waren aufgeschlossen und fröhlich und so blieben dennoch gute Erinnerungen an frohe Stunden zurück. Die Fotos schauen wir uns gerne bei jedem Treffen an. Die Grenzöffnung haben meine Schwester und ich in Hannover erlebt. Ich kann mich kaum an Einzelheiten erinnern, da ich mitten im Ersten Staatsexamen steckte und kein eigenes Fernsehgerät besaß. Irgendwann habe ich im Radio von tanzenden Menschen auf den Mauern gehört. Wenige Tage später kündigte Kathrin zusammen mit ihrem Mann mit einem Telegramm ihren Besuch an. So überraschend wie der Mauerfall kam nun der Besuch. Trotz Examensstress bewältigte ich mithilfe meiner Studienfreundin Jeanette diesen Überfallkommandobesuch. Als ersten Programmpunkt holten wir sofort nach der Ankunft das Begrüßungsgeld in der Hauptpost der Stadt

Hannover ab. Das war für meine Freunde sehr wichtig, denn davon konnten sie Weihnachtsgeschenke für Tochter Anne-Marie, Obst und Speiseeis von Langnese kaufen. Ich erinnere mich noch genau an die Menschenmassen auf dem hannoverschen Hauptbahnhof, da Tausende von Menschen ankamen, um den Westen kennenzulernen und bereits auf dem Bahnsteig einzukaufen. Ich glaube, nie wieder war die Innenstadt so voll wie an den November- und Dezemberwochenenden im Jahr 1989.

Kathrin ist über die vielen Jahre hinweg eine gute Freundin geworden. Wir sehen uns nicht allzu oft. Wenn wir uns in Merseburg oder bei mir zu Hause treffen, zehren wir von gemeinsamen Erfahrungen und Visionen in die Zukunft. An Kathrin und Fred bewundere ich den Optimismus in die Zukunft. Sie haben sich nie über den massiven wirtschaftlichen Wandel beklagt, obwohl auch sie mit Arbeitslosigkeit konfrontiert wurden. Ein gutes Maß an Optimismus haben sie wohl schon immer gehabt!

Als ich sechzehn Jahre alt war, erkrankte mein Vater an Krebs. Und damit wurde mein Leben um ein Vielfaches schwerer. Wir lebten auch nach dem Tod des Vaters noch sieben Jahre auf dem Hof und bewirtschafteten ihn mit größten Anstrengungen. Irgendwann wollte meine Mutter von meiner Schwester und mir wissen, ob eine von uns den Hof bewirtschaften möchte. Sie wollte Klarheit haben, um auch für ihr Leben eine neue Richtung einschlagen zu können. Wir beide verneinten, wollten nicht aktive Landwirtschaft betreiben. Ich glaube, für mich und meine Schwester gab es dieselben Gründe: Die Ackerflächen waren nicht ausreichend, um rentabel wirtschaften zu können. Die Arbeitsbelastung mit Kühen und der Schweinezucht war zu intensiv. Das Haus wäre einfach zu groß, die körperliche Anstrengung zu hart für mich gewesen. Die Entscheidung, nicht Landwirtin zu werden, fiel früh. Sie war mir bereits damals klar geworden, als ich so viel mithelfen musste. Sowohl meine Schwester als auch ich haben uns für andere Berufe entschieden und haben somit der aktiven Landwirtschaft den Rücken gekehrt. Seit 1990 arbeite ich als Berufsschullehrerin für das berufliche Fach Hauswirtschaft und das Unterrichtsfach Religion. Ich lebe nicht mehr im Osnabrücker Land, sondern in der Südheide.

Ich bewohne seit etlichen Jahren eine kleine Wohnung, die mit zahlreichen Möbeln vom Hof ausgestattet ist. Der Küchentisch in meiner modernen Küche ist nicht besonders hübsch und passt nicht so recht zu den anderen Gegenständen. Er stand früher in der Küche auf dem Hof. Daher werde ich mich wohl nicht von ihm trennen.

Mutter zog in das noch von meinem Vater gebaute Altenteilerhaus. Es liegt an einem kleinen Berg, daher heißt die Straße auch „Brinksel". Kurze Zeit vorher wurde der Hof verkauft und wechselte mittlerweile zum zweiten Mal den Besitzer. Er sah in den vergangenen Jahren nie mehr gepflegt aus, er wirkte fremd und doch vertraut auf mich. Ich glaube, der Hof hat es mit den neuen Besitzern nicht mehr ausgehalten. Am 13. Juli letzten Jahres ist das gesamte Wohnhaus abgebrannt. Der schöne Giebel ist eingestürzt. Mit dieser Situation kämpfe ich noch heute, sie belastet mich mehr, als ich jemals gedacht hätte. Die Mauerreste deuten immer noch auf den Großbrand hin. Ich hoffe sehr, dass alles abgerissen wird. Den Hof gibt es dann nicht mehr, wohl aber schöne, bunte und lebendige Bilder der Vergangenheit. Und die werden mir helfen, alles in meinem Leben zu bewältigen. Was ist mir ohne den Hof geblieben? Auf jeden Fall die Liebe zum Land und meine lebenslangen, ländlichen und kleinbäuerlichen Wurzeln. Und auf alles bin ich stolz!

Angelika, Maschineningenieurin in Mecklenburg-Vorpommern

Kuhwarme Milch, nein danke!

„Aber heute weiß ich, ohne diese zusätzlichen Einnahmen hätte das Einkommen meines Vaters nicht gereicht.“

Es soll ein herrlicher Sommertag 1958 gewesen sein, am Nachmittag gegen halb vier wurde ich geboren. Bei allen sieben Kindern konnte Mutti sich immer noch an viele Einzelheiten erinnern. Es geht mir, heute selber Mutter von zwei Kindern, nicht anders. Frühmorgens hatten meine Eltern an diesem Tag schon die Kühe draußen auf der Wiese per Hand gemolken, danach hatte meine Mutter wie immer den Haushalt und die Kinder versorgt. Während der ersten Ehejahre waren meine fünf älteren Geschwister Schlag auf Schlag geboren. Wie sagte Papa so oft: „Ein guter Ehemann schafft sich zuerst ein Kindermädchen an.“ Gemeint war eine Tochter, so war es auch bei meinen Eltern, dann vier Söhne. Alle wurden noch in Steffenshagen geboren. Dort hatte die Tante meines Vaters eine kleine Büdnerei mit nur wenigen Hektar Fläche. Mein Vater fand nach seiner Entlassung aus dem Reservelazarett dort Unterkunft und Arbeit, denn in seine Heimat Goldap/Ostpreußen zurückzukehren wäre nur mit Auflagen möglich gewesen.

Ein Jahr vor meiner Geburt war die ganze Familie nach Steinbeck umgezogen. Dort waren ihnen vom Brigadier eigene Flächen zum Bewirtschaften in Aussicht gestellt worden. Sie bezogen in einem großen Bauernhaus drei Zimmer mit Küche und Speisekammer. In diesem Haus waren noch mehrere Familien untergebracht, ebenso die alten Beeses, denen der Bauernhof einmal gehörte. Dies waren drei alte Damen, die schwarze Kleidung trugen und graues Haar hatten, meist als Knoten gebunden. Nur Lucy, die Jüngste, hatte ihre Haare geflochten und als Kranz hochgesteckt. Nie bemerkte ich von diesen Hofeigentümern uns gegenüber eine Verachtung oder Ähnliches, auch gaben sie uns nie das Gefühl, dass wir ihnen etwas wegnahmen. Es war ein gutes Miteinander in dem urigen Haus. Im oberen Stockwerk standen Zimmer für die Studenteneinsätze zur Verfügung. Dort wohnten junge Männer, die bei der Einbringung der Ernte halfen.

Der Hof war so ein richtiger Bauernhof mit einem Enten- und Hühnerstall am Hofteich, einem Kuhstall mit Scheune und einer gemauerten Feldsteinmauer als Einfriedung. Ich erinnere mich an große Kastanien- und Lindenbäume und den herrlichen Bauerngarten um das Haus. Alle Wege waren mit Buchsbaum eingefasst und es gab einen riesigen Quittenbaum. Den Bauerngarten durften die anderen Bewohner zwar betreten, aber nur eine Familie hatte eine Gemüseecke. Am Rande war ein großer Obstgarten, da hatten unsere Eltern einen Gemüsegarten angelegt, denn es waren ja einige Mäuler zu stopfen. Ich kann mich nicht daran erinnern, dass wir jemals hungern mussten. Auch kenne ich keine Lebensmittelkarten. Mutti hortete gerne Zucker und Mehl zum Einkochen. Nur Pflaumenmus gab es aus einem 10-l-Pappeimer, denn dieses Pflaumenmus konnte sie selbst nicht so geschmeidig und fein hinbekommen. Wenn es dann Brötchen gab, was doch sehr selten war, wurde zuerst mit dem Finger das Innere rausgepult und trocken gegessen, der Hohlkörper wurde mit Pflaumenmus gefüllt und genussvoll verspeist.

Gegenüber war der Stall mit ungefähr 30 Milchkühen. Er hatte zwei Tore zum Öffnen, damit beim Ausmisten der Dung rausgekarrt werden konnte. Und der riesig große Misthaufen war an der Hofeinfahrt. Neben diesem Kuhstall standen unsere beiden eigenen Kühe. Die Milch wurde in Kannen gefüllt, dazu stand ein

Sieb auf der Kanne, in dieses Sieb kam eine Auflage aus diesem Watte-Zellstoff-Material und zu guter Letzt wurde eine Windel mit Wäscheklammern befestigt, lose reingehängt. Die warme Milch und der Duft nach Kuh waren für mich als Kind schrecklich, und wenn ich mal im Stall etwas trinken wollte, gab mir Papa von der Milch, die er zuvor in einen kleinen Alu-Becher mit Henkel gemolken hatte. Mich schüttelt es heute noch, kuhwarme Milch, nein danke, entweder trinke ich sie eiskalt oder schön heiß, aber mit etwas drin. Die Milch wurde an die Molkerei geliefert, im Gegenzug gab es dann Butter, in den ersten Jahren war es noch lose Butter. Die schmeckte besonders lecker auf frischem Weißbrot mit etwas Salz drauf.

Gerne knabberte ich die Rüben aus dem Rübenschneider, aber lieber noch die Wrucken (Steckrüben). Im Herbst waren auf der anderen Stallseite zwei ganz lange Rübenmieten. Nach der Ernte mussten alle Rüben in Handarbeit erst mit Stroh, danach mit Erde abgedeckt werden. Im Winter wurden sie mit Handkarren zum Stall gebracht. Der Rübenschneider der LPG wurde damals schon elektrisch betrieben, damit durften nur meine Brüder arbeiten. Meine Brüder mussten nach der Schule schon sehr oft, eigentlich täglich, meinem Vater helfen.

Weihnachten war immer herrlich. Die Weihnachtsgeschenke wurden einen Abend vorher vorbereitet. Für die bunten Teller gab es etwas aus den Westpaketen. Das duftete so herrlich, Lebkuchen, Backutensilien und Kakao. Inzwischen waren alle Geschwister meines Vaters im Westen und auch sein bester Freund, den er über das Deutsche Rote Kreuz wiedergefunden hatte. In den Jahren vor 1961 gab es auch regelmäßige Besuche meiner Eltern und Geschwister in den Westen. Eine neue Heimat wollten sie dort nie aufbauen, obwohl es ihnen oft angeboten wurde und eine Unterstützung zugesichert wurde.

Vor lauter Aufregung auf den Heiligabend, die Weihnachtsbescherung, konnte ich nicht sofort einschlafen und merkte, in der Speisekammer tut sich etwas, mal schauen, was da los war, ich durfte luschern und auch was Süßes naschen, es war noch kein Heiligabend, eine strenge Erziehung gab es bei den Nachzüglern nicht mehr so wie bei meinen Brüdern und meiner acht Jahre älteren Schwester

Inge-Marie. Aber ich hatte Respekt, mein Vater brauchte mich nur anschauen, da war ich dann schon still. Ich habe nie von ihm Schacht (Schläge) bekommen. Seine tiefe Stimme und der feste Blick aus seinen blauen Augen waren für mich ausreichend, meistens kullerten dann schon die Tränen. Nie vergesse ich seinen Ausspruch „Du heulst, weil du aufessen sollst, Kinder in den armen Ländern heulen, weil sie nichts zu essen haben." Zu dieser Zeit brauchte ich noch nicht sehr viel bei meinen Eltern mithelfen, es waren da ja die vier Brüder und im Haushalt half Inge-Marie.

Die schönste Weihnachtsüberraschung war an Weihnachten 1962 die Geburt meiner kleinen Schwester Sabine. Den Namen durfte ich aussuchen, deshalb ist sie nach meiner Kindergartenfreundin benannt. Ich erinnere mich noch, wie meine Mutter damals an Silvester mit Sabine nach Hause kam. Lucy kam zu uns reingestürmt, „Die Lütte kommt, die Lütte kommt", wir alle stürmten auf das Podest des großen, imposanten Treppeneinganges. Zuvor hatte ich schon mehr als einmal den Wäschekorb – ihr Bettchen – ausprobiert, ob sie da auch wirklich reinpasst. Klar passte sie da rein und der Korb wurde dann auf das Sofa in die Stube gestellt, damit ja keine Mäuse an sie ran kamen, diese hatten wir im Winter des Öfteren in dem großen Haus.

Dieser Winter war herrlich: Immer war klare Luft und der Hofteich endlich mit einer Schicht aus „Biegeeis" bedeckt. Wir nannten das Eis so, weil es so biegsam war, es schlug richtig lang ausladende Wellen. Das kam wohl daher, dass die Jauche vom Stall in den Hofteich und von dort über einen Abfluss in den Waldteich floss und dort zur Bildung einer Hohlschicht unter dem Eis beitrug. Meine Brüder konnten ja schon Schlittschuh laufen. Ich saß nun auf dem Schlitten und mein Bruder Joachim schob mich, das ging ziemlich schnell, da er ja Schlittschuhe unter den Füßen hatte. Da war es passiert, auf einem Mal war ich im kalten Wasser und hatte nur noch eine Eisschicht über mir. Schwimmen konnte ich zu dieser Zeit noch nicht, Joachim musste mich retten. Pudelnass kam ich ins Haus, wieder keine Schacht. „Ab ins Bett", hieß es nur von meiner Mutter.

Meine Brüder brachten mir immer wieder neue Spiele bei, die mit Unfällen endeten. Wolfgang, der Jüngste von meinen Brüdern, zeigte mir das

„Treppenspringen“: „Hast du Mut und keine Angst, so nimm doch noch die nächste Stufe.“ Die ersten Stufen meisterte ich ohne Probleme und Ängste. Schwierig wurde es schon bei der vorletzten Stufe. Die letzte Stufe brachte mir eine Platzwunde am Hinterkopf und eine Fahrt mit dem Krankenwagen ins Krankenhaus. Es war ein besonderes Erlebnis, mit einem Auto fahren zu können, und so gefiel mir sogar der endlos lange, unwegsame Landweg. Denn bisher waren wir als Kinder nur bisweilen mit dem Pferdewagen oder im Kindersitz auf einem Fahrrad mit einem der älteren Geschwister bis an den Stadtrand gefahren, also hatte diese Krankenwagenfahrt etwas Besonderes für mich. Die Kopfverletzung wurde genäht und es gab dann noch ein paar Tage frei vom Kindergarten.

Herr Wilhelm Beese, ein Angestellter der LPG, der mit den ehemaligen Besitzern des Bauernhauses, in dem wir wohnten, nicht verwandt war, fuhr Sabine und mich mit dem Pferdefuhrwerk, welches beplant und mit zwei Sitzreihen versehen war, im Sommer täglich ins Nachbardorf Admannshagen zum Kulturhaus. Dort gab es einen Raum, der als Kindergarten diente, und einen weiteren, der war die Kinderkrippe. Das Kulturhaus wurde Ende der Fünfzigerjahre/Anfang der Sechzigerjahre in Gemeinschaftsinitiative errichtet. Denn in diesem Kulturhaus spielte sich das gesellige Leben der Dorfbewohner ab. Ja, in Admannshagen sah es schon mehr nach Dorf aus. Hier befanden sich mehrere Hofstellen, Büdnereien, eine Dorfschule und ein kleiner „Konsum“, das Landwarenhaus wurde erst Mitte der sechziger Jahre gebaut. Im Winter wurden auch Kinoabende veranstaltet. Dieses Kulturhaus war für mich und die vielen anderen Kinder im Sommer immer etwas Besonderes, denn nur vom Frühjahr bis nach der Ernte besuchten wir den Kindergarten. Es war herrlich, mit dem für uns „neuen“ Spielzeug zu spielen und in der Gruppe kleine Märchenstücke einzuüben. Worüber ich noch heute gerne schmunzele, war das auf die „Toilette gehen“. Zu Hause gab es nur ein Plumpsklo bzw. später im Neubauernhaus einen Eimer am Ende unseres Kuhstalles, damit wir im Winter nicht über den Hof mussten. Erst stellten wir uns in der Gruppe auf und dann sind wir durch den großen Saal im Gänsemarsch marschiert. Es war nicht selten, dass die Landarbeiter eine Versammlung abhielten oder gar zu Mittag aßen. Dann waren wir immer mucksmäuschenstill. Ja nicht auffallen! Denn in einem Dorf sprach es sich schnell herum, wenn eins der Kinder aus der Reihe fiel.

Allmählich wurde in den LPGs über mehr Produktivität und höhere Erträge beraten. Es wurde der Beschluss gefasst, dass eine alte Scheune einem neuen 100er Milchviehstall weichen sollte. Dieser wurde auf dem Hof in Steinbeck ganz modern mit Entmistungsanlage und Melkanlage mit Vakuummilchleitung in die Milchküche gebaut. Mein Vater arbeitete anfangs mit in diesem neuen Stall. Ich glaube, er war nicht so der Kollektivmensch, es zogen nicht alle am gleichen Strang. Einige schluderten in der Reinigung der Milchtanks, was sich negativ auf die Milch auswirkte. Andere waren nicht so sorgfältig im Umgang mit den Tieren. Es gab oft Streit in diesem Kollektiv und mein Vater wollte die LPG verlassen. Aber dem Brigadier fiel auf, dass er eine gute Kraft verlieren würde, und bot meinem Vater ein Neubauernhaus mit ca. 8 ha Land an, von dem aus er weiterhin in dem kleinen Kuhstall mit den 30 Kühen alleine arbeiten konnte. Diese Häuser wurden in den Fünfzigerjahren gebaut und, finanziert über die Volks- und Genossenschaftsbank, mit 8 ha Land an Bauern übergeben.

Obwohl diese Arbeit nun für ihn viel anstrengender war, nahm er das Angebot an. Das Neubauernhaus, das wir 1965 bezogen, war ca. 21 m lang und 11 m breit. Der Wohntrakt belegte ein Viertel der Fläche, von dort kam man über den Flur, wo ein großer Waschkessel stand, in den Stall. Darin standen im Winter unsere beiden Kühe und lagerten die Kartoffeln. Auch der Hühnerstall war dort integriert. Neben dem Stall war die Scheune, als Durchfahrt angeordnet mit der Treppe zum Kornspeicher und dem Heuboden. Heu runterzuwerfen für die Kaninchen und Kühe war fast täglich meine Aufgabe und das Ausfegen der Scheune. Es gab noch eine Stalltür, da kam man in den Schweinestall mit drei Buchten, welche auch immer belegt waren, denn es gab immer noch die Hausschlachtung, eigentlich regelmäßig noch bis zum Tod meiner Mutter 1979. Später haben wir es nochmals versucht, aber leider haben wir versäumt, die Rezepte meiner Mutter aufzuschreiben. Die Stallungen waren viel größer und geräumiger als unser Wohnraum. Es gab nur ein Kinderzimmer für meine vier Brüder. Wir zwei Mädchen schliefen bei meinen Eltern im Schlafzimmer. Dann gab es noch „Vogellustig", ein kleines Zimmer auf dem Dachboden, der schön geräumig zum Wäschetrocknen im Winter war. Dieses Zimmer bewohnte Inge-Marie und dann auch schon ihr Freund. Nun waren wir in der Küche zehn Personen am großen Tisch. Mutti hatte ein gutes Gefühl fürs Kochen, aber was ich im Winter so verabscheute, waren die Blut- und Grützwurst, die es allabendlich mit Bratkartoffeln gab und zum Abschluss immer noch ein Teller Milchsuppe mit Mehlklütter. Ich hasste es so, aus dem Teller, in dem zuvor das herzhafte Essen war, im Anschluss daran die süße Milchsuppe zu essen. Dann kam Mutti mit dem Schüsseltuch, oft ein altes Unterhemd o. Ä., und wischte uns Kleinen die Hände und den Mund damit ab. Mich schüttelt es heute noch bei dem Gedanken an diesen eigenartigen Geruch. Bei mir gibt es heute Abwaschtücher.

Die acht Hektar Land waren in der LPG integriert, wir hatten nur eine kleine Wiese am Haus für unsere beiden Kühe und viel eigenes Gartenland. Das war vor allem für Mutti sehr wichtig. Da sie nicht regelmäßig in der LPG arbeitete, hatten wir eine Menge Vieh in der individuellen Wirtschaft. Die zwei Kühe, Ziegen, Schafe, mehrere Schweine, Hühner, Enten und später auch jede Menge Kaninchen.

Dass unser Land in die LPG eingebracht war, war ganz vorteilhaft beim Anbau der Rüben und Kartoffeln. Das Beackern der Flächen wurde nämlich maschinell durch die Genossenschaft vorgenommen. Uns selbst blieben die Handarbeiten auf dem Feld, wie das Hacken der Rüben und der Kartoffeln – meist an schönen Sommertagen, an denen andere an den Strand fuhren. Ich denke da an die vielen Morgen mit unendlich langen Rübenreihen. Einmal gab es den so genannten Pflichtmorgen, den wir ohne Bezahlung machen mussten. Klar brauchten wir diese Rüben auch für unser Vieh, aber Mutti nahm sich noch einige Morgen zusätzlich. Die Rüben wurden damals noch in Reihe gesät, die Einzelkornsaat kam erst Jahre später. Dies bedeutete, drei unterschiedliche Arbeitsgänge über diese unendlich langen Reihen tätigen: Verhauen, Verziehen und Rundhacken. Die meiste Arbeit übernahmen meine Mutter und meine Brüder, mein Vater war selten bei diesen Arbeiten zu sehen. Über die finanzielle Auszahlung wurde zu uns Kindern nie gesprochen.

Das Kartoffelpflanzen fiel oft auf den 1. Mai, da gab es immer das Maifest in der Kreisstadt. Da wäre ich gerne mal dabei gewesen, denn es waren dort Karussells und Luftschaukeln. Im Herbst gab es dann immer nochmals einen großen Familieneinsatz beim Kartoffelsammeln. Ein LPG-Mitarbeiter kam am Samstag mit dem Traktor und rodete unsere Kartoffeln. Wir sammelten und sortierten sie zugleich, Papa leerte unsere Körbe. Zu Hause wurden die Kartoffeln eingemietet bzw. im Stall aufbewahrt. Die Erntezeit fiel oft auf dem 7. Oktober. Dieser war ja ein Nationalfeiertag in der DDR und wieder gab es ein Fest in der Kreisstadt, an dem wir nicht teilnahmen. Immer musste erst die

DAS MACHT DIE AUTORIN HEUTE

ANGELIKA KUHZ

Mit 50 Jahren habe ich eine berufsbegleitende Ausbildung zur „Fachwirtin für Gesundheit und Soziales“ abgeschlossen. Heute arbeite ich für zwei Integrationsunternehmen, die Mitarbeiter mit Handicap beschäftigen. Als soziale Ansprechpartnerin begleite ich diese Mitarbeiter in ihrem beruflichen Alltag und sorge dafür, dass sie aktiv am gesellschaftlichen Leben teilnehmen können.
In diesem Jahr werde ich meinen 60. Geburtstag mit einem großes Familienfest feiern. Inzwischen bin ich Vierfachoma! Ich wünsche mir, dass ich weiterhin gesundheitlich fit bin und mein grünes Paradies mit einem kleinen Gemüsegarten und vielen bunten Blumenbeeten noch lange beackern kann.

Arbeit erledigt werden! Da war ich oft sauer auf meine Eltern! Aber heute weiß ich, ohne diese zusätzlichen Einnahmen hätte das Einkommen meines Vaters nicht gereicht.

Für unsere beiden Kühe mussten wir auch Heu machen. Das Heuwenden und Einfahren war stets die Aufgabe meiner Brüder, mich brauchten sie zum Nachharken bzw. auf dem Wagen, um das Heu fest zu trampeln, und später dann auf dem Heuboden. Ich hasste diese Arbeit in der Wiese, denn da gab es diese ekligen Frösche. Meine Brüder kannten meine Angst vor diesem feuchten Getier und freuten sich, wenn sie mit der Forke Heu auch mal einen Frosch zu mir hinaufwarfen. Noch heute ist meine Furcht nicht geschwunden.

Da gab es auch noch eine Menge Gartenarbeit, Johannisbeeren wurden in Milchkannen gepflückt und mit dem Fahrrad zur Mosterei in das sechs Kilometer entfernte Bad Doberan gebracht. Wir erhielten dann Gutschriften für Most und Wein, die nach dem Mosten eingelöst wurden. Meine Mutter fuhr oft mit dem Fahrrad nach Bad Doberan, denn ihre Mutter lebte dort und sie half ihr bei der Wäsche und anderen Dingen im Haushalt. Ein Auto hatten meine Eltern nie. Nur mal ein Moped, aber ich kann mich nicht daran erinnern, dass ich sie je habe fahren sehen.

1973 kam ein Einschnitt in den landwirtschaftlichen Nebenerwerb meiner Eltern. Es wurden eine Färsenaufzuchtanlage mit 1.000 Jungfärsen und eine Kälberaufzuchtanlage mit mehreren Hundert Tieren gebaut und an das volkseigene Gut Vorder Bollhagen übergeben. Für uns bedeutete es zwar einen Fortschritt, der schmale Landweg mit dem kleinen Fahrradrandstreifen, welcher oft mit größeren Feldsteinen abgegrenzt wurde, wich einer modernen Asphaltstraße. Aber für die eigenen Kühe wurden strengere Maßstäbe angesetzt, die Tiere durften wegen Seuchengefahr nicht mehr auf die am Haus gelegene Wiese gebracht werden. Die Haltung nur im Stall kam für meine Eltern nicht infrage. Die Kühe wurden abgeschafft und eine andere Alternative des Hinzuverdienens wurde gefunden. Die Kaninchen- und Hühnerhaltung wurde verstärkt. Bis zu zweimal in der Woche wurden die Hühnereier mit dem Fahrrad in die Annahmestelle nach Admannshagen geschoben, am Lenker hingen zwei Zehnlitereimer mit je 100 frischen Eiern. Bloß nicht fahren, die geringste Erschütterung konnte zum

Knickei führen. Dieses war oft meine Nachmittagsaufgabe. In einem kleinen blauen Vokabelheft wurden die Stückzahl und das Gewicht eingetragen. Dies gab eine Gutschrift für Getreide und der Eierpreis wurde gleich ausgezahlt. Zweimal die Woche musste ich nachmittags nach Nienhagen zum Bäcker, dort holte ich bis zu vier große Feinbrote.

Die Schule lag im Dorfkern von Rethwisch gleich neben der Kirche, knapp drei Kilometer von unserem Wohnhaus entfernt. Es war eine alte Dorfschule mit acht Klassen und einem großzügig angelegten Sportplatz. Wir sind zur Schule im Sommer mit dem Fahrrad, im Winter zu Fuß, meist als Abkürzung über die Äcker, bis ein Schulbus eingeführt wurde. Bis 1971 mussten die Schüler bei einer zehnklassigen Schullaufbahn die neunte und zehnte Klasse in der Kreisstadt Bad Doberan besuchen. Erst ein moderner Neubau im Jahr 1973 gab uns die Möglichkeit, auch in Rethwisch den Abschluss der zehnten Klasse zu erlangen. Dieser Neubau hatte ein Chemie- und Physikkabinett, einen Geografieraum und der Musikunterricht war stets im selben Raum. Die Unterrichtsmaterialien brauchten nicht mehr hin und her getragen werden und für die unzähligen Versuche standen viele Hilfsmittel zur Verfügung. Diese Schule war ganz modern, mit großen Fenstern, Polylux und auch einem Fernseher. Denn für den Englisch- und Russischunterricht gab es Fernsehsendungen, die mit unseren Lehrbüchern abgestimmt waren.

Die Schule war für mich eine schöne Zeit, das Lernen fiel mir nicht schwer und es gab am Nachmittag viele Arbeitsgemeinschaften. Ich liebte das Geräteturnen, ob nun am Balken, Stufenbarren oder das Bockspringen. Es war herrlich, wir übten kleine Pflichtprogramme ein und hatten in den unterschiedlichsten Altersgruppen Schülermeisterschaften. Oft habe ich eine Urkunde erhalten und habe auch an Kreismeisterschaften an anderen Schulen teilgenommen.

Bis zur dritten Klasse besuchte ich auch die Christenlehre am Pfarrhof bzw. die Katechistin kam zu uns oder wir trafen uns bei anderen Familien, deren Kinder auch am Unterricht teilnahmen. Meine Eltern bedrängten uns nicht, daher entschied ich mich doch mehr für die Pionierveranstaltungen, denn da waren ja alle aus meiner Klasse.

In den Sommermonaten gab es die schönen lauen Abende, an denen wir auf der Dorfstraße Federball oder mit mehreren Kindern Völkerball spielen konnten. Was uns auch in der Abenddämmerung großen Spaß bereitete, war das Versteckspielen. Da hatten wir genügend Möglichkeiten, ob Holzmiete oder dicke Weidenbäume. Gummitwist habe ich später noch mit Sabine gespielt, als die anderen Geschwister bereits in der Lehre oder sogar bei der Armee waren. Seitdem Papa beim VEG (Volkseigenes Gut) tätig war, konnten wir ins Ferienlager fahren, unsere Eltern mussten nur einen geringen Eigenanteil zahlen. Da wir den Strand vor der Tür hatten, fuhren wir lieber ins Erzgebirge. Später bin ich auch selbst als Betreuer mitgefahren. Auch über die Schule wurden Ferienspiele vor Ort, Fahrten in den Zoo oder Hafenrundfahrten in Rostock organisiert. Einen Familienurlaub gab es nie, meine Eltern waren durch das Vieh immer gebunden, sie fuhren höchstens mal für eine Übernachtung zu ihren Freunden aus der Steffenshagener Zeit nach Rostock.

Ich war von uns sieben Geschwistern die Erste mit einem 10-Klassen-Abschluss, den ich 1975 mit guten bis sehr guten Zensuren erhielt. Meine Eltern bereiteten mich hinsichtlich der Berufsfindung nicht allzu sehr auf meine Zukunft vor. Meine Mutter sagte nur, als ich die Absage als technische Zeichnerin erhielt und mir von dem volkseigenen Betrieb eine Ausbildung als Maschinen- und Anlagenmonteur angeboten wurde: „Na, lern das mal, danach kannst du immer noch studieren.“ Ich nahm die Lehrstelle an, denn in die Landwirtschaft wollte ich absolut nicht.

Der Lehrbetrieb war in Bad Doberan. Das bedeutete für mich, jeden Morgen 7 km mit dem Fahrrad bei Wind und Wetter zu fahren, Arbeitsbeginn war bereits um 5.50 Uhr. Also konnte ich den Linienbus nicht benutzen und einen Berufsverkehr, der über den Betrieb finanziert wurde, gab es nur nach Neubukow und Kühlungsborn, also in die entgegengesetzte Richtung. Ich war jung und hatte damit auch keine Probleme. Im Winter hatte ich die Möglichkeit, in Bad Doberan bei der Schwiegermutter von Inge-Marie zu übernachten.

Ich wurde vom Betrieb zum Studium delegiert, hätte es aber beinahe vor Heimweh aufgegeben. Denn Rostock und die Studienorganisation waren total neu für mich „Landei“. In meiner Seminargruppe waren tolle Kommilitonen, die mich aufbauten und das Leben in der Großstadt angenehmer erleben ließen. Ich beendete mein Studium als Maschineningenieur und arbeitete in meinem Lehrbetrieb als Technologin im Bereich Lüftungsbau. Auch heiratete ich noch während der Studienzeit, denn zu DDR-Zeiten gab es einen zinslosen Ehekredit, der an unterschiedliche Prämissen gebunden war. Denn auf die 5.000 Mark konnten wir bei der Gründung eines eigenen Hausstandes nicht verzichten und die Rückzahlungsmodalitäten waren verlockend. Da ich nach dem Studium Gehalt beziehen würde, lag unser gemeinsames monatliches Bruttoeinkommen über 1.500 Mark und daher hätte die Sparkasse uns einen Kredit nicht bewilligt. Es wurde uns eine Art Scheckheft ausgehändigt und beim Kauf von Möbeln oder Waschmaschine sowie Kühlschrank bekam der Händler einen Scheck von uns und erhielt den Kaufpreis direkt von der Sparkasse. Wir konnten monatlich 34,00 Mark zurückzahlen, bei der Geburt unseres Sohnes Roland wurden sogar 1.000,00 Mark gestrichen und bei der Geburt von Andrea wurden nochmals 1.500,00 Mark gestrichen. Später wurde sogar die Kredithöhe für die Paare nochmals erhöht. Bekannt war die DDR sicher bei allen für ihre Mangelwirtschaft und so sah es auch im Wohnungswesen aus. Wir hatten wohl zwei Angebote über die Firma meines Mannes, aber bei den Besichtigungen konnten wir nicht „Hurra" schreien. Also haben wir kurz entschlossen in meiner Gemeinde einen Antrag auf Bau eines Einfamilienhauses gestellt und der wurde sogar schnellstens genehmigt. Was eigentlich ungewöhnlich war, da zu dem Zeitpunkt der Antragstellung noch keines unserer Kinder geboren war. Also bauten wir von1981 bis Weihnachten 1983 mit vielen Hürden und noch mehr Eigenleistungen unser Heim, leider nicht ganz nach unseren Vorstellungen, da gab es ja wieder einen Mangel, der Baumaterialien heißt. Doch bis heute konnten wir, wieder in Eigenleistung, viel modernisieren und umgestalten, sei es im Dachausbau mit Gaube oder die Terrasse als Wintergarten, eine moderne Heizung, Badsanierung und, und, und.

Mit der Geburt unseres Sohnes konnte ich meiner Arbeit in Bad Doberan nicht mehr nachgehen, da die Kindereinrichtung erst um 6.30 Uhr öffnete. Daher wechselte ich zum „landtechnischen Anlagenbau", das war ein Betrieb, der landwirtschaftliche Betriebe mit stationärer Technik, Kuhställen mit Melktechnik,

Schweineställen, Mischfutterbetrieben, Gewächshausanlagen und vielem mehr ausrüstete und montierte. Mit der Wende 1989 war er nicht mehr wettbewerbsfähig. Zwar war ich noch bis 1992 mit vielen Abwicklungsaufgaben beschäftigt, konnte danach aber auf dem ersten Arbeitsmarkt nur für kurze Zeit Fuß fassen. Heute denke ich, hätte ich vielleicht nur meinen Facharbeiterbrief den Bewerbungsunterlagen beigefügt, oft kam bei der Absage zum Ausdruck, dass sie für meine Qualifikation kein Aufgabengebiet hätten. Das Arbeitsamt billigte mir auch keine Umschulung zu. „Dann wäre ich ja unter meiner Qualifikation", wurde mir gesagt. Und heute mit Hartz IV kann ich wieder jede Arbeit annehmen – unter meiner Qualifikation.

Über eine AB-Maßnahme des Landfrauenverbandes Mecklenburg-Vorpommern fand ich den Weg zum Ehrenamt und engagiere mich seit fast zehn Jahren im Landes- und Kreisverband Bad Doberan e. V. Derzeitig laufen die Vorbereitungen für den Deutschen Landfrauentag 2005 in Rostock, damit bin ich befristet beschäftigt, da uns nur finanzielle Mittel bis zum 30. 9. 2005 zur Verfügung stehen. Somit habe ich durch meine ehrenamtliche Tätigkeit den Bezug zur Landwirtschaft wiedergefunden.

Maike, Bäuerin in Niedersachsen

Der Engländer

> „Man kann nicht mal sagen, dass ich der Landwirtschaft immer treu war. Zwischenzeitlich wenigstens nicht. Beruflich zumindest nicht."

„Kalong, kalong, kalong." Das Förderband bewegt mit wiederkehrendem Geräusch die Heuballen in Richtung Anhänger. „Kalong, kalong." Ich stehe unten, schmeiße Ballen für Ballen auf das Band, bis die erleichternde Nachricht herübergerufen wird: „Noch drei Ballen." Mein Mann steht auf dem Gitterwagen in für mich schwindelerregender Höhe und stapelt die ankommenden Ballen sorgfältig zurecht. Endlich geschafft – zwei Gitterwagen hoch gepackt mit Heu stehen bereit zur Lieferung am nächsten Tag in den Tierpark Hagenbeck nach Hamburg.

Glücklich, aber auch ein wenig erschöpft, erledige ich schnell meine letzten Hofarbeiten des Tages. Bei dem Gedanken daran, dass bald Elefanten und Zebras unser Heu der Naturschutzwiesen zwischen Elbe und Deich fressen, werden Erinnerungen an mein Praktikumsjahr in Namibia wach. Fünfzehn Jahre sind seitdem vergangen und viel Erlebtes ist noch so lebendig. Ich stelle mir den Farmer vor, bei dem ich während dieser Zeit lebte: Er steht an einem Campzaun (sämtliches bewirtschaftetes Gelände der Farm war in ca. 200 ha Camps eingezäunt), der sich in endloser Länge so schnurgerade durch die Steppe zieht, als wäre er mit Hilfe von Lasergeräten errichtet. Der Farmer erklärt mir: „Es gibt keine kranken Zebras, sie sind entweder gesund oder tot.“ Wir versorgen die Rinderherde und fahren zurück zum Farmgebäude. Ein paar Tage später hatte ich dann Gelegenheit, auf dem Rücken eines importierten Hannoveraner Pferdes, mit dem Sohn des Farmers gemeinsam die gesunden und vor allem scheuen Bergzebras zu erleben.

Während meine Arbeit auf der Farm mir das Leben in der Steppe in aufregender Weise vertraut machte, hatten die Zuhausegebliebenen ein Ereignis besonderer Bedeutung: Die Grenzen zwischen beiden deutschen Staaten taten sich auf. Von der Grenzöffnung erfuhr ich beim deutschen Bäcker in Windhoek. Meine ersten Gedanken waren: Bei uns zu Hause passiert Geschichte und ich bin hier in Afrika. Zugeschickte Zeitungsartikel und Erlebnisberichte brachten mir die aufregenden Zeiten in der Heimat näher. Für mich war es fast unvorstellbar, was da zu Hause passierte. Es war nicht die Tatsache, dass die Grenze nicht mehr existierte, sondern die Veränderungen des Alltags. Autoschlangen von Trabbis, die sich durch sämtliche Straßen quälten, oder die mit Leuten gefüllten Supermärkte mit ihren leer gekauften Regalen. Menschen, die sich niemals zuvor gesehen hatten, lagen sich weinend vor Freude in den Armen. Die aufregenden Briefe, die ich von Verwandten und Freunden erhielt, hatten anscheinend nichts von meinem Zuhause zu berichten. (Da heißt es doch: Ich war so lang weg und nichts hat sich während meiner Abwesenheit verändert. Bei mir war dies nicht der Fall.)

Als ich nach einem halben Jahr aus Namibia zurückkam, konnten wir ohne große Vorbereitungen einen Motorradausflug auf die andere Seite der Elbe machen. Wir fuhren nach Schwerin, hatten herrliches Wetter, und so entsetzlich, wie viele berichteten, erschien mir vieles nicht. Die Straßen waren schlecht, aber sie waren oft auch von wunderschönen Alleebäumen gesäumt. Riesige Eichen oder windschiefe Obstgehölze grenzten die Fahrbahnen ein. Alles schien dringend einen frischen Anstrich zu benötigen, vieles war mehr als baufällig, schrie nach Renovierung. Für mich war dieser Ausflug sehr spannend, denn es war der erste persönliche Kontakt mit Land und Leuten auf der anderen Seite der Elbe. Die Erzählungen von „drüben“ bekamen Bilder. Meine Familie hatte weder enge

Verwandte noch Freunde in der damaligen DDR. Ich hatte nie die Gelegenheit, vor dem Frühjahr 1990 Land, Leute und Leben dort kennenzulernen. Für mich gibt es dieses bedrückend beobachtende Gefühl während der Reisen durch den anderen Teil Deutschlands nur in Erzählungen. Daher werden auch keine Erinnerungen wach, wenn ich jetzt durch diese Gebiete fahre. Meinem Mann, der ein paar Mal als Kind bei Verwandtenbesuchen diese Ohnmacht gegenüber dem System, vertreten durch Uniformierte, zu spüren bekam, liegt immer noch dieses beklemmende Gefühl auf. Erlebnisse an der Grenze, wie die gesamte Filzung des Autos, nur weil er den Ausweis der Freiwilligen Feuerwehr bei sich trug und dort ein Foto in Uniform eingeheftet war, werden heute zwar belächelt, haben aber immer noch diesen bitteren Beigeschmack der damaligen Machtverhältnisse. Mauern und Zäune wieder zu errichten, wie es sich so viele (laut belegender Statistiken) wünschen, lassen in mir allergrößtes Unverständnis erwachen. Ich kann nur hoffen, dass viele Menschen aus dem Osten in den Westen ziehen und ebenso umgekehrt. Damit die eigentliche Wiedervereinigung endlich stattfindet. Ich hoffe auf die Zeit, die nötig ist.

Zeit – meine läuft mir davon. Die Hofarbeit ist erledigt. Es ist schon fast acht, die Kinder müssen zu Bett und wir uns fertigmachen für eine Geburtstagsfeier. Wir kommen, wie so häufig, ein wenig später, aber besser als gar nicht bei der Feier an. Mein Hunger ist groß, so stehe ich in der Küche des Gastgebers am lecker hergerichteten Essen. Thema der Büfettplünderer ist nicht die Landwirtschaft, sondern der berufliche Alltag im Angestelltenverhältnis. Wer macht zurzeit was, ist wo angestellt und wie zufrieden. Plötzlich werde ich aus heiterem Himmel gefragt: „Warum melkst du eigentlich jeden Tag Kühe, du hast doch studiert und einen Job hast du auch nach deiner Elternzeit?"

Was ist das für eine Frage? Ich bin überrascht, weiß so schnell keine passende Antwort und sage nur: „Heute Abend musste ich gar nicht melken, da haben meine Schwiegereltern gemolken, heute habe ich Heu geladen. Heu für die Elefanten."

Das Gespräch zwischen Salaten und Käsehäppchen nimmt weiter seinen Lauf. Doch ich bin für einen Moment in Gedanken versunken. Warum melke ich Kühe?

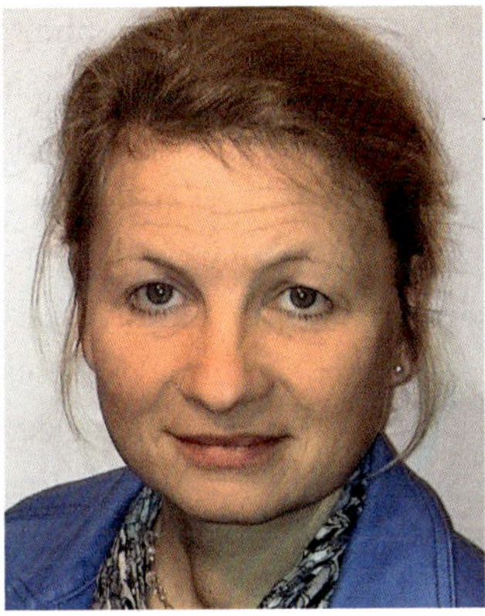

Maike Rick

Ja, ich melke immer noch Kühe! Mittlerweile Vollzeitbäuerin, genieße ich weiter den glücklichen Zusammenhalt unserer großen Familie unter einem Dach und die Zugehörigkeit einer hilfsbereiten, facettenreichen Dorfgemeinschaft.
Unsere drei Kinder sehen ihre Zukunft in Bereichen der Landwirtschaft: Die Älteste studiert Agrarwissenschaften in Kiel, der Zweite ist gerade im letzten Jahr der landwirtschaftlichen Ausbildung und unser Jüngster hat für seine Lehrzeit als Landwirt nach der Schule im nächsten Jahr schon feste Zusagen. Ob und wie es hier auf unserem Hof weitergeht, bleibt natürlich abzuwarten, doch die Stimmung ist gut.

Man kann nicht mal sagen, dass ich der Landwirtschaft immer treu war. Zwischenzeitlich wenigstens nicht. Beruflich zumindest nicht. Die Entscheidung fiel nach der Realschule auf den Beruf der Zierpflanzengärtnerin. Gut, das sind natürlich keine Welten, könnte man meinen. Doch für mich waren es welche. Ich hatte geregelte Arbeitszeiten, Arbeits- und Privatleben waren örtlich voneinander getrennt und ich hatte ein richtiges Gehalt. Dinge, die meine Eltern in ihrem „Berufsleben" in dieser Form nicht kannten.

Nachdem sich meine Zwillingsschwester für eine Ausbildung zur ländlichen Hauswirtschafterin in einem anderen Bundesland, fernab des elterlichen Hofes entschied, hielt ich es ebenfalls für das Beste, wenigstens so weit von zu Hause entfernt die Ausbildung anzutreten, dass es nicht rentabel war, jeden Abend nach Hause zu fahren. Dafür reichte schon ein anderer Landkreis. Eigenständig zu wohnen, allein ein Zimmer zu haben – meine Schwester und ich teilten uns von Geburt an ein Zimmer – erschien mir spannend.

Wir waren bei Lehrbeginn achtzehn Jahre alt und unsere Eltern kamen für die Kosten des Führerscheines und das erste Auto auf. Für die „Hilfe auf dem Hof" und falls wir mal „für den Hof" fahren müssten, lautete die Erklärung unseres Vaters.

„Für den Hof." „Für den Hof" war ein Lehrsatz, der sich uns auf unbeschreibliche Art und Weise ins Unterbewusstsein eingeprägt hatte. Unsere Eltern brachten es fertig, sicher auch unbewusst, meiner Schwester, mir und unserem drei Jahre jüngeren Bruder, dem Hoferben, ein bestimmtes Gefühl zu vermitteln. Das Gefühl, dass sämtliche Dinge, die getan werden, im Einklang mit dem Gedeihen des Betriebes einhergehen. Eher durch ihre eigene Art, auf und mit dem Betrieb zu leben, als durch Aufforderungen erzogen sie uns zu sparsamen Menschen mit einem Bewusstsein für die notwendigen Arbeiten auf dem Hof. Wenn ich auch oft dankbar an diese vermittelten Fähigkeiten denke, so bleibt auch nicht selten die Frage offen: Hätte nicht alles ein wenig großzügiger für uns alle gestaltet werden können?

Ab dem vierzehnten Lebensjahr waren meine Schwester und ich, gemeinsam mit den Lehrlingen, in der Lage, unseren Eltern eine einwöchige Abwesenheit vom Betrieb zu ermöglichen. Ihre Urlaube waren natürlich landwirtschaftlich geprägt. Mit organisierten Fahrten wurde die Agrarwirtschaft in Dänemark, Frankreich oder Irland begutachtet. Eine der ersten Reisen war die Englandreise im Juni 1983. Meine Schwester und ich waren gerade fünfzehn Jahre alt geworden und freuten uns über das Vertrauen, welches unsere Eltern uns entgegenbrachten, und darauf, Verantwortung zu übernehmen.

Der Monat Juni war eine weniger arbeitsreiche Zeit für uns auf dem Hof. Doch das Vieh musste versorgt werden. Die Kühe wurden damals noch während der Sommermonate draußen gemolken. Auch die weiblichen Rinder waren auf der Weide.

Die Kalbungen fanden in der Regel eher während der Wintermonate statt. Doch gerade in der Urlaubswoche meiner Eltern stand ein Rind kurz vor der Geburt des ersten Kalbes. (Geplant war diese Trächtigkeit nicht, doch genau zum richtigen Zeitpunkt brach die Starke in dem Sommer zuvor aus unserer Wiese aus und vergnügte sich mit dem Bullen von der Nachbarweide.)

Meine Eltern waren seit zwei Tagen auf ihrer Reise, da entdeckte der Lehrling bei seiner täglichen Kontrollfahrt der Jungtierweide, dass bei diesem Tier der Geburtsvorgang begonnen hatte. Er fuhr zurück zum Hof, wir packten die für eine Geburt eines Kalbes notwendigen Gerätschaften zusammen: Geburtshilfegerät, kaltes und warmes Wasser und eine Lösung zur Atemhilfe für das neu geborene Kalb. Wieder bei dem kalbenden Tier angekommen, versuchten wir heranzukommen, um Geburtshilfe zu leisten. Doch die Starke war unruhig und wir erkannten schon an der Lage der Beine des noch ungeborenen Kalbes, dass es eine komplizierte Geburt werden würde. So entschlossen wir uns nach mehrmaligen Versuchen, quer über die Weide laufend mit Geburtshilfegerät und die zwei mit Wasser gefüllten Kannen schleppend, die Aktion abzubrechen. Wir liefen zum Auto, fuhren die vier Kilometer zum Hof zurück und holten den Trecker mit Viehwagen.

Das Tier ließ sich glücklicherweise gut verladen und in den Abkalbestall bringen. Dort stand schnell der Entschluss fest, unseren Tierarzt zu holen. Nun befand sich dieser leider, so muss man wohl sagen, auf einer Fotosafari in Norwegen und nicht im Dienst. Seine Vertretung ließ auf sich warten und unsere Nervosität stieg. Endlich angekommen, stellte der Arzt fest, es gäbe nur die Möglichkeit eines Kaiserschnittes, um Kuh und Kalb zu retten. Bei seinen Vorbereitungen für diese Operation flößte uns der Doktor nicht gerade Vertrauen ein. Ihm lief das Wasser von der Stirn, er war fahrig und vor allem: Er hatte kein Skalpell. Wir mussten uns von einer Frisörin aus der Nachbarschaft eines leihen. Ich hatte schon zuvor zwei Kaiserschnitte bei Kühen miterlebt, doch nie war es notwendig, mit so vielen Händen im Leib der Kuh zu manövrieren.

Das Kalb überlebte diese verheerende Prozedur, die Kuh allerdings nicht. (Später hörten wir von der Drogenabhängigkeit des vertretenden Tierarztes. Er hatte sich bestimmte Betäubungsmittel aus der Tiermedizin in leichten Dosen selbst verabreicht.) Das neugeborene Tier war das einzige männliche

Kalb mit Namen auf unserem Hof. Es wurde später vor allem von meinem Vater „der Engländer“ genannt.

Die frühe Selbstständigkeit und die Gewohnheit sich in neuen Situationen schnell zurechtzufinden – Dinge, die auf einem landwirtschaftlichen Betrieb immer wieder notwendig sind –, waren für mich vor allem auch in der Zeit zwischen meinem Aufwachsen auf dem Hof und dem jetzigen Leben als Bäuerin eine gute Hilfe. Es war eine tolle Zeit. Zehn Jahre lang erlebte ich neue Orte und neue Menschen. Neben den beruflichen Erfahrungen entstanden mir heute noch sehr wertvolle Freundschaften und alte Freunde konnte ich wiederum besser einschätzen. Das Großstadtleben als Gärtnerin in Hamburg oder später als Studentin in Berlin genoss ich, wenn auch nicht in restlos vollen Zügen, wie mir zuweilen vorgeworfen wurde. Denn an vielen Wochenenden zog es mich ins Landleben zurück. Aber mir genügte dieser Einblick, nicht zuletzt um genau zu wissen, dass beengtes Wohnen, wenig Grün und ständig viele Leute um mich herum nichts für mich auf Dauer sind. In Holland lebte ich zwischen den Städten Den Haag und Rotterdam ein wenig ländlicher. Ich hatte dort ein wunderbares Jahr mit einem liebenswerten Kollegium, vielen privaten Unternehmungen und guten Freundschaften. Doch als ich gefragt wurde, den Arbeitsvertrag für ein weiteres Jahr zu verlängern, entschied ich mich dagegen.

Nie hatte ich das Bedürfnis, an einem dieser Orte richtig sesshaft zu werden. Weder die Großstadt noch die afrikanische Steppe reizten mich so sehr, dass ich für ewig bleiben wollte. Es waren vielmehr kleine Wanderjahre, in denen jeder Abschnitt mich auf seine Weise geprägt und bei der Entscheidung für das Leben in der Landwirtschaft dazu beigetragen hat, diesen Entschluss bewusst zu fällen. Ich bin in nichts hineingeschlittert.

Mein Mann und ich kennen uns seit meiner Schulzeit, er war und ist der feste Punkt in meinem Leben, ohne mich bei meinen diversen Plänen jemals zu bremsen. Im Gegenteil, er reagierte sehr oft fördernd, unterstützte mich und freute sich über die Gelegenheiten durch Besuche selbst Neues kennenzulernen. Gemeinsam entschieden wir uns schließlich, seinen elterlichen Hof zu übernehmen und ihn so weiterzuentwickeln, dass dieser den heute schwierigen wirtschaftlichen Herausforderungen standhält. Glücklich darüber, all diese verschiedenen Orte kennengelernt zu haben, Freundschaften aus dieser Zeit zu pflegen und zu beobachten, wie meine gemachten Erfahrungen immer wieder in mein tägliches Leben einfließen, habe ich heute meine Ruhe gefunden – die „Ruhe" für ein Leben auf einem landwirtschaftlichen Betrieb, indem ich mit Selbstbewusstsein, ein klein wenig Lebenserfahrung und vor allem mit innerer Zufriedenheit eine Familie gegründet habe. Wir leben mit unseren drei Kindern im Alter von vier bis sieben, meinen Schwiegereltern und meiner schwerstbehinderten Schwägerin unter einem Dach – eine gut funktionierende Großfamilie mit gemeinsamer Küche. Die gemeinsamen Mahlzeiten haben neben den uns wichtigen betrieblichen und persönlichen Gesprächen vor allem auch einen praktischen Hintergrund: Sie sparen viel Zeit und Arbeit. Nur so bin ich in der Lage, in Teilzeit in einer festen Anstellung meinen Beruf weiter auszuüben. Durch die Bereitstellung notwendiger Betriebsmittel meines Arbeitgebers, einer Kohlzuchtfirma aus Schleswig-Holstein, arbeite ich von unserem Betrieb aus. Mein Mann arbeitet ebenfalls noch außerbetrieblich.

Unser Zusammenleben setzt für alle Familienmitglieder eine Kompromissbereitschaft voraus, die viele Menschen heute auch auf den landwirtschaftlichen Betrieben nicht mehr gewillt sind einzugehen. Ich bin froh, durch unser Großfamilienleben unseren Kindern eine soziale Basis geben zu können, die ihnen es hoffentlich ermöglicht, mit dem nötigen Weitblick gute zwischenmenschliche Beziehungen (welcher Art auch immer) aufzubauen.

Die Freude am Wirtschaften mit Vieh und Land und die täglich neuen Herausforderungen durch Natur und Betriebswirtschaft schweißen zusammen. In der derzeit schwindenden Lobby für unseren Berufsstand reizt es uns vielleicht gerade deshalb, sämtliche Möglichkeiten zu nutzen, unseren Mitmenschen die Landwirtschaft wieder nahe zu bringen.

Darum melke ich Kühe!

Die Autorin

Ulrike Siegel

Ulrike Siegel, Jahrgang 1961, wuchs auf einem Bauernhof in Brackenheim / Baden-Württemberg auf und arbeitete nach dem Schulabschluss auch ein Jahrzehnt auf dem elterlichen Hof. Während dieser Zeit hat sie zwei Meistertitel in Landwirtschaft sowie in ländlicher Hauswirtschaft erworben.

Nach familiären Veränderungen studierte sie an der Fachhochschule Nürtingen Agrarwissenschaften. Es folgten mehrere Auslandsaufenthalte in Lateinamerika, Afrika und Indien. Doch die Autorin kehrte immer wieder zu ihren Wurzeln zurück.

Von 2003 bis 2015 war sie Vorstandsvorsitzende des Evangelischen Bauernwerks in Württemberg e.V. In dieser Zeit begann sie mit der Veröffentlichung von Bauerntöchter-Geschichten. Es folgten Bände mit den Geschichten ihrer Mütter und Brüder. Auch Frauen, die in anderen Lebenswelten aufgewachsen sind und heute auf einem Hof leben, sowie Frauen, die dem Hof den Rücken gekehrt haben, kommen in weiteren Bänden zu Wort. Damit setzt Ulrike Siegel Puzzleteil um Puzzleteil zusammen zu einem vielschichtigen und oft widersprüchlichen Bild des Lebens und Arbeitens in der Landwirtschaft.

Die Stärke der Bücher liegt darin, dass sie keine heiklen Themen ausklammern und sich damit diesen Widersprüchen stellen, sie aufzeigen und auch aushalten. Damit hat Ulrike Siegel einen wichtigen Beitrag zur Auseinandersetzung mit dem Erlebten geleistet und einen Generationendialog in Gang gesetzt.

Für ihre vielfältigen Verdienste rund um die Menschen und ihre Höfe wurde Ulrike Siegel 2010 der Verdienstorden der Bundesrepublik Deutschland verliehen.

Ulrike Siegel hat zwei Kinder. Johannes (23) und Paulina (21), beide im Studium und meistens unterwegs. Sie lebt mit ihrem Lebenspartner in Brackenheim.

Mehr zum Thema Landleben ...

Als der Trecker kam und das Pferd verschwand
Landwirte erinnern sich

Marion Wilk und Ernst Matthiesen (Herstellung)

160 Seiten | 23 x 19 cm
Hardcover mit Lesebändchen
€ 16,00

ISBN 978-3-7843-5608-2

Neu von Ulrike Siegel

Von Kühen, Schweinen und ihren Menschen
Ein Blick hinter Stalltüren

Ulrike Siegel

Ca. 320 Seiten | 12 x 18 cm
Softcover
€ 14,00 [D] | € 14,40 [A]

ISBN 978-3-7843-5585-6

Landwirtschaft jenseits aller Klischees

Tierhaltung und besonders die Nutztierhaltung in der Landwirtschaft gerät immer mehr in den Blickpunkt der Öffentlichkeit. Gerne wird dabei industrielle Massentierhaltung gegen die vermeintlich kleinbäuerliche Idylle mit glücklichen Tieren ausgespielt. Doch wie sieht die Realität auf deutschen Höfen wirklich aus? Wie leben und arbeiten Menschen heute mit Tieren in der Landwirtschaft? In 20 Beiträgen schreiben Bäuerinnen und Bauern aus verschiedensten Zweigen von ihren Erfahrungen, den Entwicklungen und ihren Eindrücken und beschreiben so ihr Verhältnis zu ihren Tieren. Ein wichtiger Beitrag zur aktuellen Werte- und Qualitätsdiskussion.

BuchWELTshop.de

Impressum

LV.Buch
im Landwirtschaftsverlag GmbH, 48084 Münster

Gestaltung: LV-Buch im Landwirtschaftsverlag GmbH

Lektorat: Dr. Roland Gläser

Druck: Himmer GmbH Druckerei & Verlag

ISBN 978-3-7843-5584-9